lonely planet

Moscou

ÉDITION ÉCRITE ET ACTUALISÉE PAR

Mara Vorhees

et Leonid Ragozin

Sommaire

Préparer son séjour 4

Découvrir Moscou 54

Comprendre Moscou 185

Moscou pratique 227

Plans de Moscou 253

STEPAN OBRUCHIKOV PHOTOGRAPHY / GETTY IMAGES ©

DA-KUK / GETTY IMAGES ©

À gauche : Moscovite

Ci-dessus : Moscou by night

À droite : *katchapouri* (p. 43)

TIM E WHITE / GETTY IMAGES ©

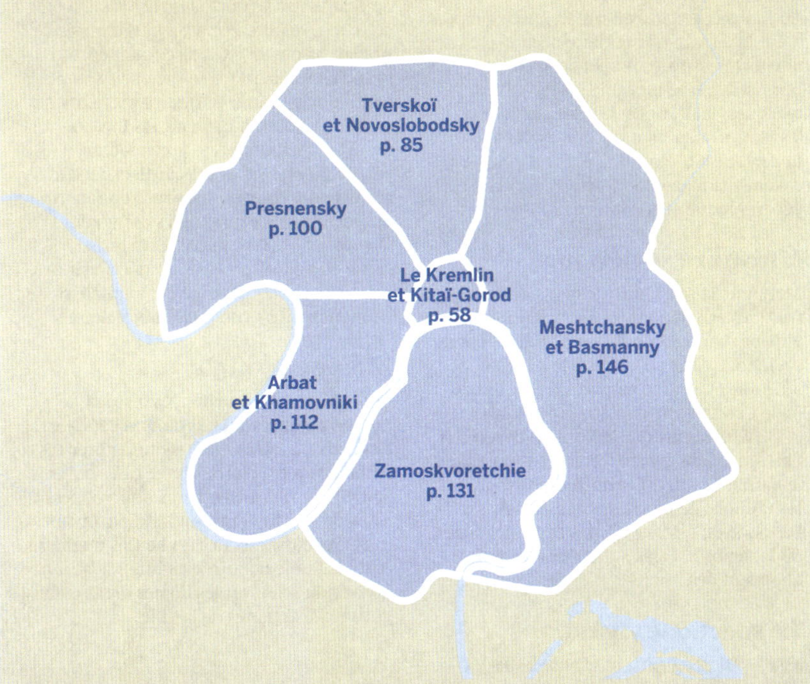

Bienvenue à Moscou

Quelle que soit la saison, quelle que soit l'heure, Moscou fascine les visiteurs, qui succombent à ses attraits : art, histoire et grandeur.

Le Kremlin et la place Rouge

Au XIIe siècle, Moscou n'était guère qu'un bout de terrain triangulaire occupé par une forteresse au sommet de la colline Borovitsky. Une muraille protégeait quelques habitations, les cérémonies et les fêtes avaient lieu sur une esplanade. Le fort, c'est le Kremlin, et l'esplanade est devenue la place Rouge, cœur historique, géographique et spirituel de Moscou.

L'histoire soviétique

Monuments à la gloire de héros déchus, fresques évoquant des victoires militaires, la ville ne manque pas de vestiges de l'époque soviétique. On frôle parfois le kitsch – Lénine et Staline au parc des Sculptures ou le Centre panrusse des expositions (VDNKh), tandis que le Bunker-42 retrace l'histoire de la guerre froide. Plus poignant, le musée de l'Histoire du goulag évoque les millions de morts des camps de travail. La mode du vintage n'a pas épargné Moscou où les clubs et cafés à thème communiste abondent désormais.

Le spectacle vivant

Vous voulez voir une gracieuse ballerine défier les lois de la gravité en tournoyant sur la scène de l'éblouissant Bolchoï ? Éprouver la puissance de l'*Ouverture 1812* de Tchaïkovski à quelques rues du lieu où cette œuvre fut créée il y a plus d'un siècle ? Applaudir des artistes de cirque sous un grand chapiteau ? Ici, le spectacle vivant continue de figurer parmi les meilleurs du monde. Aujourd'hui, même les théâtres les plus traditionnels se lancent dans l'expérimentation avant-gardiste, faisant renaître des œuvres disparues du répertoire et accueillant des premières mondiales. Que vous soyez attiré par les arts de la scène classiques ou avide de découvrir des créations contemporaines, la capitale russe ne manquera pas de vous impressionner.

Moscou by night

Milliardaires ou fauchés, les oiseaux de nuit ne s'ennuieront pas dans la capitale ! Les lieux où faire la fête sont nombreux : ambiance rétro ou rock indé, cafés bohèmes contemporains, discothèques survoltées, clubs de jazz underground, il y en a pour tous les goûts. Aux petites heures du matin, toute la faune nocturne communie devant le lever du soleil sur les dômes dorés ou les gratte-ciel argentés de la ville.

Pourquoi j'aime Moscou

Mara Vorhees, auteur

Surprenante toujours, exaltante souvent, agaçante parfois, et vingt ans après mon premier voyage, Moscou n'a de cessé de me ravir. Lors de ce dernier séjour, la nouvelle passion dont fait preuve la capitale pour la vie au grand air m'a enchantée. Outre les terrasses de café, on peut désormais profiter de pistes cyclables, de spectacles et de bals à ciel ouvert. Les activités extérieures ont la cote et de superbes espaces verts ont vu le jour. Le parc Gorki a été enfin réaménagé pour le plus grand plaisir d'une nouvelle génération de Moscovites soucieux de leur santé et pleins d'espoir dans l'avenir.

Pour en savoir plus sur nos auteurs, rendez-vous p. 272.

Ci-dessus : Danseurs devant la cathédrale du Christ-Sauveur

Le Top 10 de Moscou

1

Le Kremlin *(p. 60)*

1 Dernier symbole du pouvoir politique russe, cette ancienne forteresse est le berceau de Moscou. On peut y admirer le talent des plus grands peintres d'icônes russes, y pleurer un ou deux dirigeants, y découvrir le trésor qui déclencha une révolution et jeter un coup d'œil au gigantesque canon-roi. En sortant, ne manquez ni les bouquets des jeunes mariés ni le ballet synchronisé des gardiens de la tombe du Soldat inconnu.

Le Kremlin et Kitaï-Gorod

La place Rouge *(p. 75)*

2 On ne se lasse pas de découvrir la place Rouge. Les tours majestueuses et les murs massifs du Kremlin, Basile-le-Bienheureux avec son camaïeu audacieux de couleurs et de motifs, la façade ouvragée du GOuM ainsi que l'auguste musée d'Histoire, tout de brique rouge, bordent cette vaste étendue pavée. La nuit, les édifices illuminés font de la place, enfin paisible, un lieu magique. CI-DESSOUS : CATHÉDRALE BASILE-LE-BIENHEUREUX (P. 77)

Le Kremlin et Kitaï-Gorod

JEROEN P/WILLBEHOMESOON.COM / GETTY IMAGES ©

TIM MAKINS / GETTY IMAGES ©

Le Bolchoï *(p. 87)*

3 Une soirée au Bolchoï est la sortie idéale pour fêter une occasion particulière. Depuis son inauguration en 1824, ce théâtre offre un décor féerique aux spectacles qui s'y tiennent. La scène, récemment rénovée et agrandie, drapée de velours rouge et ornée de nouvelles moulures dorées, est plus éblouissante que jamais. C'est le lieu de résidence du prestigieux Ballet du Bolchoï. CI-DESSOUS : UNE SCÈNE DE *SÉRÉNADE*, DANS UNE CHORÉGRAPHIE DE GEORGE BALANCHINE © THE GEORGE BALANCHINE TRUST

☆ ***Tverskoï et Novoslobodsky***

Le parc Gorki *(p. 133)*

4 Ce parc d'attractions autrefois décrépit, figurant dans de nombreux romans d'espionnage, est devenu, après rénovation, le lieu le plus tendance de la ville. Entre les joggeurs qui courent le matin au bord du fleuve et les danseurs qui se déhanchent sur des rythmes sensuels le soir, les Moscovites branchés ont pris possession des lieux. Sur toute la longueur du quai Krymskaya Naberejnaya – d'Octobre Rouge au mont des Moineaux –, fontaines, terrains de sport, expositions en plein air et terrasses de café se succèdent. De mai à septembre, c'est l'endroit idéal pour se détendre.

Zamoskvoretchie

3

4

5

Souzdal *(p. 168)*

5 Avec ses canaux, ses prairies fleuries et les dômes de ses églises en forme de meringue, cette capitale médiévale offre un décor de conte de fées. Sous la domination moscovite, Souzdal devint un centre monastique prospère. À la fin du XVIIe siècle, de riches marchands financèrent la construction de 30 ravissantes églises. Classée zone protégée, épargnée lors de la construction du chemin de fer, Souzdal a pu conserver de nombreuses perles architecturales et une atmosphère champêtre.

CI-CONTRE : MUSÉE DE L'ARCHITECTURE EN BOIS ET DE LA VIE PAYSANNE (P. 171)

Excursions

Les bains Sandouny

(p. 99)

6 Le meilleur moyen d'évacuer le stress urbain, c'est encore de se plonger dans les vapeurs régénératrices d'une *bania* traditionnelle. Plus qu'un simple lieu d'hygiène, la *bania* est un art de vivre typiquement russe. Été comme hiver, on en sort merveilleusement propre et détendu. Quelques petits coups de rameau de bouleau bien sentis viendront améliorer votre circulation sanguine. Sandouny, le plus vieil établissement de Moscou, est un lieu luxueux, idéal pour s'offrir cette expérience revigorante.

Tverskoï et Novoslobodsky

6

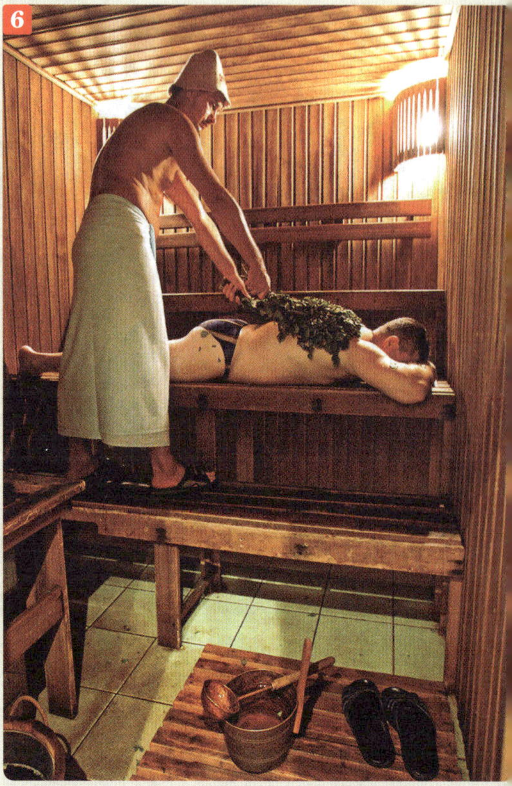

7

8

Galerie Tretiakov *(p. 135)*

7 Situé dans Lavroushinsky per, le plus grand musée d'art de Moscou qui se trouve dans un édifice de style russo-byzantin, abrite une extraordinaire collection d'icônes anciennes ou d'avant-garde. (Le deuxième bâtiment, situé dans Krymsky val, est consacré aux mouvements du XXe siècle : suprématisme, constructivisme et réalisme socialiste.) Célèbre pour sa collection de peintures réalistes, le musée fait aussi la part belle au style russo-byzantin et à l'Art nouveau.

Zamoskvoretchie

Shopping au marché d'Izmaïlovo *(p. 150)*

8 Dans le kremlin d'Izmaïlovo, divertissement et commerce font bon ménage. Empruntez la passerelle, passez la porte, et vous voilà transporté au Moyen Âge : églises en bois, murs blanchis à la chaux... et boutiques de souvenirs. Comme autrefois, les étals autour d'un faux kremlin reconstitué proposent les meilleures affaires : artisanat, œuvres d'art, antiquités, tapis d'Asie centrale ou babioles soviétiques.

Meshtchansky et Basmanny

Métro de Moscou *(p. 37)*

9 Le métro de Moscou relève la gageure de cumuler cours d'histoire, musée d'art et efficacité. Depuis son ouverture en 1930, les travaux n'ont pas cessé. La décoration des stations et l'implantation du métro en dit long sur la politique d'urbanisation des XXe et XXIe siècles. Prouesse technologique, il est également orné d'une profusion de marbre et de granit, de mosaïques et de bas-reliefs.

Visite du métro

9

10

Croisière sur la Moskova *(p. 33)*

10 Pour admirer la ville depuis un point de vue inédit sans souffrir des embouteillages, rien ne vaut le bateau. La croisière dure 1 heure 30 et vous permettra d'admirer le monastère Novodevitchi, le parc Gorki, la cathédrale du Christ-Sauveur, le Kremlin et le monastère Novospasski. Au-delà de la promenade touristique, le bateau peut aussi être un moyen de transport astucieux.

Circuits organisés

Quoi de neuf ?

Les parcs

Les deux poumons verts de Moscou – **le parc Gorki** (p. 133) et **les jardins de l'Ermitage** (p. 88) – font la part belle au sport et à la culture. Les attractions pour enfants ont (presque) disparu, au profit de clubs de sport, de pistes cyclables, de festivals de musique, d'expositions, de soirées dansantes et, bien sûr, de cafés en plein air. Les jeunes "branchés" apprécient ces nouvelles oasis urbaines.

Le Musée juif et le Centre de tolérance

Avec ses excellentes expositions multimédia et interactives, ce tout nouveau musée fait réfléchir les visiteurs. (p. 89)

Le musée de Moscou

Le musée de la ville jouit d'un nouveau cadre dans un superbe espace postindustriel, ancien entrepôt du ministère de la Défense. Ses expositions stimulantes traitent des problèmes contemporains. (p. 125)

Krymskaya naberejnaya

Désormais interdit aux véhicules, ce quai est un magnifique espace urbain émaillé de fontaines et d'œuvres d'art. L'itinéraire idéal pour se rendre à pied d'Octobre Rouge au parc Gorki. (p. 137)

Flacon

Cette ancienne verrerie a été transformée par des artistes et des designers. Les boutiques intéressantes qui jouxtent les bureaux et les ateliers d'artistes proposent des articles originaux. (p. 92)

Cuisine de rue

Les parcs et les places de Moscou sont parsemés de cafés, de kiosques et de camions proposant des mets bon marché. Les meilleurs se trouvent dans le parc Gorki et les jardins de l'Ermitage. (p. 44)

Le musée de la Guerre de 1812

Quel meilleur emplacement que l'ancien musée Lénine pour abriter le nouveau musée de la Guerre de 1812 à l'occasion du 200e anniversaire de cette dernière ? (p. 79)

Un haut lieu de la gastronomie

Moscou compte de plus en plus d'excellents restaurants où des chefs très créatifs revisitent la cuisine russe. Fraîcheur, saveurs et, surtout, innovation sont les maîtres mots. (p. 43)

Conduite automobile

Les grosses voitures ne sont plus au-dessus des lois. Les interdictions de stationner sont respectées (plus de voitures sur les passages cloutés), et les automobilistes s'arrêtent même pour laisser passer les piétons. (p. 186)

Velobike

Lancé en 2013, le "Vélib'" moscovite met à votre disposition plusieurs centaines de vélos répartis dans une douzaine de stations. Quiconque possède une carte bancaire peut louer un vélo. (p. 230)

Festivals de musique

En été, les Moscovites apprécient les festivals de musique programmant de grands noms, qui se tiennent au VDNKh, au parc Gorki, à Kolomenskoe et au parc des sculptures Art Muzeon.

L'essentiel

Pour plus de détails, voir le chapitre *Moscou pratique* (p. 227)

Monnaie
Rouble (₽)
1 € = 71 ₽
1 $CA = 51 ₽
1 FS = 59 ₽

Langue
Russe

Visas
Presque tous les étrangers qui se rendent en Russie ont besoin d'un visa. Mieux vaut commencez les démarches au moins un mois avant votre départ. Voir p. 30

Argent
Nombreux distributeurs. Les cartes bancaires sont acceptées dans la plupart des hôtels et des restaurants.

Téléphones portables
Les cartes SIM russes fonctionnent avec les appareils européens. Si vous avez un autre type de téléphone, vous devrez passer par les réseaux locaux.

Heure locale
Heure de Moscou (GMT/UTC + 3 heures)

Budget quotidien

Moins de 1 500 ₽
- Dortoirs à partir de 500 ₽
- Repas bon marché et copieux dans des cafétérias : moins de 300 ₽
- Présentez votre carte d'étudiant ou profitez des sites et activités gratuits

1 500-8 000 ₽
- Chambres doubles : à partir de 2 500 ₽ en auberge de jeunesse et de 3 500 ₽ dans un mini-hôtel
- Formules déjeuner : 200-500 ₽
- Dîner de 2 plats avec un verre de vin rouge : 600-1 000 ₽
- Spectacle : à partir de 500 ₽

Plus de 8 000 ₽
- Chambres doubles : à partir de 8 000 ₽
- Repas de 2 plats : à partir de 1 000 ₽
- Spectacle au Bolchoï : à partir de 1 000 ₽

À prévoir

Pas plus de deux mois à l'avance Demandez votre visa.

Un mois à l'avance Réservez votre hébergement et vos billets pour le Bolchoï et les autres salles de spectacle.

Une semaine à l'avance Réservez les visites guidées qui vous intéressent.

Un jour avant Réservez un taxi à l'aéroport, si nécessaire.

Sites Web

Lonely Planet (www.lonelyplanet.fr). Une présentation synthétique de la Russie dans la rubrique Destinations, le forum pour poser toutes vos questions et une newsletter pour vous tenir informé de l'actualité du voyage.

Moscou Accueil (www.site-moskva-accueil.org). Tenu par et pour les francophones qui viennent d'arriver à Moscou, ou qui y vivent déjà. Renseignements concernant hébergements, restaurants, activités pour enfants, groupes sociaux, etc.

Moscow.ru (www.moscow.ru/fr). Le portail international de la ville de Moscou. Très complet et parfait pour préparer son voyage.

Russie Info (www.russieinfo.com). Magazine francophone sur la Russie. Actualités, culture, tourisme, bons plans à Moscou notamment.

QUAND PARTIR

Préférez la fin du printemps et le début de l'automne pour visiter Moscou. L'été est également plaisant, et les longues journées séduisent les fêtards.

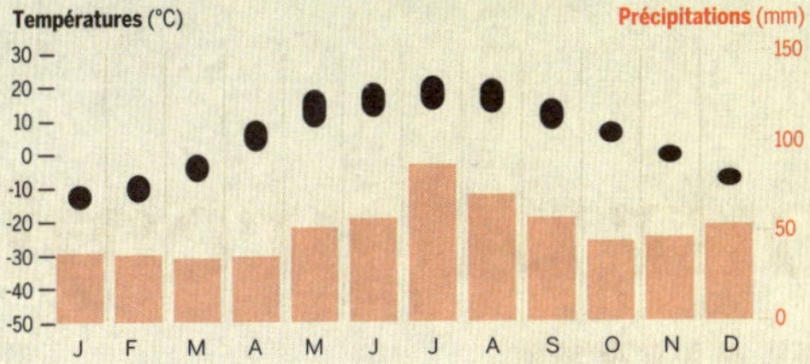

Arriver à Moscou

Par avion Les trois aéroports sont reliés au centre-ville par le **train Aeroexpress** (p. 228). Si vous voulez prendre un taxi, réservez un véhicule auprès du bureau de réservation (2 000-2 500 ₽).

Trains On arrive dans l'une des gares situées en centre-ville, toutes bien desservies par le métro. Il existe un tarif fixe (400-600 ₽) pour aller d'une gare à l'autre en taxi.

Pour plus d'informations sur l'**arrivée**, voir p. 228

Étiquette

Les Russes sont très à cheval sur l'étiquette. Pour éviter les faux pas, suivez les conseils suivants :

- **Invitations** Enlevez vos chaussures et votre manteau en entrant chez votre hôte. Apportez toujours un présent. Si vous offrez des fleurs, veillez à en donner un nombre impair. Les fleurs en nombre pair sont réservées aux enterrements.
- **Religion** Dans les églises, les femmes doivent se couvrir la tête et les épaules. Certains monastères et églises exigent aussi le port de la jupe. Les hommes sont priés d'ôter leur couvre-chef et d'éviter les shorts.
- **À table** Les Russes mangent avec les poignets posés au bord de la table, la fourchette dans la main gauche et le couteau dans la main droite.

Où se loger

Réservez si vous pensez dormir dans un mini-hôtel ou une auberge de jeunesse, car la plupart proposent peu de chambres. En semaine, les VRP remplissent les hôtels. Moscou détient l'un des records mondiaux du prix moyen à la nuitée le plus élevé. Les 5 étoiles offrent un service et un confort fabuleux. Le milieu de gamme ne brille pas par son rapport qualité/prix. Les auberges de jeunesse sont souvent accueillantes et bien équipées.

Sites Internet

- **Booking.com** (www.booking.com) Les meilleures offres de nuitées.
- **Moscow Hotels** (www.moscow-hotels.com) Description des chambres. Réservation en ligne.
- **Moscow Hotels** (www.moscow-hotels.net) Description des chambres et réservation en ligne.
- **Russie-tourisme** (www.russie-tourisme.com/hotels-moscou.html) Réservation en ligne et confirmation immédiate.

Pour plus d'informations sur les **hébergements**, voir p. 174

VOYAGEURS LGBT

Bien que l'homosexualité soit légale en Russie, les gestes d'affection en public ne sont pas toujours bien perçus. Les associations font état d'une augmentation de la violence depuis la loi de 2011 interdisant la "propagande gay". On parle aussi de harcèlement policier autour des discothèques et lieux de rencontre homosexuels. Soyez très prudent dans les endroits fréquentés par la communauté LGBT (ou évitez-les tout simplement), et vous ne devriez pas rencontrer de problèmes. Pour en savoir plus, voyez p. 234.

Pour un premier séjour

Pour plus d'informations, voir le chapitre *Moscou pratique* (p. 227).

Avant de partir

- Vérifiez que la date d'expiration de votre passeport dépasse d'au moins 6 mois celle de votre visa.
- Faites une demande de visa (p. 30).
- Vérifiez les règles de votre compagnie aérienne en matière de bagages.
- Consultez les sites web de conseils aux voyageurs (p. 236).
- Informez votre banque de vos dates de voyage.
- Souscrivez une assurance voyage.

À emporter

- De bonnes chaussures – la marche à pied est idéale pour explorer Moscou.
- Un guide de conversation.
- Des bouchons d'oreille et un masque pour les yeux pour vous protéger de la luminosité du soleil de minuit.
- Une bonne quantité d'Ibuprofène (ou autre antalgique) pour les réveils difficiles après une soirée arrosée.
- Le sens de l'humour et une bonne dose de patience.

Bons plans

- Pour la demande de visa, passez par une agence de voyages spécialisée.
- Offrez-vous une chambre dans un hôtel d'affaires ou de luxe le week-end, quand les tarifs chutent.
- Les formules déjeuner, courantes à Moscou, sont parfaites pour goûter la cuisine des restaurants haut de gamme sans se ruiner.
- Prévoyez des excursions vers des destinations rurales ou peu visitées pour découvrir un autre visage de la Russie.

Habillement

Les Moscovites sont attachés à leur apparence. La plupart s'efforcent, avec plus ou moins de bonheur, de soigner leur tenue, même pour flâner en ville. Si vous avez l'intention de sortir, habillez-vous : robes et talons hauts pour les femmes, chemises avec col et chaussures en cuir pour les hommes. Baskets, jeans et sandales sont à éviter.

Pour faire du tourisme, enfilez des chaussures de marche et munissez-vous d'un imperméable ou d'un parapluie.

Pour avoir chaud en hiver, superposez plusieurs couches de vêtements et mettez un long manteau coupe-vent. Au musée et au restaurant, chapeaux et manteaux doivent être laissés au vestiaire.

Désagréments et dangers

Moscou est une ville généralement sûre, avec peu de criminalité de rue et aucun quartier réellement "chaud". Quelques mesures de précaution s'imposent toutefois :

- Méfiez-vous des pickpockets dans les gares et le métro.
- Évitez les taxis clandestins en général, et surtout à la sortie des discothèques et des bars.
- Ne montez jamais dans un taxi ayant déjà deux passagers ou plus à bord.
- Ayez toujours sur vous une photocopie de votre passeport, de votre visa et du formulaire d'enregistrement. Les personnes à la peau sombre sont souvent visées par les contrôles de police.

Argent

- Même quand les prix sont indiqués en dollars ou en euros, on vous présentera la facture en roubles.
- On trouve partout à Moscou des DAB reliés aux réseaux internationaux. Ils sont indiqués par des enseignes "bankomat" (банкомат).
- Les cartes bancaires à puce sont couramment acceptées.
- Informez votre établissement bancaire des dates de votre séjour en Russie pour éviter un éventuel blocage de votre carte.

Marchandage

Dans les boutiques, les prix sont fixes. Sur les marchés proposant des souvenirs, comme celui d'Izmaïlovo, on peut marchander. Vous obtiendrez facilement une remise de 5%, mais les vendeurs descendront rarement au-dessous de 10%.

Pourboire

- **Restaurants** Laissez la monnaie ou 10% de la facture si la qualité du service le justifie.
- **Guides** Environ 10% du tarif journalier ; un petit cadeau sera également apprécié.
- **Taxis** Inutile de laisser un pourboire, le tarif étant convenu avec le chauffeur avant que vous montiez ou calculé au compteur.
- **Hôtels** Le pourboire (porteurs, etc.) n'est de mise que dans les hôtels de luxe et uniquement si le service est satisfaisant.

Langue

Le personnel des hôtels est souvent anglophone, les employés des restaurants et des musées parlent un peu l'anglais. On voit de plus en plus de panneaux en anglais dans le métro et les principaux sites. La plupart des restaurants proposent des cartes en anglais. Apprendre l'alphabet cyrillique et quelques phrases courantes vous permettra de communiquer.

Phrases à apprendre avant de partir

1 Est-ce l'heure de Moscou ou l'heure locale ?
Это московское или местное время?
e·ta ma·skof·ska·ye i·li myes·na·ye vryem·ya

La Russie s'étend sur 11 fuseaux horaires, mais les horaires des trains et des avions sont indiqués selon l'heure de Moscou.

2 J'habite à Moscou, je ne paierai pas autant.
Я живу в Москве, я не буду платить так много.
ya jih·vouv mask·vye ya nye bou·dou pla·tit' tak mno·ga

Pour négocier avec les chauffeurs de taxi et les vendeurs des marchés.

3 Vous servez ?
Вы обслуживаете?
vih aps·lou·jih·va·it·ye

Cette expression polie est utile pour attirer l'attention des employés dans le secteur des services.

4 Je ne bois pas d'alcool.
Я не пью спиртного.
ya nye pyou spirt·no·va

Cette phrase vous aidera pour refuser un verre.

5 Puis-je avoir un reçu officiel, s'il vous plaît ?
Дайте мне официальную расписку, пожалуйста.
daït·ye mnye a·fi·tsi·yal'·nou·you ras·pis·kou pa·jal·sta

Demandez toujours un reçu officiel auprès des administrations russes.

Noms des rues

Voici la transcription des noms russes des rues et des places. Voir aussi le chapitre *Langue* (p. 237)

- al – alleya (аллея ; allée)
- bul – bulvar (бульвар ; boulevard)
- nab – naberejnaya (набережная ; quai)
- per – pereulok (переулок ; petite rue, ruelle)
- pl – ploshtchad (площадь ; place)
- pr – prospekt (проспект ; avenue)
- sh – shosse (шоссе ; grande route)
- ul – ulitsa (улица ; rue)

Comment circuler

Pour plus d'informations, voir le chapitre *Transports* (p. 228)

Métro
Le métro de Moscou est bon marché, pratique, intéressant et facile à utiliser. Hélas, il est bondé aux heures de pointe.

Taxi
Les taxis "officiels" ne sillonnent pas les rues à la recherche de clients. Faites un signe pour arrêter une voiture (ce sera sans doute un véhicule privé) ou réservez un taxi auprès d'une agence agréée.

À pied
Les distances peuvent être importantes, mais Moscou se visite aussi à pied, surtout le centre. Empruntez les passages souterrains pour traverser les grandes artères.

À bicyclette
Il est dangereux de pédaler dans les rues, mais pas sur les pistes cyclables bordant la Moscova et dans les parcs. Vous trouverez des vélos aux bornes du VeloBike et dans des agences de location.

Autres transports
Il existe un réseau étendu de bus, de trolleys, de tramways et de *marchroutka* (minibus à itinéraire fixe) pour se déplacer en ville, mais il est difficile d'emprunter ces moyens de transport sans connaître leur itinéraire.

Expressions utiles

Poezdka (Поездка) Trajet. Pour acheter un ticket, demandez "un trajet" *(odnou poezdkou)* ou "cinq trajets" *(pyat poezdok)*, etc.

Vy sitchas vykhodite? (Вы сейчас выходите?) "Sortez-vous à cette station ?". Cette question, pertinente quand on tente de sortir, sous-entend : "Si tel n'est pas le cas, libérez le passage".

Perekhod (Переход) passage souterrain.

Vykhod v gorod (Выход в город) Sortie.

Comment héler un taxi

Les taxis stationnent près des lieux de distraction nocturnes ou à la sortie des hôtels, mais sont plus rares ailleurs. Des voitures privées peuvent servir de taxi sans que cela soit particulièrement dangereux.

- Sortez dans la rue et faites un signe de la main pour stopper une voiture.
- Ne montez pas s'il y a déjà un passager à bord. Si la voiture ou son conducteur vous déplaisent, faites signe à ce dernier de partir.
- Sinon, indiquez votre destination. Le conducteur peut fixer le prix de la course, libre à vous d'essayer de le faire baisser.
- Il peut aussi laisser le tarif à votre discrétion. Comptez 200-300 ₽ pour un trajet dans le centre-ville, davantage aux heures de pointe ou tard le soir.
- Vous pouvez aussi appeler une compagnie privée pour qu'un taxi vienne vous prendre (ou demander à votre hôtel de le faire) ou réserver un taxi en ligne. Voir p. 230.

LES BONS PLANS

- La circulation à Moscou peut être très dense. Préférez le métro !
- Achetez des tickets multitrajets (5, 11 ou 20 voyages) pour éviter de faire la queue.
- Il faut souvent marcher longtemps quand on fait un changement de ligne. Étudiez bien le plan du métro pour éviter au maximum les correspondances.
- Si vous souhaitez utiliser le bateau comme moyen de locomotion, achetez un forfait à la journée qui permet de monter et de descendre à sa guise.

Quand circuler

- Le métro est ouvert de 5h30 à 1h30.
- Les jours ouvrés (lundi-vendredi), la circulation est souvent très chargée et le métro presque toujours bondé. Aux heures de pointe (de 8h à 10h et de 17h à 19h), il est plein à craquer.
- Si vous devez circuler à ces heures, préparez-vous à jouer des coudes et à vous montrer vigilant. Vous n'aurez sans doute pas de problèmes, mais vous devrez faire la queue pour prendre l'escalator et lutter pour avoir un peu de place dans le wagon.
- Pour circuler de façon plus décontractée, prenez le métro le week-end ou après 20h en semaine.

Prendre le métro

- Sortez votre ticket avant d'approcher du tourniquet.
- Serrez-vous à droite sur l'escalator pour laisser les gens passer à gauche.
- Quand la rame arrive et que les portes s'ouvrent, laissez sortir les voyageurs avant de monter.
- Cédez votre place aux personnes âgées, aux enfants et aux femmes enceintes.
- Quand vous vous préparez à descendre, avancez-vous près d'une porte. Si quelqu'un vous barre le passage, dites-lui : "*Vy sitchas vykhodite?*" (Sortez-vous à cette station ?) pour lui signaler votre intention.
- Quand vous marchez pour prendre une correspondance, serrez-vous contre la gauche en empruntant le *perekhod* (passage souterrain).

Tickets

- Le métro de Moscou reste le transport le meilleur marché. Comptez 40 ₽ pour un trajet. Les tickets multitrajets (5 pour 160 ₽, 11 pour 320 ₽, 20 pour 540 ₽) sont plus économiques et vous feront gagner du temps.
- Ils sont en vente au guichet ou à un distributeur.
- Posez votre ticket sur le lecteur (un cercle lumineux) avant de passer le tourniquet.
- Le voyant doit devenir vert. Vous pouvez alors passer. Le nombre de trajets qui vous restent s'affichera également.

Pour plus d'informations sur les **transports**, voir p. 228

LP MAGAZINE / GETTY IMAGES ©

Le métro de Moscou (p. 37)

Moscou en 4 jours

Journée 1

Le Kremlin et Kitaï-Gorod (p. 58)

Présentez-vous dès 9h30 à la billetterie du Kremlin afin de réserver votre créneau horaire pour le **palais des Armures**. Consacrez votre matinée à contempler les icônes anciennes et la collection d'or et de pierres précieuses. Promenez-vous dans le **jardin Aleksandrosky** et assistez à la relève de la garde devant la **tombe du Soldat inconnu**. Dès votre sortie du jardin, rejoignez la file d'attente sur la place Rouge pour visiter le **mausolée de Lénine** avant qu'il ne ferme à 13h.

Déjeuner Faites une pause au Bosco Cafe (p. 81) ou au Stolovaya 57 (p. 81).

Le Kremlin et Kitaï-Gorod (p. 58)

Prenez votre temps à l'heure du déjeuner et contemplez les flèches du Kremlin et les dômes de Basile-le-Bienheureux. Ensuite, vous aurez tout loisir de visiter la **cathédrale**, de flâner dans **Kitaï-Gorod** et de découvrir ses innombrables **églises du XVIIe siècle**.

Dîner Dînez dans un restaurant de la rue Petrovka, tel que le Lavka-Lavka (p. 94).

Tverskoï (p. 85)

Réservez votre place pour un spectacle au célèbre **théâtre Bolchoï**. Finissez la journée par un verre au **3205 dans les jardins de l'Ermitage**.

Journée 2

Khamovniki (p. 112)

Un superbe clocher du XVIIe siècle vous guidera jusqu'à la forteresse historique du **monastère Novodevitchi**, renfermant presque cinq siècles d'histoire. Lorsque vous aurez goûté les collections et l'architecture du lieu, dirigez vos pas vers le cimetière voisin du même nom, où reposent nombre de personnalités politiques et culturelles.

Déjeuner Offrez-vous un repas traditionnel au Golubka (p. 127) ou au Shtolle (p. 128).

Arbat (p. 112)

Rejoignez le quartier d'Arbat pour un après-midi riche en culture. Parcourez les collections du célèbre **musée des Beaux-Arts Pouchkine**, ou visitez l'une des petites galeries plus originales, telles que la fantaisiste **maison de Bourganov** ou le provocateur **musée d'Art multimédia**.

Dîner Goûtez la succulente cuisine géorgienne de l'Elardji (p. 127).

Arbat (p. 112)

Après avoir dîné, flânez le long de **l'Arbat**, la plus célèbre rue de la capitale, et profitez du talent des musiciens ambulants et de l'atmosphère du vieux Moscou. Pour quelque chose de plus conventionnel, assistez à un concert au **Rhythm Blues Cafe**.

DANITA DELIMONT / GETTY IMAGES ©

Tombe du Soldat inconnu (p. 74)

Journée 3

Zamoskvoretchie (p. 131)

Levez-vous de bonne heure pour éviter les longues files d'attente devant la **galerie Tretiakov**. Prenez le temps d'admirer les icônes, d'observer les œuvres de Peredvijniki, celles du style pseudo-russe, ainsi que celles d'avant-garde.

Déjeuner Déjeunez au Prodoukty (p. 141) ou au Mizandari (p. 140) à Octobre Rouge.

Zamoskvoretchie (p. 131)

Après le déjeuner, promenez-vous le long de **Krymskaya naberejnaya**, où vous pourrez vous ébattre dans les fontaines et parcourir la galerie en plein air de l'**Art Muzeon**. Traversez la rue jusqu'au **parc Gorki** et passez l'après-midi à vous balader à vélo ou en barque. Le soir, profitez du cinéma en plein air ou prenez un verre avant de danser sous le ciel étoilé.

Dîner Arrêtez-vous dans un café en plein air, comme l'AC/DC in Tbilisi (p. 140).

Zamoskvoretchie (p. 131)

Le parc Gorki est agréable les soirs d'été. Mais pour plus d'animation, l'ancienne fabrique **Octobre Rouge** est devenue l'endroit le plus branché des nuits moscovites, avec une foule de restaurants, de bars et de lieux de spectacle. Mangez un morceau, parcourez les galeries, explorez les bars et allez danser. Bref, amusez-vous !

Journée 4

Izmaïlovo (p. 150)

Réservez votre matinée à des emplettes sur le **marché d'Izmaïlovo**, qui déborde de stands de souvenirs où l'on trouve de tout : des samovars en argent aux affiches de propagande soviétique, en passant par les mythiques poupées russes.

Déjeuner Le marché d'Izmaïlovo est célèbre pour ses chachliks (kebabs) grillés.

Basmanny (p. 146)

Sur le chemin du retour vers le centre, arrêtez-vous au **Flacon** ou au **Winzavod** et à l'**ArtPlay** pour voir ce que sont devenues les anciennes friches industrielles de Moscou. Ces centres d'art contemporain proposent désormais une production d'un genre différent – art, mode et design – intéressante pour compléter vos achats de souvenirs.

Dîner Réservez une table pour de la haute cuisine russe au Café Pouchkine (p. 107).

Presnensky (p. 100)

Un dîner au Café Pouchkine se compose d'un mélange de plats traditionnels russes (le tout accompagné de plusieurs verres de vodka). S'il vous reste encore des forces, allez danser jusqu'au petit matin au Jagger (p. 109) ou au Club Manon (p. 110).

Envie de...

Architecture

Église de l'Ascension, à Kolomenskoe L'un des premiers exemples d'église traditionnelle associant toit en pavillon et structure de brique. Elle préfigure un style d'architecture russe unique. (p. 141)

Hôtel Metropol Ce chef-d'œuvre Art nouveau est décoré de mosaïques, de vitraux et de fer forgé. (p. 177)

VDNKh Profusion de fontaines exhubérantes et d'édifices à la gloire du réalisme socialiste. Une évocation de l'ascension et de la chute du rêve soviétique. (p. 90)

Tour de télévision d'Ostankino Elle est l'un des édifices autoportants les plus hauts du monde. (p. 90)

Narkomfin et **maison de Melnikov** Deux édifices emblématiques du constructivisme, aujourd'hui à l'abandon. (p. 103) (p. 123)

Maison Riabouchinsky Un mariage heureux entre styles russe et Art nouveau signé Chekhtel. (p. 102)

Église de la Sainte-Trinité-de-Nikitniki Superbe exemple du baroque russe, caché derrière d'hideux édifices gris (p. 80)

Université d'État de Moscou C'est l'un des sept gratte-ciel incarnant le style stalinien dans toute sa splendeur (p. 126)

Art contemporain

Garage, musée d'art contemporain Ce centre d'art productif occupe une structure temporaire dans le parc Gorki. (p. 137)

Mausolée de Lénine (p. 75)

Centre d'art contemporain Winzavod Ancien atelier de mise en bouteille devenu l'une des galeries d'art qui comptent à Moscou (p. 148)

Musée d'art Multimédia de Moscou (MAMM) Expositions remarquables, notamment de photos, dans un bâtiment rénové. (p. 125)

Octobre Rouge Ancienne fabrique de chocolat reconvertie en complexe, avec bars, cafés et galeries d'art. (p. 137)

Maison de Bourganov Atelier qui montre à la fois le travail de l'artiste et une partie de sa collection d'art. (p. 123)

Atelier-musée Tsereteli Une demeure classique remplie de d'émaux et de sculptures. (p. 104)

Moscow Museum of Modern Art Collection éclectique d'artistes des XXe et XXIe siècles. (p. 88)

Histoire soviétique

Mausolée de Lénine En mémoire du fondateur de l'État soviétique. (p. 75)

Parc des Sculptures Art Muzeon Les héros soviétiques au vert. (p. 137)

Bunker-42, musée de la Guerre froide Centre de communications datant de la guerre froide. (p. 149)

Métro de Moscou Vaste palais souterrain à la gloire du socialisme. (p. 37)

VDNKh L'Exposition des réalisations de l'économie nationale expose les réussites économiques de l'URSS. (p. 90)

Musée de l'Histoire du goulag Un hommage aux victimes du soviétisme. (p. 88)

Musée de l'Histoire contemporaine Affiches de propagande et autres babioles soviétiques. (p. 89)

Jolies églises

Ul Varvarka à Kitaï-Gorod Petite rue bordée d'églises du XVIIe siècle. (p. 83)

Monastère Saint-Pierre-d'en-Haut Renferme une ravissante petite cathédrale construite par Friazine. (p. 88)

Église de la Petite-Ascension Murs blanchis, et détails sculptés du XVIIe siècle. (p. 102)

Église de la Nativité-de-la-Vierge-à-Poutinki Ravissant mélange de toits en pavillon et de clochers à bulbe. (p. 89)

Église Saint-Nicolas-des-Tisserands, à Khamovniki Superbe église baroque qui accueillait notamment Léon Tolstoï. (p. 125)

Église Saint-Jean-le-Guerrier Baroque moscovite du XVIIIe siècle. (p. 139)

Icônes

Galerie Tretiakov La plus belle collection d'icônes du monde avec notamment *La Trinité* d'Andreï Roublev (p. 135)

Cathédrale de l'Annonciation (Kremlin) Iconostase superbement ornée d'œuvres d'Andreï Roublev et de Théophane le Grec. (p. 71)

Musée de l'Icône russe Des milliers d'icônes appartenant à la collection personnelle d'un homme d'affaires russe. (p. 149)

Musée d'Art ancien Andreï Roublev Petit musée établi dans le monastère Andronikov, où vécut le moine et peintre Andreï Roublev. (p. 151)

Pour d'autres envies, voir les sections :

- Musées et galeries (p. 35)
- Visite du métro (p. 37)
- Où se restaurer (p. 41)
- Où prendre un verre et faire la fête (p. 45)
- Où sortir (p. 48)
- Shopping (p. 52)

Parcs et jardins

Parc Gorki L'espace vert le plus célèbre de Moscou. On s'y promène à pied ou à vélo sur les rives de la Moskova. (p. 133)

Jardins de l'Ermitage Cette oasis en pleine ville abrite cafés d'été et théâtres en plein air. (p. 88)

Jardin Aleksandrovsky Il parfume le Kremlin. (p. 74)

Aptekarsky Ogorod Ce jardin botanique urbain conserve des espèces provenant de trois zones climatiques. (p. 150)

Réserve naturelle de Vorobyovy Gory Le mont des Moineaux, de jolies collines boisées, surplombe un méandre de la Moskova. (p. 126)

Littérature

Maison-musée Tolstoï Charmante maison moscovite de l'écrivain. (p. 125)

Appartement de Boulgakov Ce centre culturel doté d'un agréable café était un lieu de pèlerinage underground. (p. 103)

Maison de Gogol L'auteur y vécut ses derniers mois de tourments. (p. 102)

Maison-musée Pouchkine Le barde national y passa quelques mois avec sa jeune femme. (p. 123)

Mois par mois

LE TOP 5

Fête de l'Hiver, janvier

Festival international du film de Moscou, juin

Nuit blanche, juin

Biennale d'art contemporain, octobre

Nuits de décembre, décembre

Janvier

Indéniablement, le cœur de l'hiver est synonyme de courtes journées glacées. Si vous êtes du genre à voir le verre à moitié plein, janvier à Moscou sera pour vous un mois festif.

Fête de l'Hiver

Elle a lieu en décembre et en janvier en plein air. Pour ceux qui n'ont pas froid aux yeux, donc. La place Rouge se pare de délicates sculptures de glace, la rue Arbat d'une armée de bonshommes de neige et on s'offre une virée en troïka au parc Izmaïlovsky.

Vacances d'hiver

Les Moscovites fêtent le Nouvel An avec des amis. Une grande cérémonie a lieu sur la place Rouge. À Noël (7 janvier), les croyants se pressent dans les églises où les offices durent toute la nuit, tandis que l'Épiphanie est l'occasion d'un plongeon dans une eau glacée en ville.

Février

Maslenitsa marque la fin de l'hiver, mais, avec des températures avoisinnant les -10°C, ce n'est pas encore le printemps !

Maslenitsa

C'est la fin du carême orthodoxe. L'occasion d'une semaine de fête avec blinis, traîneaux et clowns-conteurs bariolés. Pour accueillir le printemps, on brûle un épouvantail.

Mars

Le printemps commence à la fin du mois de mars, oui, mais le dégel aussi ! Tout devient alors boue grise et eau sale. Bref, le mois le plus désagréable.

Journée internationale de la femme

Le jour férié préféré des Russes. Le 8 mars, les hommes offrent chocolats, champagne et fleurs à toutes les femmes qui comptent pour eux.

Avril

Le printemps pointe le bout de son nez – entre deux bourrasques. Les Moscovites profitent alors de leurs musées, les touristes se faisant rares.

Festival du Masque d'or

Pour voir, au printemps, ce que la Russie compte de mieux en matière de théâtre, d'opéra, de danse et de musique (www.goldenmask.ru). Le festival s'achève par une prestigieuse cérémonie de remise de prix.

Mai

Beaucoup de sites touristiques sont fermés en raison des nombreux jours fériés. La ville est cependant loin d'être morte : toutes les occasions sont bonnes pour faire la fête. Et les arbres sont en fleur...

Jours fériés

De la fête du Travail (1er mai) à celle de la Victoire (9 mai), le début du mois est une période de congés marquée par des parades sur la place Rouge, des feux d'artifice et d'autres manifestations au parc Pobedy.

Festival international de théâtre Anton Tchekhov

Les années impaires, des troupes de théâtre du monde entier affluent à Moscou pour participer à ce célèbre festival (www.chekhovfest.ru). De la mi-mai à la mi-juin, divers lieux de la ville accueillent des pièces et des performances théâtrales et musicales.

Juin

Températures douces, journées longues et ensoleillées, juin est le mois le plus accueillant. Les marchés regorgent de baies sauvages et les écolières arborent des rubans blancs pour célébrer la fin de l'année.

Festival international du film de Moscou

Pendant une semaine (www.moscowfilmfestival.ru), cinéastes européens et américains côtoient leurs homologues russes. De nombreuses salles projettent la programmation officielle.

Nuit blanche

Aucune organisation officielle, mais 18 heures de communion populaire. On déambule dans les parcs pour déguster bières et mets savoureux aux nombreuses terrasses et *beer gardens* installés çà et là.

Park Live

Ce festival de 3 jours en plein air (www.parklive.pro) se tient au VDNKh le dernier week-end de juin. Il s'agit de l'événement musical le plus important de l'été.

Juillet

Il est de bon ton pour les Moscovites de passer juillet dans leur datcha. En ville, il fait chaud et l'air est humide. En juillet et août, les hôtels baissent leurs tarifs.

Concerts en plein air

Même si la plupart des salles sont fermées pour les vacances, des concerts ont lieux tous les soirs. L'été est la saison des festivals de musique en plein air comme Subbotnik (www.subbotnikfestival.com), au parc Gorki, et Afisha Picnic (picnic.afisha.ru) à Kolomenskoe. Ostankino et Tsaritsyno accueillent des formations classiques.

Septembre

Au début de l'automne, on apprécie le camaïeu de rouges de la végétation et la douceur des températures.

Jour de la Ville

Le *Den goroda* entend fêter dignement l'anniversaire de Moscou. Le 1er week-end de septembre, une parade ouvre les festivités, suivie par des concerts sur la place Rouge, des feux d'artifice et un grand festin.

Octobre

La transition vers l'hiver s'opère inexorablement. Les premiers flocons de neige se posent sur les dernières feuilles des arbres.

Biennale d'art contemporain

Cette biennale qui dure un mois (octobre généralement) (www.moscowbiennale.ru), les années impaires, veut faire de Moscou une capitale de l'art en exposant artistes du monde entier.

Coupe du Kremlin

Tournoi international de tennis (www.kremlincup.ru) au Stade olympique. Les Russes y cartonnent !

Décembre

Des journées aussi courtes que les nuits sont longues ne laissent que peu de temps aux Moscovites pour mettre le nez dehors. Certains s'aventurent dans les rues éclatantes de blancheur et assistent à l'événement culturel le plus important de la capitale.

Nuits de décembre

Le festival de musique le plus pointu de Moscou (www.artsmuseum.ru), accueilli chaque année par le musée des Beaux-Arts Pouchkine, donne lieu à un mois de concerts et d'expositions artistiques.

Avec des enfants

Austères icônes et édifices religieux en nombre, on imagine mal Moscou comme un terrain de jeu pour les petits. Pourtant, ils y trouveront musées, parcs, spectacles et restaurants conçus spécialement pour eux.

ALEXEY BUBRYAK / GETTY IMAGES ©

Macaque japonais au zoo de Moscou (p. 104)

Enfants bienvenus

La plupart des sites touristiques et des musées proposent des tarifs réduits pour les 12 à 18 ans. Les enfants âgés de moins de 5 ans bénéficient souvent d'une entrée gratuite. Il existe aussi des tarifs famille.

Pour des informations d'ordre général, consultez le guide *Voyager avec ses enfants* publié par Lonely Planet.

Musées d'art

Le musée des Beaux-Arts Pouchkine (p. 117) ainsi que le musée des Arts décoratifs et populaires (p. 91) comprennent des centres d'initiation où les enfants de 5 à 13 ans peuvent s'essayer à l'art. Le Garage, musée d'Art contemporain (p. 137) propose aussi des programmes pour les enfants.

Planétarium de Moscou

Les enfants pourront faire des expériences scientifiques, goûter à la nourriture des cosmonautes et courir sur la surface de la Lune (p. 105).

Musée central des Forces armées

Vous n'autoriseriez peut-être pas vos bambins à jouer avec des pistolets, mais que diriez-vous de les laisser courir parmi les chars, les camions et les missiles (p. 91) ?

Experimentanium

Ce musée des sciences explique aux enfants les mystères du monde par le biais de l'expérimentation (p. 91).

Musée des Jeux d'arcade soviétiques

Découvrez à quoi on jouait en Union soviétique (p. 149).

Joies du plein air

Même en hiver, les occasions de prendre l'air et de faire un peu d'exercice abondent.

Parcs

Moscou compte plus de 100 parcs et jardins. De quoi laisser les enfants s'ébrouer car la plupart ont une aire de jeux. Les plus grands, tels le parc

Gorki (p. 133), la réserve naturelle de Vorobyovy Gory (p. 126) et le parc Izmaïlovsky (p. 150) louent vélos, pédalos et autres instruments de torture.

Croisières sur la Moskova

Cher aux enfants, le bateau est un moyen parfait pour admirer les sites historiques sans piétiner ni attendre des heures.

Zoo de Moscou

Même les tout-petits adoreront le parc animalier Detsky (p. 104), où ils pourront approcher de près leurs animaux préférés.

Où se restaurer

Certains établissements organisent des "boums" le samedi et le dimanche après-midi. Pendant que les parents mangent, leurs enfants jouent sous la surveillance de professionnels.

Petits restaurants

Les lieux classiques comme Starlite Diner (p. 94 et p. 142) sont très appréciés des familles, surtout le week-end.

Pizza

Les enfants aiment toujours les pizzas. Akademiya leur propose aussi des activités le week-end.

Aires de jeux

Les restaurants tels qu'Anderson Dlya Pap (p. 108) et le Cafe Shtchisliva (p. 127) possèdent des aires de jeux. Au restaurant Elardji (p. 127), les enfants gambadent dans la cour agrémentée de jeux et d'un petit zoo.

Où sortir

Les enfants n'ont jamais eu autant de choix pour se distraire.

Théâtre musical

La célèbre Natalya Sats est la fondatrice du Théâtre musical pour enfants de Moscou (p. 129) dont le but est de divertir les plus jeunes en les initiant au chant et à la danse.

Théâtre de marionnettes

Au musée Obraztsov (p. 97), les enfants découvriront des centaines de marionnettes, avant que de voir leurs pareilles s'animer au théâtre attenant.

Théâtre des animaux

Les chats de Kouklatchyov (p. 129) et les animaux de Dourov (p. 97) plairont aux enfants quel que soit leur âge.

Cirque

Les acrobates stupéfieront les bambins, tandis que les clowns et les numéros avec des animaux les feront rire aux éclats. Vous aurez le choix entre deux cirques renommés : le cirque Bolchoï, ou Grand cirque, sur l'avenue Vernadskovo (p. 129) et le cirque Nikouline sur le boulevard Tsvetnoï (p. 97).

Transports en commun

Le métro peut être une véritable attraction pour les enfants. Attention toutefois aux heures de pointe. Préférez alors Detskoe Taxi - des voitures non-fumeurs avec un siège bébé sur demande.

Moscou à peu de frais

Si Moscou n'est plus la ville la plus chère du monde, elle n'en est encore pas loin. Toutefois, voici quelques bons plans si vos moyens sont limités.

JONATHAN SMITH / GETTY IMAGES ©

Festivaliers au musée-réserve Kolomenskoe (p. 141)

Les centres d'art

L'entrée dans nombre de centres artistiques postindustriels est gratuite (à l'exception de certaines galeries et d'expositions spéciales).

Les églises

La plupart des églises renferment des trésors, notamment des fresques et des icônes. La cathédrale du Christ-Sauveur, en particulier, s'apparente quasiment à un musée (p. 121).

Les parcs

Rien de surprenant à ce qu'un parc soit en accès libre, mais ce qui l'est plus, c'est que certaines atractions et activités le soient également. Le parc Gorki (p. 133) propose ainsi un cinéma en plein air et un observatoire, tous deux gratuits, et les jardins de l'Ermitage (p. 88) des tables de ping-pong, ainsi que des cours de yoga et de danse.

Le patrimoine

Les musées du musée-réserve de Kolomenskoe (p. 141) et du palais de Tsaritsyno (p. 144) sont payants, mais il ne vous en coûtera rien d'admirer leurs églises et leurs parcs.

Le mausolée de Lénine

Gratuit, et...incontournable, bien sûr (p. 75).

Le métro

Pas tout à fait gratuit. Mais pour 40 roubles, en plus du trajet, on a droit à un musée d'art, une leçon d'histoire et un cours d'urbanisme.

Le VDNKh

Avec ses fontaines et sa splendeur inspirée du réalisme socialiste, ce vaste complexe (p. 90) est un curieux vestige de l'ère communiste. Le capitalisme s'est emparé des lieux, mais l'entrée reste libre.

Le marché d'Izmaïlovo

Ce marché de souvenirs (p. 150) peut faire l'objet d'une journée amusante et quasi gratuite.

Les musées gratuits

Guettez la "nuit au musée" de Moscou : les musées de la ville ouvrent alors gratuitement leurs portes. Elle a lieu chaque année, habituellement en mai. L'entrée est libre toute l'année dans certains musées.

Le Musée juif et Centre de la tolérance

Un chef-d'œuvre multimédia qui brise les barrières et invite à réfléchir (p. 89), abordant un sujet difficile mais essentiel.

La maison Riabouchinsky

La demeure du richissime Nikolaï Riabouchinsky, offerte à l'écrivain Maxime Gorki, est un véritable musée littéraire et chef-d'œuvre d'architecture Art nouveau (également connue comme la maison-musée Gorki) (p. 102).

Le musée de l'Icône russe

La collection privée d'un homme d'affaires russe qui entend faire partager sa passion (p. 149) pour un art quelque peu oublié.

Le centre Sakharov

Ce lieu, qui perpétue la mémoire du célèbre dissident, rassemble des documents sur sa vie et son époque, et organise des expositions (gratuites) artistiques et politiques (p. 151).

Les visites gratuites

Moscow Free Tour

Ce prestataire très coté (p. 32) propose tous les jours une visite à pied gratuite, menée par des guides passionnés et passionnants.

Moscow Greeter

Les "greeters" bénévoles, des résidents, font découvrir waux visiteurs leurs lieux préférés en ville. Dons acceptés.

Moscow 360

Un tour-opérateur ambitieux (p. 32) qui organise quatre promenades guidées à pied gratuites.

Le Wi-Fi gratuit

Dans les hôtels, les restaurants et les cafés, un peu partout en ville, l'accès au Wi-Fi est presque toujours gratuit.

Visas

Hormis quelques exceptions, tout étranger se rendant en Russie doit avoir un visa. Les modalités d'obtention ne sont pas aussi complexes ni aussi longues que l'on se l'imagine souvent. Entamez les démarches au moins un mois avant votre départ.

Un touriste devant la cathédrale Basile-le-Bienheureux

Types de visas

Les principaux types de visas sont les **visas touristiques** (valables 30 jours) et les **visas d'affaires** (valables de 30 à 180 jours). Attention : à moins de résider à l'étranger, il ne vous est pas possible d'obtenir un visa pour la Russie ailleurs que dans votre pays d'origine. Quel que soit le type de visa demandé, il faut fournir son passeport, une photo d'identité, une invitation émanant d'un hôtel ou d'une agence de voyages russe, un formulaire de demande dûment rempli (téléchargeable sur le site Internet de l'ambassade ou sur un site dédié, voir ci-après) et, dans la plupart des cas, un certificat attestant que vous êtes titulaire d'une assurance santé.

Si vous voyagez avec des enfants, vous aurez sans doute besoin d'unc copic de leurs actes de naissance. Les frais varient en fonction du type de visa demandé et de la rapidité à laquelle vous voulez l'obtenir. Pour vous éviter les soucis, et afin de réduire les coûts autant que possible, entamez les démarches pas plus de 2 mois avant la date prévue du séjour.

Formalités

Invitation

Pour obtenir un visa, tous les voyageurs doivent avoir une invitation. Les hôtels et les auberges de jeunesse fournissent ce document à leurs clients. Si vous n'avez pas l'intention de loger dans ce type d'établissement, vous devrez acheter cette invitation auprès d'une agence de voyages ou d'une agence spécialisée dans les visas. On remplit un formulaire en ligne, en donnant les dates prévues de son séjour. En général, les invitations sont délivrées en une semaine. Les agences ci-après peuvent vous fournir une invitation :

- **Russie autrement** (www.russieautrement.com)
- **Visa House** (www.visahouse.com/fra/)
- **Visa to Russia** (www.visatorussia.com)
- **Way to Russia** (www.waytorussia.net)

Demande

Une fois en possession de votre invitation, vous pouvez faire une demande qui doit être déposée à un centre de visas pour la

Russie (centres VHS, Visa Handling Services). On vous indiquera la marche à suivre étape par étape – notamment remplir en ligne le formulaire des services consulaires du **ministère des Affaires étrangères de la Fédération de Russie** (visa.kdmid.ru).

➡ **France** (☎01 71 93 96 96 ; www.vhs-france.com). **Paris** ("Élysées 26", 19 rue de Ponthieu, 75008 Paris ; ⏲9h-13h et 14h-17h lun-ven). **Marseille** ("141 Prado", 141 av. du Prado, bât. B, 2e ét., 13008 Marseille ; ⏲9h-13h et 14h-17h lun-ven). **Strasbourg** (1 rue Goethe, 3e ét., 67 000 Strasbourg ; ⏲9h-13h et 14h-17h lun-ven)

➡ **Belgique** (www.vhs-belgium.com). **Bruxelles** (☎02 663 17 40 ; 3 av. Alphone-Valkeners, 1160 Auderghem ; ⏲9h à 17h lun-ven). **Anvers** (☎03-216-53-70 ; Vlaamskaai, 66-67, 2000 Anvers ; ⏲9h à 17h lun-ven.

➡ **Suisse** (☎031-528 08 25 ; www.vhs-swiss.com). **Berne** (Eigerstrasse 80, 3007 Berne ; ⏲9h-13h et 13h45-17h lun-ven). **Genève** (13 rue Fort-Barreau, 1201 Genève ; ⏲9h-13h et 13h45-17h lun-ven).

➡ **Canada** (www.canada-ils.com). **Ottawa** (☎1 613-670-1125 ; 294 Albert Street, suite 505, K1P 6E6, Ontario ; ⏲9h-12h30 et 14h-16h30 lun-ven). **Toronto** (☎1 416 479 7386 ; 60 St Clair Ave E, suite 200, Toronto ON, M4T 1N5 ; ⏲9h-12h30 et 14h-16h30 lun-ven). **Montréal** (☎1 514-218-5380 ; 1010 Sherwood St West, suite 718, Montréal H3A 2R7, Québec ; ⏲9h-12h30 et 14h-16h30 lun-ven).

Faites la demande une fois que vous avez tous les documents. Le délai de traitement est en théorie de 4 à 10 jours, mais comptez un peu plus. N'hésitez pas à téléphoner pour avoir plus d'informations. Les envois postaux de documents ne sont pas acceptés (sauf en Suisse).

Préparez votre dossier soigneusement car tout dossier incomplet peut être refusé. Lorsque vous recevez le visa, vérifiez bien les dates d'expiration, d'entrée et de sortie du territoire, et les éventuelles restrictions sur les points d'entrée ou de sortie.

Rien ne vous empêche de faire appel à une agence. Cela vous reviendra certes plus cher, mais vous évitera bien des tracas. Certaines agences proposent un tarif modéré pour faire la demande de visa à votre place et aller retirer ce dernier.

➡ **Action-visas.com** (www.action-visas.com)

➡ **Visas Express** (http://visas-express.fr)

NE PAS OUBLIER

Pour tout type de visa, il faut :

➡ **un passeport** valable au moins 6 mois après votre date de retour

➡ **des photos** une ou deux photos d'identité taille passeport

➡ **un formulaire de demande de visa dûment rempli** (téléchargeable)

➡ **frais de dossier** montant variable.

➡ **une invitation** émanant d'un hôtel ou d'une agence de voyages russe

➡ **un certificat** attestant que vous êtes titulaire d'une assurance santé

➡ **Visa Russie** (www.vsi-visa.com/russie/visa/visa-russie)

Enregistrement

À votre arrivée, vous recevrez (ou devrez vous procurer) une carte d'immigration, qu'il vous faudra remplir et faire tamponner avec votre visa. Au contrôle des passeports, l'agent vous rendra la moitié de la carte que vous devrez conserver jusqu'à votre sortie de Russie. Si vous restez à Moscou moins de sept jours, vous serez dispensé de cette formalité. Si vous quittez Moscou, vous devrez vous faire enregistrer de nouveau dans toute ville où vous comptez séjourner sept jours ou plus.

À l'hôtel ou dans une auberge de jeunesse, vous devrez remettre votre passeport et votre visa afin que l'établissement puisse vous déclarer auprès de l'OVIR (Bureau des visas et des enregistrements). On vous rendra ces documents le lendemain ou le jour même.

Si vous logez chez l'habitant ou dans un appartement de location, votre hôte pourra enregistrer votre visa au bureau de poste du quartier. Beaucoup de propriétaires rechignent à effectuer cette démarche. Une solution plus simple consiste à se faire enregistrer par l'agence qui vous a fourni votre invitation (moyennant des frais supplémentaires, environ 500 à 1 000 ₽).

Prorogation

Demander une prorogation de visa est un processus long et compliqué. Cette possibilité n'existe pas pour les visas touristiques.

Circuits organisés

Moscou est une grande ville un peu intimidante. La visiter sous la houlette d'un guide local est un excellent moyen de faire connaissance avec elle. Pensez à laisser un pourboire (comptez 200-500 ₽). De petits cadeaux provenant de votre pays seront aussi très appréciés.

RICK GERHARTER / GETTY IMAGES ©

Circuit en bateau sur la Moskova

À pied

Moscow Free Tour

Chaque jour, ces dames enthousiastes proposent un parcours instructif de 2 heures autour de la place Rouge et de Kitaï Gorod. Cette visite gratuite est d'une telle qualité qu'elle vous incitera peut-être à suivre l'un des excellents **circuits payants** (plan p. 255 ; ☎495-222 3466 ; www.moscowfreetour.com ; Nikolskaya ul 4/5 ; circuits payants 950-1 550 ₽) également proposés couvrant le Kremlin, l'Arbat et le métro, ou une excursion thématique, telle que la Moscou communiste ou la Moscou mystique.

Moscow 360

Cette ambitieuse **agence** (☎8-915-205 8360 ; www.moscow360.org) GRATUIT offre 4 promenades guidées différentes, toutes gratuites. On peut ainsi arpenter la place Rouge, la cathédrale du Christ-Sauveur et le métro, ou opter pour un circuit plus insolite à la découverte de l'AK-47 (le guide et le transport sont gratuits mais vous devrez payer pour tirer). Les pourboires sont naturellement les bienvenus.

Moscow Mania

Une cinquantaine de **circuits** (www.mosmania.com ; circuits 2 heures 2 500-3 500 ₽) sur des thèmes particuliers guidés par une équipe d'historiens diplômés, amoureux de leur ville et passionnés par leur domaine de spécialité. Ils peuvent aussi vous organiser une visite sur mesure. Circuits privés pour 8 personnes maximum.

Patriarshy Dom Tours

Offre un programme sans cesse changeant de **circuits** spécialisés, en anglais, (plan p. 264 ; ☎495-795 0927 ; www.toursinrussia.com ; Vspolny per 6, école n°1239 ; visites de Moscou 700-900 ₽, excursions 1 journée à partir de 1 500 ₽ ; Ⓜ Barrikadnaya) : musées, quartiers, thèmes insolites, ainsi que des excursions d'une journée vers les villes de l'Anneau d'or et d'autres destinations. Cette agence emmène parfois des groupes dans le Grand Palais du Kremlin, normalement fermé au public. Programme mensuel disponible dans les grands hôtels et sur Internet.

Capital Tours

Capital Tours (plan p. 255 ; ☎495-232 2442 ; www.capitaltours.ru ; Gostiny Dvor, ul Ilynka 4, entrée 6 ; visites du Kremlin 1 600 ₽, autres circuits 900 ₽ ; ⏰10h ven-mer ; Ⓜ Kitaï-Gorod), filiale de Patriarshy Dom, propose une visite quotidienne du Kremlin et organise régulièrement des sorties à la découverte du métro ou de Moscou by night. Les guides sont très compétents mais parfois peu aimables. Tous les jours, un circuit de 4 heures consacré à la culture juive permet de visiter plusieurs sites, dont deux synagogues (transport en voiture).

En bateau

Les bateaux de ces deux sociétés suivent grosso modo le même trajet, depuis Kievsky vokzal ou le Radisson Royal, à Dorogomilovo, jusqu'au monastère Novospassky, à Taganka, en passant par le monastère de Novodevitchi, le MGOU, le parc Gorki, la cathédrale du Christ-Sauveur et le Kremlin.

Capital Shipping Co

Les **ferries** (CCK, Столичная Судоходная Компания ; ☎495-225 6070 ; www.cck-ship.ru ; circuit 1 heure 30 adulte/enfant 500/300 ₽, forfait 24 heures 800/400 ₽) naviguent sur la Moskova de mai à septembre toutes les 20 minutes ; montez à n'importe quel arrêt le long du trajet. Au départ, il s'agissait seulement d'une façon de se déplacer, mais les visiteurs se sont vite rendu compte qu'effectuer l'intégralité du trajet (1 heure 30) était un excellent moyen de voir la ville. On peut aussi acheter un forfait d'une journée qui permet de monter et descendre à sa guise. CCK propose également des sorties en bateau à l'extérieur du centre de Moscou, par exemple jusqu'au monastère de Nikolo-Ougrechsky, dans la banlieue est de Dzerjinsky.

Radisson River Cruises

Radisson gère de **grands bateaux mouches** (www.radisson-cruise.ru ; croisière 2 heures 30 adulte/enfant 900/650 ₽, croisière 1 heure 30 650/450 ₽ ; ⏰13h-21h ; Ⓜ Kievskaya) d'une capacité de 140 passagers qui descendent et remontent la Moskova depuis le quai situé devant l'hôtel et le quai du parc Gorki. En été, on compte 5 ou 6 départs par jour de chacun de ces deux points. Les bateaux, fermés et équipés de brise-glaces, permettent des croisières toute l'année, bien que celles-ci soient moins fréquentes en hiver.

À vélo

Couvrir une plus vaste distance et voir davantage de sites tout en faisant de l'exercice au grand air : le vélo n'a que des avantages ! Soyez prudent toutefois, la circulation est dense à Moscou.

Moscow Bike Tours (☎8-916-970 1419 ; www.moscowbiketours.com ; circuit 3 heures 1 800 ₽) offre des circuits à vélo appréciés permettant d'admirer Moscou depuis le quai Krymskaya, d'explorer le parc Gorki et de pousser jusqu'au mont des Moineaux avant de franchir la Moskova vers Khamovniki. Les sorties ont lieu en journée ou le soir. Le week-end, un circuit plus long est proposé.

En bus

Moscow 360

Il est possible de découvrir les sites moscovites à bord d'un **minibus** (☎8-915-205 8360 ; www.moscow360.org ; circuit 3 heures 600 ₽ ; ⏰15h30) confortable et climatisé, avec les commentaires d'un guide compétent et sympathique. Le trajet passe notamment par Tverskaya, Prechistenka, Novodevitchi, le mont des Moineaux et le parc Pobedy.

Hop On, Hop Off

Affilié à Capital Tours, ce **bus aux couleurs vives** (www.hoponhopoff.ru ; adulte/enfant 600/400 ₽ ; ⏰10h-17h) circule dans le centre-ville en marquant 13 arrêts. Le billet, valable 24 heures, permet de monter et descendre à volonté. Départs toutes les 30 minutes.

Se rendre à Saint-Pétersbourg

Aller de Moscou à Saint-Pétersbourg n'a jamais été aussi simple. Si la visite de la deuxième ville du pays entre dans vos projets, vous trouverez un moyen de transport correspondant à vos goûts et à vos moyens.

Train

Tous les trains à destination de Saint-Pétersbourg partent de la gare de Léningrad (Leningradsky vokzal). Achetez un billet dans n'importe quelle gare ou à votre hôtel, ou en ligne sur le site www.tutu.ru ou sur le site officiel des chemins de fer russes (www.rzd.ru).

Trains de nuit

Environ 10 trains de nuit relient Moscou à Saint-Pétersbourg. Ils partent en général entre 22h et minuit pour arriver le lendemain entre 6h et 8h.

Dans les plus confortables, les *firmeny*, un billet en 1re classe (*liouks*) dans un compartiment pour deux coûte 5 500-6 000 ₽ et un billet en 2e classe dans un *koupé* (compartiment pour quatre) 3 000-4 000 ₽. Quelques horaires et prix :

- **2 Krasnaya Strela** 23h55, 8 heures, 1re/2e classe 5 800/3 600 ₽
- **4 Ekspress** 23h30, 9 heures, 1re/2e classe 5 500/3 400 ₽
- **20 Tversk** 12h56, 8 heures, 1re/2e classe 6 000/4 000 ₽
- **54 Grand Express** 23h40, 9 heures, 1re/2e classe 7 600/3 600 ₽

Sapsan

Ces trains à grande vitesse circulant à 200 km/h effectuent la liaison en 4 heures environ. Il y en a toute la journée. Pour des places confortables, comptez 3 100-3 400 ₽. En revanche, les prix sont plus élevés (10 000 ₽, voire plus) tôt le matin. Quelques horaires et prix :

- **752 Sapsan** 6h45, 4 heures, 11 800 ₽
- **758 Sapsan** 13h30, 4 heures 30, 3 400 ₽
- **762 Sapsan** 16h30, 4 heures, 3 200 ₽
- **764 Sapsan** 19h25, 4 heures, 3 200 ₽

Avion

Toutes les compagnies desservent l'aéroport Pulkovo à Saint-Pétersbourg (1 heure 15-1 heure 30 de vol). Réservez bien à l'avance sur leur site pour obtenir un aller à 2 200 ₽, le tarif habituel étant compris entre 3 000 et 3 600 ₽.

- **Aeroflot** (www.aeroflot.ru). Dix vols quotidiens au départ de Sheremetyevo.
- **Rossiya Airlines** (www.rossiya-airlines.com). Environ 8 vols quotidiens au départ de Domodedovo.
- **S7 Airlines** (www.s7.ru). Environ 5 vols quotidiens au départ de Domodedovo.

Bateau

De nombreux bateaux de croisière naviguent entre Moscou et Saint-Pétersbourg. La plupart s'arrêtent à Ouglitch, Iaroslavl, au monastère Goritsky, à Kiji et à Mandroga (près du lac Ladoga). De qualité et de taille similaires, ils transportent environ 250 passagers.

- **Mosturflot** (www.mosturflot.ru, en russe). Croisières de 7-10 jours.
- **Orthodox Cruise Company** (www.cruise.ru). L'*Anton Tchekhov* vogue d'une ville à l'autre en 11 jours.
- **Rechturflot** (www.rtflot.ru). La croisière la plus rapide est celle de 6 jours à bord du *Ryleev*.
- **Vodohod** (www.bestrussiancruises.com). Croisières de 10-13 jours.

Musée d'Histoire (p. 79)

Musées et galeries

Moscou est une capitale cosmopolite dotée d'une histoire riche et d'une culture dynamique, comme en témoigne le nombre croissant de ses musées et galeries d'art. Jadis très encadrés, ces lieux d'exposition font à présent appel aux technologies de pointe et abordent des sujets nouveaux à la fois divertissants et éducatifs.

Musées

Les musées d'histoire se penchent sur chaque période du passé russe ; nombre de propriétés sont devenues des musées d'architecture ; les musées militaires rappellent le passé héroïque de la nation ; et les personnalités ont presque toutes droit à leur "maison-musée". La ville compte aussi deux musées de l'espace, deux musées juifs et deux musées du chocolat.

Collections renommées

La célèbre galerie Tretiakov, consacrée à l'art russe, et le musée des Beaux-Arts Pouchkine, où l'art européen est à l'honneur, sont des lieux exceptionnels d'envergure internationale. Il faut bien une journée (voire plus) pour admirer leurs immenses collections. Moscou compte en outre de multiples galeries dédiées à des artistes ou à des courants artistiques particuliers.

L'ESSENTIEL

Heures d'ouverture

Les musées sont généralement ouverts de 10h à 18h, bien que les horaires puissent varier d'un jour à l'autre. Sachez que la plupart ferment un jour par semaine, souvent le lundi. Certains ont institué des nocturnes une fois par semaine.

Journée sanitaire

De nombreux musées sont fermés un jour par mois pour être nettoyés, habituellement la dernière semaine du mois.

Prix des billets

De nombreux musées pratiquent toujours des tarifs spéciaux, plus élevés, pour les étrangers. Même les réductions sont souvent réservées aux étudiants des universités russes. Renseignez-vous quand même.

La sélection de Lonely Planet

Palais des Armures (p. 74). Les trésors et les objets historiques les plus précieux de Russie y sont conservés.

Galerie Tretiakov (p. 135). Elle abrite les chefs-d'œuvre de l'art russe, des icônes anciennes à de sublimes œuvres modernistes.

Musée juif et Centre de la tolérance (p. 89). L'histoire des juifs de Russie, génies et parias, dissidents et révolutionnaires.

Les meilleurs musées et galeries par thèmes

Histoire

Kremlin (p. 60). Il retrace près de mille ans d'histoire depuis la fondation de Moscou.

Bunker-42, musée de la Guerre froide (p. 149). Descendez sous terre pour voir ce bunker secret de la guerre froide.

Musée de l'Histoire du goulag (p. 88). Le lieu rappelle l'histoire d'un des systèmes concentrationnaires les plus cruels.

Musée juif et Centre de la tolérance (p. 89). L'évocation d'une histoire longtemps négligée.

Musée d'Histoire (p. 79). Son immense collection est consacrée à l'histoire de la Russie depuis l'âge de la pierre.

Littérature

Appartement de Boulgakov (p. 103). L'appartement de l'écrivain censuré accueille aujourd'hui des manifestations culturelles.

Maison-musée Tolstoï (p. 125). Le lieu où l'écrivain le plus célèbre de Russie vécut.

Maison Riabouchinsky (p. 102). Cette demeure à l'architecture superbe fut aussi la résidence de l'écrivain Maxime Gorki.

Maison de Gogol (p. 102). Vous y verrez la cheminée où l'écrivain jeta le manuscrit des *Âmes mortes*.

Art

Galerie Tretiakov (p. 135). C'est le plus beau musée d'art russe : un passage obligé pour les amateurs d'art.

Garage, Musée d'Art contemporain (p. 137). Cette galerie originale et stimulante, faite de tubes de papier, se trouve dans le parc Gorki.

Nouvelle Galerie Tretiakov (p. 138). L'art du XXe siècle y est réuni : réalisme socialiste, avant-garde et art non conformiste.

Galerie de l'Art européen et américain (p. 118). La collection d'œuvres impressionnistes et post-impressionnistes du musée Pouchkine est incomparable.

Maison de Bourganov (p. 123). Un dédale d'édifices et de cours, ornés d'une profusion de sculptures et d'œuvres originales.

Originalité

Musée des Jeux d'arcade soviétiques (p. 149). L'univers des jeux vidéo sous forme de leçon d'histoire et d'étude sociologique.

Musée du Design de Moscou (p. 79). Les œuvres sont exposées dans un grand bus noir et blanc.

Musée de la ville de Moscou (p. 125). L'histoire médiévale est intéressante, et les expositions temporaires provocantes et étonnantes.

Art contemporain

Centre d'Art contemporain Winzavod (p. 148). Complexe postindutriel, installé dans une ancienne usine d'embouteillage de vin.

Octobre Rouge (p. 137). Cette ancienne chocolaterie est désormais un haut lieu de l'art et du divertissement.

Flacon (p. 92). Une ancienne verrerie qui regroupe quantité de boutiques vendant des articles de designers.

ArtPlay sur la Iaouza (p. 148). Ce centre de design occupe l'ancienne usine Monomètre.

Station de métro Ploshtchad Revolyoutsii (p. 39)

Visite du métro

Pas moins de neuf millions de personnes transitent chaque jour par cette merveille architecturale. Marbre et fresques vous attendent pour un voyage qui allie l'utile à l'agréable. Suivez cette visite pour découvrir les stations du métro de Moscou les plus intéressantes et les plus impressionnantes.

L'ESSENTIEL

- **Départ** Komsomolskaya
- **Arrivée** Park Pobedy
- **Distance** 18 km, 1-2 heures
- **Horaires** Le métro de Moscou circule tous les jours de 5h30 à 1h. Il est souvent bondé aux heures de pointe. Le meilleur moment pour le visiter est donc le samedi ou le dimanche matin, ou le soir après 20h.
- **Prix** Un ticket coûte 40 ₽ et vous permet de vous arrêter dans un nombre illimité de stations tant que vous ne sortez pas du métro. Si vous prévoyez de circuler en métro lors de votre séjour à Moscou, vous pouvez vous procurer une carte offrant plusieurs trajets à prix réduit (par exemple 5 trajets pour 160 ₽ ou 11 trajets pour 320 ₽).

Komsomolskaya

À Komsomolskaya, la ligne rouge (ligne Sokolnitcheskaya) croise la ligne circulaire (ligne Koltsevaya). Ces deux stations portent le nom des jeunes volontaires qui participèrent à la construction du métro. Dans la station de la ligne rouge, l'emblème des Komsomol (organisation de la jeunesse communiste) orne le haut des piliers, et une fresque de céramique italienne montre les héros au travail. La station de la ligne circulaire a un immense hall aux parois de stuc, dont le plafond est orné de mosaïques représentant des héros militaires russes.

Depuis Komsomolskaya, on peut remonter la ligne circulaire dans le sens inverse des aiguilles d'une montre, et descendre à chaque station.

Prospekt Mira

Baptisée à l'origine en l'honneur du jardin botanique du MGOu voisin, Prospekt Mira est décorée de délicates représentations sur porcelaine de personnages plantant des arbres ou récoltant d'abondantes moissons, vivant en harmonie avec la nature.

Novoslobodskaya

Pas moins de 32 vitraux ornent cette station dans le plus pur style Art nouveau. Six évoquent les professions dites intellectuelles : architecte, géographe, agronome, ingénieur, artiste et musicien. Au bout de la salle centrale, on peut voir la mosaïque *Paix sur la Terre*, dont le couple de colombes est venu masquer un portrait originel de Staline.

Belorousskaya

Le plafond de mosaïque célèbre la culture, l'économie et l'histoire du Bélarus. Les 12 panneaux illustrent différents aspects de la culture de ce pays voisin de la Russie Au sol, un motif décoratif traditionnel biélorusse a été reproduit.

Prenez ici la ligne verte (Zamoskvoretskaya) où l'ornementation reste biélorusse et faites cap vers le sud.

Mayakovskaya

Cette station incontournable du métro moscovite a gagné le grand prix de l'Exposition universelle de 1938 à New York.

HISTOIRE DU MÉTRO DE MOSCOU

Lorsque Staline annonça son projet de métro dans les années 1930, nombreux furent ceux qui souhaitèrent participer à sa construction. Des milliers de personnes se relayèrent ainsi nuit et jour dans des conditions de travail difficiles avec pour seuls outils pelles, brouettes et piolets. Quelque 10 000 membres des Komsomol (organisation de la jeunesse communiste) contribuèrent à construire le rêve communiste.

La première ligne ouvrit le 16 mai 1935 à 7h. Des milliers de personnes avaient fait la queue devant les portes des stations pour être les premières à prendre le métro tant attendu sur la ligne rouge (entre Park Koultoury au sud et Sokolniki au nord). En 1938, deux nouvelles lignes vinrent s'ajouter au réseau.

La construction se poursuivit au cours de la Seconde Guerre mondiale et plusieurs stations servirent d'abri pendant le siège de Moscou en 1941. La ligne circulaire (Koltsevaya) a ouvert au début des années 1950.

Khrouchtchev plaida pour un métro aux stations utilitaires et uniformes. Mais le réseau continua à s'étendre, et s'étend encore, à l'instar de Moscou.

Sa salle centrale, toute en rhodonite rose (une pierre semi-précieuse) et fines colonnes d'acier, a séduit le jury. Les mosaïques au plafond dépeignent *24 heures au pays des soviets*.

Cette station, l'une des plus profondes (33 m) de la ville, servit d'abri pendant la Seconde Guerre mondiale.

Teatralnaya

Anciennement baptisée Ploshtchad Sverdlova, en l'honneur de Sverdlov, le bras droit de Lénine (dont le buste orne le hall). Les personnages en porcelaine représentent sept républiques soviétiques, chacun portant le costume traditionnel et jouant des instruments de musique de sa région d'origine.

Changez ici pour rejoindre la station Ploshtchad Revolyoutsii sur la ligne bleu foncé (ligne Arbatsko-Pokrovskaya).

Ploshtchad Revolyoutsii

Cette station grandiose s'apparente à une galerie de sculptures. Les bronzes grandeur nature incarnent le peuple lors de la Révolution et dans le "nouveau" monde. En remontant les escalators, on trouve les thèmes suivants : la révolution, l'industrie, l'agriculture, la chasse, les études, le sport et l'éducation des enfants. Touchez le nez du chien du garde-frontière pour réussir vos examens !

Prenez la ligne bleu foncé en direction de l'ouest.

Arbatskaya

Endommagée par une bombe nazie en 1941, cette station fut fermée (définitivement, crut-on alors) et l'on construisit une deuxième ligne, plus profonde. La portion désaffectée reprit du service la décennie suivante, ce qui explique l'existence de deux stations Arbatskaya (et Smolenskaya) sur deux lignes différentes.

Avec ses 250 m, Arbatskaya est l'une des stations les plus longues. Un haut-relief met en valeur le plafond à voûte. Le marbre rouge vient compléter l'ambiance baroque de la décoration.

Kievskaya

Marbre blanc et frise ornementale dans le style de Kiev complètent des panneaux peints représentant des fermiers en tenue traditionnelle, des légumes géants et

Station de métro Mayakovskaya

Circuit dans le métro

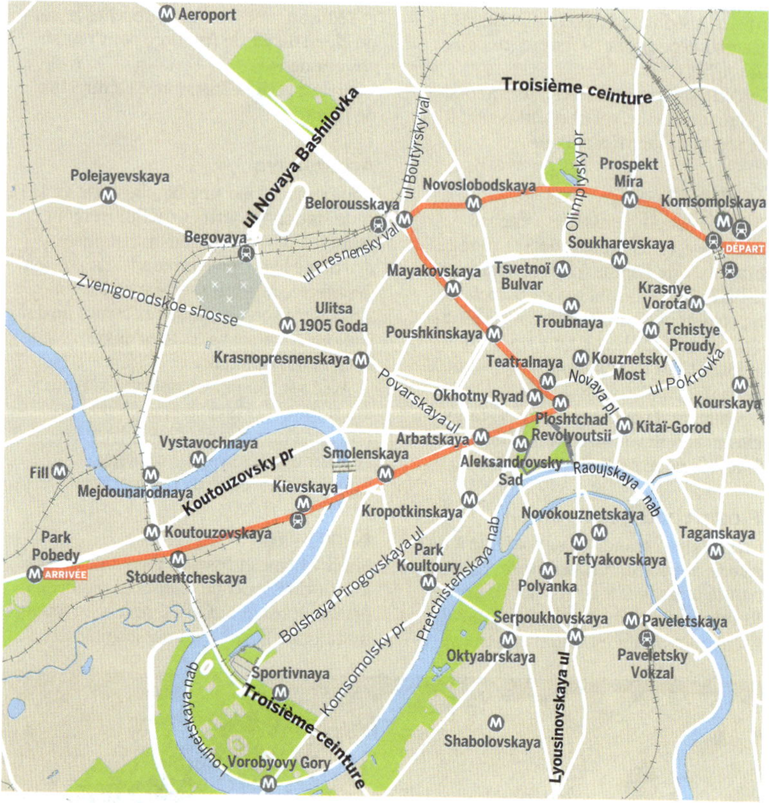

SIMEONE HUBER / GETTY IMAGES ©

Station de métro Komsomolskaya (p. 38)

d'autres aspects du quotidien supposé idyllique de l'Ukraine.

La fresque au bout du hall célèbre trois siècles de coopération russo-ukrainienne.

Park Pobedy

Plus récente, cette station a ouvert après le complexe de Poklonnaya Gora, qui célébrait le 50e anniversaire de la victoire russe lors de la Seconde Guerre mondiale.

Park Pobedy est la station la plus profonde du métro de Moscou, et ses escalators les plus longs du monde. Les panneaux émaillés (signés Zourab Tsereteli) représentent les victoires de 1812 et de 1945.

De là, vous pouvez regagner le centre en rebroussant chemin sur la ligne bleu foncé.

MOMENT OPEN / GETTY IMAGES ©

Chtchi (soupe au chou)

Où se restaurer

Ces dernières années, Moscou est devenue une capitale culinaire. Les gourmets apprécieront le nombre et la qualité des restaurants. Utilisant des produits exotiques, redécouvrant d'anciens modes de cuisson, des chefs audacieux rompent avec les stéréotypes et font montre d'une grande créativité.

Spécialités russes

Le climat a influencé la cuisine russe qui varie également selon l'origine sociale. Les hivers longs ne laissant le temps de pousser qu'aux légumes-racines (pommes de terre ou betteraves), les produits frais sont rares. Les légumes sont souvent servis en saumure et les fruits en compote. "*Chtchi* (chou) et *kacha* (bouillie de sarrasin) sont notre nourriture", disent les paysans russes nourris de soupes et de céréales qui tiennent au corps.

PETIT-DÉJEUNER

Les Russes sautent rarement le petit-déjeuner (*zavtrak*), important pour bien commencer la journée. Leur cuisine compte une demi-douzaine de types de *kacha*, comme le sarrasin, le millet, l'avoine ou encore la semoule. Les blinis sont des petites crêpes à déguster sucrées ou salées.

Dans tous les cas, votre tasse de thé sera au moins accompagnée de pain (*khleb*) avec du beurre et de la confiture.

L'ESSENTIEL

Horaires

Les restaurants ouvrent généralement de midi à minuit mais ferment souvent plus tard les vendredis et samedis.

Prix

Les prix suivants sont ceux d'un plat principal.

€	moins de 500 ₽
€€	500-1 500 ₽
€€€	plus de 1 500 ₽

Repas d'affaires

Une ristourne allant jusqu'à 25% est offerte pour les repas pris avant 16 ou 17h. De nombreux restaurants proposent un repas d'affaires à prix fixe aux mêmes heures. Une bonne aubaine pour s'offrir un bel établissement !

Réservation

Mieux vaut réserver pour déjeuner, dîner ou bruncher dans un endroit branché.

Pourboires

L'usage est de laisser 10% de l'addition. Un peu moins dans les établissements courants. Si le service est inclus, il n'est pas nécessaire de donner un pourboire.

Sites Web

- **Restoran.ru** (www.restoran.ru). Critiques de restaurants, recettes et renseignements.
- **Moscow Times** (www.themoscowtimes/guides/dining). Publie un guide que l'on peut parcourir par cuisines, stations de métro ou autres particularités.
- **Menu.ru** (www.menu.ru). Listings (en russe) de menus, infos pratiques, dont des plans, sur des centaines de restos, bars et clubs.

ENTRÉES ET SALADES

Que ce soit en début de repas ou entre deux verres de vodka, les hors-d'œuvre (zakouski) occupent une part importante de la cuisine russe. Jadis, un hôte qui se respectait avait toujours plusieurs zakouski prêts sur la table pour accueillir d'éventuels invités.

La Russie est surtout célèbre pour son caviar (*ikra*), dont se délectent toujours les nouveaux riches, comme autrefois les tsars. Les meilleurs sont les caviars noirs, œufs d'osciètre (beluga). Mais la surpêche a récemment décimé la population de ces poissons, entraînant une hausse drastique des prix. Le caviar rouge (de saumon, moins cher et plus salé) reste à la portée de toutes les bourses. On l'étale sur du pain beurré et on l'accompagne d'un verre de vodka ou d'une flûte de champagne.

La plupart des menus traditionnels offrent une multitude de salades, dont les noms vous laisseront parfois perplexe. La plus appréciée est la salade Olivier (*salat olivye*), composée d'émincé de poulet ou de jambon, de pommes de terre, d'œufs, de petits pois et de mayonnaise. Le "hareng en manteau de fourrure" (*seld pod shouboï*), salade russe par excellence, mélange hareng, betteraves et pommes de terre fait également partie des classiques.

SOUPES

Les soupes sont probablement le *nec plus ultra* de la cuisine russe, et se déclinent en variétés à la fois chaudes et froides au menu des restaurants et dans les cuisines locales. Le bortsch (soupe de betteraves) est la plus célèbre d'entre elles, suivie de la *solyanka*, un bouillon de viande avec des légumes salés et une touche de citron, et l'*okroshka*, une soupe froide à base de *kvas* (eau de pain de seigle fermenté).

Les soupes sont servies en entrée et apparaissent souvent dans la catégorie *Pervaya* (ce qui signifie "premier") sur les menus.

PLATS PRINCIPAUX

Les plats principaux russes traditionnels sont généralement riches et à base de viande. Les côtelettes frites *(kotlet)* et les kebabs grillés (chachliks) sont des mets populaires que l'on retrouve souvent sur les cartes, dans la catégorie *Glavnaya* (principal) ou *Vtoraya* (second).

Particulièrement apprécié en hiver, le *jarkoye* (pot-au-feu) est un ragoût de viande servi très chaud dans un pot en céramique individuel.

Les *Pelmeni* (raviolis), aliment réconfort russe par excellence, sont de petits raviolis habituellement farcis de porc ou de bœuf et accompagnés de crème aigre. Traditionnellement servis en Sibérie, on les trouve aujourd'hui sur les tables dans tout le pays. Des variantes au saumon ou aux champignons sont également proposées dans les restaurants modernes de Moscou.

Cuisines tendance

CUISINES D'AILLEURS

Il y a une dizaine d'années, les Moscovites raffolaient des sushis, mais l'engouement pour le poisson cru s'essouffle. En revanche, leur goût pour les saveurs internationales perdure. Pour varier des soupes de betterave et des bœufs Stroganov, vous trouverez d'excellents restaurants français, italiens et américains, mais également chinois, libanais, thaïlandais, turcs et autres.

Les cuisines copieuses des anciennes républiques soviétiques d'Asie Centrale et du Caucase sont également populaires – et peut-être plus intéressantes pour les visiteurs. La capitale compte quantité de restaurants représentant le meilleur de la cuisine arménienne, azéri, géorgienne et ouzbek – avec généralement des gens du pays en cuisine.

CUISINE CRÉATIVE

Aujourd'hui, la tendance culinaire à Moscou est l'*avtorskaya koukhnya* ("cuisine d'auteur"), concoctée par de jeunes chefs, qui marient le meilleur des produits régionaux et étrangers. Les menus de saison mettent en valeur les ingrédients locaux. Les techniques de cuisson, la préparation et les saveurs s'inspirent du monde entier, donnant ainsi des plats innovants et uniques – et succulents.

Ce regard neuf sur la cuisine est mis en avant à l'**Omnivore Festival** (www.omnivore-moscow.ru), qui se tient tous les ans 5 jours en mars. Au programme : cours de maîtres, tests de saveurs, séances de dégustation et grand dîner de clôture.

VÉGÉTARIENS

La révolution culinaire des dernières années a fait de Moscou une terre fréquentable pour les végétariens et végétaliens. La plupart des restaurants proposent un menu végétarien – particulièrement les indiens et les italiens. Durant les 40 jours avant la Pâque orthodoxe (*post*), de nombreux restaurants proposent des plats sans substance animale.

Cuisiner comme un Moscovite

Taste of Russia (plan p. 270 ; ☎8-906-717 8290 ; www.tasterussia.ru ; bât 4, Kazarmenny per 3 ; cours de 3 heures 3 500 ₽, visite du marché 1 500 ₽ ; Ⓜ Kourskaya) propose des cours en anglais, des visites du marché, des dégustations de vins et des cours pour les enfants. Les cours sont donnés en soirée, lors de la préparation du repas, qui est savouré à la fin.

LES RESTES DE LA TABLE DES CIEUX

L'auteur Darra Goldstein décrit l'ancienne république soviétique de Géorgie comme "un pays béni par les restes de la table des cieux". À l'exception des cieux eux-mêmes, Moscou est le meilleur endroit, en dehors du Caucase, pour goûter à cette cuisine riche et épicée.

La cuisine géorgienne est le résultat de multiples influences, et offfre notamment des pointes de saveurs méditerranéennes et moyen-orientales. Mais ce sont avant tout les aspects réellement géorgiens qui rendent cette cuisine si délicieuse. La plupart des plats de viande et de légumes utilisent des noix moulues ou de l'huile de noix comme ingrédient fondamental, ce qui leur confère une saveur typique. Le mélange d'épices *khmeli-suneli*, qui allie coriandre, ail, piment, poivre et autres épices à un substitut de safran à base de pétales de soucis séchés, est également caractéristique.

Les chefs géorgiens adorent cuisiner au-dessus d'une flamme nue, et les viandes grillées font partie des meilleurs mets géorgiens. Les herbes, comme la coriandre, l'aneth et le persil, sont souvent servies fraîches, sans préparation ou sauce, pour rafraîchir le palais après un plat un peu riche. Le raisin et la grenade n'apparaissent pas seulement en tant que desserts, mais aussi de tartes accompagnant les viandes au four. La spécialité géorgienne la plus appréciée est sans doute le *khatchapouri*, un pain riche au fromage, confectionné à partir de pâte fraîche cuite en forme de disque et farcie de *soulougouni*, un fromage aigre et salé. On le sert parfois avec un œuf cru au milieu.

Tout autour de Moscou, vous trouverez des dizaines de restaurants géorgiens dans toutes les gammes de prix. Profitez-en pour goûter à cette cuisine délicieuse ; l'occasion ne se représentera peut-être pas avant d'atteindre Tbilissi.

La sélection de Lonely Planet

Delicatessen (p. 94). Venez dîner, prendre un verre et bavarder dans le pub gastronomique le plus chic et accueillant de Moscou.

Café Pouchkine (p. 107). Demeure aristocratique et cuisine russe exquise, le favori des Moscovites.

Khatchapouri (p. 105). Un établissement décontracté et contemporain pour déguster la spécialité géorgienne du même nom.

Kak Yest (p. 105). Rien d'extravagant, simplement une cuisine fraîche, locale et véritablement innovante.

Kitayskaya Gramota (p. 152). Une sérieuse influence cantonaise, dans un environnement ludique et ironique.

Lavka-Lavka (p. 94). Des spécialités gastronomiques provenant directement de fermes locales et cuisinées par un chef créatif.

Les meilleures adresses par prix

€

Varenitchnaya N°1 (p. 126). Une adresse familiale conviviale servant raviolis et autres recettes russes à l'ancienne.

Respoublika Shawarma (p. 92). De délicieux shawarmas bien garnis.

Doukhan Tchito-Ra (p. 153). Sans doute les meilleurs raviolis khinkali de ce côté du Caucase.

Zupperia (p. 92). Établissement décontracté ouvert à l'heure du déjeuner et tenu par un chef célèbre. Les soupes tiennent le haut de l'affiche.

Shtolle (p. 107). Un café accueillant proposant des tourtes fraîchement sorties du four, garnies selon votre choix.

€€

Ragout (p. 108). Cuisine créative, clientèle chic et prix abordables : un mariage rare !

Favorite (p. 105). Apprécié des Moscovites et des expatriés pour ses hamburgers, steaks et bières.

€€€

Café Pouchkine (p. 107). Toujours la meilleure table pour faire une folie à Moscou.

Ugolyok (p. 107). Une cuisine et un style tout à la fois avant-gardistes, artistiques et élégants.

Brasserie Most (p. 94). Un tour gastronomique luxueux de la Bretagne à l'Alsace, en passant par la Corse.

Les meilleures adresses par catégories

Cuisine russe

Café Pouchkine (p. 107). Un dîner digne de la haute société russe et des aristocrates d'antan.

Tchemodan (p. 128). Pour un avant-goût de la nature sauvage de Sibérie.

Cuisine du Caucase

Khatchapouri (p. 105). Une cuisine géorgienne délicieuse et agréablement abordable.

Barashka (p. 95). Goûtez à des mets azéris originaux dans un restaurant qui rappelle Bakou.

Elardji (p. 127). Plats géorgiens traditionnels, servis dans une cour confortable.

Cuisine d'Asie centrale

Vostotchny Kvartal (p. 127). Un cadre magnifiquement exotique pour déguster *plov* et autres plats orientaux.

Cuisine végétarienne

Fresh (p. 92). Cuisine fraîche mais également variée, nutritive et appétissante.

Moscow-Delhi (p. 153). Une cuisine indienne de village au cœur de Moscou.

Les meilleurs chefs

Delicatessen (p. 94). Ivan Shishkin peut se vanter d'avoir ouvert le premier pub gastronomique de la capitale.

Lavka-Lavka (p. 94). Boris Akimov a lancé le mouvement " de la ferme à l'assiette" à Moscou.

Kak Yest (p. 105). Sergueï Berezutsky apporte une touche moderne à la cuisine russe.

Uilliam's (p. 105). Restaurant phare du chef Uilliam Lambert, qui y "cuisine avec le cœur".

La meilleure cuisine de rue

Respoublika Shawarma (p. 92). Parfait car près des jardins de l'Ermitage.

AC/DC in Tbilisi (p. 140). Des hamburgers au fort accent caucasien.

Cocktails au fruit de la passion

Où prendre un verre et faire la fête

Jadis, on allait à la ryoumotchnaya *(de ryoumka, petit verre de vodka). Peu recommandables, ces lieux servaient les* sto grammov *(100 grammes) de vodka, quelque chose à grignoter, mais rien d'autre. La ville a depuis diversifié son offre, et, si l'on peut encore s'encanailler dans une* ryoumotchnaya, *on peut aussi choisir un bar à vins ou à whiskys, une microbrasserie ou un bar à cocktails. Le tout à consommer avec modération bien sûr.*

Boissons

VODKA

Vodka est le diminutif de *voda*, "eau" en russe. C'est en quelque sorte la "petite eau"... Le plus souvent, on la boit dans des petits verres que l'on vide d'un seul coup en les faisant suivre d'un cornichon.

Au cours des dernières années, les cocktails sont devenus plus à la mode, et les femmes, du moins, ne sont plus obligées de boire leur vodka pure.

BIÈRE

Les visiteurs sont souvent surpris en découvrant que les Moscovites apprécient la bière (*pivo*) plus que toute autre boisson alcoolisée. Baltika, le plus gros fabricant du pays, en propose 12 variétés. Si vous préférez la pression, les microbrasseries ne manquent pas en ville.

VIN

On boit du *Sovietskoe shampanskoe* (mousseux) pour fêter les grandes occasions.

L'ESSENTIEL

Horaires

La plupart des bars et des pubs ont les mêmes horaires que les restaurants (12h-minuit). Certains établissements animés restent ouverts jusqu'à 5h ou 6h, surtout le vendredi et le samedi.

Prix

Les prix varient beaucoup en fonction du lieu. Une pinte de bière ou 50 g de vodka coûtent de 100 à 400 ₽. Dans les clubs les plus branchés, n'espérez pas boire un cocktail pour moins de 500 ₽.

Pour entrer en discothèque

- Mettez-vous sur votre trente et un : jupe et talons hauts pour les filles, pantalon chic et chaussures de cuir pour les hommes.
- Venez en groupe constitué, si possible, d'une majorité d'hommes.
- Parlez français. Les étrangers n'ont plus le côté spécial qu'ils avaient naguère à Moscou, mais ils gardent une certaine particularité.
- Souriez. Pour le physionomiste, votre enthousiasme contribuera à la bonne ambiance du lieu.
- Réservez une table. Dans les clubs haut de gamme, cela suppose parfois un investissement colossal.

C'est aussi la boisson de l'entracte au théâtre. Attention toutefois à son goût généralement très sucré. Préférez-le sec, *soukhoe*. La capitale compte désormais plusieurs bars à vins doux, où les Moscovites viennent déguster des grands crus, principalement européens.

KVAS

De la bière de pain ! Cette boisson peu alcoolisée et légèrement sucrée est obtenue en mettant du pain de seigle à fermenter dans de l'eau. On en boit l'été pour se rafraîchir. Aujourd'hui, les fûts sont plus petits, mais des vendeurs ambulants s'installent toujours dans les parcs et devant les stations de métro pour servir les passants. Cette boisson fraîche et savoureuse est aussi communément servie dans les restaurants.

Où prendre un verre

Boire est un passe-temps national en Russie et Moscou n'est pas en reste : les anciennes usines y ont été transformées en boîtes de nuit, la moindre cour ombragée sert de terrasse où l'on boit de la bière et les appartements communautaires sont devenus de douillets cafés. Les rues piétonnes comme celle de l'Arbat et Kamerguersky per attirent la plupart des fêtards. L'ancienne chocolaterie Octobre Rouge, à Zamoskvorechie, accueille de nombreux débits de boisson.

DISCOTHÈQUES

Les nuits moscovites ont la réputation, justifiée, de repousser les limites. Chaque semaine, des clubs à l'ambiance déchaînée ouvrent et ferment, et tous se surpassent en matière d'excentricité et de glamour. De nombreux établissements pratiquent une sévère sélection de leur clientèle. Pour ceux qui n'ont pas leurs entrées, il existe heureusement des clubs plus ouverts, où la musique est bonne, l'alcool, fort, et l'ambiance, branchée. La plupart ouvrent à minuit et ne ferment qu'à l'aube.

TOURNÉE DES BARS

Vous voyagez seul et cherchez des compagnons pour prendre un verre ? Les videurs vous impressionnent ? Une tournée des bars organisée est un bon moyen de rencontrer des touristes du monde entier, de rentrer dans des clubs branchés et de découvrir la vie nocturne de Moscou :

- **City Pub Crawl** (www.citypubcrawl.ru ; 1 500 ₽). Cinq clubs. Cinq boissons. Et une bande de joyeux touristes à Moscou.
- **Moscow Pub Crawl** (www.moscowpubcrawl.com ; 600 ₽). Le tarif inclut l'entrée dans quatre bars à la mode, et un verre de bienvenue dans chaque. La soirée se termine dans une discothèque, où vous pourrez vous défouler sur la piste de danse.

CAFÉS D'ÉTÉ

L'été ne durant pas longtemps, il s'agit de n'en rien manquer. Les bons restaurants ouvrent donc un *letnoe kafe* (café d'été), qui investit la cour, le trottoir, ou le toit – les clients pouvant ainsi profiter des beaux jours à l'extérieur.

La sélection de Lonely Planet

Entousiast (p. 96). Un bar déguisé en atelier de réparation de scooters.

3205 (p. 95). Un menu de bar complet et innovant, servi dans un ravissant jardin.

Noor (p. 96). Un peu hippie, un peu branché, totalement cool.

Time-Out Bar (p. 109). Bons cocktails et vue magnifique.

Les meilleurs lieux par boissons

Bière

Favorite (p. 105). Sert la bière Brickstone, brassée à Moscou.

Cafe Vokzal (p. 96). Un pub gigantesque aux bières bon marché et à la clientèle estudiantine.

Edward's (p. 155). Un bar de quartier dans un emplacement non conventionnel : une usine réaménagée.

Vin

Gavroche Wine Bar (p. 128). Réchauffez-vous avec un verre de vin dans ce bar chaleureux.

3205 (p. 95). Un jardin propice invitant à prendre un verre de Bordeaux.

Jean-Jacques (p. 107). Le premier bar à vins de Moscou a fait des petits dans toute la ville.

Cocktails

Jagger (p. 109). Ambiance enflammée dans ce bar et discothèque au cœur du complexe Trekhgornaya.

Time-Out Bar (p. 109). Des cocktails à toute heure de la journée.

Delicatessen (p. 94). Ce pub gastronomique mixe un cocktail d'enfer.

WT4 (p. 144). Mêlez-vous à la foule branchée de Moscou dans un beau décor postindustriel.

Café

OMG! Coffee (p. 154). La carte est une véritable encyclopédie sur la préparation du café.

Coffee Bean (p. 155). La première chaîne de cafés à Moscou reste la meilleure.

Café Studio d'Art Lebedev (p. 109). Un petit coin rempli d'œuvres d'art pour les amateurs de café esthètes.

Conversation (p. 109). Ce café qui rappelle Brooklyn donne envie de s'y attarder.

Gogol-Mogol (p. 128). L'endroit idéal pour accomp agner son café d'une petite douceur.

Les meilleurs lieux par catégories

Cafés d'été

Club Manon (p. 110). Doté d'une belle et grande terrasse donnant sur la Moskova.

Le Boule (p. 142). L'alcool fait parfois bon ménage avec le sport, comme le cidre avec la pétanque au parc Gorki.

3205 (p. 95). Un endroit parfaitement charmant dans les jardins de l'Ermitage.

Soirées gays et lesbiennes

12 Volts (p. 97). Convivial et chaleureux – un refuge tout autant qu'un lieu pour s'amuser.

Secret (p. 155). Contre toute attente politique, le Secret continue d'être partagé.

Danse

Gipsy (p. 142). Lieu de rencontre des nomades modernes sur le toit d'une ancienne chocolaterie.

Club Manon (p. 110). Dansez jusqu'au petit matin, puis regardez le soleil se lever sur Moscou.

Café des sports

Pivnoï zal Jigouli (p. 128). Bière brassée localement et sport sur grand écran.

Le cirque Nikouline, sur le boulevard Tsvetnoï (p. 97)

Où sortir

Les arts du spectacle sont l'un des principaux atouts de Moscou. Ballets classiques, concerts et théâtre moscovites sont au cœur de la culture russe. Les créateurs actuels mettent toutefois l'accent sur la modernité. Que votre cœur batte pour Tchaïkovski ou pour la musique expérimentale, Moscou saura vous combler.

Arts de la scène

Vantés, acclamés, les arts d'interprétation classiques prennent à Moscou une ampleur rare. Des artistes professionnels extrêmement appréciés jouent dans des théâtres dont la plupart ont été magnifiquement rénovés.

OPÉRA ET BALLET

Nul ne s'est jamais plaint d'une pénurie d'opéra et de danse classique russes à Moscou. Tchaïkovski, Prokofiev, Rimski-Korsakov ou d'autres compositeurs russes célèbres sont toujours à l'affiche des plus grandes salles. Les chorégraphies et les mises en scène de ces classiques ne brillent certes pas par leur originalité, mais qui dit classique dit tradition. Si vous recherchez la nouveauté, sachez toutefois que certaines compagnies préfèrent la création à la redite.

La plus grande compagnie d'opéra et de ballet de la ville, et la plus célèbre, est celle du Bolchoï. L'essentiel du répertoire de cette troupe de renommée mondiale est classique, avec des chorégraphies dans le style de Balanchine et de Petipa. Ces dernières années, le Bolchoï a créé de nombreuses œuvres nouvelles. Après cinq ans de rénovation, sa scène historique a rouvert en grande pompe en 2011.

Le "rival" du Bolchoï est le théâtre musical Stanislavski et Nemirovitch-Dantchenko. Outre son répertoire classique, cette compagnie prestigieuse monte depuis plusieurs années des ballets et opéras d'avant-garde.

La ville compte par ailleurs une multitude de jeunes troupes d'opéra et de ballet. Pour voir des créations contemporaines et expérimentales, essayez le Novy Ballet (Nouveau Ballet), installé dans un petit théâtre à Basmanny.

MUSIQUE CLASSIQUE

Il n'est pas rare de voir des musiciens talentueux jouer dans les couloirs du métro moscovite. S'ils sont parfois virtuoses, rien ne vaut un concert dans une vraie salle.

Fondé en 1922, l'orchestre symphonique le plus ancien et le plus prestigieux de la ville est le Philharmonique de Moscou, qui se produit dans la salle de concerts Tchaïkovski et dans la Grande Salle du conservatoire de Moscou. Donnant des centaines de concerts tous les ans, cet orchestre reste le porte-étendard de la musique classique dans la capitale, voire dans le pays.

À l'autre bout de la ville, à la Maison internationale de la musique, l'Orchestre philharmonique national de Russie était, à sa création en 1990, le premier orchestre symphonique privé du pays. Vers la même époque, les sœurs Levine ont fondé l'Orchestre symphonique de Moscou (MSO), un groupe de musiciens qui continue de fonctionner avec un budget relativement peu élevé sous la direction du jeune chef d'orchestre Vladimir Ziva, et donne des concerts au conservatoire Tchaïkovski de Moscou.

MUSIQUE MODERNE

Des DJ et groupes de musique de Russie et d'ailleurs convergent vers Moscou et ses nombreux clubs et théâtres. L'été est une saison particulièrement chargée, avec plusieurs grands festivals en plein air. Les clubs et les salles de concerts publient des programmes mais des affiches dans les rues annoncent également les concerts à venir.

THÉÂTRE

À moins de comprendre le russe, on évitera les pièces de théâtre pour se porter sur la musique et la danse. Sachez cependant que la longue tradition théâtrale moscovite est toujours bien vivante. La ville compte quelque 40 salles et d'innombrables troupes d'amateurs.

L'ESSENTIEL

Billets

La plupart des théâtres vendent leurs billets en ligne. Vous pourrez aussi les acheter à la billetterie de la salle ou dans une *teatralnaya kassa* (kiosque) telle qu'il en existe plusieurs à Moscou.

Prix

En dehors du Bolchoï, et à l'exception des places aux premiers rangs, les spectacles sont incroyablement peu chers à Moscou et les salles ne pratiquent pas de tarifs spéciaux pour les étrangers. Au Bolchoï, les premiers prix sont à 1 000 ₽ – ailleurs, comptez la moitié de cette somme. Les concerts de musique contemporaine sont à des prix variables. Les têtes d'affiche, russes et étrangères, peuvent représenter une coquette somme. Les prix démarrent à 500 ₽ et atteignent entre 2 000 et 4 000 ₽ pour les meilleures places.

Saison théâtrale

Malheureusement pour ceux qui auront choisi de visiter Moscou en été, de nombreuses salles ferment entre la fin du mois de juin et le début du mois de septembre.

CIRQUE

Moscou compte deux cirques permanents très appréciés qui offrent des spectacles fabuleux à un public de tout âge. Près du centre, le boulevard Tsvetnoï abrite le cirque de Moscou depuis 1880. Ce "vieux" cirque, qui porte aujourd'hui le nom du célèbre clown Iouri Nikouline, a longtemps été considéré comme une référence pour tous les autres, et ce jusqu'en 1971, lorsque fut construit le cirque du Bolchoï (ou Grand Cirque de Moscou) dans Vernadskovo, une salle dernier cri, plus vaste, dotée de 5 pistes interchangeables (piste nautique, patinoire, piste équestre, etc.) et d'une capacité d'accueil de 3 500 spectateurs.

Ces deux cirques font intervenir des acrobates, des animaux, des danseurs, des numéros de cabaret et des clowns. Certains

À TOUTE VAPEUR !

Pour suer en faisant preuve de savoir-vivre :

- **Piquez une petite tête** – ou prenez une douche froide s'il n'y a pas de piscine. L'eau froide aidera votre corps à reprendre une température normale.
- **Oubliez le maillot de bain**. La plupart des *bani* publiques ne sont pas mixtes. Lorsque c'est le cas, on vous fournit un drap.
- **Réhydratez-vous** entre les bains de vapeur. Les *bani* servent normalement du thé ou de la bière, mais rien ne vaut de l'eau ou du jus de fruits.
- **Une fois c'est bien, deux fois, c'est mieux !** La plupart des baigneurs retournent à la *parilka* (bain de vapeur) plusieurs fois. Prévoyez 1 ou 2 heures pour bien en profiter.

numéros sont réellement stupéfiants, surtout ceux de voltige. On peut aussi admirer des singes, des ours, des lions de mer et, uniquement au cirque Nikouline, de grands félins. Même si l'on pense que les animaux sauvages n'ont rien à faire dans un cirque, ils ne semblent pas maltraités.

Sports à voir

La réputation sportive de la Russie est tout à fait justifiée et ses athlètes connaissent depuis longtemps le succès et la gloire en hockey sur glace, en gymnastique et en patinage entre autres.

FOOTBALL

Le football est le sport le plus populaire du pays et connaît aujourd'hui un important essor, avec la construction de plusieurs stades dernier cri en vue du Mondial de 2018. Cinq équipes jouent dans la principale ligue (*Vyshtchaya Liga*).

L'équipe la plus titrée de la ville est le **FC Spartak** (www.spartak.com). De l'époque soviétique et de son ancien sponsor, une ferme collective, elle a gardé le surnom de Myaso (viande). Le club joue dans le stade Spartak (également appelé Otkrytie Arena), un lieu flambant neuf au nord du centre, près de l'aérodrome de Toushino.

Son rival, le **FC Dynamo** (www.fcdynamo.ru) attend que soit achevé le nouvel et ultra-moderne VTB Arena, un stade de 45 000 places qui comprendra un ensemble commercial et récréatif. L'inauguration est prévue pour 2016.

Le **FC Lokomotiv** (www.fclm.ru), deux fois vainqueur de la ligue et le **Tsentralny Sportivny Klub Army** (CSKA ; www.pfc-cska.com), qui ont tous deux ou trois titres à leur actif sont également des clubs moscovites.

HOCKEY SUR GLACE

La principale équipe moscovite de la Ligue continentale de hockey (KHL) est le **HC CSKA** (www.cska-hockey.ru), l'équipe de l'Armée rouge. Ce club qui a gagné le plus de championnats soviétiques et européens de l'histoire. Il joue au stade CSKA.

BASKET

Le basket ne suscite plus autant d'enthousiasme que dans les années 1980. La meilleure équipe de Moscou, le **CSKA** (www.cskabasket.com), s'en sort toujours honorablement dans le championnat européen. Elle joue au stade CSKA mais déménagera au VTB Arena lorsque celui-ci sera achevé.

Bania

Moins chaude mais plus humide que le sauna, la *bania* est votre meilleure alliée contre l'hiver.

Dans la *parilka*, le bain de vapeur, on entre nu – les hommes d'un côté, les femmes de l'autre. On fait monter la température en ajoutant de l'eau sur des pierres chauffées. On peut également y faire couler quelques gouttes d'eucalyptus. Ensuite, il n'y a plus rien à faire qu'à s'asseoir et à attendre.

Pour éliminer les toxines et améliorer leur circulation, les baigneurs se fouettent avec des branches de bouleau, les *veniki*. Si vous ne connaissez personne, vous pouvez choisir de confier cette tâche à un professionnel.

Quand la chaleur se fait intolérable, sortez. Les *bani* publiques comportent généralement une piscine remplie d'eau glacée. Le choc thermique est pour le moins vivifiant !

À la sortie, quelques gourmandises ou une tasse de thé vous attendent. Reposez-vous et retournez dans le bain de vapeur.

Et comme on dit en russe : *s lyokym parom !* (joyeuse vapeur).

La sélection de Lonely Planet

Théâtre Bolchoï (p. 87). Une expérience incomparable et l'une des salles les plus belles et les plus raffinées du monde.

Masterskaya (p. 96). La programmation musicale éclectique de ce bar convivial reflète le visage multiforme de Moscou.

Bains Sandouny (p. 99). On évacue le stress dans les vapeurs bienfaitrices de cette luxueuse et historique *bania*.

Maison internationale de la musique de Moscou (p. 145). Récemment ouverte, cette salle de concerts au bord du fleuve a une programmation magique.

Les meilleures adresses par catégories

Opéra, danse

Théâtre Bolchoï (p. 87). Où les danseurs semblent ne jamais toucher le sol.

Théâtre musical Stanislavski et Nemirovitch-Dantchenko (p. 97). Cette compagnie établie de longue date se distingue par sa tendance à l'innovation.

Novy Ballet (p. 156). Défriche de nouveaux territoires physiques et culturels.

Novaya Opéra (p. 97). Œuvres classiques dans un cadre superbe au cœur des jardins de l'Ermitage.

Musique classique

Salle de concerts Tchaïkovski (p. 110). Cet immense auditorium abrite le plus ancien orchestre philharmonique de la ville.

Maison internationale de la musique de Moscou (p. 145). Une salle impressionnante pour l'Orchestre philharmonique national de Russie.

Conservatoire Tchaïkovski (p. 110). Accueille des orchestres professionnels et des récitals donnés par des étudiants.

Musique moderne

Masterskaya (p. 96). Le bar rock indé le plus tendance de la ville, caché dans une cour derrière le Bolchoï.

16 Tons (p. 110). Des groupes moscovites et russes se produisent ici de longue date.

Rhythm Blues Café (p. 129). Du jazz et du blues à l'ancienne, dans un cadre sympathique et décontracté.

Art Garbage (p. 156). DJ et groupes locaux, tous les soirs de la semaine.

Bains

Bains Sandouny (p. 99). Les *bani* russes par excellence : des bains historiques et superbement décorés.

Bersenevskiye Bany (p. 145). Sis dans un quartier branché, cet établissement récent occupe l'ancienne distillerie de vodka Smirnoff.

Krasnopresnenskiye Bany (p. 111). Une *bania* publique appréciée pour sa propreté et sa qualité.

Les clubs et les événements sportifs à suivre

Stade Spartak (p. 110). Un lieu ultra-moderne où joue la meilleure équipe de foot de Moscou.

Stade Loujniki (p. 129). C'est toujours le stade le plus vaste et le plus célèbre de la capitale.

Stade du CSKA (p. 98). Accueille les équipes de basket et de hockey les plus titrées de Moscou – mais plus pour longtemps.

Shopping

Moscou est une ville chère. Si vous espériez y faire de bonnes affaires, vous serez déçu. Il est toutefois possible de dénicher un petit créateur de bijoux d'avant-garde, de beaux objets d'artisanat, du linge de maison ou encore un petit souvenir insolite que vous ne trouveriez nulle part ailleurs.

Mode

Le phénomène a gagné la capitale russe, et quelques créateurs moscovites se démarquent par leur style inventif et sophistiqué. Plusieurs boutiques vendent leurs modèles, à des prix qui ne sont pas à la portée de toutes les bourses.

DÉFILÉS

Moscou accueille deux événements majeurs :

- **Moscow Fashion Week** (www.mfw.ru). Au Gostiny Dvor à la fin du mois de mars.
- **Mercedes Benz Fashion Week Russia** (www.mercedesbenzfashionweek.ru). Au World Trade Centre en avril et octobre.

FOURRURE

C'est en hiver que les Moscovites sortent leurs plus beaux atours… ou les plus horribles (tout dépend de votre point de vue). Si porter de la fourrure vous semble absurde à une époque où l'on peut la remplacer par autre chose pour avoir chaud, elle est ici considérée davantage comme une nécessité que comme un signe extérieur de richesse.

Artisanat

Vous trouverez les petites merveilles et le bric-à-brac des artisans moscovites dans toutes les boutiques de souvenirs de la ville et au marché d'Izmaïlovo. Vous pourrez toujours tenter de marchander, mais n'espérez cependant pas un rabais supérieur à 5 ou 10%.

De la traditionnelle poupée gigogne, la matriochka, aux plats et aux ustensiles décorés de motifs floraux, le style *khokhloma* se décline en une infinité de bibelots de bois peints, la grande spécialité locale. Vous trouverez également sans mal des boîtes laquées (*palekh*) ornées de scènes colorées.

Gjel, petit village situé à 50 km au sud-ouest de Moscou, produit de la poterie depuis le XIVe siècle. On aime ou on déteste ces préciosités voluptueuses aux motifs bleu cobalt.

Tissus

La capitale russe, si elle n'est plus l'épicentre de l'industrie textile russe, a encore quelques belles boutiques – lin, laine et calicot règnent ici en maîtres incontestés.

Les étés chauds et humides russes et le sol fertile de ce pays conviennent parfaitement à la culture de cette matière noble. Acheter du lin ici vous reviendra moins cher que dans la plupart des autres pays et l'investissement est plus que rentable sur le long terme. Tissu élégant et résistant, on en fait des nappes, des serviettes, des couvertures et des vêtements.

La sélection de Lonely Planet

Marché d'Izmaïlovo (p. 150). Gigantesque marché de souvenirs.

Khokhlovka Original (p. 156). Vêtements originaux controversés d'une coopérative de jeunes créateurs russes.

Podarki vMeste s Vorovski (p. 98). Des cadeaux de créateurs, depuis des bottes en feutre jusqu'à de belles céramiques, inspirés du folklore.

Les meilleures adresses par catégories

Art

Centre d'art contemporain Winzavod (p. 148). Le premier centre d'art contemporain postindustriel de la ville abrite désormais l'une de ses plus grandes galeries d'art.

Galerie de l'artisanat (p. 130). Ce groupe de galeries haut de gamme propose une grande variété de peintures et d'œuvres d'art à la vente.

Artisanat, design

Marché d'Izmaïlovo (p. 150). De loin le plus grand choix d'articles artisanaux traditionnels de la ville.

Otchevidnoye Neveroyatnoye (p. 157). Toutes sortes de cadeaux insolites, surréalistes, provocateurs, ironiques et drôles sont en vente au centre d'art contemporain Winzavod.

Podarki v Meste s Vorovski (p. 98). Nouveaux genres de folklore russe, parfaits pour des cadeaux ou des souvenirs.

Association d'artistes des arts décoratifs (p. 130). Un ensemble de petites boutiques, avec pléthore de trésors artisanaux.

Rousskaya Byshivka i Kroujevo (p. 130). Pulls, robes, draps et autres belles choses faits main.

Créateurs de mode

Khokhlovka Original (p. 156). Découvrez les meilleurs et les plus audacieux jeunes créateurs russes dans cette salle d'exposition.

Flacon (p. 92). Une usine réaménagée occupée par des boutiques proposant toutes sortes d'articles et de vêtements de créateurs.

Razoumikhina Workshop (p. 156). Des vêtements ethno-futuristes et des bijoux dans l'atelier de Daria Razoumikhina, à l'intérieur du centre d'art contemporain Winzavod.

Boutique de Tchapourine (p. 130). La boutique phare du créateur Igor Tchapourine sur les rives de la Moskova.

Boutique Aliona Akhmadoullina (p. 84). Vitrine des œuvres du créateur, sise dans l'une des meilleures rues commerçantes de Moscou.

Décoration

Depst (p. 98). Articles de maison, vêtements et beaucoup d'autres objets utiles venant d'une coopérative de créateurs russes.

ArtPlay (p. 148). Un espace postindustriel largement dédié à la décoration intérieure, avec de nombreuses boutiques.

Rousskaya Bychivkai Kroujevo (p. 130). Draps et autres belles choses faits main.

Magasin de la manufacture Triokhgornaya (p. 111). Tissus de bonne qualité de l'une des plus anciennes usines de textile du pays.

L'ESSENTIEL

Heures d'ouvertures

La plupart des magasins ouvrent de 10h à 20h (ou 22h) et de 12h à 20h le dimanche.

Réglementation douanière

Il est interdit d'acheter des objets datant de plus d'un siècle. Tout ce qui a trait à l'art (instruments de musique, antiquités ou livres anciens – publiés avant 1975) doit passer par l'**Expert Collegium (p. 233)**. Apportez deux photos de l'objet acheté, le ticket de caisse et votre passeport. On vous remettra un récépissé, indiquant les taxes acquittées, que vous devrez montrer aux douaniers en quittant le pays.

Découvrir Moscou

LES INCONTOURNABLES

Les quartiers en un clin d'œil

❶ Le Kremlin et Kitaï-Gorod p. 58

Depuis près de neuf siècles, la place Rouge et le Kremlin représentent le cœur historique, géographique et spirituel de Moscou. Les murailles de l'impressionnante forteresse, les bulbes colorés de la cathédrale Basile-le-Bienheureux et le mausolée de Lénine forment un ensemble architectural à couper le souffle. Les ruelles de Kitaï-Gorod, avec leurs maisons anciennes et leurs églises offrent un véritable voyage dans le temps. C'est là que commence toute visite de la ville.

❷ Tverskoï et Novoslobodsky p. 85

La rue Tverskaya et les rues adjacentes du quartier de Tverskoï associent vieilles pierres

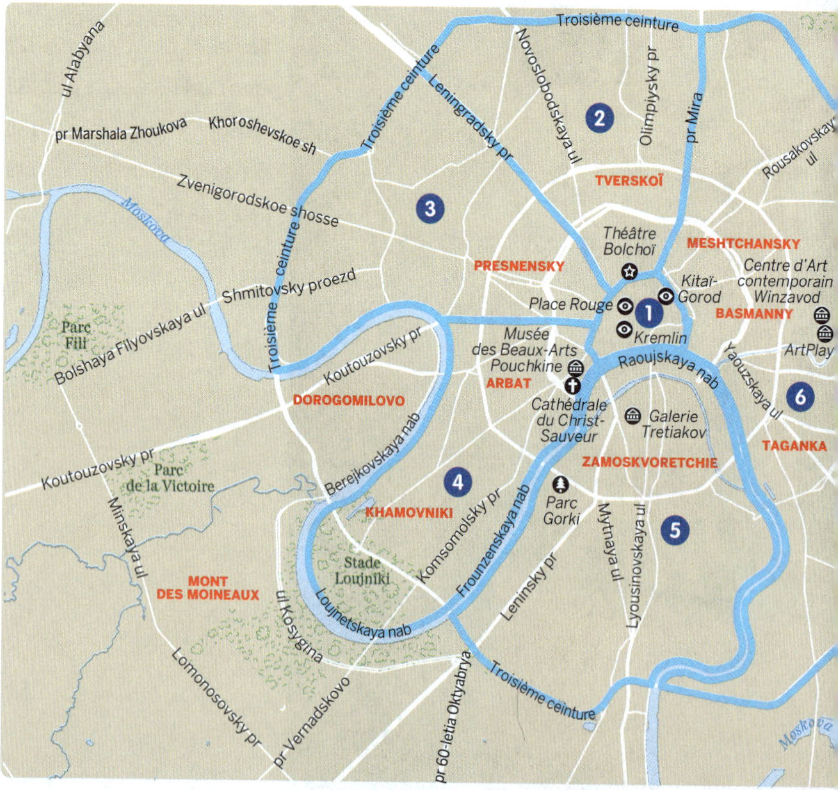

et commerces récents. C'est aussi l'épicentre de la vie culturelle moscovite - on y compte pas moins de vingt salles de concerts et de théâtre dont le fameux Bolchoï. Tverskoï est le quartier commerçant le plus animé de la ville, avec ses restaurants, ses boutiques et ses lieux incontournables, telle la *bania* de Sandouny.

❸ Presnensky p. 100

L'étendue géographique de Presnensky n'a d'égale que la période historique qu'il couvre (trois siècles). On y trouve une architecture impressionnante et variée, plusieurs sites littéraires remarquables, mais aussi des lieux plus traditionnels tels que le zoo et le planétarium, ou encore le célèbre Café Pouchkine, entre autres restaurants de premier ordre. L'ancienne usine de textile à Trekhgornaya est rapidement en train de devenir un grand centre pour dîner et sortir.

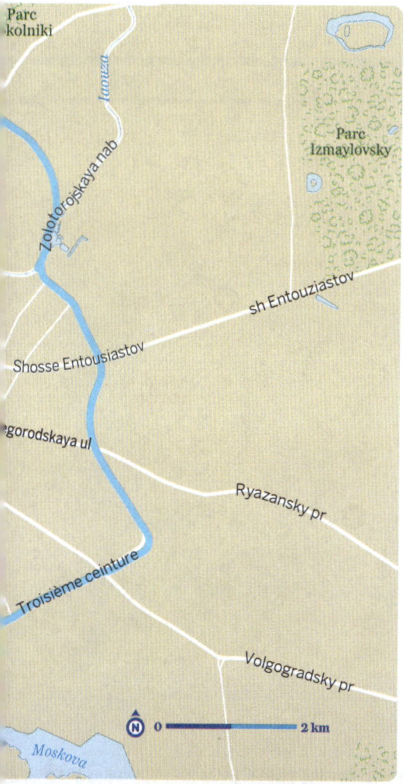

❹ Arbat et Khamovniki p. 112

Pour les férus de culture, ces deux quartiers qui se jouxtent sont un vrai bonheur. Avec ses portraitistes et ses poètes, la rue Arbat, la plus célèbre de Moscou, est un lieu de promenade agréable. Les rues adjacentes, quant à elles, sont jalonnées de musées et de galeries, dont le célèbre musée des Beaux-Arts Pouchkine. À Khamovniki se trouvent l'ancien monastère et cimetière Novodevitchi, mais aussi plusieurs nouveaux musées uniques. Plus loin, sur la partie sud de la Moskova, certaines destinations clés valent le détour, telles que le majestueux parc Pobedy.

❺ Zamoskvoretchie p. 131

"Au-delà de la Moskova", comme l'indique son nom en russe, ce quartier s'étend sur la rive sud, face au Kremlin. On y trouve la galerie Tretiakov et Octobre Rouge, l'ancienne fabrique de chocolat reconvertie en exubérant centre d'art contemporain. Plus au sud, le parc Gorki longe la Moskova que dominent deux anciens monastères fortifiés.

❻ Meshtchansky et Basmanny p. 146

Situés à l'est de la ville, Meshtchansky et Basmanny encadrent la petite rivière Iaouza. Le premier est un quartier animé qui a su conserver son charme pittoresque du XIXe siècle. Le second est en grande partie composé d'anciennes usines, aujourd'hui reconverties en galeries et en clubs novateurs. Au sud de la Iaouza, l'immense place Taganskaya est un enfer pour les automobilistes comme pour les piétons, mais le quartier, et des lieux insolites comme le Bunker-42 ou le musée de l'Icône russe, vaut la visite.

Le Kremlin et Kitaï-Gorod

KREMLIN | KITAÏ-GOROD

Notre sélection

❶ Une promenade dans les jardins du **Kremlin** (p. 60) pour découvrir cinq cents ans de génie artistique, de pouvoir politique et de ferveur spirituelle ; un détour par les trésors de la Couronne au palais des Armures.

❷ Une visite émerveillée de la **cathédrale Basile-le-Bienheureux** (p. 77), explosion de bulbes colorés.

❸ Un salut à la mémoire de Vladimir Ilitch Oulianov au **mausolée de Lénine** (p. 75) et d'autres figures de l'Union soviétique.

❹ La découverte des vieilles églises au détour des petites rues de **Kitaï-Gorod** (plan p. 255).

❺ Une soirée au célèbre **Ballet du Kremlin** (p. 82).

Pour un plan plus détaillé, voir p. 255

Découvrir le Kremlin et Kitaï-Gorod

Si vous n'avez qu'une journée pour visiter Moscou, c'est probablement ici que vous la passerez. N'hésitez pas à vous y attarder pour explorer les églises, les musées et les édifices emblématiques du pouvoir.

Les principaux sites du quartier se concentrent autour de la place Rouge et dans l'enceinte du Kremlin. Veillez à consacrer suffisamment de temps aux deux. La visite du Kremlin s'organise autour du palais des Armures. Pour ce site majeur, achetez à l'avance vos billets. L'heure de la visite y figure.

La place Rouge est rarement vide. Outre sa dimension touristique, elle accueille quantité de concerts, festivals, défilés et d'événements en tous genres. De ce fait, elle est parfois fermée au public, et presque toujours noire de monde. Pour éviter la foule, venez admirer ce vaste et majestueux espace tôt le matin ou tard le soir.

Si le temps ne vous est pas compté, arpentez les rues médiévales de Kitaï-Gorod, découvrez d'antiques églises cachées au détour d'une ruelle, et flânez dans les magasins ou à la terrasse des cafés. Après le tumulte qui entoure le Kremlin et la place Rouge, ce quartier est un authentique havre de paix.

Vivre comme un Moscovite

➡ **Parcs** Si les Moscovites ne viennent que rarement sur la place Rouge, ils apprécient le jardin Aleksandrosky, où ils aiment se promener, prendre quelques photos et profiter des pelouses.

➡ **Mariages** La tombe du Soldat inconnu est la première destination des cortèges de mariage. On s'y prend en photo, on y sabre le champagne tandis que les jeunes époux déposent des fleurs au pied de la tombe.

➡ **Galeries marchandes** Les boutiques du GOuM sont peut-être trop chères pour les Moscovites, mais pas le restaurant Stolovaya 57, à en juger par la file d'attente devant la porte à l'heure du déjeuner.

Depuis/vers le Kremlin et Kitaï-Gorod

➡ **Métro** Trois lignes de métro convergent à la place Rouge. Teatralnaya est sur la ligne vert foncé, Okhotny Ryad sur la ligne rouge et Ploshtchad Revolyoutsii sur la ligne bleu marine.

➡ **Métro** Les lignes orange et mauve se croisent à Kitaï-Gorod, où les deux stations portent le nom du quartier. La ligne rouge a également une station à Loubianka, pratique pour accéder à Kitaï-Gorod.

Bons plans Lonely Planet

Si vous trouvez la place Rouge impressionnante de jour, revenez le soir quand la foule s'est dispersée et que les monuments historiques baignent dans une lumière féerique.

Le top des restaurants

- Loft Café (p. 81)
- Friends Forever Cafe (p. 81)
- Coffee Mania (p. 81)
- Bosco Café (p. 81)

Voir détails p. 81 ➡

Le top des bars et cafés

- Cafe Tantsy (p. 82)
- Dissident Vinoteca (p. 82)
- Mandarin Combustible (p. 82)

Voir détails p. 82 ➡

Les vestiges soviétiques les plus intéressants

- Mausolée de Lénine (p. 75)
- Stolovaya 57 (p. 81)
- Prison de la Loubianka (p. 81)
- Four Seasons Moscow (p. 177)

Voir détails p. 79 ➡

ALEXEY BUBRYAK / GETTY IMAGES ©

LES INCONTOURNABLES
LE KREMLIN

Incarnation du pouvoir politique russe et ancien siège de l'Église orthodoxe, le Kremlin (Кремль) est le cœur de Moscou et celui du pays. C'est de cette citadelle que les tsars, les dictateurs communistes, puis les présidents successifs ont dirigé la Russie, et continuent de le faire. Huit siècles de vie artistique, religieuse et politique vous attendent derrière ces murs de brique rouge.

Entrée principale

Tour Koutafia

La **tour Koutafia** (Кутафья башня ; plan p. 255), l'entrée principale aujourd'hui, est située devant le mur ouest du Kremlin, au bout d'une rampe surplombant le jardin Aleksandrovsky. Cette rampe était jadis un pont sur la Neglinnaya et servait à la défense du Kremlin. La rivière coule sous le jardin Aleksandrovsky depuis le début du XIXe siècle. Des tours extérieures qui gardaient les ponts de ce côté du Kremlin, seule la tour Koutafia a subsisté.

Tour de la Trinité

La rampe conduit à la **tour de la Trinité** (Троицкая башня ; plan p. 255), construite en 1495, qui domine le Kremlin de ses 80 m. Exactement en dessous se trouvaient les cellules des prisonniers au XVIe siècle.

Bâtiments gouvernementaux

Palais Poteshny

Une fois dans la tour de la Trinité, sur la droite (au sud), un chemin mène au **palais Poteshny** (Потешный дворец), autrefois résidence de Staline. Cet édifice aux murs jaunes,

À NE PAS MANQUER

- Les fresques de la cathédrale de l'Assomption
- Le superbe dais sous lequel repose le tsarévitch Dimitri dans la cathédrale de l'Archange
- Les icônes de Théophane et de Roublev dans la cathédrale de l'Annonciation
- La couronne de Vladimir Monomaque dans le palais des Armures

INFOS PRATIQUES

- Plan p. 255
- www.kreml.ru
- Tarif plein/réduit 350/100 ₽
- 10h-17h ven-mer, billetterie 9h30-16h30
- M Aleksandrovsky Sad

construit par le tsar Alexis Mikhaïlovich, abritait le premier théâtre russe. Le tsar assistait régulièrement à des spectacles comiques mais, conformément à la tradition orthodoxe russe, se rendait aussitôt après à la *bania* (bains russes) puis à la messe afin de se laver de ses péchés. Le grandiloquent **palais d'État du Kremlin** (Государственный кремлёвский дворец), bâti à grand renfort de marbre, de verre et de béton entre 1960 et 1961 pour accueillir les congrès du Parti communiste, abrite aujourd'hui le ballet du Kremlin (p. 82).

Arsenal

Au nord se dresse l'**Arsenal** (Арсенал), commandé par Pierre le Grand au XVIIIe siècle pour accueillir des ateliers et des dépôts d'armes. Au XIXe siècle, il fut question d'y installer un musée des guerres napoléoniennes mais le projet demeura lettre morte. Aujourd'hui résidence de la garde du Kremlin, le bâtiment est entouré de 800 canons pris aux troupes napoléoniennes.

Sénat

À l'est de l'Arsenal, l'ancien **Sénat** (Сенат) abrite les bureaux du président russe, siège suprême du pouvoir dans le Kremlin moderne. Ce magnifique édifice jaune, de style néoclassique et de forme triangulaire, date du XVIIIe siècle. Construit en 1785 par l'architecte Matveï Kazakov, il se distingue par son immense coupole. Aux XVIe et XVIIe siècles, les boyards (aristocrates russes) résidaient dans ce quartier. À côté du Sénat se trouve l'ancien **Soviet suprême** (Верховный Совет), construit dans les années 1930.

Palais des Patriarches

Le **palais des Patriarches** (Патриарший дворец) fut en grande partie bâti au milieu du XVIIe siècle pour le patriarche Nikon. Ses réformes, contestées par les vieux-croyants, consommèrent le schisme dans l'Église orthodoxe. À sa grande époque, le palais était loin de sa quiétude actuelle. Outre les appartements du patriarche, il y avait d'énormes cuisines, des entrepôts et des caves débordant de victuailles, des ateliers, une école pour les enfants des aristocrates, des bureaux pour les scribes, des dortoirs accueillant les futurs baptisés, des étables et des maisons cochères.

Le palais présente une exposition d'objets du XVIIe siècle comprenant des bijoux, des équipements de chasse et des meubles. Le palais accueille régulièrement des **expositions temporaires**, que l'on peut visiter indépendamment des autres sites de la place Sobornaya.

SACS INTERDITS

Avant d'entrer dans le Kremlin, déposez vos sacs à la **consigne** (plan p. 255 ; 60 ₽/sac ; ⏲9h-18h30 ven-mer), située sous la tour Koutafia, dans le jardin Aleksandrovsky.

Le Kremlin est ouvert aux touristes depuis 1955.

BILLETS

La **billetterie principale** (Кассы музеев Кремля ; plan p. 255 ; ⏲9h30-16h ven-mer ; Ⓜ Aleksandrovsky Sad) se trouve dans le jardin Aleksandrovsky, près du mur du Kremlin. Le billet pour "l'ensemble architectural de la place Sobornaya" donne accès aux cinq églises-musées ainsi qu'au palais des Patriarches mais n'inclut pas la visite du Fonds des diamants ni du Palais des armures. On peut toutefois acheter le billet pour ce dernier ou pour toute autre exposition spéciale ici-même ; c'est d'ailleurs recommandé. Les billets peuvent se réserver sur le site Internet du Kremlin mais il vous faudra quand même venir les chercher ici.

Le Kremlin

UN JOUR AU KREMLIN

Le Kremlin est le seul endroit où on peut s'immerger dans 800 ans d'histoire et d'art russes en une seule journée. Pénétrez dans l'ancienne forteresse par la tour de Trinité et longez l'impressionnant arsenal bordé de canons. Une fois passé le palais des Patriarches, vous vous retrouverez entouré par des murs blanchis à la chaux et des dômes dorés. Première étape, la **cathédrale de l'Assomption** 1 vous accueillera avec sa fresque solennelle surmontant le portail. Principal lieu de culte de la Russie prérévolutionnaire, cette merveille du XVe siècle servait de sépulture aux patriarches. Le **clocher d'Ivan-le-Grand** 2 abrite une exposition multimédia très bien pensée sur l'histoire architecturale du Kremlin. À elle seule, la vue depuis le sommet vaut largement le prix de l'entrée. Le clocher est flanqué des formidables **canon-roi** et **cloche-reine** 3.

Dans l'angle sud-est de la place, se dresse la majestueuse **cathédrale de l'Archange** 4, où furent enterrés tsars et tsarines pendant trois siècles. Dernière étape sur la place, la **cathédrale de l'Annonciation** 5 regorge de fresques et d'icônes.

Longez le Grand Palais du Kremlin et pénétrez dans le **palais des Armures** 6 à l'heure indiquée sur votre billet. Votre visite achevée, quittez le Kremlin par la porte Borovitsky et flânez dans le jardin Aleksandrovsky jusqu'à la **tombe du Soldat inconnu** 7.

BONS PLANS

» **Déjeuner** Pas de restaurants sur place. Prévoyez de manger avant de venir ou emportez des en-cas.

» **Point de vue** Après le tour des sites sur la place Sobornaya, faites une pause dans le parc de l'autre côté de la rue : la vue sur la Moskova et le sud de la ville est fabuleuse.

WALTER BIBIKOW / GETTY IMAGES ©

Cathédrale de l'Assomption
Après avoir admiré les fresques colorées, les dorures et l'iconostase, tentez de repérer le *Sauveur aux yeux courroucés*, une icône du XIVe siècle, parmi les plus anciennes du Kremlin.

TOUR BOROVITSKY

Entrez par la tour Borovitsky si vous voulez faire l'impasse sur les églises et ne visiter que le palais des Armures ou le fonds des Diamants.

LONELY PLANET / GETTY IMAGES ©

Palais des Armures
L'audioguide (gratuit) vous convie à découvrir les plus beaux trésors du palais : métaux précieux, bijoux, armures, armes, robes, couronnes, carrosses et traîneaux.

MARTIN CHILD / GETTY IMAGES ©

Tombe du Soldat inconnu

Visitez cette tombe érigée à la mémoire des héros de la Grande Guerre patriotique (Seconde Guerre mondiale). Toutes les heures, la relève de la garde s'y déroule dans un majestueux synchronisme.

ATTENTION

L'entrée pour le Kremlin n'inclut pas le clocher d'Ivan-le-Grand. En revanche, l'accès au clocher comprend bien celui aux églises du Kremlin.

KEREN SU / GETTY IMAGES ©

Clocher d'Ivan-le-Grand

Après avoir parcouru l'exposition multimédia relatant l'histoire du Kremlin, grimpez les 137 marches jusqu'au sommet de l'édifice. Vous serez récompensé par une vue magnifique sur la place Sobornaya et bien au-delà.

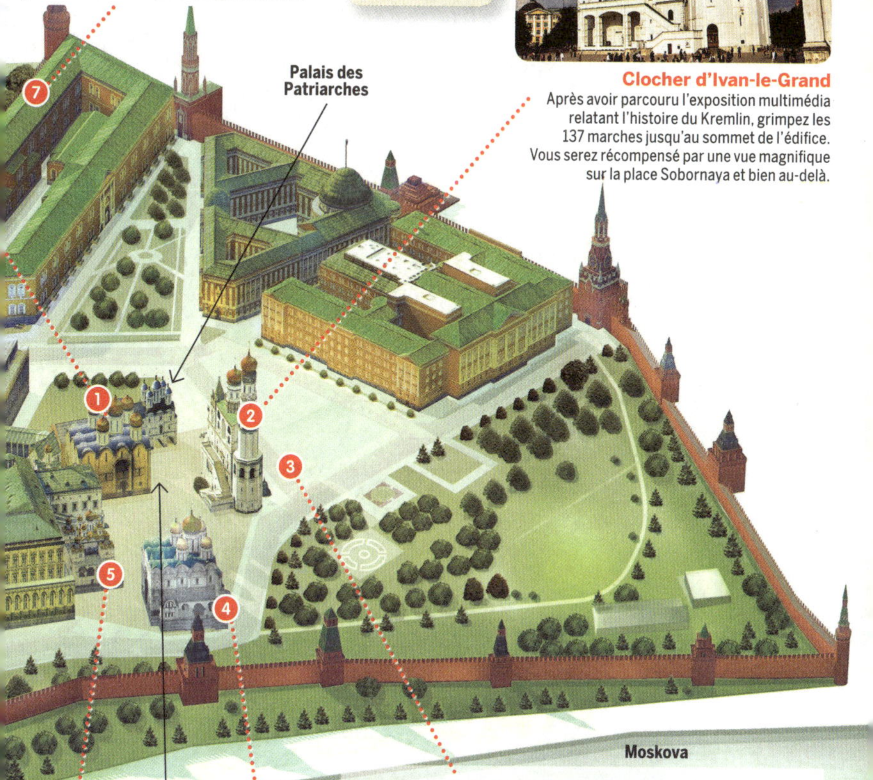

Canon-roi et cloche-reine

Jetez un coup d'œil dans le monstrueux canon-roi et posez près de la colossale cloche-reine, tous deux bien trop imposants pour servir leur vocation première.

Cathédrale de l'Annonciation

Mesurez le génie artistique de Théophane le Grec et d'Andreï Roublev, les deux plus grands peintres d'icônes russes, auteurs de nombreuses peintures de la déisis et des autres registres de l'iconostase.

Cathédrale de l'Archange

La dernière demeure des princes et empereurs qui gouvernèrent la Russie pendant plus de 300 ans, notamment le visionnaire Ivan le Grand, le torturé Ivan le Terrible et le malheureux tsarévitch Dimitri.

KEN SCICLUNA / GETTY IMAGES ©

LE KREMLIN ET LA PLACE ROUGE

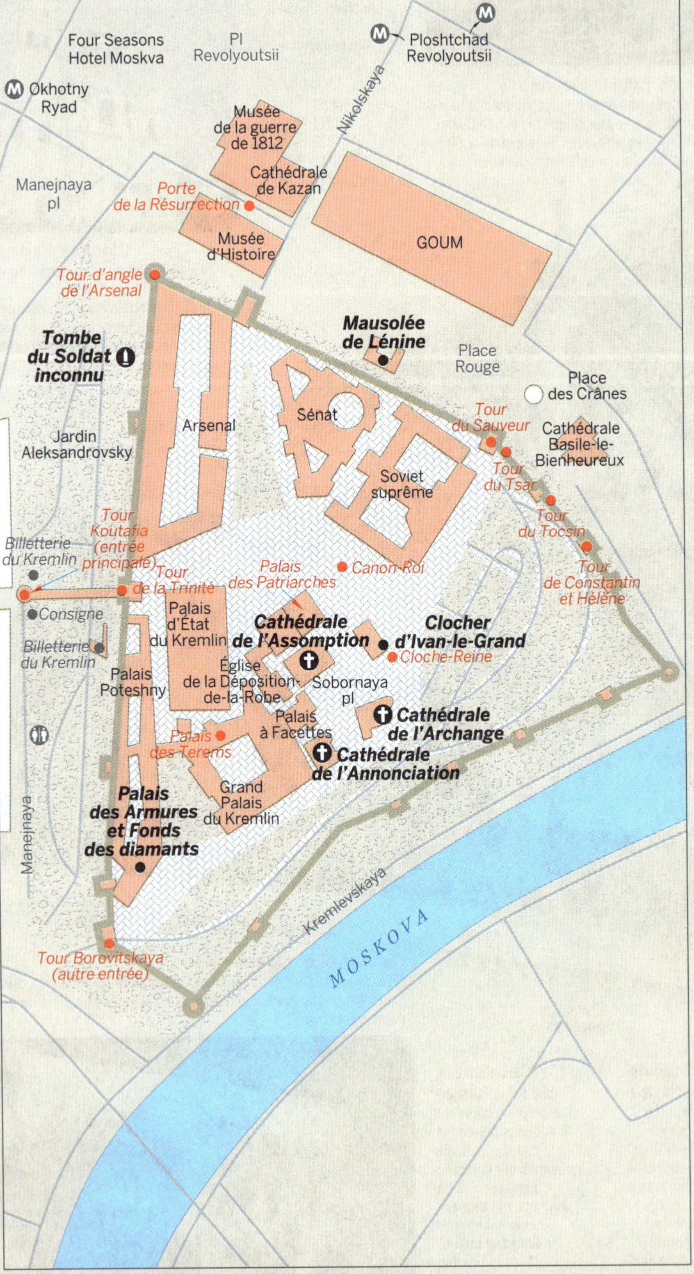

Cathédrale de l'Assomption

Église des Douze-Apôtres

De l'intérieur du palais des Patriarches, on accède à l'**Église des Douze-Apôtres** (Церковь двенадцати апостолов), une chapelle coiffée de cinq coupoles qui recèle une iconostase en bois doré et des icônes créées par les meilleurs artistes du XVIIe siècle.

Salle de la Croix

La perle du palais des Patriarches est probablement la **salle de la Croix** (Крестовая палата), où des réceptions se tenaient en l'honneur des tsars et des ambassadeurs. À compter du XVIIIe siècle, cette salle servit à la production de l'huile sainte utilisée durant la messe. Le four et les gigantesques poêles nécessaires au processus de fabrication sont d'ailleurs exposés.

Cathédrale de l'Assomption

Coiffée de cinq coupoles dorées et de quatre arcades semi-circulaires, la **cathédrale de l'Assomption** (Успенский собор) se dresse au nord de la place Sobornaya. Principal lieu de culte de la Russie prérévolutionnaire, elle abrite les tombeaux de la plupart des responsables de l'Église orthodoxe russe des années 1320 à 1700. Au-dessus du portail jadis emprunté pour les processions royales, en face de la place Sobornaya, une remarquable fresque des années 1660 représente la Vierge Marie. Si vous manquez de temps au Kremlin, c'est ici qu'il faut venir en premier. L'entrée des visiteurs se trouve à l'extrémité ouest.

Il faut compter au moins une demi-journée pour visiter les bâtiments du Kremlin et du palais des Armures. En ajoutant le clocher d'Ivan-le-Grand, le Fonds des diamants et des expositions temporaires, il vous faudra y passer près d'une journée. Si le temps vous presse, laissez de côté le palais des Armures et le Fonds des diamants pour découvrir la superbe architecture et les extraordinaires édifices historiques aux alentours de Sobornaya Ploshtchad (place de la Cathédrale), à l'intérieur du Kremlin.

PARADES

Tous les samedis à midi, d'avril à octobre, le régiment présidentiel défile en grande pompe sur la place Sobornaya, à pied et à cheval. Le billet d'entrée au Kremlin donne accès à la cérémonie. Le dernier samedi du mois, la manifestation est donnée pour la population à 14h sur la place Rouge.

La directrice des musées du Kremlin n'est autre qu'Elena Gagarina, la fille du célèbre cosmonaute Iouri Gagarine.

En 1470, les architectes russes Krivtsov et Mychkine furent chargés par Ivan le Grand de remplacer la vieille cathédrale délabrée, qui datait de 1326. Hélas, à peine le toit édifié, l'un des murs s'effondra.

À l'époque soviétique, les livres d'histoire imputèrent la responsabilité de l'accident à la piètre qualité des artisans mais certains affirment qu'un tremblement de terre en fut la seule cause. Quelle que soit la vérité, Krivtsov et Mychkine furent remplacés par Aristote Fioravanti. Une fois les fondations établies, l'architecte italien visita Novgorod, Souzdal et Vladimir pour se familiariser avec l'architecture russe. Sa conception de l'édifice s'inspire de la cathédrale de l'Assomption de Vladimir. Sa version plus imposante, était marquée d'une touche Renaissance.

L'église fut fermée en 1918. Selon certains récits, en 1941, tandis que les Allemands se rapprochaient de Moscou, Staline y fit secrètement célébrer une messe pour protéger la ville de l'ennemi. Officiellement rétrocédée à l'Église en 1989, elle est aujourd'hui un musée.

Fresques

L'intérieur de la cathédrale de l'Assomption, vaste et lumineux, est couvert de fresques aux tons dorés, rouges et bleus. Le mur ouest arbore une scène de l'Apocalypse, l'un des thèmes favoris de l'Église russe au Moyen Âge, tandis que des tableaux de martyrs décorent symboliquement les piliers. Au-dessus des portes sud, on remarque des fresques représentant Hélène et Constantin, qui importèrent le christianisme en Grèce et dans le sud de la Russie. L'espace dominant les portes nord représente Olga et Vladimir, qui firent de même dans le nord du pays.

La plupart des œuvres ont été peintes sur fond d'or dans les années 1640. Seules trois d'entre elles, regroupées sur le mur sud – *L'Apocalypse* (Апокалипсис), *La Vie du métropolite Piotr* (Житие Митрополита Петра) et *Tous se réjouissent en Toi* (О тебе радуется) – sont attribuées à Dionissi et à ses élèves, les premiers à avoir travaillé dans la cathédrale au XVe siècle.

Tombeaux des patriarches

Les tombeaux de nombreux dirigeants de l'Église russe (métropolites jusqu'en 1590, patriarches de 1590 à 1700) sont adossés aux murs nord, ouest et sud de

HISTOIRE DU KREMLIN

Un *kremlin* (ville fortifiée), se dressait à l'origine sur le site de Moscou. En 1147, le prince Iouri Dolgorouki de Rostov (1090-1157) y rassembla ses alliés dans un fort en bois. Lorsque la ville devint capitale de la Rous médiévale dans les années 1320, le Kremlin abritait à la fois le siège de l'Église orthodoxe russe et la résidence du prince.

Ivan III (dit le Grand), qui épousa la princesse byzantine Sophie Paléologue en 1469, voulait bâtir une capitale à même de rivaliser en architecture, en majesté, et en puissance politique avec Constantinople, la "Deuxième Rome". Pour construire la "Troisième Rome", il fit venir d'Italie des tailleurs de pierre et des architectes qui bâtirent, entre autres, de nouvelles murailles et trois grandes cathédrales. La majorité des bâtiments encore debout aujourd'hui datent de cette époque.

En dépit du choix de Pierre Ier (dit le Grand) de transférer la capitale à Saint-Pétersbourg, les tsars continuèrent de venir pour les couronnements et autres célébrations. Après s'être emparé de la forteresse, Napoléon aurait envisagé de la détruire avant de battre en retraite en 1812. Personne ne devait plus franchir les portes de la citadelle avant la prise de pouvoir des bolcheviks en novembre 1917.

la cathédrale de l'Assomption. Près du mur ouest, un autel contient les saintes reliques du patriarche Hermogène, qui fut à l'origine d'un soulèvement durant le temps des Troubles en 1612. Également partisan de la révolte de Minine et Pojarski contre l'occupation polonaise, il fut arrêté, battu, et mourut de faim en prison.

Trône de Monomaque

Près du mur sud de la cathédrale de l'Assomption, un trône en bois surmonté d'un toit pentu, communément appelé le trône de Monomaque, fut réalisé en 1551 pour Ivan le Terrible. Les scènes sculptées retracent la vie de Vladimir Monomaque, grand-prince de Kiev au XIIe siècle, tenu pour ascendant direct d'Ivan le Terrible.

Iconostase

L'iconostase, qui sépare l'abside de la nef, date de 1652, mais elle comprend dans son registre inférieur des icônes plus anciennes, parmi lesquelles le *Sauveur aux yeux courroucés* (Спас Ярое око), deuxième à partir de la droite, exécutée dans les années 1340. À gauche de la porte centrale, la *Vierge de Vladimir* (Владимирская Богоматерь), est une copie de la vénérée *Mère de Dieu de Vladimir* (Владимирская икона Богоматери), réalisée au début du XVe siècle dans l'atelier de Roublev. L'original, qui date du XIIe siècle, fut conservé dans la cathédrale de 1480 à 1930, avant de rejoindre la galerie Tretiakov. Près du mur nord, un *Saint Georges* (Святой Георгий) vêtu de rouge, peint à Novgorod, compte parmi les icônes les plus anciennes du pays.

Les icônes originales figurant dans le registre inférieur sont des symboles de victoire importés de Vladimir, de Smolensk, de Veliki Oustioug et d'autres lieux. La porte sud provient de la cathédrale de la Nativité-de-la-Vierge de Souzdal.

Église de la Déposition-de-la-Robe

À côté de la porte ouest de la cathédrale de l'Assomption, cette charmante **église** (Церковь Ризположения) à coupole unique fut bâtie entre 1484 et 1486 dans un style typiquement russe. Elles tenait de chapelle privée aux responsables de l'église, ceux-ci tendant à se méfier des architectes italiens. Ses murs intérieurs, ses plafonds et ses piliers arborent des fresques du XVIIe siècle. L'église a également une collection de sculptures en bois réalisées entre le XVe et le XVIIe siècle.

Clocher d'Ivan-le-Grand

Avec ses deux dômes dorés qui dominent le côté est de la place Sobornaya, le **clocher d'Ivan-le-Grand**

Les premiers bâtiments en pierre du Kremlin furent construits dans les années 1330, sous l'impulsion d'Ivan Ier, dit Kalita (l'Escarcelle). Seule l'église de la Transfiguration-du-Sauveur a passé le cap du XXe siècle, avant d'être démolie par Staline environ 600 ans après sa construction.

EXPOSITIONS TEMPORAIRES

Des expositions temporaires présentent les collections du Kremlin au rez-de-chaussée de la tour de l'Assomption et dans le palais des Patriarches.

En 1812, les troupes françaises s'en servirent comme écurie. Ils délestèrent aussi la cathédrale de 295 kg d'or et de plus de 5 tonnes d'argent. Une grande partie de ce butin fut rendue par la suite.

VISITES DU GRAND PALAIS DU KREMLIN

Le Grand Palais du Kremlin est fermé au public, mais on peut parfois visiter ce somptueux bâtiment avec l'agence Patriarshi Dom Tours (p. 32).

(Колоколня Ивана Великого) a rang de plus haut édifice du Kremlin, visible à 30 km à la ronde. Jusqu'au XXe siècle, il était interdit de construire des bâtiments plus élevés à Moscou.

Son histoire remonte à l'église de Jean-Lestvichnik-sous-les-Cloches, bâtie sur ce site en 1329 par Ivan Ier (et ultérieurement détruite). En 1505, l'Italien Marco Bono dessina un nouveau beffroi, avec deux étages de forme octogonale, couronnés par un tambour et un dôme. En 1600, Boris Godounov le fit surélever jusqu'à 81 m.

La section centrale, avec son dôme doré et sa cloche de 65 tonnes, fut construite entre 1532 et 1542. À côté, l'annexe coiffée d'un toit pentu porte le nom du patriarche Philarète qui la fit édifier en 1642, quelque 100 ans plus tard.

Exposition architecturale

Le clocher d'Ivan-le-Grand héberge le **musée de l'Histoire architecturale du Kremlin** (Музей истории архитектуры Московскоро кремля ; plan p. 255 ; 500 ₽), une présentation multimédia. À travers des projections et fragments d'architecture, l'exposition illustre l'évolution du Kremlin depuis le XIIe siècle. Une attention particulière est accordée aux églises faisant partie de l'ensemble, dont certaines n'existent plus. La visite de 45 minutes s'achève par les 137 marches qui conduisent au sommet de la tour, offrant un panorama unique sur la place Sobornaya, avec

LES TOURS DU POUVOIR

Les murs du Kremlin actuels furent érigés entre 1485 et 1495, en remplacement de ceux en pierre calcaire du XIVe siècle. Ils courent sur 2 235 m et mesurent entre 6 et 17 m de haut, pour une épaisseur de 2 à 5 m. À l'origine, une douve large de 32 m encerclait l'extrémité nord du Kremlin, reliant ainsi la Moskova et la Neglinnaya.

Les 20 tours furent construites entre 1485 et 1500, tandis que les toits pentus furent ajoutés au XVIIe siècle. Au départ, les tours disposaient de postes de guet et d'équipements pour les combats lourds. La plupart d'entre elles furent conçues par des architectes italiens.

La plus importante est la tour du Sauveur (p. 76), le clocher qui domine la place Rouge. Juste à côté, la **tour du Tsar**, (Царская башня), ajoutée ultérieurement (1680), est juchée au sommet du mur du Kremlin. La légende raconte qu'Ivan le Terrible assistait à des exécutions depuis la vieille tour en bois préexistante. Ensuite vient la **tour du Tocsin** (Набатная башня), laquelle abritait autrefois un tocsin qui avertissait des attaques ennemies et des mouvements d'insurgés. De rage, Catherine II fit ôter le marteau de la cloche après avoir réprimé une révolte. Muette pendant trente ans, la cloche fut finalement retirée.

Les deux tours qui ponctuent les extrémités nord et sud du mur ont joué un rôle important dans la défense du Kremlin. À l'angle du jardin Aleksandrovsky, la **tour de Nicolas** (Никольская башня) était à l'origine un ouvrage défensif construit sur le flanc nord-est de la ville fortifiée. Dimitri Pojarski et Kouzma Minine (tels qu'ils sont représentés devant la cathédrale Basile-le-Bienheureux), passèrent cette porte à la tête d'une armée de civils et chassèrent les occupants polonais.

À l'extrémité sud de la place Rouge, la **tour de Constantin et Hélène** (Константино-Еленинская башня), construite pour protéger les villages à l'extérieur de la ville, comprend une plate-forme de tir et un pont-levis jeté au-dessus de la douve.

Cathédrale de l'Annonciation (p. 71)

vue sur la cathédrale du Christ-Sauveur et les gratte-ciel du quartier des affaires de Moskva-City.

Lors de notre passage, le clocher était fermé pour une durée indéterminée. S'il est ouvert lors de votre séjour, le billet est censé inclure l'accès aux autres églises (mais pas au palais des Armures). Il est donc inutile d'acheter un second billet pour l'enceinte du Kremlin.

Cloche-reine

Près du clocher se trouve la cloche le plus grosse du monde, monstre de 202 tonnes qui n'a jamais sonné. La précédente, d'un poids de 130 tonnes, tomba du beffroi et se brisa lors d'un incendie en 1701. On en utilisa le bronze pour fondre l'actuelle **cloche-reine** (Царь-колокол) dans les années 1730, en l'honneur de l'impératrice Anna Ivanovna. En 1737, tandis qu'elle refroidissait en fonderie, la cloche entra accidentellement en contact avec de l'eau, ce qui provoqua la chute d'un morceau de 11 tonnes. Un siècle plus tard, l'architecte Montferrand fit poser le fragment maudit sur un piédestal, avec les effigies de l'impératrice Anna et du tsar Alexis gravées à l'eau-forte.

Canon-roi

Au nord du clocher se trouve le **canon-roi** (Царь-пушка), fabriqué en 1586 par le forgeron Ivan Tchokhov pour Fiodor Ier. Le colosse, à l'effigie du souverain, pèse 40 tonnes. D'un diamètre de 89 cm, il n'a jamais craché le moindre boulet.

En 1600, Boris Godounov fit surélever le clocher d'Ivan-le-Grand de 60 à 81 m. Selon la légende, ce projet visait à employer les milliers de personnes qu'une famine aurait conduites à Moscou, ce qu'aucun document historique ne confirme. Cette décision de rehausser l'édifice avait probablement pour objectif de faire du beffroi une tour de guet.

PHOTO NON GRATA

Il est interdit de prendre des photos dans le palais des Armures et dans tous les bâtiments de la place Sobornaya (place de la Cathédrale).

La loi orthodoxe lui ayant interdit l'accès de l'église après son quatrième mariage, Ivan IV fit transformer la galerie sud de la cathédrale de l'Annonciation en chapelle de l'archange Gabriel, d'où il pouvait assister à la messe à travers une grille.

Cathédrale de l'Archange

Située à l'angle sud-est de la place Sobornaya, la **cathédrale de l'Archange** (Архангельский собор) fut des siècles durant le lieu de couronnement, de mariage et de sépulture des tsars. Dédiée à l'archange Michel, protecteur des princes moscovites, elle fut construite par Ivan Kalita en 1333 pour commémorer la fin de la grande famine. Tombée en décrépitude, elle fut reconstruite entre 1505 et 1508 par l'architecte italien Alevisio Novi. Comme la cathédrale de l'Assomption, elle se distingue par ses cinq dômes et son style essentiellement russo-byzantin, même si la façade présente de nombreux éléments de la Renaissance vénitienne, notamment les gâbles et portiques en forme de coquille.

Tombeaux des tsars

L'endroit abrite les tombeaux de tous les souverains moscovites depuis les années 1320 jusqu'aux années 1690, sauf celui de Boris Godounov, enterré à Serguïev Possad en 1606. Leurs dépouilles reposent sous les sarcophages du XVIIe siècle et les revêtements de cuivre du XIXe siècle. Le tsarévitch Dimitri, fils d'Ivan le Terrible mort mystérieusement en 1591, repose sous un dais de pierre peint. La mort de Dimitri provoqua l'avènement de plusieurs imposteurs, connus sous le nom de faux Dimitri, durant le temps des Troubles (1598-1613). Le tombeau d'Ivan est dissimulé derrière l'iconostase, de même que ceux de ses autres fils, Ivan (qu'il tua de ses propres mains) et Fiodor Ier (qui lui succéda). À partir de Pierre le Grand, les empereurs et impératrices furent inhumés à Saint-Pétersbourg, à l'exception de Pierre II, mort à Moscou et enterré ici.

Fresques

Dans les années 1950, des restaurations mirent au jour des fresques du XVIIe siècle. Celles du mur sud représentent plusieurs souverains enterrés dans la cathédrale, tandis que sur les piliers figurent certains de leurs prédécesseurs, comme Andreï Bogolioubski, le prince Daniel ainsi que son père, Alexandre Nevski.

Palais à Facettes et palais des Terems

Palais à Facettes

Rappelant les édifices de la Renaissance italienne, le **palais à Facettes** (Грановитая палата) fut conçu et construit par Marco Ruffo et Pietro Solario entre 1487 et 1491, sous le règne d'Ivan le Grand. L'étage supérieur renfermait la salle du Trône, théâtre des banquets et des cérémonies. L'accès au palais se faisait par un escalier extérieur depuis la place en contrebas. Durant la révolte des régiments de Streltsy en 1682, plusieurs parents de Pierre le Grand furent

VISITES DU KREMLIN

Visitez le Kremlin avec des guides professionnels :

Bureau des excursions du Kremlin (plan p. 255 ; ☎495-697 0349 ; www.kremlin.museum.ru ; jardin Aleksandrovsky ; visite 1 heure 30 2 500 ₽ ; Ⓜ Alexandrovsky Sad). Visites "officielles" du Kremlin, des églises et des expositions.

Capital Tours (p. 32). Départ des bureaux de Gostinny Dvor les jours d'ouverture du Kremlin. Entrée comprise dans le prix ; réservez au moins 2 jours avant.

Kremlin Tour with Diana (☎916-333 2555 ; www.kremlintour.com). Diana Zalenskaya propose des visites privées du Kremlin, avec ou sans le palais des Armures (110-140 $US, plus prix des billets d'entrée).

précipités du haut de cet **escalier rouge**, ainsi nommé en raison du sang de ses victimes qui l'imprégna (on ne s'étonnera guère que Pierre eût décidé de fonder une nouvelle capitale à Saint-Pétersbourg). L'escalier fut détruit sous Staline puis reconstruit en 1994.

La salle du Trône s'étend sur 500 mètres carrés et s'appuie sur un pilier central. Les murs sont ornés de sublimes fresques bibliques et historiques, bien qu'aucune ne soit d'origine. Hélas, l'édifice est fermé au public.

Palais des Terems

Bâti aux XVIe et XVIIe siècles par Basile III, le **palais des Terems** (Теремной дворец) est le plus beau de tous ceux du Kremlin. Ses 11 dômes dorés et son toit à damier se découpent derrière l'église de la Déposition-de-la-Robe. Le palais n'est pas ouvert au public.

Cathédrale de l'Annonciation

La **cathédrale de l'Annonciation** (Благовещенский собор ; plan p. 255 ; Blagoveshtchensky sobor), à l'angle sud-ouest de la place Sobornaya, renferme les remarquables icônes du célèbre Théophane le Grec.

Vassili Ier fit bâtir la première église en bois sur ce site en 1397. Entre 1484 et 1489, Ivan le Grand fit reconstruire la cathédrale de l'Annonciation pour en faire la chapelle privée de la famille. À l'origine, la cathédrale ne possédait que trois dômes et une galerie ouverte courant sur trois côtés. Ivan le Terrible, dont les goûts étaient plus sophistiqués, fit fermer la galerie, dorer le toit et ajouter six autres coupoles et des chapelles à chaque angle.

Fresques

Nombre des fresques de la galerie remontent aux années 1560, telles *La Capture de Jéricho* dans le porche nord, *Jonas et la baleine* dans la partie nord et *L'Arbre de Jessé* sur le plafond. D'autres fresques représentent des philosophes de l'Antiquité comme Aristote, Plutarque, Platon et Socrate.

Dans la petite section centrale de la cathédrale, des fresques du XVIe siècle représentent des princes russes sur le pilier nord et des empereurs byzantins sur le pilier sud, surmontés de scènes de l'Apocalypse.

Iconostase

Joyau de l'édifice, l'iconostase arbore des icônes réalisées au début du XVe siècle par trois des plus grands artistes russes du Moyen Âge, découvertes, lors d'une restauration dans les années 1920. Théophane a probablement peint les six icônes à l'extrême droite de la déisis, de la gauche vers la

L'obélisque, dans le jardin Aleksandrovsky, visait à l'origine à commémorer la maison Romanov. En 1918, virage radical, il fut rebaptisé obélisque aux Penseurs révolutionnaires (plan p. 255), en hommage aux orfèvres de la révolution communiste en Russie.

RELÈVE DE LA GARDE

Toutes les heures, les gardes de la tombe du Soldat inconnu procèdent à la relève lors d'une cérémonie parfaitement synchronisée.

La tombe du Soldat inconnu renferme la dépouille d'un soldat tombé en décembre 1941 au km 41 de la Leningradskoe schosse, le point le plus proche de Moscou atteint par les Allemands.

PALAIS DES ARMURES

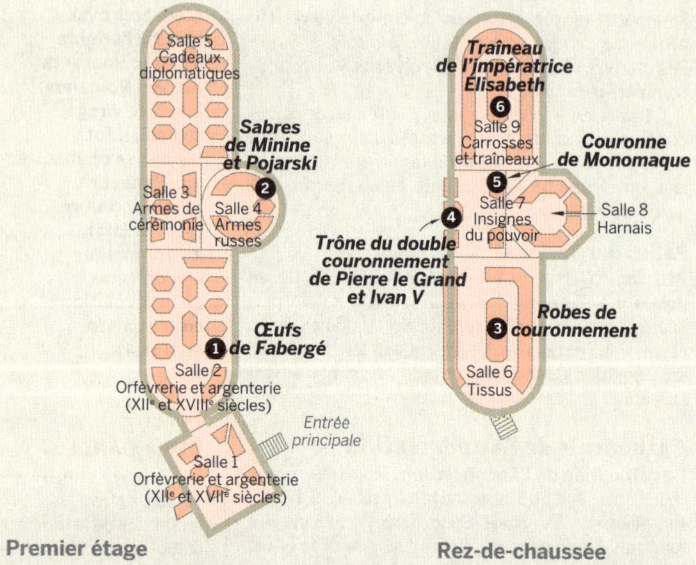

Visite
Palais des Armures

DURÉE 1 HEURE
VOIR PALAIS DES ARMURES (P. 74)

Commencez à l'étage, où les deux premières salles abritent des objets en or et argent du XIIe au XXe siècle, dont beaucoup furent réalisés dans les ateliers du Kremlin. La salle 2 contient les fameux 1 **œufs de Fabergé**, créés par le joaillier de Saint-Pétersbourg. Sous Alexandre III et Nicolas II, le tsar et la tsarine s'en offraient rituellement chaque année. Le plus célèbre, avec son train en or, sa locomotive en platine et ses phares en rubis, fut créé pour célébrer l'achèvement de la ligne de chemin de fer Moscou-Vladivostok.

Les salles suivantes présentent toutes sortes d'armes et armures. Ne manquez pas le casque du prince Iaroslav, la cotte de mailles de Boris Godounov, tsar de 1598 à 1605, et les 2 **sabres des libérateurs Minine et Pojarski**.

Au rez-de-chaussée, entrez dans la salle 6 pour voir les 3 **robes de couronnement** des impératrices (Elisabeth aurait possédé environ 15 000 autres robes), une impressionnante paire de bottes ayant appartenu à Pierre le Grand, ou encore des vêtements de prélats. Dans la salle suivante vous verrez le 4 **trône du double couronnement** des jeunes Pierre le Grand et Ivan V (avec un compartiment secret d'où la régente Sophie leur soufflait leur texte), ainsi que le trône aux 800 diamants du tsar Alexis, le père de Pierre. Sertie d'or et de diamants, 5 **la couronne de Monomaque** fut utilisée pour les couronnements deux siècles durant.

Terminez la visite dans la salle 9, où carrosses royaux et traîneaux immémoriaux encombrent les allées. Ne manquez le 6 **traîneau** tiré par 23 chevaux dans lequel Elisabeth se rendit de Saint-Pétersbourg à Moscou pour son couronnement ; en tout, 800 chevaux se succédèrent durant le voyage.

Couronne exposée au palais des Armures (p. 74)

droite, la Vierge, le Christ Rédempteur, saint Jean-Baptiste, l'archange Gabriel, l'apôtre Paul et saint Jean-Chrysostome. Les œuvres de Théophane se caractérisent par l'expression pathétique des visages.

L'archange Michel, troisième icône depuis la gauche, est attribué à Andreï Roublev, de même que le saint Pierre voisin. Roublev est aussi considéré comme l'auteur des première, deuxième, sixième et septième icônes (probablement aussi des troisième et cinquième) à partir de la gauche dans la rangée solennelle, au-dessus de la déisis. Les sept icônes du côté droit sont attribuées à Prokhor de Gorodets.

Exposition archéologique

Le sous-sol, vestige d'une ancienne cathédrale du XIVe siècle, abrite une exposition permanente sur l'**archéologie du Kremlin**, avec des centaines de pièces - objets en verre ou en bois, céramiques, outils - découverts lors des fouilles effectuées sur la colline de Borovitski dans les années 1960 et 1970. Les archéologues ont exhumé environ 30 trésors contenant des bijoux en argent et des pièces de monnaie datant du Moyen Âge.

Grand Palais du Kremlin

Le **Grand Palais du Kremlin** (Большой Кремлёвский дворец ; plan p. 255) fut construit entre 1838 et 1849 par l'architecte Constantin Thon pour Nicolas Ier. Il accueille les visites d'État et les réceptions, mais contrairement aux tsars de l'époque, le président n'y habite pas.

OBTENIR DES BILLETS POUR LE PALAIS DES ARMURES

On ne peut visiter le palais des Armures que quatre fois par jour : à 10h, 12h, 14h30 et 16h30. Les billets sont en vente 45 minutes avant chaque horaire. Essayez d'être devant le guichet dès l'ouverture car un nombre limité de billets est mis en vente pour chaque visite.

Le Fonds des diamants est géré par le ministère des Finances, qui conserve le monopole sur l'extraction et la vente de ces précieuses pierres. La collection comprend beaucoup de magnifiques diamants bruts, dépassant parfois les 300 carats.

OBTENIR DES BILLETS POUR LE FONDS DES DIAMANTS

Les billets s'achètent dans le hall d'entrée de l'exposition.

Ce gigantesque palais de 700 pièces englobe certains édifices plus anciens comme le palais des Armures, le palais à Facettes, le palais des Terems et plusieurs chapelles. En dépit de ses dimensions impressionnantes, le bâtiment n'a jamais attiré les louanges, se voyant taxer de pompeux. Plusieurs salles de cérémonie portent le nom de saints, comme la belle salle Saint-Georges, les salles Saint-Vladimir (où sont signés les grands traités internationaux), Saint-André, Sainte-Catherine ou Saint-Alexandre. Le Grand Palais (à l'exception du palais des Armures) est fermé au public.

Palais des Armures

Construit en 1511 sous Basile III, le **palais des Armures** (Оружейная палата ; plan p. 255 ; tarif plein/réduit 700/250 ₽ ; ⏲10h, 12h, 14h30 et 16h30 ; Ⓜ Aleksandrovsky Sad) avait pour vocation initiale de fabriquer mais aussi d'entreposer des armes, des armoiries impériales et des insignes royaux. Par la suite, on y produisit des bijoux, des cadres d'icônes et des broderies. Durant le règne de Pierre le Grand, tous les artisans et orfèvres furent envoyés à Saint-Pétersbourg, et le palais des Armures devint un musée pour les trésors royaux. Aujourd'hui encore, le palais conserve quantité de trésors et demeure une étape obligée de toute visite au Kremlin.

Si possible, achetez votre billet d'entrée en même temps que celui qui donne accès au Kremlin. L'heure de la visite figure sur le billet. Un audioguide d'une heure présente les plus belles pièces de la collection.

Fonds des diamants

La création du **Fonds des diamants** (Алмазный фонд России ; plan p. 255 ; www.almazi.net ; 500 ₽ ; ⏲10h-13h, 14h-17h ven-mer) remonte à 1719, date à laquelle Pierre fonda le trésor de la Couronne de Russie. Regroupant essentiellement des pierres précieuses et des bijoux portés par les tsars et les tsarines, cette collection comprend notamment le diamant de 190 carats offert à Catherine la Grande par son amant Grigori Orlov. Sertie de 4 936 diamants, la grande couronne impériale servit au couronnement de Catherine II et de plusieurs souverains par la suite. La sécurité est extrêmement stricte, et il est interdit d'entrer avec un appareil photo, un téléphone ou un sac.

Jardin Aleksandrovsky

Premier parc public de Moscou, le **jardin Aleksandrovsky** (Александровский сад ; plan p. 255 ; Ⓜ Aleksandrovsky Sad) longe le mur ouest du Kremlin. Ses parterres de fleurs aux couleurs vives et la vue imprenable sur le Kremlin en font un lieu de promenade apprécié des Moscovites et des touristes. Au XVIIe siècle, la rivière Neglinnaya y courait, avant d'être détournée sous terre. Le jardin fut alors créé par l'architecte Ossip Bové, en 1821.

Tombe du Soldat inconnu

À l'extrémité nord du jardin Aleksandrovsky, la **tombe du Soldat inconnu** (Могила неизвестного солдата ; plan p. 255), est prisée des jeunes mariés qui viennent y déposer des fleurs et se faire photographier. Une flamme éternelle brûle au pied de la tombe, sur laquelle figurent l'inscription "Ton nom est inconnu, tes actes immortels", le nom des villes soviétiques héroïques de la Seconde Guerre mondiale, ainsi qu'une plaque honorant "ceux qui sont tombés pour la patrie" entre 1941 et 1945. Au sud, une rangée d'urnes écarlates contient de la terre en provenance des "villes héroïques".

WALTER BIBIKOW / GETTY IMAGES ©

LES INCONTOURNABLES
PLACE ROUGE

La place Rouge (Красная площадь), ce vaste rectangle pavé entouré de merveilles architecturales, ne manquera pas de vous couper le souffle. En russe ancien, *krasny* signifie "beau", un qualificatif parfaitement approprié.

Mausolée de Lénine

En dépit de son vœu d'être enterré au côté de sa mère à Saint-Pétersbourg, Vladimir Ilitch Oulianov repose toujours au pied du mur du Kremlin, où de nombreux visiteurs viennent saluer le fondateur de l'Union soviétique. Faites la queue à l'angle ouest de la place (près de l'entrée du jardin Aleksandrovsky) pour voir sa **dépouille embaumée** (Мавзолей Ленина ; plan p. 255 ; www.lenin.ru ; 10h-13h mar-jeu, sam et dim ; M Ploshtchad Revolyoutsii) GRATUIT, exposée ici depuis 1924. Les photos sont interdites, et des gardiens sévères s'assurent que les visiteurs restent silencieux et respectueux.

En sortant du mausolée, vous longerez la muraille du Kremlin, où sont enterrés entres autres :

- **Joseph Staline** deuxième Secrétaire général et successeur de Lénine.
- **Léonid Brejnev** quatrième secrétaire général, successeur de Khrouchtchev.
- **Félix Dzerjinski** fondateur de la Tchéka (ancêtre du KGB).
- **Iakov Sverdlov** l'un des artisans de la Révolution et de la future Union soviétique.
- **Andreï Jdanov** responsable de la culture sous Staline, deuxième personnalité la plus influente de l'URSS au lendemain de la Seconde Guerre mondiale.
- **Mikhaïl Frounzé** chef de l'Armée rouge, responsable de l'intégration des républiques d'Asie centrale dans l'Union soviétique dans les années 1920.
- **Inès Armand** maîtresse supposée de Lénine, elle dirigeait le Jenotdel, une organisation qui militait pour l'égalité des sexes au sein du Parti communiste.

À NE PAS MANQUER

- Le mausolée de Lénine
- La tour du Sauveur
- La porte de la Résurrection
- La cathédrale de Kazan

INFOS PRATIQUES

- Plan p. 255
- Krasnaya pl
- M Ploshtchad Revolyoutsii

PHOTOS

Le soir, la place Rouge se vide et la magie opère. Se découpant sur le ciel, les tours du Kremlin et les dômes de Basile-le-Bienheureux, créent un point de vue inoubliable.

De 1953 à 1961, Lénine partagea son mausolée avec Staline. En 1961, lors du 22e congrès du Parti, la très estimée Mme Spiridonova, grande figure révolutionnaire, raconta que Vladimir Ilitch lui était apparu en rêve et lui aurait confié qu'il ne souhaitait pas passer l'éternité au côté de son successeur. On retira donc la dépouille de Staline pour lui accorder une place d'honneur derrière le mausolée.

PLACE DES CRÂNES

La plate-forme en pierre circulaire de 13 m de diamètre qui s'étend devant la cathédrale Basile-le-Bienheureux porte le nom de **place des Crânes** (Лобное место ; plan p. 255). Selon la légende, c'est là que se déroulaient les exécutions ; en réalité, on y proclamait les décrets des tsars et on y organisait les cérémonies religieuses.

Porte de la Résurrection

Depuis la place du Manège (Manejnaya pl, métro Okhotny Ryad), on pénètre sur la place Rouge par la **porte de la Résurrection** (plan p. 255), avec ses deux tours rouges surmontées de flèches vertes. La porte d'origine, bâtie en 1680, fut détruite par Staline pour faciliter défilés et parades et reconstruite à l'identique en 1995. Dans cette porte, la lumineuse **chapelle de la Vierge-d'Iveria**, édifiée à la fin du XVIIIe siècle abrite l'icône du même nom.

Cathédrale de Kazan

La **cathédrale de Kazan** (Казанский собор ; plan p. 255 ; Nikolskaya ul 3 ; ⏲8h-19h ; Ⓜ Okhotny Ryad) fut bâtie sur ce site à l'extrémité nord de la place Rouge en 1636 pour commémorer l'expulsion des envahisseurs polonais en 1612. Pendant deux siècles, elle abrita l'icône de la Vierge de Kazan, qui aurait contribué à la déroute des Polonais. Trois siècles plus tard, la cathédrale fut rasée, sous prétexte qu'elle gênait les défilés populaires du 1er Mai et de l'anniversaire de la Révolution. La petite église, bâtie en 1993, est une réplique de l'édifice d'origine.

GOuM

Avec sa façade ouvragée de 240 m au nord-ouest de la place Rouge, le **GOuM** (ГУМ ; plan p. 255 ; www.gum.ru ; Krasnaya pl 3 ; ⏲10h-22h ; Ⓜ Ploshtchad Revolyoutsii) est un centre commercial animé aux centaines de boutiques et de restaurants. Avec son puits de lumière et ses galeries sur trois niveaux, une architecture révolutionnaire pour les années 1890, le magasin a remplacé les galeries marchandes supérieures qui occupaient jadis le site. Prononcé *goum*, l'acronyme GOuM correspondait au départ aux mots russes signifiant "magasin d'État universel". Lorsque l'enseigne fut privatisée en 2005, le nom devient officiellement "magasin principal universel". Heureusement, les mots russes "État" et "principal" commencent tous deux par un G.

Tour du Sauveur

Majestueuse tour en brique rouge, la **tour du Sauveur** (Спасская башня ; plan p. 255) constitue l'entrée "officielle" du Kremlin sur la place Rouge. Considérée comme sacrée, cette porte était utilisée pour les processions à l'époque des tsars. Les deux plaques de pierre blanche commémorent la construction de la tour en 1491. L'horloge actuelle fut installée dans les années 1850. Avec ses aiguilles de 3 m et son poids de 25 tonnes, elle occupe 3 des 10 étages. Son carillon mélodique retentit tous les quarts d'heure.

MURAT SARICA / GETTY IMAGES ©

LES INCONTOURNABLES
CATHÉDRALE BASILE-LE-BIENHEUREUX

À l'extrémité sud de la place Rouge, entre les imposantes façades du Kremlin et le fameux GOuM, se dresse la cathédrale Basile-le-Bienheureux (Покровский собор, Храм Василия Блаженного), mosaïque de couleurs et de formes. Son architecture marque l'apogée d'un style russe, développé dans la construction d'églises en bois. Cet emblème de la Russie fut édifié entre 1555 et 1561 par les architectes Postnik et Barma pour célébrer la prise du fief tatar de Kazan par Ivan le Terrible en 1552.

Extérieur

L'anarchie apparente cache un plan rigoureux qui comporte neuf chapelles principales. La haute tour centrale abrite l'église de la Sainte-Protection-de-la-Mère-de-Dieu. Les quatre dômes les plus imposants coiffent quatre chapelles de forme octogonale, chacune consacrée à un événement ou une bataille de la lutte contre Kazan.

Verts à l'origine, les dômes ont sans doute acquis leurs couleurs et leurs motifs caractéristiques au XVIIIe siècle lors de travaux de restauration. La cathédrale a cependant toujours offert un spectacle saisissant. Des tuiles et des arcs dorés couvrent les toits pentus, quelque 300 pignons multicolores semi-circulaires ornent les niveaux supérieurs des églises, tandis que les niveaux inférieurs s'agrémentent de colonnes et de caissons roses et blancs.

À NE PAS MANQUER

- L'église Basile-le-Bienheureux
- Les portails entre la sacristie et l'église centrale
- L'icône de la Trinité de l'Ancien Testament
- L'icône de la vie de saint Alexandre Nevski

INFOS PRATIQUES

- Plan p. 255
- www.saintbasil.ru
- Tarif plein/réduit 250/50 ₽, audioguide 200 ₽
- 11h-17h
- M Ploshtchad Revolyoutsii

Église Basile-le-Bienheureux

L'église Basile-le-Bienheureux est la chapelle située au rez-de-chaussée, sur le côté nord-est de la cathédrale. Elle recèle la tombe couverte d'un dais de Vassili (Basile), l'un des saints les plus aimés de Moscou, un original qui

Le nom officiel de la cathédrale Basile-le-Bienheureux est cathédrale de l'Intercession. L'appellation "Basile" désigne en réalité la chapelle nord-est, bâtie sur la tombe de Vassili (Basile) le Bienheureux.

AUDIOGUIDE

Un audioguide (200 ₽) décrit l'histoire et l'architecture de la cathédrale.

Selon la légende, Ivan aurait fait crever les yeux des architectes afin qu'ils ne puissent plus jamais bâtir un édifice similaire. L'histoire contredit le mythe puisqu'il est prouvé que vingt-cinq ans plus tard (et quatre ans après la mort du terrible souverain), ils ajoutèrent une dernière chapelle.

MININE ET POJARSKI

Devant la cathédrale, la **statue de Kouzma Minine et Dimitri Pojarski** (Памятник Минина и Пожарского; plan p. 255) représente le boucher et le prince qui levèrent une armée pour chasser les occupants polonais du Kremlin en 1612.

se promenait nu et s'humiliait pour rendre gloire à Dieu. Considéré comme un faiseur de miracles, il était craint et respecté de tous. Cette dixième chapelle – la seule située au rez-de-chaussée – fut ajoutée en 1588, après la mort du saint. Notez l'icône qui le représente, avec la place Rouge et le Kremlin à l'arrière-plan.

Église de l'Intercession-de-la-Vierge

La haute tour au toit pentu au centre de la cathédrale abrite l'église de l'Intercession-de-la-Vierge. Le plafond s'élève à près de 47 m de haut. Certains murs, restaurés, ont retrouvé leur apparence originelle (des briques rouges peintes) ; d'autres portent des fragments de fresques réalisées ultérieurement. De la sacristie, les portes donnant sur cette chapelle centrale figurent parmi les éléments les plus travaillés de la cathédrale, avec leurs superbes décorations en céramique et en brique.

Église de Saint-Cyprien-et-Sainte-Justine

Colorée, cette église est ornée de fresques retraçant la vie de ces deux saints du IVe siècle ainsi que plusieurs épisodes bibliques. À 20 m de hauteur, la voûte du dôme représente *La Mère de Dieu du Buisson ardent*. Les peintures et l'iconostase datent de la fin du XVIIIe siècle.

Église de la Sainte-Trinité

Avec ses murs blanchis à la chaux et son symbole de l'éternité qui se déploie en spirale sur la voûte, cette église est fort appréciée des visiteurs. Notez le splendide lustre du XVIe siècle. La pièce maîtresse est l'iconostase inhabituelle avec, au troisième niveau, l'une des œuvres les plus anciennes et les plus estimées de la cathédrale : l'icône de la Trinité de l'Ancien Testament.

Église de l'Entrée-du-Seigneur-dans-Jérusalem

Cette chapelle est dédiée à l'entrée du Seigneur dans Jérusalem, également appelée dimanche des Rameaux dans la religion orthodoxe. C'est l'une des plus hautes de la cathédrale (23 m). La blancheur de ses murs (la couleur d'origine) met en valeur ses détails architecturaux. Au-dessus de l'entrée nord, un mur porte encore les traces d'un obus tiré en octobre 1917. L'iconostase a été transférée ici en 1770 depuis la cathédrale Alexandre-Nevski, au Kremlin. L'icône, qui décrit 33 scènes de la vie de saint Alexandre Nevski (XVIIe siècle), est l'une des plus sacrées et révérées.

À VOIR

KREMLIN — SITE HISTORIQUE

Voir p. 60.

MAUSOLÉE DE LÉNINE — SITE HISTORIQUE

Voir p. 75.

CATHÉDRALE BASILE-LE-BIENHEUREUX — ÉGLISE

Voir p. 77.

PLACE ROUGE — SITE HISTORIQUE

Voir p. 75.

MUSÉE D'HISTOIRE — MUSÉE

Plan p. 255 (Государственный исторический музей ; www.shm.ru ; Krasnaya pl 1 ; tarif plein/réduit 300/100 ₽ ; audioguide 300 ₽ ; ⏲10h-18h mer et ven-lun, 11h-21h jeu ; Ⓜ Okhotny Ryad). À l'extrémité nord de la place, le **musée d'Histoire** a une immense collection consacrée à l'histoire du pays. Les vitrines des premières salles présentent de nombreux objets archéologiques datant des ères paléolithique et néolithique, ainsi que des âges du bronze et du fer. Les expositions consacrées à la **Rous médiévale** sont d'excellente qualité, avec deux salles relatant les invasions mongoles et la consolidation de l'État russe. Le deuxième étage s'intéresse à la **période impériale**, avec des collections présentant les effets personnels de plusieurs tsars, le mobilier et la décoration intérieure du palais ainsi que plusieurs œuvres et documents de l'époque. Certaines salles sont consacrées au règne de différents tsars. Une exposition se concentre sur la guerre de 1812 et ses conséquences tandis qu'une autre, inattendue, étudie l'expansion de l'Empire russe à travers l'observation du réseau routier et des modes de déplacement.

MUSÉE D'ARCHÉOLOGIE — MUSÉE

Plan p. 255 (Музей археологии Москвы ; www.mosmuseum.ru ; Manejnaya pl 1 ; Ⓜ Okhotny Ryad). Lors des fouilles du pont Voskresensky (qui franchissait la Neglinnaya au pied de la rue Tverskaya) on découvrit une série de pièces de monnaie, d'habits et d'objets de l'ancien Moscou. Le musée réunissant ces collections est situé dans un pavillon souterrain établi durant les fouilles. Son entrée se trouve au pied du Four Seasons Hotel Moskva. Il était fermé pour rénovation au moment de notre passage.

MUSÉE DE LA GUERRE DE 1812 — MUSÉE

Plan p. 255 (Музей отечественной войны 1812 года ; www.1812shm.ru ; pl Revolyoutsii 2 ; tarif plein/réduit 300/100 ₽ ; ⏲10h-18h mer et ven-lun, 11h-21h jeu ; Ⓜ Ploshtchad Revolyoutsii). Entre "Renaissance" russe et néo-Renaissance, ce superbe bâtiment de brique rouge fut construit dans les années 1890 pour abriter la mairie de Moscou et devint plus tard le musée Lénine. Converti en musée de la Guerre de 1812 à l'occasion du bicentenaire de ce conflit, il en présente en détail le déroulement et les conséquences au moyen d'œuvres d'art, de documents, d'armes et d'uniformes.

CENTRE D'EXPOSITION DU MANÈGE — CENTRE D'ART, MUSÉE

Plan p. 255 (Выставочный центр Манеж ; www.moscowmanege.ru ; Manejnaya pl ; expositions 200-300 ₽ ; ⏲11h-20h mar-dim ; Ⓜ Biblioteka Imeni Lenina). Ce long bâtiment bas de style néoclassique, à l'ouest du jardin Aleksandrovsky, accueille des expositions artistiques et autres manifestations, telle l'exposition sur l'âge d'or de l'avant-garde russe qui fut un succès. Le programme comprend aussi des lectures de poésie, des projections cinématographiques et des festivals littéraires.

Des événements sont régulièrement organisés ici, notamment par le **musée du Design de Moscou** (www.moscowdesignmuseum.ru) et le Media Art Lab.

MONASTÈRE ZAIKONOSPASSKY — MONASTÈRE

Plan p. 255 (Заиконоспасский монастырь ; Nikolskaya ul 7-9 ; Ⓜ Ploshtchad Revolyoutsii). Ce monastère fut fondé par Boris Godounov en 1600, même si l'église ne date que de 1660. Son nom signifie "Derrière le comptoir des icônes", en référence au commerce d'icônes qui jadis allait bon train ici. Il a rouvert récemment après être resté fermé pendant plus de 90 ans. L'**église du Sauveur**, désormais en activité, est blottie dans une cour en retrait de la rue.

Sur l'ordre du tsar Alexis, les frères Likhoud y fondèrent l'Académie des langues slaves, grecques et latines en 1687. Devenue une école de théologie, l'Académie fut transférée au monastère de la Trinité-Saint-Serge en 1814.

MONASTÈRE DE L'ÉPIPHANIE — MONASTÈRE

Plan p. 255 (Богоявленский монастырь ; Bogoyavlensky per 2 ; Ⓜ Ploshtchad Revolyoutsii).

Ce monastère, le deuxième plus ancien de Moscou, fut fondé en 1296 par le prince Daniel, fils d'Alexandre Nevski. De style baroque moscovite, la **cathédrale de l'Épiphanie**, coiffée d'un grand dôme rose et doré, date des années 1690. Si vous avez de la chance, peut-être entendrez-vous les cloches sonner dans le vieux beffroi en bois voisin.

IMPRIMERIE DU SYNODE — SITE HISTORIQUE

Plan p. 255 (Печатный двор Синод ; Nikolskaya ul 15 ; Ⓜ Ploshtchad Revolyoutsii). C'est dans cet édifice richement décoré, aujourd'hui occupé par la faculté de lettres de Russie, qu'Ivan Fyodorov aurait mis sous presse le premier ouvrage imprimé du pays, *L'Apôtre*, en 1563. (On peut voir le grand homme lui-même près du passage Tretyakovski.) Au milieu de la façade trônent un lion et une licorne, entourés de colonnes salomoniques et de fenêtres gothiques. Jusqu'au début du XIXe siècle, Kitaï-Gorod était en quelque sorte le quartier du livre, avec 26 des 31 librairies que comptait Moscou.

TRETYAKOVSKY PROEZD — SITE HISTORIQUE

Plan p. 255 (Третьяковский проезд ; Ⓜ Teatralnaya). Le passage couvert Tretyakovski (bâti dans les années 1870) conduit du passage Teatralny à Kitaï-Gorod. Le long du passage Teatralny, des archéologues ont exhumé des fortifications du XVIe siècle qui entouraient jadis Kitaï-Gorod, ainsi que les fondations de l'église de la Trinité datant de 1493. Près des vestiges du mur et de l'église se dresse une statue de l'imprimeur Ivan Fedorov. La construction de son arche de style médiéval dans les années 1870 fut financée par les frères Tretiakov, fondateurs de la galerie du même nom. Ce passage aurait servi à désengorger la rue Nikolskaya. Depuis sa réouverture en 2000, y sont installés plusieurs magasins de luxe.

ANCIEN HÔTEL DES ANGLAIS — MUSÉE

Plan p. 255 (Палаты старого Английского двора ; www.mosmuseum.ru ; ul Varvarka 4a ; Ⓜ Kitaï-Gorod). Restauré en 1994, cet édifice blanc, qui date du XVIe siècle, était jadis la résidence des premiers émissaires anglais en Russie, mandatés par Elisabeth Ire à Ivan le Terrible. Il accueillait aussi des marchands britanniques qui, en échange de fournitures militaires, pouvaient commercer sans payer de taxes. Aujourd'hui, il abrite un petit musée consacré à ces échanges commerciaux internationaux. Il était fermé pour rénovation lors de notre passage.

RÉSIDENCE DES BOYARDS ROMANOV — MUSÉE

Plan p. 255 (Палаты бояр Романовых ; www.shm.ru ; ul Varvarka 10 ; 200 ₽ ; ⏲10h-17h jeu-lun, 11h-18h mer ; Ⓜ Kitaï-Gorod). Ce petit musée fort intéressant retrace l'histoire de la famille Romanov, simple boyards devenus tsars. Il fut construit par Nikita Romanov, dont le petit-fils Mikhaïl devient le premier tsar de la dynastie qui régna sur la Russie pendant 300 ans. Des expositions présentent la demeure telle qu'elle était à l'époque où les Romanov l'habitaient. L'entrée se trouve à l'arrière du bâtiment.

ÉGLISE DE LA SAINTE-TRINITÉ-DE-NIKITNIKI — ÉGLISE

Plan p. 255 (Церковь Троицы в Никитниках ; Ipatyevsky per ; Ⓜ Kitaï-Gorod). Ce petit bijou construit dans les années 1630 est une belle illustration du style baroque russe. Elle possède une tour carrée aux splendides gâbles rouges et blancs et des dômes en forme de bulbe. Des fresques inspirées de l'Évangile réalisées par Simon Ouchakov et d'autres artistes ornent ses murs. Un portail sculpté conduit à la chapelle Saint-Nikita-le-Martyr, au-dessus du caveau de la famille de marchands Nikitnikov, les mécènes qui financèrent partiellement la construction de l'église.

MUSÉE POLYTECHNIQUE — MUSÉE

Plan p. 270 (Политехнический музей ; www.polymus.ru ; Novaya pl 3/4 ; Ⓜ Loubianka) Autoproclamé plus grand musée des sciences au monde, ce lieu gigantesque couvre toute l'histoire des sciences, des techniques et de l'industrie russes. Fermé pour des travaux de rénovation et de modernisation attendus de longue date, il promet de devenir en 2018 un "musée et centre d'éducation nouveau". En attendant, une exposition temporaire se tient à la VDNKh (p. 90).

Si la vocation de l'institution est clairement scientifique, le bâtiment n'en reste pas moins séduisant et architecturalement intéressant. La section centrale, la plus ancienne (1877), représente l'ère byzantino-russe ; la section est (1896) s'inspire des écoles russes du XVIIe siècle ;

LE METROPOL DE MAMONTOV

Parmi les plus beaux exemples moscovites de l'Art nouveau, l'hôtel Metropol est l'une des nombreuses contributions du célèbre philanthrope et mécène Savva Mamontov. En face du passage Teatralny, le panneau décoratif de la façade s'inspire d'un croquis de l'artiste Mikhaïl Vroubel. Il décrit la légende de la princesse des Rêves : un troubadour part à la recherche de la douce et belle princesse dont il s'est amouraché. Tombé malade au cours de son périple, il la retrouve mais s'éteint dans ses bras au moment où il l'embrasse. La princesse renonce alors à sa vie de luxe. Les panneaux de céramique sont sortis des ateliers de poterie de la propriété de Mamontov à Abramtsevo.

L'œuvre en céramique décorant le mur qui fait face à la place Teatralnaya est celle d'Alexandre Golovine. Le texte d'origine : "C'est toujours la même histoire : lorsqu'on bâtit une maison, on s'aperçoit que l'on a encore appris quelque chose", était de Nietzsche. Durant l'ère soviétique, ces sages paroles furent remplacées par un texte plus adapté à l'époque : "Seule la dictature du prolétariat pourra libérer l'humanité de l'oppression du capitalisme". Signé Lénine.

enfin, la section ouest (1907) est de style Art nouveau.

MÉMORIAL AUX VICTIMES DU TOTALITARISME — MÉMORIAL

Plan p. 270 (Мемориал жертвам тоталитаризма). Modeste mémorial installé dans le petit jardin au sud-est de la fameuse prison de la Loubianka, cette simple dalle de pierre provient d'un camp de travail tristement célèbre des années 1930 situé sur les îles Solovki, dans la mer Blanche.

OÙ SE RESTAURER

STOLOVAYA 57 — CAFÉTÉRIA €

Plan p. 255 (Столовая 57 ; 3e ét., GOuM, Krasnaya pl 3 ; plats 200-300 ₽ ; ⏲10h-22h ; 📋 ; Ⓜ Okhotny Ryad). Cette cafétéria à l'ancienne recrée pour vous l'atmosphère de la Russie poststalinienne. La nourriture y est excellente et abordable pour un endroit aussi coté. L'endroit parfait pour goûter au "hareng en manteau de fourrure" – hareng, betterave, carotte et pomme de terre, et déguster des boulettes et salades froides.

FRIENDS FOREVER CAFE — CAFÉ €

Plan p. 255 (Кафе Друзья навсегда ; www.friends-forever.ru ; 5e ét., centre commercial Nautilus, Nikolskaya ul 25 ; plats 200-400 ₽ ; ⏲9h-23h ; 📶✎📋👪 ; Ⓜ Loubianka). Ce confortable café aux hauts plafonds et aux grandes fenêtres donnant sur la rue Nikolskaya est parfait pour le petit-déjeuner ou un déjeuner léger. Dans l'après-midi, venez dégustez l'une de ses irrésistibles pâtisseries accompagnée d'un café.

COFFEE MANIA — CAFÉ €€

Plan p. 255 (Кофе мания ; www.coffeemania.ru ; Mal Tcherkassy per 2 ; petit-déj 300-500 ₽, plats 500-1100 ₽ ; ⏲8h-minuit lun-jeu, 8h-2h ven, 10h-2h sam, 10h-minuit dim ; 📶✎📋 ; Ⓜ Loubianka). Cuisine appétissante mais surfacturée, comme dans les autres établissements de cette chaîne omniprésente. L'intérieur grandiose vaut toutefois le détour : sols en marbre, lustres Art déco et entrelacs ouvragés rappelant une époque révolue. Service efficace.

LOFT CAFÉ — FUSION €€

Plan p. 255 (www.cafeloft.ru ; 6e ét., Nautilus, Nikolskaya ul 25 ; déj 450 ₽, plats 500-900 ₽ ; ⏲9h-23h ; 📶✎📋 ; Ⓜ Loubianka) ce petit café branché a une terrasse minuscule avec vue imprenable sur la place Loubianka. Plats inventifs et modernes, alliance du meilleur de la cuisine russe et d'influences européennes et asiatiques. Un exemple : le saumon grillé aux épinards, agrémenté d'une sauce aux pignons de pin et orange, ou le bœuf Stroganov aux morilles.

BOSCO CAFÉ — ITALIEN €€€

Plan p. 255 (☎495-620 3182 ; www.bosco.ru ; GUM, Krasnaya pl 3 ; pâtes 500-1 000 ₽, plats 1 200-2 000 ₽ ; ⏲10h-22h ; 📋 ; Ⓜ Ploshtchad Revolyutsii). Un lieu où siroter un café ou se restaurer en contemplant le Kremlin et la foule qui piétine devant le mausolée de Lénine ou les dômes de la cathédrale Basile-le-Bienheureux. Aménagé au 1er étage du GOuM, c'est l'endroit idéal pour profiter d'une vue de la place Rouge. La carte, très variée, propose des plats à tous les prix. Réservations recommandées pour le dîner.

OÙ PRENDRE UN VERRE ET FAIRE LA FÊTE

CAFÉ TANTSY BAR

Plan p. 255 (Кафе Танцы ; Nikolskaya ul 11 ; 12h-minuit dim-jeu, 12h-6h ven et sam ; ; Ploshtchad Revolyoutsii). Minuscule ! Moscou compte peu de ces petits cafés où l'exiguïté des lieux et le décor un peu brut font partie du charme. Les tabourets hauts, les murs en briques apparentes et la clientèle branchée confèrent au lieu son ambiance conviviale. Très apprécié pour un verre dans l'après-midi ou en fin de soirée.

DISSIDENT VINOTECA BAR À VINS

Plan p. 255 (Диссидент Винотека ; www.dissident.msk.ru ; 5e ét Nautilus, Nikolskaya 25 ; 11h-minuit ; Loubianka). Confortable et élégant, ce bar à vins peu commun propose plus de 200 vins au verre, accompagné comme il se doit de fromage, pâté et autres délicatesses.

MANDARIN COMBUSTIBLE LOUNGE BAR

Plan p. 255 (495-745 0700 ; Mal Tcherkassy per 2 ; 24h/24 ; ; Loubianka). Ici, on peut à la fois manger, prendre un verre et danser. Vaste choix de plats asiatiques, mais aussi sushis, pâtes, tapas et autres, servis 24h/24 pour le bonheur des fêtards moscovites. Les boissons et le service n'ont rien d'extraordinaire mais le cadre est agréable et la clientèle cordiale.

ROMANOV BAR COCKTAILS

Plan p. 255 (Романов Бар ; www.romanovbar.ru ; Nikolskaya ul 19/21 ; 12h-minuit dim-mer, 12h-6h jeu-sam ; Loubianka). Si les décorateurs ont eu la main un peu lourde à l'intérieur (fauteuils en velours et lustres en cristal), la terrasse d'été est charmante pour prendre un verre ou manger. Cocktails fabuleux. Soirées dansantes, karaoké et défilés de mode sont régulièrement organisés.

OÙ SORTIR

BALLET DU KREMLIN DANSE

Plan p. 255 (Кремлевский балет ; 495-628 5232 ; www.kremlinpalace.org ; ul Vozdvizhenka 1 ; location 12h-20h ; Aleksandrovsky Sad). Le Bolchoï n'a pas le monopole de la danse à Moscou : le ballet du Kremlin compte aussi d'excellents danseurs, qui se produisent

---

Promenade à pied
Le vieux Moscou : place Rouge et Kitaï-Gorod

DÉPART PLACE LOUBIANSKAYA
ARRIVÉE PLACE STARAYA
LONGUEUR 3 KM ; 3 HEURES

Cette promenade permet de découvrir le visage le plus ancien et le plus pittoresque de Moscou, la place Rouge aux petites rues de Kitaï-Gorod.

Débutez par la 1 **place Loubianskaya**, que domine la façade sévère de la tristement célèbre prison. Non loin, le modeste mémorial aux victimes du totalitarisme rend hommage à tous ceux qui ont souffert derrière ces murs.

Laissez la circulation automobile derrière vous pour pénétrer dans Kitaï-Gorod par la rue Nikolskaya. Cette agréable voie piétonne bordée de boutiques, d'églises et de cafés était autrefois la principale route menant à Vladimir et le centre d'un commerce des icônes dynamique. Notez l'entrée ouvragée du 2 **passage Tretyakovski** (p. 82), qui regroupe les plus élégantes boutiques de mode de la capitale. Admirez aussi la façade gothique décorée de l' 3 **imprimerie du Synode** (p. 80), reconnaissable à son lion et à sa licorne, ainsi que les dômes dorés et les flèches du 4 **monastère Zaikonospassky** (p. 79) s'élevant au-dessus des toits.

À Kitaï-Gorod, le moindre coin de rue semble abriter une église. Faites un détour par la rue Bogoyavlenski pour voir le 5 **monastère de l'Épiphanie** (p. 79) du XIIIe siècle. Il s'agit du deuxième plus vieux monastère de Moscou, (l'église actuelle a été bâtie plus tard).

Coupez par la cour pour déboucher sur la place Revolyoutsii, un lieu animé aux édifices impressionnants. L' 6 **hôtel Metropol** (p. 177) est un bel exemple du style Art nouveau, avec une superbe mosaïque due au peintre Mikhaïl Vroubel.

Plus à l'ouest, l'insolite 7 **Four Seasons Moscow** (p. 177) présente deux styles architecturaux différents. L'histoire raconte qu'on présenta à Staline deux

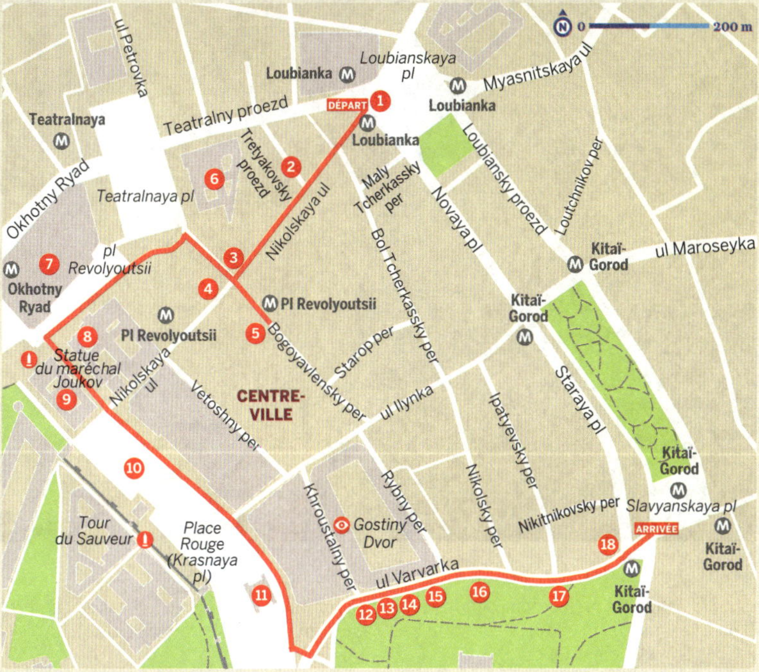

projets distincts pour la construction de cet hôtel, alors baptisé Moskva, sur la place Manejnaya. Ne comprenant pas qu'il devait en choisir un, il approuva les deux. Les architectes élevèrent donc un hôtel de style moitié constructiviste, moitié stalinien.

Sur le côté sud de la place se dressent les façades de brique rouge du 8 **musée de la Guerre de 1812** (p. 79) et du 9 **musée d'Histoire** (p. 79), toutes deux de style Renaissance russe et néo-Renaissance. Devant, une statue du maréchal Joukov, héros de la Seconde Guerre mondiale, monte stoïquement la garde.

Tournez au sud en passant entre les deux musées par la porte de la Résurrection et contemplez la 10 **place Rouge** (p. 75). Côté sud, de hautes tours, dont la tour du Sauveur, ponctuent le puissant mur du Kremlin au pied duquel le mausolée de Lénine continue d'attirer les visiteurs. Côté nord, la jolie petite cathédrale de Kazan fait pendant à la façade ornementée du GOuM. Et, tout au bout, dans une explosion de formes, de couleurs et de textures, se tient le plus célèbre monument du pays, la 11 **cathédrale Basile-le-Bienheureux** (p. 77). Traversez cette vaste esplanade pavée en admirant ses bâtiments spectaculaires.

À l'extrémité sud de la place Rouge, tournez à gauche dans la rue Varvarka, où se concentre un grand nombre d'édifices anciens. La zone qui s'étend entre la rue et la Moskova deviendra bientôt le parc Zaryadye. En marchant d'ouest en est, vous longerez 12 l'**église Sainte-Barbara** rose et blanche (1804), 13 l'**ancien hôtel des Anglais** (p. 80) au toit pentu datant du XVIe siècle, 14 l'**église Saint-Maxime-le-Bienheureux** du XVIIe siècle et la cathédrale à coupole dorée du 15 **monastère Notre-Dame-du-Signe**, l'ancienne 16 **résidence des boyards Romanov** (p. 80) et 17 l'**église Saint-Georges** de 1658. De l'autre côté de la rue s'étendent les galeries marchandes de Gostiny Dvor. Ces nombreuses demeures anciennes permettent sans mal d'imaginer à quoi ressemblait le "vieux Moscou".

Continuez vers l'est pour rejoindre la place Staraya. À l'angle, les 18 **vestiges des anciens remparts de la ville** vous attendent dans le passage souterrain (*perekhod*), qui est aussi l'entrée de la station de métro Kitaï-Gorod.

Le GOuM (p. 76)

dans le palais du même nom. Si le théâtre Bolchoï est un lieu magique, le Kremlin n'en est pas moins mémorable.

Le répertoire est exclusivement classique, et les billets s'achètent près de l'entrée de la station de métro.

SHOPPING

Avec ses centaines de boutiques chics et de restaurants, le centre commercial GOuM (p. 76), lumineux et fort animé, mérite d'être visité en même temps que la place Rouge.

MAGASIN D'USINE GOUS-KHROUSTALNY — SOUVENIRS

Plan p. 255 (Гусь-Хрустальный заводской магазин ; www.ghz.ru ; Gostiny Dvor ; ⏲10h-20h ; Ⓜ Ploshtchad Revolyoutsii). Depuis la création de sa verrerie en 1756, la ville de Gous-Khroustalni (à l'est de Moscou) est réputée pour la qualité de son verre. Ce petit magasin d'usine propose un choix limité d'objets en cristal et en verre (surtout coloré) de grande qualité à des prix raisonnables.

BOUTIQUE ALIONA AKHMADOULLINA — MODE

Plan p. 255 (Бутик Алёны Ахмадулиной ; www.alenaakhmadullina.ru ; Nikolskaya ul 25 ; ⏲11h-22h ; Ⓜ Loubianka). Avec leur coupe subtile et leur clin d'œil aux thèmes typiquement russes, les modèles fluides et romantiques d'Aliona Akhmadoullina plaisent. Depuis 2005, son succès est total même à l'international (elle a signé les robes d'Angelina Jolie pour le film *Wanted*).

OKHOTNY RYAD — GALERIE MARCHANDE

Plan p. 255 (ТЦ Охотный ряд ; www.ox-r.ru ; Manejnaya pl ; ⏲10h-22h ; Ⓜ Okhotny Ryad). Le clou de cette galerie marchande est l'amusante fontaine en forme de troïka qui éclabousse les passants lorsqu'ils sortent du jardin Aleksandrovsky. Outre les magasins de vêtements et d'électronique, elle propose une riche gamme de restaurants.

Tverskoï et Novoslobodsky

TVERSKOÏ | NOVOSLOBODSKY

Notre sélection

❶ Une soirée au **Bolchoï** (p. 87), pour applaudir les compagnies mythiques de danse et d'opéra.

❷ Presque chaque semaine, des festivals d'art, de gastronomie ou de musique se tiennent aux **jardins de l'Ermitage** (p.88), l'un des lieux les plus animés de Moscou.

❸ Dans un décor très moderne, le **Musée juif et centre de la tolérance** (p. 89) donne un aperçu de la vie des juifs en Russie, du partage de la Pologne jusqu'à la fin de l'URSS.

❹ Un bain relaxant dans le décor enchanteur des **bains Sandouny** (p. 99).

❺ Une visite de l'atelier de Victor Vasnetsov dans la **maison-musée** du peintre (p. 90).

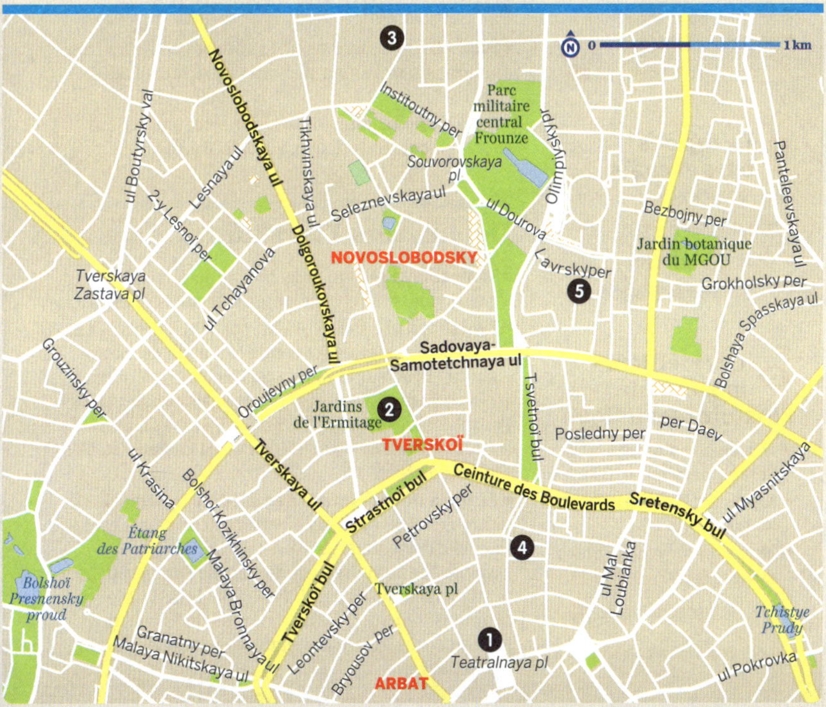

Pour un plan plus détaillé, reportez-vous p. 258

Bons plans Lonely Planet

Si le Bolchoï est le théâtre le plus célèbre de Russie, il est loin d'être le seul. Plusieurs autres institutions dédiées à l'opéra et au ballet relèvent d'un même niveau de professionnalisme et de panache, pour un prix bien inférieur. Si vous ne décrochez pas votre sésame pour le Bolchoï, rabattez-vous sur le **Novaya Opéra** (p. 97) ou le **Théâtre musical Stanislavski et Nemirovitch** (p. 97), deux lieux sublimes où se donnent des spectacles de qualité.

Le top des restaurants

- Delicatessen (p. 94)
- Brasserie Most (p. 94)
- Lavka-Lavka (p. 94)
- Djon Djoli (p. 94)

Voir détails p. 92

Le top des bars et cafés

- Noor (p. 96)
- Entousiast (p. 96)
- Café Mart (p. 96)

Voir détails p. 95

Les meilleurs musées sur l'histoire soviétique

- Musée d'Histoire contemporaine (p. 89)
- Musée de l'Histoire du goulag (p. 88)
- Musée central des Forces armées (p. 91)

Voir détails p. 88

Découvrir Tverskoï et Novoslobodsky

Le quartier Tverskoï est l'un des plus branchés et des plus commerçants de la capitale. Si peu ont les moyens d'y vivre, des millions de personnes y affluent chaque jour pour travailler, faire les boutiques ou dîner.

Principale artère de Moscou, la Tverskaya, qui part du Kremlin, est une avenue bordée d'édifices présoviétiques et staliniens. À l'est, sur la place Teatralnaya (place des Théâtres) se dresse l'illustre théâtre Bolchoï.

Il s'agit du point de départ de plusieurs rues commerçantes jalonnées de boutiques et de cafés, qui se prolongent jusqu'à la ceinture des Boulevards. À moitié piétonnière, la rue Bolshaya Dmitrovka est reliée à la Tverskaya par la ruelle Kamergersky interdite aux véhicules. Un peu plus haut, la ruelle Stoleshnikov, très à la mode, permet d'aller de la Bolshaya Dmitrovka à la rue Petrovka, laquelle, plus pittoresque, mène aux charmants jardins de l'Ermitage.

Le quartier Novoslobodsky, plus décontracté et moins populeux, s'étend au-delà de la ceinture des Jardins. Il abrite le Musée juif et centre de la tolérance, ainsi que d'agréables bars et restaurants.

Vivre comme un Moscovite

- **Parcs** Dans les jardins de l'Ermitage, toujours très animés, prenez l'air en sirotant un coktail au 3205 (p. 95).
- **Café sympathique** Sirotez une bière à prix doux, en compagnie d'étudiants, au Café Vokzal (p. 96).

Depuis/vers Tverskoï

- **Teatralnaya pl** Pour la gagner, prenez la ligne Zamoskvoretskaya (verte) jusqu'à la station Teatralnaya.
- **Tverskaya ul** La place du Manège (Manejnaya), en bas de la Tverskaya, est près de la station de métro Okhotny Ryad sur la ligne Sokolnitcheskaya (rouge). La ligne Zamoskvoretskaya (verte) dessert les places Poushkinskaya (station Tverskaya), Trioumfalnaya (station Mayakovskaya), et Tverskaya Zastava (station Bielorousskaya).
- **Au-delà de la ceinture des Jardins** La ligne de métro Zamoskvoretskaya (verte) suit la Tverskaya (laquelle devient la rue Tverskaya-Yamskaya, puis l'avenue Leningradsky et enfin la rue Leningradskoe) pratiquement jusqu'au périphérique MKAD, avec pour terminus Retchnoï Vokzal. Pour visiter le quartier Novoslobosky, sortez aux stations Novoslobodskaya ou Mendeleevskaya.

LES INCONTOURNABLES
THÉÂTRE BOLCHOÏ

HARALD SUND / GETTY IMAGES ©

Sortie romantique par excellence, une soirée au Bolchoï (Большой театр) vous permettra d'assister à des ballets et à des opéras russes ou étrangers exceptionnels dans un lieu riche de plus de 235 ans d'histoire. Des années de tumulte politique et d'instabilité ont suivi la chute de l'Union soviétique, toutefois, le spectacle continue.

Bâti en 1824, le célèbre théâtre Bolchoï fut le premier à accueillir le *Lac des cygnes* et *Casse-noisette* de Tchaïkovski, en 1877 et en 1919. Le célèbre *Quadrige d'Apollon* orne le fronton de l'édifice. Sur la place Teatralnaya, la fontaine réalisée par Vitali, avec ses sculptures en bronze des trois muses, est la plus ancienne de Moscou. La nouvelle scène du théâtre a ouvert juste à côté en 2002.

Les directeurs défilent, laissant leur empreinte sur le répertoire, et les grands classiques, comme *Le Lac des cygnes* et *Boris Godounov*, résistent à l'épreuve du temps. Ces dernières années, des spectacles, donnés sur fond de musique contemporaine, ont rencontré un certain succès.

Des anecdotes croustillantes sur des chanteurs et ballerines du Bolchoï font souvent la une des journaux à sensation. Après la chute de l'Union soviétique, la réputation du théâtre a été ternie par des affaires politiques et des scandales, mais l'établissement continue de tourner.

Bien que l'on puisse en principe acheter des billets au guichet quelques jours avant un spectacle, ne vous faites pas trop d'illusions : ils partent comme des petits pains. Vous aurez plus de chances d'en obtenir en été qu'en pleine saison (octobre-décembre). Ils sont aussi en vente sur le site web du théâtre (bolshoi.ru/en/timetable). À partir de 2015, des places debout devraient être proposées au tarif de 100 ₽. Le système D reste une solution. Les revendeurs se trouvent aisément mais veillez à négocier votre sésame à un prix raisonnable. Attendez-vous à un minimum de 3 000 ₽. Plus important encore, vérifiez bien le billet et la date du spectacle (voire l'année) avant de procéder à la transaction.

À NE PAS MANQUER

- La fontaine réalisée par Vitali
- Le *Quadrige d'Apollon*
- Le spectacle du moment

INFOS PRATIQUES

- Plan p. 258
- www.bolshoi.ru
- Teatralnaya pl 1
- Billets 200-4 000 ₽
- Ⓜ Teatralnaya

À VOIR

Tverskoï

JARDINS DE L'ERMITAGE PARC

Plan p. 258 (Сады Эрмитажа ; mosgorsad.ru ; ul Karetny Ryad 3 ; 24h/24 ; Poushkinskaya). GRATUIT Ce charmant petit jardin, probablement le lieu le plus gai de la capitale, comprend tout ce qui embellit depuis peu les parcs de Moscou. Presque chaque semaine, surtout en été, il accueille des festivals d'art, de gastronomie et d'artisanat, ainsi que des concerts. Outre les pelouses et les bancs, il y a aussi un terrain de jeux pour enfants, un cinéma en plein air et des kiosques où sont vendus des produits alimentaires et d'artisanat.

Ce jardin fut créé en 1894 autour du théâtre où le premier film des frères Lumière fut projeté en 1896 et où eut lieu en 1898 la première moscovite de *La Mouette* de Tchekhov interprétée par la troupe qui venait d'être formée par Stanislavski et Nemirovich-Dantchenko.

MUSÉE DE L'HISTOIRE DU GOULAG MUSÉE

Plan p. 258 (Исторический музей ГУЛАГ ; 495-621 7346 ; www.gmig.ru ; ul Petrovka 16 ; tarif plein/réduit 150/20 ₽ ; 11h-18h mar, mer et ven-dim, 12h-20h mar ; Teatralnaya). Voisine d'élégantes boutiques de la rue Petrovka, une arcade conduit vers une cour intérieure tendue de fil barbelé et de portraits de prisonniers politiques. C'est l'entrée d'un musée unique, consacré à l'Administration principale des camps de travail (*Glavnoye oupravlenye lagueréï*), plus connue sous le nom de goulag. Les guides portant l'uniforme des gardiens des camps qui vous accueillent vous commenteront le vaste réseau de camps de travail qui existait en Union soviétique et vous décriront le quotidien horrible des déportés.

Symboles glaçants de la répression politique, ancrés dans la conscience collective par le livre-témoignage *L'Archipel du Goulag* d'Alexandre Soljenitsyne, les camps du goulag comptaient plus de 18 millions de prisonniers au cours des pires années, entre 1929 et 1953. Nombre d'entre eux ont continué de fonctionner jusqu'à la fin des années 1980. Le musée est également un mémorial en l'honneur des millions de victimes du système concentrationnaire.

MOSCOW MUSEUM OF MODERN ART MUSÉE

Plan p. 258 (Московский музей современного искусства ; MMOMA ; www.mmoma.ru ; ul Petrovka 25 ; tarif plein/réduit 250/100 ₽ ; 12h-20h mar-mer et ven-dim, 13h-21h jeu ; Tchekhovskaya). Vaste projet de l'omniprésent Zourab Tsereteli, le musée d'Art moderne de Moscou est installé dans une demeure de négociant du XVIIIe siècle, conçue à l'origine par Matveï Kazakov, l'architecte du Sénat. Ce décor lumineux sied parfaitement à son imposante collection de peintures, sculptures et dessins des XXe et XXIe siècle, qui comprend aussi bien des artistes russes qu'étrangers. Ne manquez pas les œuvres d'avant-garde du musée, de Chagall à Kandinsky en passant par Malevitch, Archipenko et Zadkine.

Une section unique en son genre est dédiée aux artistes "non-conformistes" des années 1950 et 1960, dont le travail était tenu pour inacceptable par le régime soviétique. La galerie accueille également des expositions d'artistes contemporains. Ne manquez pas l'insolite jardin de sculptures dans la cour. Le MMOMA comprend deux autres lieux d'exposition dans la ville, **boulevard Tverskoï** (plan p. 264 ; www.mmoma.ru ; Tverskoï bul 9 ; 150 ₽ ; 12h-20h ; Poushkinskaya) et **passage Yermolayevsky** (plan p. 264 ; www.mmoma.ru ; Yermolaevsky per 17 ; tarif plein/réduit 200/100 ₽ ; 12h-20h ; Mayakovskaya).

MONASTÈRE SAINT-PIERRE-D'EN-HAUT MONASTÈRE

Plan p. 258 (Петровский монастырь ; angle ul Petrovka et Petrovsky bul ; 8h-20h ; Tchekhovskaya). Le monastère Saint-Pierre-d'en-Haut, fondé dans les années 1380, faisait partie des défenses de la capitale. Pierre angulaire de l'ensemble, avec son dôme en forme de bulbe, l'**église de la Vierge de Bogolyoubovo** date de la fin du XVIIe siècle. Lorsque Pierre le Grand chassa la régente Sophie en 1690, sa mère en fut si heureuse qu'elle lui fit bâtir la cathédrale du Métropolite Pierre, l'édifice le plus charmant du monastère. Construite en brique au milieu du domaine, elle fut dotée d'un toit en bardeaux lors de sa restauration.

CENTRE D'ART CONTEMPORAIN M'ARS GALERIE D'ART

Plan p. 258 (Центр Современного Искусства М'АРС ; www.marsgallery.ru ; Poushkarev per 5 ; galerie 12h-20h mar-dim, café 12h-23h tlj ; Tsvetnoï Bulvar ou Soukharevskaya).

Fondé par des artistes bannis durant l'ère soviétique, cette galerie possède 10 salles d'exposition qui présentent le travail d'artistes contemporains de premier plan. Club et café au sous-sol.

MAISON DES SYNDICATS ET DOUMA D'ÉTAT ÉDIFICE NOTABLE

Plan p. 258 (Дом Союзов и Государственная Дума ; Okhotny Ryad 2/1 ; Ⓜ Teatralnaya). Édifiée dans les années 1930 pour accueillir le Gosplan (Comité soviétique pour la planification), responsable des plans quinquennaux de l'URSS, la lugubre **douma d'État** (plan p. 258), le parlement, est désormais le siège du Parlement russe. La maison des Syndicats, vert bâtiment à colonnes, remonte aux années 1780. Sa salle de bal, baptisée salle des Colonnes, vit l'un des pires procès fantoches de l'ère stalinienne, celui de Nikolaï Boukharine, grand théoricien du Parti et proche collaborateur de Lénine. Les deux bâtiments sont fermés au public.

PLACE TVERSKAYA SITE HISTORIQUE

Plan p. 258 (Тверская площадь). La statue de **Iouri Dolgorouki** (plan p. 258), fondateur de Moscou, trône sur la place à proximité de la rue Tverskaya. Le magnifique bâtiment de cinq étages situé en face abrite le **bureau du maire de Moscou** (plan p. 258), Sergueï Sobianine. Au détour d'une ruelle alentour se dresse l'**église Saints-Côme-et-Damien** (XVIIe siècle), l'une des nombreuses vieilles églises du coin (plan p. 258).

ÉGLISE DE LA NATIVITÉ-DE-LA-VIERGE-À-POUTINKI ÉGLISE

Plan p. 258 (Церковь Рождества Богородицы в Путинках ; ul Malaya Dmitrovka 4 ; Ⓜ Poushkinskaya). Lorsque cette église fut achevée en 1652, le patriarche Nikon décida de bannir tous les toits pentus de ce type. Il aurait considéré cette architecture comme trop russe, séculaire et éloignée des racines byzantines de l'église. Fort heureusement, l'église de la Nativité orne toujours ce coin de Moscou, près de la place Poushkinskaya.

MUSÉE D'HISTOIRE CONTEMPORAINE MUSÉE

Plan p. 258 (Музей современной истории России ; ☎ 495-699 6724 ; www.sovr.ru ; Tverskaya u 21 ; tarif plein/réduit 250/100 ₽ ; ⏲ 10h-18h mar-dim ; Ⓜ Poushkinskaya). L'ancien musée de la Révolution retrace l'histoire soviétique depuis les révolutions de 1905 jusque dans les années 1980. Il vaut notamment pour son imposante collection d'affiches de propagande et d'objets bolcheviques. Ne manquez pas la photographie du gigantesque palais des Soviets (Дворец Советов) que Staline voulait bâtir sur le site de la cathédrale du Christ-Sauveur, détruite puis reconstruite. Ce somptueux hôtel particulier, dont l'entrée est gardée par des lions de pierre, était occupé à l'époque tsariste par le Club anglais, fréquenté par la noblesse anglophile et les résidents britanniques.

⊙ Novoslobodsky

MUSÉE JUIF ET CENTRE DE LA TOLÉRANCE MUSÉE

(Еврейский музей и Центр терпимости ; www.jewish-museum.ru ; ul Obraztsova 11 str 1A ; tarif plein/réduit 400/200 ₽ ; ⏲ 12h-22h dim-jeu ; Ⓜ Novoslobodskaya). Occupant un ancien garage construit pour abriter les autobus à impériale Leyland qui circulaient à Moscou dans les années 1920, ce vaste musée, équipé d'outils multimédia, aborde le sujet difficile des relations entre les juifs et l'État russe au cours des siècles. L'exposition traite de manière équilibrée et apaisée des pogroms, de l'histoire des révolutionnaires juifs, de l'Holocauste et de l'antisémitisme soviétique. L'abondance des vidéos interactives compense la collection assez réduite des objets exposés.

Nous apprécions celles qui incitent les visiteurs à trouver des réponses aux dilemmes auxquels les juifs du XXe siècle furent confrontés : se battre, émigrer ou s'assimiler et adopter un profil bas.

En Russie, les juifs furent assez peu nombreux jusqu'au XVIIIe siècle, quand l'Empire eut absorbé, au fil des partages, une large partie de la Pologne alors peuplée d'un grand nombre d'entre eux, locuteurs du yiddish. Jusqu'au début du XXe siècle, ces derniers ne furent pas autorisés à se déplacer librement dans le pays. Cantonnés dans une "zone de résidence", ils étaient perçus plus comme un groupe ethnique que comme un groupe religieux. Ils le sont encore souvent aujourd'hui.

MUSÉE GLINKA DE LA CULTURE MUSICALE MUSÉE

Plan p. 258 (Музей музыкальной культуры Глинки ; ☎ 495-739 6226 ; www.glinka.museum ;

VAUT LE DÉTOUR

VDNKH ET OSTANKINO

Des palais pour les travailleurs ! S'il est un lieu où ce slogan a pris forme, c'est bien la **VDNKh** (Ⓜ VDNKh) ou Exposition des réalisations de l'économie nationale. Ce dernier nom datant de l'époque stalinienne est réapparu et remplace celui, postsoviétique, de VVTs (Centre panrusse des expositions).

La VDNKh ressemble à un immense parc à thèmes stalinien, avec ses pavillons semblables à des palais, tous de style différent, censés représenter les Républiques soviétiques et tous les secteurs de l'industrie, de la géologie à l'exploration spatiale.

Les deux fontaines richement décorées en sont le centre. Située juste derrière l'entrée principale, la **fontaine de l'Amitié entre les nations** se distingue par ses 16 sculptures dorées de jeunes filles en costume national qui symbolisent les Républiques soviétiques (la seizième incarnait la République carélo-finnoise, dissoute en 1956).

L'endroit est cours de restauration après être resté à l'abandon après la fin de l'URSS. Le **Pavillon du cosmos** héberge temporairement le musée polytechnique (p. 80) ainsi que des expositions sur les sciences naturelles et la technologie. Plus loin, la stupéfiante **fontaine de la Fleur de pierre** qui s'inspire du folklore minier de l'Oural est incrustée de pierres semi-précieuses de cette région.

L'immense obélisque de 100 m recouvert de titane que l'on voit en sortant du métro est un monument aux "conquérants de l'espace". Il fut érigé en 1964 pour commémorer le lancement de *Spoutnik*. Il renferme le **musée des Cosmonautes** (kosmo-museum.ru ; 200 ₽ ; ⏲11h-19h mar-dim, 11h-21h mar ; Ⓜ VDNKh) où l'on peut admirer toutes sortes d'objet liés à l'espace comme le premier moteur de fusée soviétique et le véhicule lunaire *Lunokhod*. Une passionnante collection d'affiches de propagande retrace l'aventure spatiale.

Une fois à l'extrémité de la VDNKh, vous pouvez rejoindre le grand **jardin botanique de Moscou** ou tourner à gauche et marcher en direction du **parc Ostankino** qui entoure le palais du même nom.

Pour ne pas vous perdre, il vous suffit de prendre comme point de repère la **tour de télévision d'Ostankino** (Останкинская башня; ☎8-800-100 5553 ; tvtower.ru ; tarif plein/réduit 980/490 ₽ ; ⏲10h-20h mar-dim ; Ⓜ VDNKh), située juste derrière le parc. À l'époque de sa construction en 1967, elle constituait le plus haut édifice autoportant du monde. Avec ses 540 m, elle est, actuellement sur la quatrième marche du podium.

Culminant à 337 m, sa terrasse d'observation est ouverte aux visiteurs. Un ascenseur supersonique vous fera parcourir les 337 m en moins de 60 secondes. Vous trouverez au sommet un point de vue de 360 degrés et (horreur !) un sol en verre. Des visites ont lieu toutes les heures, mais il faut réserver et avoir son passeport. Une remise de 40% est offerte en semaine à 10h et 11h.

ul Fadeeva 4 ; 200 ₽ ; ⏲12h-19h mar-dim ; Ⓜ Mayakovskaya). Avec sa collection de plus de 3 000 instruments, véritables œuvres d'art venues de toutes les régions du Caucase à l'Extrême-Orient, le musée Glinka enchantera les mélomanes. La Russie est également bien représentée, avec notamment une *gusla* (instrument traditionnel proche du dulcimer) datant du XIIIe siècle et venant de Novgorod, des tambours en peau originaires de la république de Sakha et une balalaïka conçue par le maître Semion Nalimov. On peut aussi admirer des classiques comme un violon fabriqué par l'illustre Antonio Stradivari, dit Stradivarius. Nombre des instruments rares sont accompagnés d'un enregistrement qui permet de se faire une idée de leur son.

Commencée avec quelques instruments donnés par le conservatoire Tchaïkovski de Moscou à la fin du XIXe siècle, cette collection exceptionnelle s'est beaucoup enrichie à l'époque soviétique. Le musée a pris son nom actuel en 1954, à l'occasion du 150e anniversaire de la naissance du compositeur russe Mikhaïl Glinka.

MAISON-MUSÉE VASNETSOV

MUSÉE D'ART

Plan p. 258 (Дом-музей Васнецова ; ☎495-681 1329 ; www.tretyakovgallery.ru ; per Vasnetsova 13 ; tarif plein/réduit 250/100 ₽ ;

⌚10h-17h mar-sam ; ⓂSoukharevskaya). Victor Vasnetsov, peintre du courant néorusse, conçut en 1894 sa maison à Moscou, demeure devenue musée aujourd'hui. De style néorusse elle possède encore les meubles en bois d'origine, un fourneau carrelé ainsi que nombre d'œuvres de l'artiste. Dans son atelier mansardé, des tableaux représentent Baba Yaga et d'autres personnages de contes russes.

À ses débuts, Vasnetsov fut raillé pour son style fantastique, lequel contrastait violemment avec le réalisme des Peredvijniki (ou Ambulants, mouvement artistique du XIXe siècle). Pavel Tretiakov, le plus important mécène de l'époque, refusa même d'acheter sa production. Toutefois, au début du XXe siècle, il trouva un soutien en la personne de Savva Mamontov, qui finança la renaissance artistique russe.

MUSÉE DES ARTS DÉCORATIFS ET POPULAIRES

MUSÉE D'ART

Plan p. 258 (Всероссийский музей декоративно-прикладного и народного искусства ; ☎495-609 0146 ; www.vmdpri.ru ; Delegatskaya ul 3 et 5 ; tarif plein/réduit 200/100 ₽ ; ⌚10h-18h mer-lun ; ⓂTsvetnoï Bulvar). Juste derrière la ceinture des Jardins, ce musée renferme des siècles d'arts décoratifs et populaires de la Russie et des anciennes Républiques soviétiques. Vous pourriez trouver ces articles sur le marché Izmaïlovo, à ce détail près que les 40 000 pièces de la collection représentent le sommet de l'artisanat traditionnel : *khokhloma* (travail sur bois peint) de Nijni-Novgorod, jouets ou matriochkas ; paniers et articles ménagers en écorce de bouleau, selon une technique sibérienne traditionnelle ; broderies et dentelles ouvragées du nord du pays ; châles de Pavlov ; figurines en terre cuite de Dymkovo et porcelaine de Gjel. Ne manquez pas la porcelaine "de propagande", décorée de thèmes révolutionnaires.

Réputé pour sa magnifique collection de *palekh* – boîtes laquées et plateaux peints, ornés de scènes de contes de fées russes, le musée expose notamment des œuvres d'Ivan Golikov et d'Ivan Markitchev, souvent considérés comme les initiateurs du style *palekh*.

EXPERIMENTANIUM

MUSÉE

(Экспериментаниум ; ☎495-789 3658 ; experimentanium.ru ; ul Boutyrskaya 46/2 ; ⌚9h30-19h lun-ven, 10h-20h sam, dim et jours fériés ; ⓂSavyolovskaya). Ce musée donne aux enfants matière à réflexion. Ils s'y familiarisent avec la physique, la chimie, la mécanique, l'acoustique, l'anatomie en jouant et en faisant des expériences par le biais d'expositions interactives.

Une visite en anglais coûte la somme faramineuse de 4 500 ₽ ; aussi mieux vaut-il que vos notions scolaires puissent vous suffire à guider à vos enfants dans ce royaume de la science.

MUSÉE CENTRAL DES FORCES ARMÉES

MUSÉE

Plan p. 258 (Центральный музей Вооружённых Сил ; ☎495-681 6303 ; www.cmaf.ru ; ul Sovetskoï Armii 2 ; tarif plein/réduit 120/60 ₽ ; ⌚10h-16h30 mer-dim ; ⓂNovoslobodskaya). Consacré à l'histoire de l'armée soviétique et russe depuis 1917, cet imposant musée compte 24 salles ainsi que des expositions en plein air regroupant plus de 800 000 pièces : uniformes, médailles, armes, etc. Parmi les pièces les plus emblématiques figurent les vestiges de l'avion espion américain U2 abattu au-dessus de l'Oural en 1960 et le drapeau planté sur le Reichstag en 1945. Le musée se trouve à 1,3 km du métro Novoslobodskaya ; prenez le trolleybus n°69 ou marchez.

APPARTEMENT-MUSÉE DOSTOÏEVSKI

MAISON D'ÉCRIVAIN

Plan p. 258 (Дом-музей Достоевского ; ☎495-681 1085 ; ul Dostoevskovo 2 ; tarif plein/réduit 150/50 ₽ ; ⌚11h-18h jeu, sam et dim, 14h-19h mer et ven ; ⓂNovoslobodskaya). Le plus souvent associé à Saint-Pétersbourg, Fiodor Dostoïevski est pourtant né à Moscou, où sa famille résidait dans un minuscule appartement, alloué à son père, médecin, par l'hôpital où il officiait. Il y vécut jusqu'à l'âge de 16 ans, date à laquelle il embrassa une carrière militaire à Saint-Pétersbourg. L'appartement familial a été reconstitué d'après les descriptions fournies par son frère..

Les visiteurs peuvent découvrir la bibliothèque, les jouets et les autres objets personnels de la famille, y compris la plume de l'écrivain et le coffre en bois sur lequel il dormait quand il était enfant.

Le bâtiment jouxte en outre une morgue et un asile qui abritait jadis les mendiants et les fous.

Depuis le métro Novoslobodskaya, prenez la rue Seleznevskaya vers l'est, puis tournez à gauche dans le passage Dostoevskovo.

VAUT LE DÉTOUR

FLACON

Les Moscovites branchés s'approprient les usines les unes après les autres et les réhabilitent en fonction de leurs goûts. **Flacon** (www.flacon.ru ; ul Bolshaya Novodmitrovskaya 36 ; ⏲variable ; ⓂDmitrovskaya) constitue sans doute sur le plan visuel le site industriel dont le réaménagement est le plus réussi. Il s'agit d'une ancienne verrerie, où ont été aménagés des dizaines de boutiques originales et autres commerces. On y vient principalement pour acheter des vêtements de créateurs et des souvenirs sortant de l'ordinaire. La principale galerie marchande occupe deux niveaux du bâtiment central. Pour trouver des habits que vous ne verrez qu'à Moscou, allez au **show-room Charisma** situé au deuxième étage. Cette marque russe est connue pour ses vêtements de tous les jours et ses robes fantaisie. Mieux vaut se rendre dans cet espace le week-end, lorsque s'y tient une fête ou une foire artisanale. Il y a aussi des cafés, un cinéma et même un petit spa ayurvédique.

OÙ SE RESTAURER

Tverskoï

♥ ZUPPERIA — INTERNATIONAL €

Plan p. 258 (☎915-391 8309 ; www.facebook.com/Zupperia ; ul Sadovaya-Samotetchnaya 20 ; plats 250-300 ₽ ; ⏲8h-23h ; ; ⓂTsvetnoï Bulvar). Aménagé à la manière d'un bistrot carrelé à l'ancienne, ce lieu sans prétention a pour chef le célèbre William Lamberti. Soupes, bruschettas et salades composent le menu minimaliste. Au premier abord, il ne semble y avoir qu'une seule longue enfilade de tables, mais il y a d'autres places en sous-sol. Plats à emporter également.

RESPOUBLIKA SHAWARMA — MOYEN-ORIENT €

Plan p. 258 (Республика Шаурма ; shawarma-republic.ru ; Jardins de l'Ermitage ; plats 250 ₽ ; ⓂPoushkinskaya). Les propriétaires de ce formidable petit restaurant, où tout est authentique, servent des chawarmas qui sont de parfaits cylindres garnis de falafels, de viande, de salade et de petits légumes au vinaigre. Juste à droite de l'entrée des jardins de l'Ermitage, ce lieu est idéal pour déjeuner sur un banc.

FRESH — VÉGÉTARIEN €

Plan p. 258 (Свежий ; ☎965-278 90 89 ; freshrestaurant.ru ; ul Bolshaya Dmitrovka 11 ; plats 450 ₽ ; ⏲11h-23h ; ; ⓂTeatralnaya). On se rend dans ce restaurant végétarien tout droit venu du Canada non pour des pour la cuisine moderne et l'ambiance dépaysante. Ne manquez pas de goûter les smoothies. Les végétaliens et les crudivores ne sont pas oubliés.

ANDERSON — TRAITEUR €

Plan p. 258 (Андерсон ; cafe-anderson.ru ; Strastnoï bul 4 ; plats 360-460 ₽ ; ⏲9h-23h ; ; ⓂPoushkinskaya). Ce charmant traiteur réservant un accueil de choix aux enfants propose salades, soupes, gâteaux, smoothies et limonades. Le *latte* au miel est certes un peu expérimental, mais le thé servi avec un coulis de mûre et de sauge est exceptionnel.

DARY PRIRODY — INTERNATIONAL €

Plan p. 258 (Дары природы ; ☎8-985-600 8035 ; plats 250-350 ₽ ; ⓂPoushkinskaya). Cette caravane stationnée à demeure dans les jardins de l'Ermitage régale ses clients de plats internationaux, des hamburgers aux nouilles asiatiques (à raison de seulement quelques-uns à la fois, car le menu change chaque semaine).

Vous pourrez les déguster debout à une table ou sur un banc du parc.

SELENGE — MONGOL €

Plan p. 258 (Сэлэнгэ ; selenge.ru ; ul Malaya Dmitrovka 23/15 ; plats 250-490 ₽ ; ⏲12h-minuit ; ⓂMayakovskaya). Pour avoir un avant-goût de la cuisine mongole, laissez-vous tenter par des mets de Bouriatie, de Kalmoukie, de Touva et du Tibet, régions culturellement proches de la Mongolie. En guise d'introduction, prenez des raviolis *Bouryat buuza*. Les plus courageux goûteront la soupe aux abats de mouton et les plats principaux, en buvant du koumys (lait fermenté de jument).

BUTERBRO — SANDWICHERIE €

Plan p. 258 (БутерБро ; www.facebook.com/ButerBro ; ul Karetny Ryad 3 ; sandwichs 250 ₽ ; ⏲12h-20h). Ce petit restaurant à l'entrée

Promenade à pied Tverskoï

DÉPART TEATRALNAYA PL
ARRIVÉE TCHAÏKHONA Nº1
DISTANCE 2,5 KM ; 3 HEURES

Commencez votre promenade par la majestueuse place Teatralnaya (métro Teatralnaya). En face de 1 l'**hôtel Metropol** (p. 177), petit bijou Art nouveau, se dresse le royal 2 **théâtre Bolchoï** (p. 87), encadré par le théâtre Maly et le théâtre académique de la Jeunesse.

Remontez la rue Petrovka et tournez à gauche dans Kamerguersky, petite rue jalonnée de restaurants et de cafés avec terrasse. Cette charmante artère piétonne est le parfait endroit pour voir et être vu. Ne manquez pas le 3 **Théâtre d'Art de Moscou** (p. 97), fondé par Constantin Stanislavski en 1898.

De là empruntez la rue Tverskaya jusqu'à la 4 **place Tverskaya** (p. 89) réunissant deux symboles de la ville : la statue de Iouri Dolgorouki, fondateur de Moscou, qui se dresse au centre, et, en face de celle-ci, la mairie dont le maire actuel est Sergueï Sobianine. À l'est, se trouve le pittoresque passage Stoleshnikov bordé de boutiques chics et de cafés à la mode.

Tournez ensuite à gauche dans la rue Petrovka et dirigez-vous vers le nord en direction de la place Petrovskie Vorota, baptisée ainsi en référence aux portes qui gardaient la ville. Prenez le temps de flâner du côté du 5 **monastère Saint-Pierre-d'en-Haut** (p. 88) ou du rafraîchissant 6 **Moscow Museum of Modern Art** (p. 88), le musée d'art moderne de la ville.

Traversez la ceinture des Boulevards et remontez la rue Karenty Ryad pour terminer votre visite par un bol d'oxygène aux 7 **jardins de l'Ermitage**.

Arrêtez-vous au 8 **3205** (p. 95) pour prendre un verre, puis continuez vers l'ouest en direction de la ceinture des Jardins jusqu'à la station de métro Mayakovskaya, ou allez vous restaurer et peut-être boire un petit verre supplémentaire au 9 **Delicatessen** (p. 94).

des jardins de l'Ermitage prépare des sandwichs gastronomiques et des soupes délicieuses que l'on mange debout à des tables équipées de chargeurs de téléphone, ou sur un banc du parc.

DELICATESSEN INTERNATIONAL €€

Plan p. 258 (Деликатесы ; www.newdeli.ru ; Savodvaya-Karetnaya ul 20 ; plats 450-700 ₽ ; 12h-minuit mar-sam ; ; Tsvetnoï Bulvar). Les propriétaires, aussi diserts qu'affables, de ce restaurant ont beaucoup voyagé et se montrent créatifs en transformant les hamburgers, les pizzas et les pâtes en joyaux de l'art culinaire moderne. La vitrine remplie de liqueurs aux fruits qui, si elles sont consommées sans modération, risquent de trouer votre porte-monnaie (un avertissement certes vain) est une autre source de satisfaction.

Aux dernières nouvelles, Delicatessen figurait à la 50e place sur la liste des 50 meilleurs bars du monde. Empruntez le passage voûté après le café Chokoladnitsa, tournez à gauche et cherchez une porte verte sur votre droite. Sur le panneau qui la surmonte, il est écrit : "Merci d'avoir fait l'effort de nous trouver".

LAVKA-LAVKA INTERNATIONAL €€

Plan p. 258 (Лавка-Лавка ; 495-724 3532 ; lavkalavka.com ; ul Petrovka 21 str 2 ; plats 400-600 ₽ ; 18h-minuit lun-ven, 11h-minuit sam et dim ; ; Teatralnaya). Tous les mets ici sont bio et viennent de petites exploitations. L'endroit est parfait pour goûter une cuisine locale préparée avec un grand sens de l'improvisation.

Chaque plat du menu est attribué à un fermier en particulier et la cuisine balaie le pays, de la Russie centrale jusqu'à Sakhaline. Les bières et les différents *kvas* (boisson à base de pain de seigle fermenté) produits dans des fermes près de Moscou méritent une mention spéciale. Il y a aussi une boutique vendant des produits (chers) de la ferme.

DJON DJOLI GÉORGIEN €€

Plan p. 258 (Джонджоли ; 495-650 5567 ; www.ginzaproject.ru ; Tverskaya ul 20/1 ; plats 420-670 ₽ ; 11h-minuit ; ; Poushkinskaya). Murs de briques nus, mobilier bois et osier, ambiance feutrée, cuisine ouverte, le Djon Djoli a choisi la sobriété pour mettre en valeur des mets délicieux : *dolma* (feuilles de vigne farcies), *khatchapouri* (pain au fromage) ou *khartcho* (soupe au bœuf). Le *djon djoli* est le nom géorgien du staphylier de Colchide, un arbuste aux graines oléagineuses. Laissez-vous tenter pour 190 ₽.

SIOSTRY GRIMM RUSSE €

Plan p. 258 (Сёстры Гримм ; www.sgrimm.ru ; Stoleshnikov per 11 ; repas 400-600 ₽ ; ; Tchekhovskaya). Une confortable auberge champêtre, avec bocaux de fruits et de légumes, livres, photographies et jeux de société. La carte annonce une "cuisine maison" à la russe, enrichie d'une séduisante sélection de boissons – vin chaud, limonade et cocktails de fruits.

COURVOISIER CAFÉ EUROPÉEN €€

Plan p. 258 (495-632 9995 ; courvoisier-cafe.ru ; Malaya Soukharevskaya pl 8 ; repas 380-550 ₽ ; 24h/24 ; ; Soukharevskaya). La campagne française mais... à l'intérieur ! Doté de tables de pique-nique et de bancs (il est également possible de s'asseoir à l'extérieur, mais face à la ceinture des Boulevards), ce bistrot français sert des soupes, des pâtes et des grillades. On y vient aussi pour ses petits-déjeuners, sa happy hour (16h à 19h) et ses en-cas servis tard.

TRATTORIA VENEZIA ITALIEN €€

Plan p. 258 (trattoria-venezia.ru ; Strastnoï bul 4/3 ; menu 400-800 ₽ ; 11h-minuit ; Tchekhovskaya). Fermez les yeux, vous n'êtes plus sur la ceinture des Boulevards, mais devant le Grand Canal, et la façade du cinéma Poushkinsky a un petit air de palais des Doges. La carte, impressionnante, affiche ici plus de 25 plats de pâtes, sans oublier la pizza, le risotto, les lasagnes ainsi que les plats de viande et de poisson à l'italienne.

STARLITE DINER AMERICAN €€

Plan p. 258 (Strastnoï bul 8a ; plats 430-600 ₽ ; 24h/24 ; ; Tchekhovskaya). Quand la Russie des affaires rencontre l'Amérique des fifties, on obtient cette version brillante du café-restaurant. Prenez place au comptoir ou dans un box et dégustez burgers et milk-shakes au son d'un bon vieux rock.

BRASSERIE MOST FRANÇAIS €€€

Plan p. 258 (495-660 0706 ; brasseriemost.ru ; ul Kouznetsky most 6/3 ; plats 620-2 200 ₽ ; 8h-minuit lun-ven, 9h-minuit sam et dim ; Teatralnaya). Aleksander Rappoport, le restaurateur le plus célèbre et le plus savant de Russie, fait partager aux clients son amour pour la cuisine régionale française dans ce restaurant chic et cher de la rue Kouznetsky most. Le menu vous fait voyager dans presque chaque grande région de France, de la Bretagne à l'Alsace. L'authenticité est ici vénérée. La bouillabaisse est supposée être aussi bonne que son pendant marseillais.

BARASHKA AZERI €€€

Plan p. 258 (Барашка ; ☎495-625 2895 ; www.novikovgroup.ru ; ul Petrovka 20/1 ; plats 750-1 500 ₽ ; ⏲12h-minuit ; Ⓜ Teatralnaya). Oui, les prix sont élevés, mais le cadre est sophistiqué. Il rappelle une cour de Bakou, avec ses jarres de citrons confits et ses plantes. On y déguste une délicieuse cuisine d'Azerbaïdjan, adaptée aux palais européens : salades fraîches, viandes grillées et ragoûts cuits à petit feu, dont beaucoup sont à base d'agneau (d'où le nom de l'établissement).

OUZBEKISTAN OUZBEK €€€

Plan p. 258 (Узбекистан ; ☎495-623 0585 ; www.uzbek-rest.ru ; Neglinnaya ul 29 ; plats 750-1 900 ₽ ; ⏲12h-3h ; 🗐 ; Ⓜ Troubnaya). Parmi les plus anciens de la ville, ce restaurant a ouvert en 1951 sur l'ordre du ministre du Commerce de la république soviétique d'Ouzbékistan. Soixante ans plus tard, l'établissement a ajouté les cuisines chinoise, arabe et azéri à sa palette. Prenez place sur un coussin moelleux, commandez un *plov* (plat épicé à base de riz sauté, de légumes et de viande) ou une délicieuse brochette de viande grillée et profitez de la danse orientale.

Novoslobodsky

FARMER'S DINER BISTRO €

Plan p. 258 (Новослободский ; ul Lesnaya 5 ; 300-450 ₽ ; ⏲11h-23h ; Ⓜ Belorousskaya). Ce petit bistro est tenu par des personnes férues de culture gastronomique de Williamsburg. Le hamburger aux oignons caramélisés est la spécialité, mais le lieu a pour principal atout son menu de midi (deux plats et une boisson) pour 350 ₽. C'est un endroit commode pour faire une halte avant de prendre l'Aeroexpress pour l'aéroport Sheremetyevo.

IZYA GRILL INTERNATIONAL €

Plan p. 258 (Изя Гриль ; izia-grill.ru ; ul Sooshtchevskaya 27/1 ; plats 200-450 ₽ ; ⏲12h-minuit dim-jeu, 12h-6h ven et sam ; 📶 ; Ⓜ Novoslobodskaya). Le menu reflète trois éléments caractérisant les restaurants israéliens modernes : les influences de la cuisine d'une mère juive, associée à celles d'Asie du Sud-Est et des États-Unis. Vous pourrez donc avoir du *forchmak* (purée de hareng) en hors-d'œuvre, une soupe épicée au lait de coco en guise d'entrée et un hamburger comme plat principal.

C'est un lieu décontracté avec une cuisine ouverte et un bar servant une bière bon marché (100 ₽). Outre ses autres qualités, il tient d'un arrêt logique avant d'aller au Musée juif.

DROUJBA CHINOIS €€

Plan p. 258 (Дружба ; ☎499-973 1212 ; www.drugba.ru ; Novoslobodskaya ul 4 ; menu 600-800 ₽ ; ⏲11h-23h ; 🖉 ; Ⓜ Novoslobodskaya). Si la majorité des restaurants chinois de Moscou s'adaptent aux palais russes, ce n'est pas le cas du Droujba qui sert une authentique cuisine du Sichuan épicée, prisée des clients chinois. Osez le fabuleux poulet aux piments.

MI PIACE ITALIEN €€

Plan p. 258 (☎495-970 1129; mipiace.ru ; 1-ya Tverskaya-Yamskaya 7 ; plats 300-720 ₽ ; Ⓜ Mayakovskaya). Cette pizzeria d'une chaîne moderne, près de la place Triumfalnaya, se distingue par ses baies vitrées où pénètre un flot de lumière et ses casiers en forme de losange remplis de bouteilles et de livres. Vous pourrez vous asseoir à une table ou prendre place sur un canapé avec un morceau de pizza.

OÙ PRENDRE UN VERRE ET FAIRE LA FÊTE

♥ 3205 CAFÉ

Plan p. 258 (☎905-703 3205 ; www.veranda3205.ru ; ul Karetny Ryad 3 ; ⏲11h-3h ; Ⓜ Poushkinskaya). Située à l'arrière du principal édifice, la véranda de ce restaurant (le plus grand des jardins de l'Ermitage) ressemble à une serre. En été, les tables (et les clients) se dispersent dans le parc, faisant de ce lieu l'un des plus agréables de la ville pour siroter un verre en plein air. Avec son bar et son atmospère joyeuse, l'endroit est également agréable en hiver.

ENTOUSIAST BAR

Plan p. 258 (Энтузиаст ; per Stoleshnikov str 5 ; 12h-23h ; MTeatralnaya). Pas besoin d'être un amateur ("entousiast") de scooter pour aimer ce bar décontracté rappelant quelque magasin de pièces détachées en fond d'une cour. Par une chaude journée, buvez un bière ou un cidre dans un transat et laissez la sérénité vous envahir.

NOOR BAR

Plan p. 258 (499-130 6030 ; www.noorbar.com ; ul Tverskaya 23 ; 15h-3h lun-mer, 12h-6h jeu-dim ; MPoushkinskaya). Il y a peu de choses à dire sur ce bar, d'apparence fort simple, sinon que tout y frise la perfection : l'emplacement, l'ambiance conviviale, la musique éclectique, les barmen sympathiques et les boissons sublimes. Il a été qualifié de "meilleur" bar par de nombreuses revues, mais cela ne semble pas avoir eu d'effet sur lui.

CAFÉ MART CAFÉ-CLUB

Plan p. 258 (Кафе Март ; www.cafemart.ru ; ul Petrovka 25 ; menus 800-1 200 ₽ ; 11h-minuit dim-mer, 11h-6h jeu-sam, concert de jazz à 21h jeu ; ; MTchekhovskaya). C'est un café comme un autre installé en sous-sol, mais ce dernier, labyrinthique, rappelle une vaste "orangerie" aux murs tapissés de mosaïques et aux lumières chaudes. Il y a souvent des concerts de jazz. Quand il fait chaud, le café s'étend dans la cour ornée de sculptures du musée d'Art moderne de Moscou adjacent.

CAFÉ VOKZAL BAR

Plan p. 258 (Кафе вокзал ; ul Soushtchevskaya 21 ; 11h-minuit ; MNovoslobodskaya). Peuplé de fêtards, le Vokzal, avec son décor de gare, s'apparente à un pub de la taille d'un supermarché. Sa bière à 100 ₽ (son image de marque) et la cuisine bon marché de la cafétéria attenante attirent les étudiants de l'université voisine.

KAMTCHATKA BAR

Plan p. 258 (Камчатка ; novikovgroup.ru ; ul Kouznetsky most 7 ; 10h-1h dim-jeu, 12h-3h ven et sam ; MTeatralnaya). Le nom de ce bar en sous-sol renvoie à un espace qui défie les limites. Cet établissement prouve qu'il est possible de trouver une bière à 80 ₽, même dans le centre, devant le TsOUM. Commandez-en surtout une du Kamtchatka, sinon l'on vous en apportera une autre, plus chère. Mieux vaut aller dans ce bar l'été, quand l'on peut sortir boire dans la rue ensoleillée.

GOGOL CLUB

Plan p. 258 (Гоголь ; www.gogolclubs.ru ; Stoleshnikov per 11 ; 12h-5h ; MTeatralnaya). Léger, décontracté et abordable (surprenant pour un quartier aussi chic), Gogol propose un menu, une carte et une programmation musicale d'excellente facture. Ambiance bunker avec sirène d'alerte aérienne pour annoncer le repas. L'été, un chapiteau à l'ancienne est dressé dans la cour.

DENIS SIMACHEV BOUTIQUE & BAR BOUTIQUE-BAR

Plan p. 258 (Симачёв ; www.bar.denissimachev.com ; Stoleshnikov per 12/2 ; 11h-dernier client ; MTchekhovskaya). L'antre du styliste et propriétaire des lieux, Denis Simachev. De jour, c'est une boutique et un café. La nuit, l'endroit se mue en club de hip-hop branché associant glamour et humour : peaux de léopard au sol, tabourets en forme de toilettes, ou encore un confessionnal pour un dîner en toute intimité. Le style est un sésame indispensable pour entrer, mais il peut être bohème.

ARTEFAQ CAFÉ-CLUB

Plan p. 258 (495-650 3971 ; www.artefaq.ru ; ul Bolshaya Dmitrovka 32 ; 24h/24, concerts ven-dim ; MTchekhovskaya). Club, restaurant *et* galerie ! ArteFAQ optimise chaque centimètre carré de ses 4 niveaux : musique au sous-sol, bar et terrasse au rez-de-chaussée, salle à manger à l'étage. Si vous êtes fan de disco, rendez-vous au sous-sol.

KUKLY PISTOLETY BAR

Plan p. 258 (Куклы Пистолеты ; kuklypistolety.ru ; Novoslobodskaya ul 16A ; 12h-minuit dim-jeu, 12h-5h ven-sam ; MMendeleevskaya). Un vrai bar d'habitués. Ne manquez pas les poupées et pistolets aux murs qui valent à l'endroit cet étrange patronyme.

☆ OÙ SORTIR

LE BOLCHOÏ BALLET, OPÉRA

Voir p. 87.

MASTERSKAYA MUSIQUE LIVE

Plan p. 258 (Мастерская ; www.mstrsk.ru ; Teatralny proyezd 3 str 3 ; 12h-6h ; ; MLoubianka). Mal signalés, c'est souvent au fond d'une cour, que se cachent les meilleurs endroits de Moscou. C'est le cas de cette salle ultrabranchée au décor éclectique et bohème, idéale pour prendre un café ou déjeuner en journée. Le soir, Masterskaya propose un programme de concerts, de spectacles de danse et de théâtre.

12 VOLTS CLUB

Plan p. 258 (12 Вольт ; www.12voltclub.ru ; bât 2, Tverskaya ul 12 ; 18h-6h ; Mayakovskaya). Caché dans une cour à quelques encablures de la rue Tverskaya, ce café-club a été créé par les fondateurs du mouvement lesbien de Moscou. Sonnez à l'entrée. À l'intérieur, une clientèle gay et lesbienne sirote le dernier cocktail maison dans un environnement chaleureux, sur fond de musique pop.

THÉÂTRE D'ART DE MOSCOU (MKHT) THÉÂTRE

Plan p. 258 (Московский художественный театр (МХАТ) ; art.theatre.ru ; Kamerguersky per 3 ; location 12h-19h ; Teatralnaya). Dans ce théâtre parfois considéré comme le plus influent d'Europe est née il y a un siècle la légendaire méthode de formation de l'acteur initiée par Stanislavski et Nemirovitch-Dantchenko. Hormis le théâtre et l'École dramatique, un petit musée est consacré à l'histoire du lieu.

NOVAYA OPÉRA OPÉRA

Plan p. 258 (Новая опера ; 495-694 0868 ; www.novayaopera.ru ; ul Karetny Ryad 3 ; location 12h-19h30 ; Tsvetnoï Bulvar). Ce bel édifice moderne niché au cœur des jardins de l'Ermitage héberge la compagnie théâtrale fondée en 1991 par Iouri Loujkov, alors maire de la ville, et le directeur artistique Evgueni Kolobov. Le "Nouvel Opéra" programme des classiques.

THÉÂTRE MUSICAL STANISLAVSKI ET NEMIROVITCH-DANTCHENKO OPÉRA

Plan p. 258 (Музыкальный театр Станиславского и Немирович-Данченко ; 495-629 2835 ; www.stanislavskymusic.ru ; ul Bolshaya Dmitrovka 17 ; location 11h30-19h ; Tchekhovskaya). Fruit de l'association des légendaires Konstantin Stanislavski et Vladimir Nemirovitch-Dantchenko, cette compagnie historique a vu le jour en 1941. Le théâtre servit d'atelier de recherche visant à appliquer les méthodes innovatrices du théâtre d'Art de Moscou à l'opéra et au ballet.

DOME CINEMA CINÉMA

Plan p. 258 (495-931 9873 ; www.domecinema.ru ; Renaissance Moscow Hotel, Olympiysky pr 18/1 ; billets 300 ₽ ; Prospekt Mira). L'un des tout premiers grands cinémas à l'américaine programme des films en VO, généralement en anglais, avec casque audio pour les russophones.

BAL RUSSE AU YAR DÎNER-SPECTACLE

(Яр ; 495-960 2004 ; www.sovietsky.ru ; Leningradsky pr 32/2, Sovietsky Hotel ; billets 1 000 ₽, dîner 800-1 200 ₽ ; Dinamo). Salle immense, dorures à profusion, danseuses virevoltantes et plantureux repas russe traditionnel font du Yar un endroit unique. Achetez votre billet à l'avance. Depuis le métro Dinamo, marchez 1 km vers le sud-est.

CIRQUE NIKOULINE DU TSVETNOÏ BULVAR CIRQUE

Plan p. 258 (Цирк Никулина на Цветном бульваре ; 495-625 8970 ; www.circusnikulin.ru ; Tsvetnoï bul 13 ; billets 400-2 500 ₽ ; location 11h-14h et 15h-19h ; Tsvetnoï Bulvar). Fondé en 1880, ce cirque porte désormais le nom du grand clown Iouri Nikouline (1921-1997), qui s'y produisit de nombreuses années durant. Les spectacles sont thématiques. Il y a beaucoup de numéros de trapézistes, de funambules et d'animaux.

THÉÂTRE DE MARIONNETTES ET MUSÉE OBRAZTSOV THÉÂTRE POUR ENFANTS

Plan p. 258 (Театр и музей кукол Образцова ; 495-699 5373 ; www.puppet.ru ; Sadovaya-Samotetchnaya ul 3 ; location 11h-14h30 et 15h30-19h ; Tsvetnoï Bulvar). Le plus grand théâtre de marionnettes de Russie propose des spectacles inspirés de contes russes ou de pièces classiques ; les enfants peuvent observer de près les remarquables pantins exposés au musée, qui en compte plus de 3 000.

THÉÂTRE D'ANIMAUX DOUROV THÉÂTRE POUR ENFANTS

Plan p. 258 (Театр животных Дурова ; 495-631 3047 ; www.ugolokdurova.ru ; ul Dourova 4 ; billets 150-600 ₽ ; horaire variable, 11h-17h mer-dim ; Prospekt Mira). Choqué par le traitement réservé aux animaux de cirque, Dedoushka (grand-père) Dourov a créé ce théâtre loufoque pour les enfants où l'on croise essentiellement des animaux domestiques, chats et chiens en particulier, des animaux de la ferme et parfois un ours. *Le Chemin de fer pour les souris* fait un tabac, et les visites guidées du musée permettent aux enfants de voir le décor de près. Prenez le tramway n°7 depuis le métro

Prospekt Mira, ou marchez 1,5 km vers l'ouest le long de la rue Dourova.

BB KING MUSIQUE LIVE

Plan p. 258 (☎495-699 8206 ; www.bbkingclub.ru ; Sadovaya-Samotetchnaya ul 4/2 ; ⏲12h-minuit, musique à partir de 20h30 ; Ⓜ Tsvetnoï Bulvar). Club de blues à l'ancienne, il propose une jam-session le mercredi soir et des concerts le week-end (blues acoustique le dimanche). Au restaurant, ouvert midi et soir, vous écouterez des airs de jazz et de blues sur le juke-box. Entrée depuis la cour.

THÉÂTRE LENKOM THÉÂTRE

Plan p. 258 (Ленком театр ; ☎495-699 9668, réservations 495-699 0708 ; www.lenkom.ru ; ul Malaya Dmitrovka 6 ; billets 200-2 000 ₽ ; ⏲location 12h-15h et 16h-19h ; Ⓜ Poushkinskaya). Des acteurs époustouflants, un répertoire théâtral remarquable et de formidables comédies musicales qui enthousiasment même les non-russophones.

THÉÂTRE MALY THÉÂTRE

Plan p. 258 (Малый театр ; ☎495-624 4046 ; www.maly.ru ; Teatralnaya pl 1/6 ; ⏲location 11h-20h ; Ⓜ Teatralnaya). *Maly* signifie "petit" et, de fait, ce théâtre est plus petit que le Bolchoï, en face. Ces noms renvoient à l'époque où il n'y avait que deux théâtres à Moscou, l'Opéra étant appelé le "Bolchoï" et le théâtre le "Maly". Fondé en 1824, ce dernier propose des pièces du XIXe siècle d'Alexandre Ostrovski, entre autres.

THÉÂTRE SATIRIKON THÉÂTRE

(Театр Сатирикон ; ☎495-602 6583 ; www.satirikon.ru ; sheremetyevskaya ul 8 ; ⏲location 11h-20h ; Ⓜ Marina Roshtcha). Dirigé par le talentueux Konstantin Raïkine, accueillant régulièrement d'illustres metteurs en scène, le Satirikon s'est fait un nom au début des années 1990 avec sa production mirifique de *L'Opéra de quat'sous*. Depuis, il a battu son record de dépenses avec *Chantecler*, qui a vu défiler sur la scène toutes sortes de canards, et de poules qui dansent.

STADE DU CSKA PALAIS DES SPORTS

(Арена и Стадион ЦСКА ; ☎495-225 2600 ; Leningradsky pr 39A ; Ⓜ Aeroport). Ce Palais des sports de 5 500 places fut construit notamment pour le tournoi de basket olympique de 1980. Désormais, il accueille les plus grandes équipes de basket et de hockey de la capitale. À environ 1,5 km au sud du métro Aeroport.

SHOPPING

DEPST ACCESSOIRES DE MODE

Plan p. 258 (www.depst.ru ; Tsvetnoï bul 15, à l'intérieur du centre commercial Tsvetnoï ; ⏲10h-22h). C'est le lieu par excellence où acheter des articles de créateurs russes : bijoux, vêtements, meubles et couverts. La boutique occupe une grande partie du sous-sol du centre commercial Tsvetnoï dont le dernier étage comprend aussi un excellent restaurant.

PODARKI VMESTE S VOROVSKI SOUVENIRS

Plan p. 258 (Подарки вМесте с Воровски ; www.m-rosemarie.ru ; Kouznetsky most 21/5 ; ⏲10h-21h ; Ⓜ Loubianka). Cette charmante petite boutique est une coopérative créée par quatre créateurs où l'on trouve des articles utiles et superflus (mais jolis) comme les chaussons, les chapeaux en feutre (certains en forme de chars soviétiques) de Galereyka et autres céramiques ornées de motifs d'Europe de l'Est de Ptitsa Sinitsa.

♥ **TRANSYLVANIA** MUSIQUE

Plan p. 258 (☎495-629 8786 ; www.transylvania.ru ; Tverskaya ul 6/1, bât 5 ; ⏲11h-22h ; Ⓜ Teatralnaya). Dans la cour, cherchez la porte métallique noire. Cette caverne aux rayons débordant de CD est fantastique pour découvrir la scène rock russe.

ÉPICERIE ELISSEÏEV ÉPICERIE FINE

Plan p. 258 (Елисеевский магазин ; Tverskaya ul 14 ; ⏲8h-21h lun-sam, 10h-18h dim ; Ⓜ Poushkinskaya). Dans le cadre somptueux de l'ancienne demeure du riche marchand Elisseïev, ce magasin haut de gamme propose caviar et autres produits raffinés. L'endroit idéal pour rapporter un souvenir à vos amis gourmets.

RESPOUBLIKA LIVRES

Plan p. 258 (Республика ; ☎495-251 6527 ; www.respublica.ru ; 1-ya Tverskaya Yamskaya 10 ; ⏲10h-21h ; Ⓜ Mayakovskaya). Une librairie, oui, mais aussi une boutique de souvenirs, un magasin de musique et un café. Vous y trouverez le petit cadeau original qui fait toute la différence : bonnet de douche en forme de grenouille, bandeau oculaire de marque Swarovski, moulage de la tour Eiffel en pain grillé, entre autres bizarreries.

DENIS SIMACHEV BOUTIQUE & BAR MODE

Plan p. 258 (☎495-629 5701 ; www.denissimachev.com ; Stoleshnikov per 12/2 ; Ⓜ Tchekhovskaya).

Enfant terrible de la mode russe, Denis Simachev a imposé sa griffe à Moscou, par la grâce de son club très populaire et de sa ligne de vêtements provocatrice. Ses collections s'inspirent de thèmes aussi variés que les marins russes, les paysans sibériens, les danseurs hip-hop ou les tsiganes.

PODIUM CONCEPT STORE MODE, DESIGN

Plan p. 258 (Kouznetsky most 14 ; ⌚12h-minuit ; Ⓜ Kouznetsky Most). Ce splendide “magasin concept” propose des vêtements de créateurs et du design original sur 6 étages. Le cadre – larges fenêtres drapées de lourdes tentures, moulures au plafond et mobilier cossu – sied parfaitement aux vêtements branchés, exotiques et… chers.

TSOUM GRAND MAGASIN

Plan p. 258 (ЦУМ ; www.tsum.ru ; ul Petrovka 2 ; Ⓜ Teatralnaya). TsOUM est l'acronyme de Tsentralny Ouniversalny Magazine (Magasin central universel). Fondé en 1909 sous l'étiquette écossaise Muir & Merrilees, il fut le premier grand magasin destiné aux classes moyennes. Aujourd'hui, les grandes marques et les articles de luxe ont envahi les rayons.

DOM FARFORA ARTICLES MÉNAGERS

Plan p. 264 (Дом Фарфора ; www.domfarfora.ru ; 1-ya Tverskaya-Yamskaya 17 ; ⌚10h-21h ; Ⓜ Belorousskaya). La “maison de la porcelaine” vend les plus grandes marques du monde, y compris l'*Imperatorsky farforovy zavod* (Manufacture impériale de porcelaine) russe. Les produits allient goût, tradition, originalité et beauté, atteignant parfois le sublime. Un service à thé ayant pour thème Moscou fait un parfait souvenir.

ROUSSKAYA BRONZA SOUVENIRS

Plan p. 258 (Русская бронза ; www.russkaya-bronza.com ; ul Kouznetsky most 20 ; ⌚9h-21h ; Ⓜ Kouznetsky Most). Dans cette antenne du groupe métallurgique Vel, vous trouverez une profusion de sculptures et de figurines en bronze, d'accessoires de bureau, de vaisselle, de cuillères à thé, de chandeliers et de tirelires.

DOM INOSTRANNOÏ KNIGUI LIVRES

Plan p. 258 (Дом иностранной книги ; www.mdk-arbat.ru ; Kouznetsky most 18/7 ; Ⓜ Kouznetsky Most). La petite “maison des livres étrangers” vend un large choix de livres en langue étrangère. La plupart sont en anglais, mais l'allemand, le français et d'autres langues européennes sont aussi représentés.

♥ YEKATERINA FOURRURES

Plan p. 258 (Екатерина ; www.mexa-ekaterina.ru ; ul Bolshaya Dmitrovka 11 ; Ⓜ Teatralnaya). L'un des plus anciens fourreurs de Moscou produit des chapkas et des *shouby* (manteaux de fourrure) de qualité depuis 1912. Pour ceux qui aiment les peaux de bêtes.

SPORTS ET ACTIVITÉS

♥ BAINS SANDOUNY BANYA

Plan p. 258 (☎495-628 4633 ; www.sanduny.ru ; Neglinnaya ul 14 ; hommes et femmes 1re classe 1 500 ₽, hommes 2e classe et femmes classe premium 1 850 ₽, hommes classe premium 2 300 ₽ ; ⌚8h-22h ; Ⓜ Kouznetsky Most). Les plus anciennes et les plus luxueuses *bani* (bains) de la ville. Depuis la cabine aux parois en bois richement sculptées jusqu'à la piscine ornée de colonnes où vous piquerez votre plongeon final, vous baignerez dans l'exotisme et l'extravagance. Offrez-vous un “extra”, par exemple un massage pratiqué par une *parilshtchika* professionnelle. Il existe plusieurs classes comme dans les trains, mais d'après les habitués la 2e classe pour les hommes est mieux que la classe premium.

Presnensky

CENTRE DE PRESNENSKY | ENVIRONS DE PRESNENSKY

Notre sélection

❶ Une visite pour admirer les chefs-d'œuvre architecturaux du district de Presnensky, dont la **maison Riabouchinsky** (p. 102), exemple d'Art nouveau, et le **Narkomfin** (p. 103), édifice constructiviste.

❷ Une balade allant de l'**étang des Patriarches** (p. 103) à la **Maison centrale des écrivains** (p. 103), *Le Maître et Marguerite* en poche, avant de visiter l'**appartement de Boulgakov** (p. 103).

❸ Un tour au **planétarium de Moscou** (p. 105) pour observer les étoiles, effectuer un vol spatial ou marcher sur la Lune.

❹ Un festin à la russe au **Café Pouchkine** (p. 107).

❺ Une soirée musique à la **salle de concerts Tchaïkovski** (p. 110) ou au **conservatoire Tchaïkovski** (p. 110).

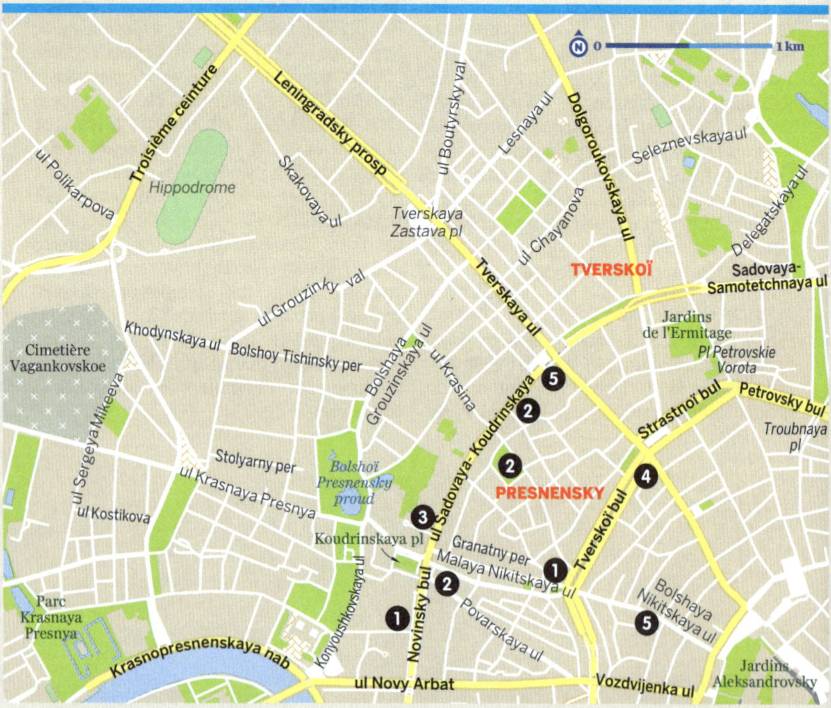

Pour un plan plus détaillé, reportez-vous p. 264

Découvrir Presnensky

Le district de Presnensky, surnommé Presnya du nom de l'un des affluents de la Moskova, comprend certains des endroits les plus anciens de Moscou et s'étend aussi à la zone la plus moderne de la capitale. Commencez par en explorer le cœur résidentiel. Avec ses édifices, parcs historiques, bars et restaurants, le quartier tout entier se prête à la flânerie, surtout avec un exemplaire du *Maître et Marguerite* de Mikhaïl Boulgakov en poche. Arrivez en fin d'après-midi, puis attardez-vous en soirée aux abords de l'étang des Patriarches, dont les restaurants sont réputés, tout comme ceux du passage Spiridonovsky.

Les sites plus classiques – le planétarium, récemment rouvert, et l'immense zoo – se trouvent sur la ceinture des Jardins (périphérique à 3 km du Kremlin). Chacune de ces deux visites vous prendra quelques heures.

Larges voies, circulation intense, immeubles en construction ne donnent pas très envie d'aller explorer les secteurs excentrés de Presnensky. Faites le déplacement uniquement si vous avez une destination précise en tête.

Vivre comme un Moscovite

- **Parcs** Adolescents, grands-mères avec leurs petits-enfants et couples d'amoureux se retrouvent à l'étang des Patriarches pour s'asseoir sur un banc et nourrir les canards.
- **Boulangerie** Les connaisseurs patientent devant Volkonsky (p. 104) pour acheter les meilleurs pains, gâteaux et tartes de la ville.
- **Brunch** Le week-end, le Correa's (p. 108) est le rendez-vous obligé des expatriés.

Depuis/vers Presnensky

- **Métro** Pour rejoindre le cœur de Presnensky, descendez à la station Mayakovskaya sur la ligne verte ou à Poushkinskaya sur la ligne violette.
- **Métro** Si vous souhaitez aller vers l'ouest, le plus simple est de prendre le métro place Koudrinskaya (stations Barrikadnaya ou Krasnopresnenskaya) ou dans la rue 1905 Goda (Ulitsa 1905 Goda).
- **Métro** Le nouveau quartier du Centre d'affaires international (Moskva-City) a sa propre ligne de minimétro qui part de la station Kievskaya, avec un arrêt pratique à Vystavotchnaya.

Bons plans Lonely Planet

Dans les ruelles voisines de la rue Bolshaya Nikitskaya, nombre de vieilles demeures tiennent encore debout. La plupart des maisons proches du Kremlin furent construites pour des aristocrates au XVIIIe siècle, les autres, plus excentrées, pour des industriels fortunés au XIXe. Aujourd'hui, nombre de ces bâtiments abritent des ambassades et des institutions culturelles. Très calme, cette rue est une invitation à la flânerie.

Le top des restaurants

- Café Pouchkine (p. 107)
- Volkonsky (p. 104)
- Kak Yest (p. 105)
- Khatchapouri (p. 105)

Voir détails p. 104

Le top des bars et cafés

- Bar Klava (p. 109)
- Kvartira 44 (p. 109)
- Café Studio d'Art Lebedev (p. 109)

Voir détails p. 109

Le top des sorties avec des enfants

- Le planétarium de Moscou (p. 105)
- Le zoo de Moscou (p. 104)
- L'étang des Patriarches (p. 103)
- L'atelier-musée Tsereteli (p. 104)

Voir détails p. 102

À VOIR

Presnensky

ÉGLISE DE LA RÉSURRECTION ÉGLISE

Plan p. 264 (Церковь Воскресения ; Bryousov per 2 ; MPoushkinskaya). À deux pas de la rue Tverskaya, apparaît à travers une arche le dôme doré de l'église de la Résurrection, l'une des rares églises restées ouvertes durant l'ère soviétique. Cela explique le nombre de magnifiques icônes et d'œuvres provenant d'églises détruites au cours de cette période et rassemblées ici.

ÉGLISES DE LA GRANDE-ASCENSION ET DE LA PETITE-ASCENSION ÉGLISE

(Церковь Большого Вознесения и Церковь Малого Вознесения ; Bolshaya Nikitskaya ul ; MArbatskaya). C'est en 1831 qu'Alexandre Pouchkine épousa Natalia Gontcharova dans l'élégante **église de la Grande-Ascension** (plan p. 264), située du côté ouest de la place Nikitskie Vorota. Le poète mourut six ans plus tard à Saint-Pétersbourg, lors d'un duel, pour défendre l'honneur de sa belle. La fontaine de la Rotonde, construite en 1999 pour commémorer le bicentenaire de la naissance de l'artiste, représente le couple.

Un peu plus loin, à l'angle du passage Voznesensky, se dresse la pimpante **église de la Petite-Ascension** (plan p. 264), datant du début du XVIIe siècle, avec ses murs blanchis à la chaux et ses reliefs sculptés de style primitif.

MAISON RIABOUCHINSKY MUSÉE

Plan p. 264 (Особняк Рябушинского ; Malaya Nikitskaya ul 6/2 ; 11h-17h30 mer-dim ; MPoushkinskaya). GRATUIT Également connue sous le nom de maison-musée Gorki, cette superbe demeure Art nouveau fut conçue par Fiodor Chekhtel en 1906 et offerte à Maxime Gorki en 1931. Avec ses portes sculptées, ses plafonds ornés de fresques, ses vitraux, son escalier de pierre ouvragé et sa façade couverte de carreaux en faïence, la maison est magnifique. On peut y voir de nombreux objets ayant appartenu à l'écrivain, ainsi que son imposante bibliothèque.

MUSÉE D'ART ORIENTAL MUSÉE

Plan p. 264 (Музей искусства народов востока ; 495-691 0212 ; www.orientmuseum.ru ; Nikitsky bul 12a ; 300 ₽ ; 11h-20h mar-dim ; MArbatskaya). Situé sur la ceinture des Boulevards, ce musée impressionnant est consacré à l'Asie. L'ensemble du continent asiatique est représenté, y compris les pays qui ne faisaient pas partie de l'Empire russe ou de l'Union soviétique. La collection de peintures, de sculptures et d'artisanat englobe une période étendue depuis l'Antiquité au XXe siècle. Le 1er niveau mettant à l'honneur le Caucase, l'Asie centrale et l'Extrême-Orient russe (la Tchoukotka, la Yakoutie et le territoire de Priamourie) est fort intéressant. Ne manquez pas l'exposition dédiée à Nicolas Roerich, artiste et explorateur russe qui passa plusieurs années à parcourir l'Asie et à la peindre.

ART4.RU ART CONTEMPORAIN

Plan p. 264 (499-136 5656 ; www.art4.ru ; Khlinovsky toupik 4 ; 200 ₽ ; sur rendez-vous ; MOkhotny Ryad). Homme d'affaires devenu collectionneur, Igor Markine a décidé d'ouvrir un musée afin de partager ses trésors avec le public, ses propriétés ne suffisant plus à accueillir les quelque 700 œuvres qu'il possédait. C'est qu'ainsi qu'Art4.ru (comprenez "l'art pour la Russie") est né. Outre les pièces personnelles du collectionneur, la petite galerie expose aussi les artistes qu'il a découverts.

MAISON DE GOGOL MAISON D'ÉCRIVAIN

Plan p. 264 (Дом Гоголя ; www.domgogolya.ru ; Nikitsky bul 7 ; 100 ₽ ; 12h-19h mer et ven, 14h-21h jeu, 12h-17h sam-dim ; MArbatskaya). C'est ici que Nicolas Gogol (1809-1852) passa les derniers mois tragiques de son existence. Les pièces, aujourd'hui transformées en musée, sont telles qu'elles étaient du vivant de l'écrivain. On peut même voir la fameuse cheminée où Gogol jeta son manuscrit des *Âmes mortes*. Une salle de lecture renferme une bibliothèque où sont réunies ses œuvres ainsi que des ouvrages de référence. Une statue de Gogol au visage émacié et triste, entouré de ses personnages les plus célèbres, se dresse dans la cour.

SYNAGOGUE LIOUBAVITCHESKAYA SYNAGOGUE

Plan p. 264 (Любавическая синагога ; Bolshaya Bronnaya ul 6 ; MPoushkinskaya). Transformé en théâtre dans les années 1930, ce lieu continua néanmoins d'accueillir la communauté juive tout au long de l'ère soviétique. L'endroit, redevenu une synagogue active, joue aussi le rôle, modeste mais grandissant, de centre social pour les juifs de Moscou

ÉTANG DES PATRIARCHES PARC

Plan p. 264 (Патриаршие пруды ; Bolshoï Patriarshy per ; Ⓜ Mayakovskaya). L'étang des Patriarches a gardé l'atmosphère de l'époque soviétique. On y croise des grands-mères avec des poussettes et des amoureux qui se bécotent sur les bancs publics. Les enfants font de la balançoire en été et du patin sur glace l'hiver venu. Dans le petit parc se dresse une statue d'Ivan Krylov, auteur de contes et de fables du XIXe siècle, incontournable pour les petits Russes.

L'étang des Patriarches a été immortalisé par Mikhaïl Boulgakov dans *Le Maître et Marguerite,* l'un des chefs-d'œuvre de la littérature russe du XXe siècle. Le premier paragraphe décrit cette zone au nord de l'étang où le Malin fait son entrée et prédit la mort de Berlioz. Dans la réalité, aucun tramway n'a jamais circulé autour de l'étang. L'appartement de l'écrivain est situé à proximité, sur la ceinture des Jardins.

APPARTEMENT DE BOULGAKOV MAISON D'ÉCRIVAIN

Plan p. 264 (Дом-музей Булгакова ; www.dombulgakova.ru ; Bolshaya Sadovaya ul 10 ; 70 ₽ ; ⌚13h-23h, jusqu'à 1h ven-sam ; Ⓜ Mayakovskaya). Auteur, entre autres du *Maître et Marguerite* et de *Cœur de chien,* le romancier Mikhaïl Boulgakov fut durant l'ère soviétique étiqueté contrerévolutionnaire et censuré toute sa vie. Ses romans les plus fameux furent publiés à titre posthume, ce qui lui valut une forme de culte au crépuscule de l'Union soviétique. Boulgakov vécut avec sa femme Elena Chilovskaïa (qui inspira le personnage de Marguerite) dans un appartement de cet immeuble, qui comprend maintenant un petit musée et un théâtre.

Dans les années 1990, l'appartement déserté servait de refuge aux dissidents et aux marginaux qui couvraient les murs de graffitis et de poèmes. Aujourd'hui, seul le rez-de-chaussée est ouvert et abrite un petit musée et un café. On peut y voir une collection d'objets ayant appartenu à l'artiste ainsi que des affiches et des illustrations de ses œuvres. Plus intéressant, l'endroit organise des lectures et des concerts (consultez le site Internet), ou encore des visites guidées originales.

MAISON CENTRALE DES ÉCRIVAINS (TSDL) ÉDIFICE NOTABLE

Plan p. 264 (Центральный дом литераторов ; ЦДЛ ; www.moscowwriters.ru ; Povarskaya ul 50 ; Ⓜ Barrikadnaya). La Maison centrale des écrivains est un édifice Art nouveau sophistiqué construit en 1889. Durant la majeure partie de l'époque soviétique il abrita le siège de l'Union des écrivains. Il figure à ce titre dans le roman *Le Maître et Marguerite* de Boulgakov.

MAISON-MUSÉE TCHEKHOV MUSÉE

Plan p. 264 (Дом-музей Чехова ; ul Sadovaya-Koudrinskaya 6 ; 150 ₽ ; ⌚11h-18h mar, mer et ven-dim, 14h-20h jeu ; Ⓜ Barrikadnaya). Le grand dramaturge russe vécut dans cette charmante et paisible demeure sur la ceinture des Jardins entre 1886 et 1890. On peut y découvrir, conservés en l'état, son bureau, des chambres, un salon, et, sur les murs, des tableaux offerts à Tchekhov par le peintre Isaac Levitan et l'architecte Art nouveau Fiodor Chekhtel, qui lui rendaient souvent visite ici. Sur des photographies, on reconnaît le dramaturge aux côtés de deux autres monstres sacrés, Léon Tolstoï et Maxime Gorki. Une pièce remplie de photos et de manuscrits est consacrée à la période passée par Tchekhov à Melikhovo, sa résidence d'été. Des concerts de musique y ont lieu plusieurs fois par semaine en fin d'après-midi.

⊙ Environs de Presnensky

NARKOMFIN ARCHITECTURE

Plan p. 264 (Наркомфин ; Novinsky bul 25 ; Ⓜ Barrikadnaya). Source d'inspiration pour Le Corbusier, ce bâtiment a constitué l'une des premières expériences en matière d'habitat semi-communautaire. Conçu et construit par Moisei Ginzburg et Ignatii Milinis entre 1928 et 1930, Narkomfin servait de logement aux membres du commissariat du peuple aux Finances. Cinquante-deux familles y résidaient dans des duplex tandis que le commissaire aux Finances bénéficiait d'un appartement terrasse. Conformément aux idéaux constructivistes, l'espace commun était optimisé et l'espace individuel réduit au strict minimum. Chaque logement était équipé d'une cuisine minuscule afin d'encourager les résidents à partager leurs repas dans la salle à manger commune.

Convoités par un promoteur immobilier russe dans le but de préserver cet exemple de l'architecture constructiviste et d'en faire des copropriétés, ces logements en piteux état sont pour le moment loués à des artistes pour une somme dérisoire. Malheureusement, leur avenir reste incertain,

ARCHITECTURE

À L'INTÉRIEUR DU NARKOMFIN

À quoi peut ressembler la vie dans une œuvre architecturale (p. 103) jadis révolutionnaire et aujourd'hui à l'abandon ? Le film **Narkomfin : A Web Documentary** (www.narkomfin.net) permet aux spectateurs de voir l'intérieur de ce célèbre édifice dont beaucoup ont parlé, mais que bien peu ont vu. Le documentaire présente également certains des habitants, surtout des artistes, qui parlent de la relation qu'ils entretiennent avec leur cadre de vie.

notamment en raison des "réparations cosmétiques" qui menacent l'intégrité de l'ensemble architectural.

ZOO DE MOSCOU — ZOO

Plan p. 264 (Московский зоопарк ; www.moscowzoo.ru ; Yaroslavskoe shosse ; adulte sem/week-end 300/500 ₽, enfant gratuit ; 10h-20h mar-dim avr-sept, 10h-17h oct-mars ; ; Ⓜ Barrikadnaya). En 2014, le zoo a fait l'objet d'une rénovation importante à l'occasion de son 150e anniversaire. Les amateurs d'oiseaux se promèneront le long de l'étang central, peuplé d'une multitude de créatures ailées. Pour vous offrir un point de vue original sur la nuit moscovite, visitez l'exposition sur les animaux nocturnes. Ne manquez pas les grands fauves, dont plusieurs tigres de Sibérie et le delphinarium. Empruntez le pont piéton pour découvrir des animaux de tous les continents.

ATELIER-MUSÉE TSERETELI — MUSÉE

Plan p. 264 (Музей-мастерская Зураба Церетели ; www.mmoma.ru ; Bolshaya Grouzinskaya ul 15 ; 250 ₽ ; 11h-18h ven-mer, 13h-20h jeu ; ; Ⓜ Belorousskaya). Cette fois, Zourab Tsereteli, l'artiste moscovite le plus prolifique – et que certains qualifient d'artiste pompier – a ouvert son propre "studio" pour y exposer sa production. Les personnages qui ornent la pelouse laissent difficilement imaginer la cour intérieure, pleine à craquer de bronzes et d'émaux ouvragés. Parmi les sculptures figuratives bien imposantes, celle figurant Poutine en tenue de taekwondo est un incontournable. Vous verrez aussi des maquettes de monuments connus de la ville. À l'intérieur, les croquis, peintures et émaux de Tsereteli s'étalent sur trois niveaux.

MAISON BLANCHE — ÉDIFICE NOTABLE

Plan p. 264 (Белый дом ; Krasnopresnenskaya nab 2 ; Ⓜ Krasnopresnenskaya). La Maison blanche – officiellement la Maison du gouvernement de la fédération de Russie – se dresse face à un coude majestueux de la Moskova, au nord du pont Novoarbatsky.

Ici même, Boris Eltsine rallia l'opposition pour faire barrage au putsch de 1991, avant d'y envoyer l'armée bombarder ses rivaux conservateurs deux ans plus tard. Les images d'Eltsine perché sur un tank devant la Maison blanche en 1991, et ce même Parlement en feu après l'assaut de 1993, font partie des instantanés inoubliables de cette période trouble.

OÙ SE RESTAURER

Centre de Presnensky

♥ VOLKONSKY — BOULANGERIE €

Plan p. 264 (Волконский ; www.wolkonsky.com ; Bolshaya Sadovaya ul 2/46 ; gâteaux 100-200 ₽ ; 7h30-23h lun-ven, 8h-13h sam et dim ; ; Ⓜ Mayakovskaya). La file d'attente devant Volkonsky ne décourage pas les habitués : c'est là que s'achètent les meilleurs pains, gâteaux et tartes de la ville. Les croissants fourrés aux fruits et le pain aux olives sont délicieux. Juste à côté vous pourrez savourer un grand bol de café ou de thé assis à de grandes tables en bois.

CAFE RECEPTOR — FUSION €

Plan p. 264 (Кафе Рецептор ; www.cafereceptor.ru ; Bolshaya Nikitskaya ul 22/2 ; plats 200-400 ₽ ; 12h-minuit ; ; Ⓜ Okhotny Ryad). Des graffitis colorés, des œuvres d'art et de vieilles photographies ornent les murs de ce café original situé en sous-sol. Au menu : repas végétariens équilibrés, jus frais, thés variés et vin coulant à flot, cocktails maison et, de temps à autre, musique live. Autre antenne près de l'**étang des Patriarches** (plan p. 264 ; Bolshoï Kozikhinsky per 10 ; Ⓜ Tverskaya).

COOL KULINARIYA — RUSSE €

Plan p. 264 (Cool Кулинария ; Bolshaya Nikitskaya ul 24/1, bât 6 ; plats 200-400 ₽ ; 8h-23h lun-ven, 10h-23h sam et dim ; ; Ⓜ Okhotny Ryad). Situé en sous-sol, ce petit lieu rempli de tables confortables permet de goûter des soupes russes fraîches et des salades, ainsi

LES INCONTOURNABLES
PLANÉTARIUM DE MOSCOU

Depuis sa réouverture en 2011 après 17 ans de fermeture, le planétarium de Moscou (Московский планетарий) est le site éducatif le plus prisé de la capitale. Plus lumineux qu'auparavant, il a vu sa surface multipliée par trois et présente désormais toute une série de gadgets high-tech, d'expositions interactives et d'activités pédagogiques.

Avec sa coupole argentée haute de 25 m, le **grand hall des étoiles** (Большой Звездный Зал ; 550-600 ₽) (le plus grand d'Europe) constitue la pièce maîtresse de l'ensemble. Le billet permet de voir l'exposition très classique du musée Urania (collection de météorites). Après le spectacle (mai-octobre), vous pouvez explorer le **Parc céleste** constellé d'instruments astronomiques, du cadran au panneau solaire.

Le nouvel ensemble comprend aussi le **Lunarium** (Лунариум ; 450 ₽) interactif innovant où les visiteurs peuvent faire des expériences. Ils s'amusent à produire de l'énergie électrique, à faire du vélo cosmique et à calculer leur poids sur une autre planète. Le **cinéma en 4D** (4D Кинотеатр ; 450 ₽), qui projette des images en 3D assorties d'effets spéciaux associant les sons, les odeurs et les mouvements, a aussi beaucoup de succès.

À NE PAS MANQUER

- Le Grand hall des étoiles
- Le Lunarium
- Le Parc céleste

INFOS PRATIQUES

- Plan p. 264
- www.planetarium-moscow.ru
- ul Sadovaya-Koudrinskaya 5
- Expositions 300-600 ₽
- Musée 10h-21h, théâtre 10h-minuit mer-lun
- Ⓜ Barrikadnaya

que des plats plus exotiques préparés dans un wok. Le plus difficile est de garder une petite place pour le dessert !

POUSHKIN KONDITERSKAYA — CAFÉ €

Plan p. 264 (www.cafe-pushkin.ru ; Tverskoï bul 26 ; desserts 100-300 ₽ ; 12h-minuit ; ; Ⓜ Poushkinskaya). Si vous souhaitez impressionner la personne avec qui vous sortez mais n'avez pas les moyens de dîner au Café Pouchkine, allez déguster un dessert dans la *konditerskaya* (pâtisserie) voisine. Le cadre est aussi somptueux que celui du restaurant, du lustre en cristal au sol en marbre, sans parler des autres décorations (parmi lesquelles la vitrine où les gâteaux sont exposés).

♥ KAK YEST — INTERNATIONAL €€

Plan p. 264 (Как Есть ; 495-699 5313 ; www.aseatis.ru ; Tryokhproudny per 11/13 ; plats 500-900 ₽ ; 12h-23h ; ; Ⓜ Mayakovskaya). Le décor est discret et éclectique, avec ses étagères ployant sous les livres.

La cuisine de saison est un véritable régal pour les yeux et le palais. Habituellement ce genre de cuisine coûte cher, mais les prix sont raisonnables.

♥ KHATCHAPOURI — GÉORGIEN €€

Plan p. 264 (8-985-764 3118 ; hacha.ru ; Bolshoï Gnezdnikovsky per 10 ; khatchapouri 200-350 ₽, plats 400-600 ₽ ; ; Ⓜ Poushkinskaya). Sans chichis, abordable et succulent, ce café offre ce que les Moscovites apprécient chez les Géorgiens : le sens de l'hospitalité et du *khachapouri* (pain au fromage) frais. Hormis les sept variétés de pain délicieux, l'endroit propose un choix de soupes, chachliks (brochettes de mouton), *khinkali* (raviolis) et autres spécialités géorgiennes.

♥ FAVORITE — AMÉRICAIN €€

Plan p. 264 (495-691 1850 ; www.favorite-pub.ru ; ul Spiridonovka 24 ; plats 500-800 ₽ ; 8h-dernier client ; ; Ⓜ Mayakovskaya). Dans ce pub décontracté on vient se régaler de hamburgers gastronomiques et de steaks grillés. Bière pression d'une microbrasserie (de la Brickstone Beer faite à Moscou) et matchs de foot sur écran.

UILLIAM'S — EUROPÉEN €€

Plan p. 264 (Вилльям'с ; 495-650 6462 ; www ginzaproject.ru ; Malaya Bronnaya ul 20a ; pl 700-1 200 ₽ ; 10h30-23h30 ; ; Ⓜ Mayal skaya). Ce restaurant minuscule est tou

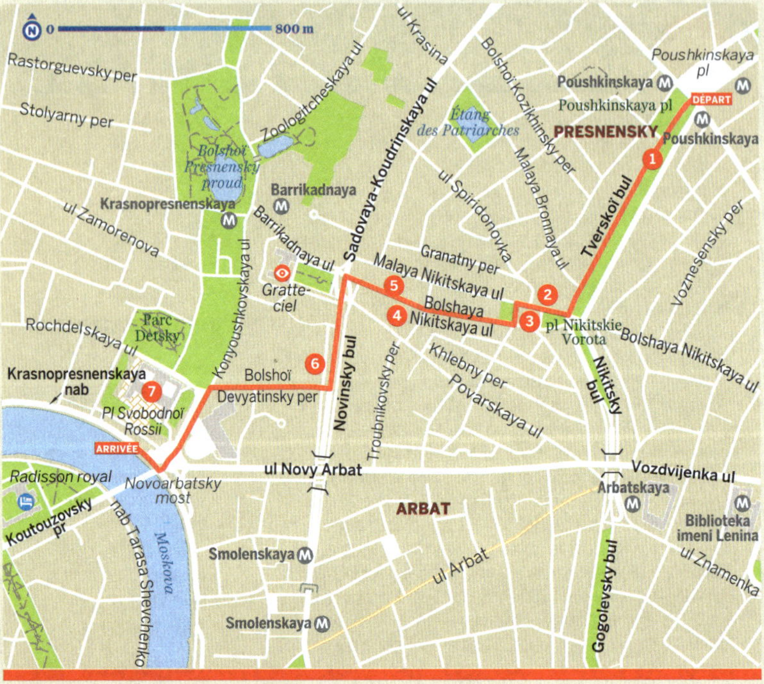

Promenade à pied
Presnensky passé et présent

DÉPART POUSHKINSKAYA PL
ARRIVÉE KRASNOPRESNENSKAYA NAB
DISTANCE 4 KM ; 2 HEURES

Il s'agit d'un voyage dans le temps, depuis le siècle dernier jusqu'à aujourd'hui. Une fois place Poushkinskaya, longez en direction du sud le 1 **boulevard Tverskoï** avec ses édifices majestueux et ses jardins. Une fois au bout, allez visiter la 2 **maison Riabouchinsky** (p. 102), magnifique demeure Art nouveau où Maxime Gorki vécut.

L' 3 **église de la Grande-Ascension** (p. 102) se dressant au carrefour est celle où fut célébré le mariage d'Alexandre Pouchkine et de Natalia Gontcharova. Une sculpture des deux tourtereaux orne la fontaine située en face. Remontez ensuite la rue Bolshaya Nikitskaya jalonnée d'hôtels particuliers. La facade élaborée du 4 **n° 51** et la 5 **maison de Lopatina** au n° 54 couverte de carreaux de faïence sont intéressantes.

Au bout de la Bolshaya Nikitskaya, empruntez le passage souterrain pour gagner la place Koudrinskaya dominée par un gratte-ciel imposant (l'une des Sept Sœurs de Staline). Au sud, se trouve l'un des derniers et des plus beaux exemples d'architecture constructiviste de Moscou, le 6 **Narkomfin** (p. 103), qui malheureusement continue de se détériorer faute de financement et d'accords juridiques.

Tournez à droite dans la ruelle Bolshoï Devyatinsky, puis à gauche dans la rue Konyoushkovskaya en direction du quai Krasnopresnenskaya au sud. La façade massive de la 7 **Maison blanche** (p. 104), siège du Parlement russe et théâtre d'événements majeurs de l'histoire récente, se dresse au bord de la Moskova. Sur la rive opposée, l'hôtel Radisson Royal, autre gratte-ciel stalinien, lui fait face.

Au loin, le Centre d'affaires international s'étend le long du fleuve. Contemplez les deux tours de la Ville des capitales représentant Moscou et Saint-Pétersbourg. La Mercury City Tower, le plus haut édifice d'Europe, s'élève au-dessus de la ville du haut de ses 340 m.

rempli de clients qui regardent ce qui se passe dans sa cuisine ouverte. Le chef Uilliam Lamberti utilise des ingrédients de qualité et met tout son talent dans la création de ses plats. Le résultat est parfait.

JEAN-JACQUES FRANÇAIS €€

Plan p. 264 (Жан-Жак ; www.jan-jak.com ; Nikitsky bul 12 ; plats 300-600 ₽ ; ⌚8h-6h ; 📶 ; Ⓜ Arbatskaya). Très bien situé sur la ceinture des Boulevards, ce bar à vins convivial accueille tous ceux qui souhaitent savourer un verre de vin et un repas léger en profitant de la musique. Ce lieu est idéal pour partager une bouteille de Bordeaux (de 1 200 à 2 500₽) et un morceau de brie. Autres enseignes en ville.

MARI VANNA RUSSE €€

Plan p. 264 (Мари Ванна ; ☎495-650 6500 ; www.marivanna.ru ; Spiridonyevsky per 10 ; plats 600-800 ₽ ; ⌚8h-minuit ; ; Ⓜ Poushkinskaya). Sonnez au n°10 (il n'y a pas d'enseigne). Vous pénètrerez dans un cadre familial avec des étagères croulant sous les livres et une télévision diffusant de vieilles émissions soviétiques en noir et blanc. On vous servira de délicieux plats russes dans de petites assiettes. Si la succulente cuisine maison évoque le passé, l'addition n'en demeure pas moins très contemporaine !

SCANDINAVIA SUÉDOIS €€€

Plan p. 264 (☎495-937 5630 ; www.scandinavia.ru ; Maly Palashevsky per 7 ; plats 600-1 000 ₽ ; 📶 ; Ⓜ Poushkinskaya). Prisé des expatriés, le Scandinavia propose un séduisant mélange russo-suédois. Le café d'été sert sandwichs, salades et grillades (les meilleurs hamburgers de Moscou, diront certains).

PAVILION RUSSE €€€

Plan p. 264 (Павильон ; ☎495-697 5110 ; www.restsindikat.com ; Bolshoï Patriarshy per 7 ; plats 500-900 ₽ ; ⌚12h-minuit ; 📶 ; Ⓜ Mayakovskaya). Installé dans le hangar à bateaux datant du XIXe siècle qui domine l'étang des Patriarches, cet établissement dégage une atmosphère unique. Il se distingue par son style "soviet de luxe" et son menu à l'avenant. Vous retrouverez tous les classiques, délicieusement préparés, avec parfois une touche surprise.

TWENTY-TWO INTERNATIONAL €€

Plan p. 264 (☎495-776 8622 ; www.twentytwo22.ru ; ul Novy Arbat 22 ; plats 600-900 ₽ ; ⌚12h-6h ; 📶 ; Ⓜ Smolenskaya). Un restaurant peut-il être au goût de tous ? Le Twenty-Two s'efforce de satisfaire tout le monde. Le rez-de-chaussée est un salon de thé confortable. À l'étage le bar à vins chic affiche un menu très international qui fait l'objet de commentaires élogieux, tout comme la vue depuis les baies vitrées.

♥ **CAFÉ POUCHKINE** RUSSE €€€

Plan p. 264 (Кафе Пушкинь ; ☎495-739 0033 ; www.cafe-pushkin.ru ; Tverskoï bul 26a ; déj d'affaires 750 ₽, plats 1 000-2 200 ₽ ; ⌚24h/24 ; 📶 ; Ⓜ Poushkinskaya). C'est le tsar de la grande cuisine russe, mélange exquis des écoles russe et française. Du service au contenu de l'assiette, tout est parfait. Chaque étage de ce charmant édifice du XIXe siècle présente une atmosphère particulière. À noter, une somptueuse bibliothèque et une terrasse très agréable.

♥ **UGOLYOK** EUROPÉEN €€€

Plan p. 264 (Уголёк ; ☎495-629 0504 ; Bolshaya Nikitskaya 12 ; ⌚9h-minuit dim-mer, 9h-1h30 jeu-sam ; Ⓜ Biblioteka im Lenina). Le décor post-industriel est tendance, la vaisselle est fine, et les plats, soigneusement préparés avec des ingrédients frais associés de manière originale sont délicieux. Un endroit aussi agréable que convivial.

NEDALNY VOSTOK FUSION ASIATIQUE €€€

Plan p. 264 (Недальний Восток ; ☎495-694 0641 ; www.novikovgroup.ru ; Tverskoï bul 15 ; plats 900-1 300 ₽ ; ; Ⓜ Poushkinskaya). À Moscou, l'Orient n'est pas si extrême que cela, et les gourmets raffolent des produits de la mer extrêmement frais préparés au wok, sur le gril ou au four sous leurs yeux.

Environs de Presnensky

♥ **SHTOLLE** CAFÉ €

Plan p. 264 (Штолле ; www.stolle.ru ; Bolshaya Sadovaya ul 3 ; plats 200-300 ₽ ; ⌚8h-22h ; 📶 ; Ⓜ Mayakovskaya). Si le menu est excellent, les *pirogi* (friands) sont tout bonnement succulents. Le *stolle* est un gâteau de Noël saxon traditionnel ; pâtisseries et douceurs sortant directement du four sont exposées sur le comptoir. Difficile de choisir, mais tout est extra.

BOTANIKA FUSION €

Plan p. 264 (Ботаника ; ☎495-251 9760 ; www.cafebotanika.ru ; Bolshaya Grouzinskaya ul 61 ; plats 300-500 ₽ ; 11h-minuit ; ; Belorousskaya). À Moscou, rares sont les restaurants qui allient tendance et charme. C'est le cas du Botanika, qui sert une cuisine légère et moderne, à base de soupes, de salades et de grillades. Le mobilier en bois et la décoration florale participent au thème champêtre.

SOUP CAFE RUSSE €

Plan p. 264 (Суп кафе ; www.soupcafe.ru ; 1-ya Brestskaya ul 62 ; soupe 200 ₽ ; 24h/24 ; ; Belorousskaya). Ce restaurant qui porte bien son nom emmène cette spécialité russe vers des hauteurs inégalées, avec une quarantaine de variétés de soupes chaudes ou froides. L'ambiance est feutrée : lumières tamisées, mobilier moderne et musique house mixée par un DJ.

ANDERSON DLYA PAP INTERNATIONAL €

Plan p. 264 (Андерсон для Пап ; 499-753 1601 ; www.cafe-anderson.ru ; Mal Grouzinskaya ul 15/1 ; plats 390-620 ₽ ; 9h-23h lun-ven, 10h-23h sam-dim ; ; Barrikadnaya). Il n'y a pas mieux pour les familles : aire de jeux (avec un baby-foot), salle de lecture et espace de loisirs créatifs. Les enfants peuvent s'amuser pendant que les parents se reposent. Les plats, mélange de cuisine traditionnelle et de cuisine nouvelle, plairont à tous.

BOULKA BOULANGERIE €

Plan p. 264 (Булка пекарня ; www.bulkabakery.ru ; Bolshaya Grouzinskaya ul 69 ; pâtisseries 100-200 ₽ ; 8h-23h ; ; Belorousskaya). Le café est bon mais les pâtisseries sont à se damner. Que vous aimiez le sucré ou le salé, vous trouverez forcément votre bonheur en vitrine.

UPSIDE DOWN CAKE CO BOULANGERIE €

Plan p. 264 (www.upsidedowncake.ru ; Bolshaya Grouzinskaya ul 76 ; desserts 150-300 ₽ ; 9h-23h lun-ven, 10h-23h sam-dim ; ; Belorousskaya). Cette boulangerie vend toutes sortes de cupcakes et autres pâtisseries, un sorbet renversant et une excellente sélection de tisanes en pot.

RAGOUT FUSION €€

Plan p. 264 (495-662 6458 ; www.caferagout.ru ; Bolshaya Grouzinskaya 69 ; plats 600-900 ₽ ; 8h-minuit ; ; Belorousskaya). Les Moscovites ne jurent que par le Ragout. L'ambiance est branchée, juste ce qu'il faut, et la cuisine, créative, reste accessible. Ce pub gastronomique vise à proposer une cuisine raffinée pour un prix raisonnable, un concept plutôt rare à Moscou.

CORREA'S EUROPÉEN €€

Plan p. 264 (495-933 4684 ; www.correas.ru ; Bolshaya Grouzinskaya ul 32 ; plats 400-600 ₽ ; 8h-23h lun-ven, 9h-23h sam-dim ; ; Belorousskaya). L'établissement de Presnya est tout petit, seulement 7 tables, mais les grandes fenêtres et la cuisine ouverte donnent une impression d'espace. Le menu manque certes d'originalité (sandwichs, pizzas et grillades), mais tout est frais et bien préparé. Il y a un autre établissement rue **Grasheka** (plan p. 264 ; 495-789 9654 ; ul Grasheka 7 ; ; Mayakovskaya).

CORNER BURGER HAMBURGERS €€

Plan p. 264 (CBBG76 ; www.cornerburger.ru ; Bolshaya Grouzinskaya ul 76 ; hamburgers 500-650 ₽ ; ; Belorousskaya). Un hamburger à Moscou, pourquoi pas ? Ici, ils sont exceptionnels : bœuf haché de première qualité, grillé à votre convenance et servi dans un muffin anglais ou dans un pain brioché, avec toutes sortes de garnitures. Vous pouvez aussi choisir la version dinde ou végétarienne.

SHINOK UKRAINIEN €€

Plan p. 264 (Шинок ; 495-651 8101 ; www.shinok.ru ; ul 1905 goda 2 ; plats 750-1 100 ₽ ; 12h-minuit ; ; Ulitsa 1905 Goda). Confirmant la vogue des restaurants à thème, cet établissement a reconstitué une authentique ferme ukrainienne en plein cœur de Moscou, mais avec un étrange décor contemporain minimaliste. La spécialité de la maison est les *vareniki* (raviolis ukrainiens) qui sont délicieux.

DOLKABAR INTERNATIONAL €€

Plan p. 264 (Долкабар ; www.dolkabar.ru ; ul Krasina 7 ; déj 400 ₽, plats 400-900 ₽ ; 12h-23h ; ; Mayakovskaya). Dolkabar est la création de Sergueï Kolya, un bloggeur voyageur qui voulait un endroit où l'on puisse partager ses aventures et trouver des idées pour un prochain voyage. Les cartes ornant les tables et les photographies tapissant les murs forment un décor idéal pour déguster des spécialités internationales.

BARASHKA AZERI €€€

Plan p. 264 (Барашка ; 495-653 8303 ; ul 1905 goda 2 ; plats 500-1 000 ₽ ; ; Ulitsa 1905 Goda). Une adresse charmante pour un voyage en Azerbaïdjan. Au menu : salades, grillades et ragoûts délicieux.

OÙ PRENDRE UN VERRE ET FAIRE LA FÊTE

Centre de Presnensky

TIME-OUT BAR COCKTAILS

Plan p. 264 (www. hotelpeking.ru ; 12e niv, Bolshaya Sadovaya ul 5 ; 12h-14h dim-jeu, 12h-18h ven-sam ; M Mayakovskaya). Situé aux étages supérieurs de l'hôtel Peking, ce bar branché est toujours dans le vent, avec ses barmen vous apportant des plaids et leurs délicieux mélanges créés pour les différents moments de la journée. C'est l'endroit idéal pour passer la soirée.

BAR KLAVA BAR

Plan p. 264 (Бар Клава ; www.bar-klava.com ; Malaya Bronnaya ul 26 ; 12h-6h ; ; M Mayakovskaya). Avec son décor chic et son ambiance intime, ce petit bar sophistiqué est branché tout en restant simple. Vous aurez le choix entre de nombreux whiskys et cocktails maison. Les prix sont élevés, mais l'endroit est agréable pour prendre un verre.

CAFÉ STUDIO D'ART LEBEDEV CAFÉ

Plan p. 264 (Кафе Студия Артемия Лебедева ; lik.artlebedev.ru ; Bolshaya Nikitskaya ul 35b ; ; M Arbatskaya). Dans ce minuscule espace appartenant au roi du design Artemy Lebedev, on se presse autour d'un thé ou d'un café. Les habitués apprécient la *kacha* (bouillie) du petit-déjeuner et la terrasse ombragée en été. Ne manquez pas la boutique du rez-de-chaussée.

KVARTIRA 44 BAR

Plan p. 264 (Квартира 44 ; www.kv44.ru ; Bolshaya Nikitskaya ul 22/2 ; plats 300-500 ₽ ; 12h-tard ; ; M Okhotny Ryad). Belle idée que d'avoir converti ce vieil appartement moscovite en bar chaleureux, avec des tables et des chaises dans les moindres recoins ! Soirées jazz et piano le vendredi et le samedi soir.

CONVERSATION CAFÉ

Plan p. 264 (Разговор ; www.conversation-cafe.ru ; Bolshaya Nikitskaya ul 23/14/9 ; ; M Arbatskaya). La clientèle s'installe dans ce café moderne pour les trois spécialités du Conversation : le café, les pâtes et la glace. Il y a également des soupes et des sandwichs, mais ce sont les succulents desserts et les boissons à base de café qui attirent le plus.

RYOUMOTCHNAYA BAR

Plan p. 264 (Рюмочная ; Bolshaya Nikitskaya ul 22/2 ; menus 300-500 ₽ ; 11h-23h ; M Okhotny Ryad). Autrefois, les camarades s'arrêtaient à la *ryoumotchnaya* pour boire un coup en rentrant du travail. Ici, vous pourrez accompagner vos *sto grammov* (100 g, le poids d'un petit verre de vodka) d'un bon petit plat.

CAFÉ MARGARITA CAFÉ

Plan p. 264 (Кафе Маргарита ; 495-699 6534 ; www.cafe-margarita.ru ; Malaya Bronnaya ul 28 ; repas 400-600 ₽ ; 12h-14h ; M Mayakovskaya). Avec ses nombreux livres et son emplacement face à l'étang des Patriarches, ce café atypique attire une clientèle jeune et cultivée. Tranquille en journée, l'endroit s'anime le soir venu, avec des concerts de folk et de jazz.

MAYAK BAR

Plan p. 264 (Маяк ; www.clubmayak.ru ; Bolshaya Nikitskaya ul 19 ; déj d'affaires 270 ₽, plats 300-350 ₽ ; 12h-6h ; ; M Okhotny Ryad). Baptisé ainsi car le théâtre Maïakovski est situé juste en dessous, le Mayak a succédé à un club en vogue dans les années 1990. Avec son atmosphère chaleureuse d'auberge à l'ancienne, il attire toujours les intellectuels et les artistes qui s'y retrouvent pour boire un verre ou déguster une cuisine roborative.

COFFEE MANIA CAFÉ

Plan p. 264 (Кофемания ; www.coffeemania.ru ; Conservatoire de Moscou, Bolshaya Nikitskaya ul 13 ; 24h/24 ; ; M Okhotny Ryad). La bonne société aime se réunir dans ce café convivial prisé pour ses soupes maison, ses jus de fruits pressés et ses cappuccinos fumants (et un peu chers), ainsi que pour sa terrasse surplombant la cour arborée du conservatoire.

Environs de Presnensky

JAGGER DISCOTHÈQUE, BAR

Plan p. 264 (www.ginza.ru ; Rochdelskaya ul 15, bât. 30 ; 12h-minuit lun-mer, 12h-6h jeu-sam, 14h-minuit dim ; M Ulitsa 1905 Goda). Dissimulé dans la cour de la manufacture Triokhgornaya, le Jagger est un bar branché très accueillant. Les cocktails sont excellents, la clientèle est chic et l'ambiance décontractée. Vous devrez repérer l'entrée et avoir l'allure adéquate pour être admis.

Pour y pénétrer, passez par la rue 1905 goda et entrez dans la cour intérieure.

CLUB MANON DISCOTHÈQUE

Plan p. 264 (Клуб Манон ; www.manon-club.ru ; ul 1905 goda 2 ; 12h-6h ; MUlitsa 1905 goda). Allez-y pour la vue remarquable et pour danser toute la nuit. C'est un lieu populaire et romantique pour un dîner, bien que les avis soient mitigés sur la cuisine. Ceux qui y viennent pour boire et danser ne sont pas déçus car les soirées durent jusqu'à l'aube. Mettez-vous sur votre trente et un.

VINTAGE BAR À VINS

Plan p. 264 (Винтаж ; www.barvintage.ru ; ul Krasina 7, str 3 ; 12h-23h ; MMayakovskaya). Entrez dans la cour et cherchez le panneau indiquant ce bar à vins discret. La carte (vins européens essentiellement) se marie très bien avec le fromage et la charcuterie proposés.

RED CAFÉ

Plan p. 264 (www.redespressobar.com ; Sadovaya-Koudrinskaya ul 1 ; 8h-minuit dim-mer, 24h/24 jeu-sam ; ; MBarikadnaya). Dans une rue jalonnée de restaurants et de cafés branchés, Red est un lieu tendance et fort en café (maison).

OÙ SORTIR

16 TONS MUSIQUE LIVE

Plan p. 264 (Шестнадцать тонн ; 495-253 1550 ; www.16tons.ru ; ul Presnensky val 6 ; couvert 600-1 200 ₽ ; 11h-6h, concerts 20h dim-jeu, 21h jeu-sam, minuit ven et sam ; ; MUlitsa 1905 Goda). Le pub-restaurant du rez-de-chaussée sert une excellente bière brassée sur place. À l'étage, on peut écouter certains des meilleurs groupes moscovites. comme Mara et Theodor Bastard, entre autres.

SALLE DE CONCERTS TCHAÏKOVSKI MUSIQUE CLASSIQUE

Plan p. 264 (Концертный зал имени Чайковского ; 495-232 0400 ; www.meloman.ru ; Triumfalnaya pl 4/31 ; billets 300-3 000 ₽ ; fermé juil-août ; MMayakovskaya). Cette salle de concerts, bâtie en 1921, héberge le fameux Philharmonique de Moscou (Moskovsky Gosoudarstvenny Akademitchesky Filharmonia), le plus ancien orchestre symphonique de la capitale, et peut accueillir 1 600 spectateurs. Stravinsky, Rachmaninov ou Chostakovitch, ainsi que d'autres grands compositeurs européens, sont au programme. Horaires des concerts pour enfants sur le site.

CONSERVATOIRE TCHAÏKOVSKI DE MOSCOU MUSIQUE CLASSIQUE

Plan p. 264 (Московская консерватория имени Чайковского ; location 495-629 9401 ; www.mosconsv.ru ; Bolshaya Nikitskaya ul 13 ; MOkhotny Ryad). Le plus grand conservatoire du pays, qui porte bien sûr le nom de Tchaïkovski, comporte deux salles qui accueillent des concerts, des récitals et des concours. C'est ici que se tient tous les 4 ans le prestigieux concours Tchaïkovski (www.tchaikovsky-competition.net) qui distingue les meilleurs pianistes, chanteurs, violoncellistes et violonistes.

STADE SPARTAK SPORTS

(Стадион Спартак ; 495-411 5200 ; www.otkritiearena.ru ; Volokolamskoe shosse 67 ; MTushinskaya). Le stade du FC Spartak, une arène étrange, a été construit en 2014 en vue de la prochaine Coupe du monde. Outre un stade de 42 000 places, le complexe comprend une arène couverte et d'autres terrains de sport.

SHOPPING

PROSTO TAK SOUVENIRS

Plan p. 258 (Просто Так ; www.buro-nahodok.ru ; Maly Gnezdnikovsky per 12/27 ; 11h-21h ; MPoushkinskaya). Pour des souvenirs originaux, rendez visite à ce réseau de coopératives d'artistes. Chaque antenne porte un nom différent, mais les produits sont semblables : vous y trouverez des cadeaux bien russes, comme des *tapki* (chaussons) ou du linge tissé main, ainsi que des objets de récupération amusants (lampes, horloges, etc.) créés par Iouri Movtchane.

BOLSHE SOUVENIRS

Plan p. 264 (Больше ; www.bolshe-chem.ru ; Malaya Bronnaya ul 28/2 ; 11h-21h lun-ven, 12h-21h sam et dim ; MMayakovskaya). Cette coopérative d'artistes ingénieux a des boutiques dans tout Moscou. Elle vend des articles pour la maison, originaux mais pas pratiques du tout !

LA FABRIQUE TRIOKHGORNAYA

Fondée en 1799 au bord de la Moskova, la manufacture Triokhgornaya (Трёхгорная Мануфактура) est l'une des plus anciennes usines de textile de Russie. Elle joua un rôle clé dans le développement du district de Presnensky, employant des centaines de milliers d'ouvrières des filatures, de tisserands et de designers. Elle a survécu aux conflits (à la guerre de 1812, aux soulèvements de 1905 et à la Seconde Guerre mondiale), à sa nationalisation et à sa privatisation.

Bien qu'elle fonctionne toujours, elle connaît une baisse de production spectaculaire depuis le début des années 1980 et la majeure partie de son appareil de production est maintenant à Iaroslavl. Un grand nombre de ses entrepôts ont été transformés en ateliers et showrooms, d'architectes d'intérieur notamment. Comme d'autres sites industriels réaménagés, la fabrique Triokhgornaya est devenue un haut lieu de la vie nocturne. Des restaurants et des clubs profitent de son emplacement et de ses vastes espaces postindustriels. Les discothèques comme le Jagger l'évoquent à travers les éléments de leur décor comme des métiers à tisser et d'autres objets.

Cependant, elle n'a pas dit son dernier mot. Pour vous en convaincre, jetez un coup d'œil à sa gamme de produits dans son **Magasin d'usine** (Трёхгорная Мануфактура фирменный магазин ; plan p. 264 ; www.trekhgorka.ru ; Rochdelskaya ul 15 ; 9h30-20h30 lun-sam, 10h-18h dim ; Ⓜ Barrikadnaya).

MOSTOK
SOUVENIRS PAPIER

Plan p. 264 (Мосток ; www.mostok.ru ; Bolshaya Sadovaya ul 3 ; 10h-19h lun-ven, 12h-19h sam ; Ⓜ Mayakovskaya). Ici, les livres et les cartes postales ont envahi les lieux. Les murs sont tapissés d'affiches, de reproductions et d'œuvres originales, dont certains représentent des panoramas originaux et des lieux historiques de la capitale. À la fois magasin d'encadrement, studio graphique et imprimerie, cette échoppe est pleine de bonnes surprises.

SALON DU CHOCOLAT
DOUCEURS

Plan p. 264 (Шоколадный салон ; Povarskaya ul 29/36 ; 10h-21h ; Ⓜ Barrikadnaya). Ce lieu animé est le magasin d'usine de plusieurs confiseurs locaux, notamment de la plus célèbre fabrique de chocolat de Moscou, Krasny Oktyabr (Octobre Rouge). Difficile de résister à une tablette de chocolat Alyonka avec son emballage à l'ancienne.

SPORTS ET ACTIVITÉS

KRASNOPRESNENSKIYE BANY
BAINS

Plan p. 264 (Краснопресненские бани ; hommes 495-255 5306, femmes 495-253 8690 ; www.baninapresne.ru ; Stolyarny per 7 ; bains publics 2 heures 1200-1700 ₽ ; 8h-23h ; Ⓜ Ulitsa 1905 Goda). Ce lieu moderne, propre et fonctionnel offre une *bania* (bain) d'excellente qualité. Il propose un bain de vapeur russe, un sauna finlandais, un bassin et des services de massage.

Arbat et Khamovniki

ARBAT | KHAMOVNIKI

Notre sélection

❶ Les œuvres exposées au **musée des Beaux-Arts Pouchkine** (p. 117), et plus particulièrement les superbes collections impressionnistes et post-impressionnistes de la galerie d'Art européen et américain des XIXe et XXe siècles.

❷ Cinq siècles d'art et d'histoire à découvrir en flânant dans le **monastère** et le **cimetière Novodevitchi** (p. 114).

❸ Une balade dans la **rue Arbat** (p. 124) pour musarder, faire du lèche-vitrine et prendre un café.

❹ L'impressionnante **cathédrale du Christ-Sauveur** (p. 121).

❺ Le musée de la Grande Guerre patriotique et les monuments du **parc Pobedy** (p. 119), témoignages de triomphes arrachés au prix de maintes souffrances.

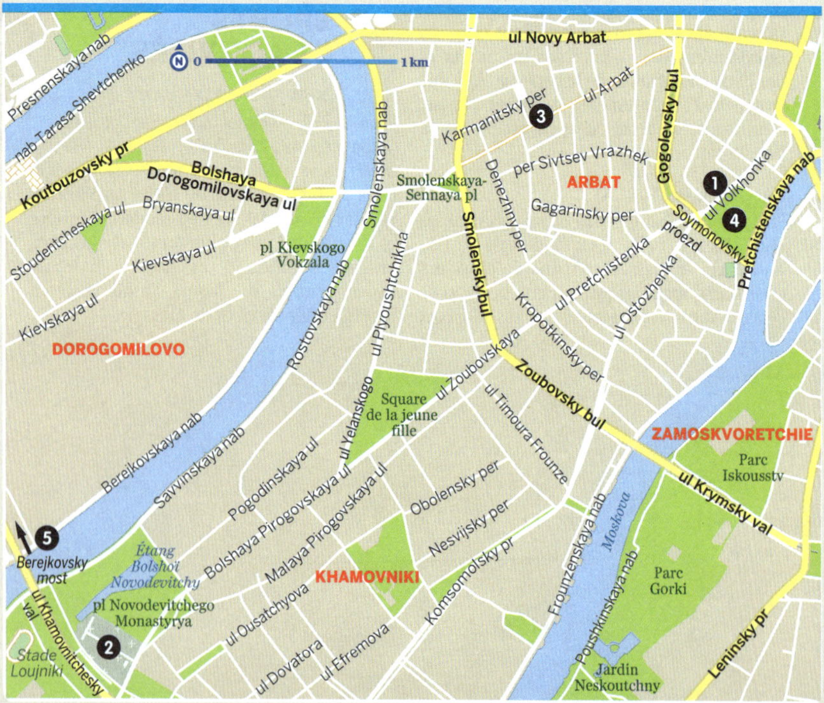

Pour un plan plus détaillé, reportez-vous p. 260 et p. 262

Découvrir Arbat et Khamovniki

Ces deux quartiers contigus combleront tous les amateurs d'art. Celui de l'Arbat recèle quantité de musées de premier plan et de petites galeries, sans oublier la magnifique cathédrale du Christ-Sauveur. On peut aisément y passer la journée, du musée des Beaux-Arts Pouchkine à la rue Pretchistenka, en s'arrêtant en chemin au hasard des sites.

Le soir est également un moment propice pour flâner dans les rues pavées du vieil Arbat, lieu de prédilection des peintres, musiciens et artistes de rue. Si ce quartier très touristique est aujourd'hui envahi de boutiques de souvenirs, il n'en évoque pas moins l'esprit bohème et frondeur du passé.

À Khamovniki, pour ne pas risquer l'indigestion de musées, n'hésitez pas à consacrer une demi-journée au monastère et au cimetière Novodevitchi, inscrits au patrimoine mondial de l'Unesco. Plus on s'éloigne du centre-ville et plus les routes deviennent larges, le trafic est rapide et les distances sont allongées, autant de facteurs qui rendent Dorogomilovo et le mont des Moineaux peu propices à la balade. Mais certaines destinations y valent le détour, comme le parc Pobedy (parc de la Victoire) et les collines boisées de la réserve naturelle de Vorobyovy Gory.

Vivre comme un Moscovite

➡ **En plein air** Nulle terrasse de Moscou ne vaut le pont piétonnier derrière la cathédrale du Christ-Sauveur. Son point de vue sur le Kremlin est imprenable. Apportez-y votre bouteille de *Shampanskoe* à partager avec vos amis pour fêter votre séjour à Moscou.

Depuis/vers Arbat et Khamovniki

➡ **Métro** Les lignes bleu clair et bleu foncé traversent en parallèle le quartier de l'Arbat. Toutes deux comportent une station Arbatskaya, dont l'accès est situé près de la place Arbatskaya, et une station Smolenskaya, avec un accès près de la place Smolenskaya. Assurez-vous que vous prenez bien la bonne ligne car ces stations homonymes n'ont rien à voir les unes avec les autres.

➡ **Métro** La ligne de métro rouge traverse le quartier de Khamovniki, de la station Kropotkinskaya située place Pretchistenskie Vorota, près de la cathédrale du Christ-Sauveur, jusqu'à la station Park Koultoury sur la ceinture des Jardins et la station Sportivnaya au sud-ouest, près de Novodevitchi.

Bons plans Lonely Planet

Nombre de musées de Khamovniki restent ouverts un soir par semaine. Le jeudi, le musée des Beaux-Arts Pouchkine et la galerie de l'Art européen et américain des XIXe et XXe siècles ferment leurs portes à 21h, tout comme la galerie Tsereteli. La galerie Shilov fait de même le jeudi soir.

Le top des restaurants

- Elardji (p. 127)
- Black Market (p. 128)
- Varenitchnaya n°1 (p. 126)
- Jourfak Café (p. 127)

Voir détails p. 126 ➡

Le top des bars et cafés

- Gavroche Wine Bar (p. 128)
- Carabas (p. 129)
- Pivnoï zal Jigouli (p. 128)
- Sky Lounge (p. 128)

Voir détails p. 128 ➡

Le top des musées

- La galerie de l'Art européen et américain des XIXe et XXe siècles (p. 118)
- Le musée Roerich (p. 122)
- Le musée des Beaux-Arts Pouchkine (p. 117)
- Le musée d'Art multimédia (p. 125)
- La maison de Bourganov (p. 123)

Voir détails p. 122 ➡

LES INCONTOURNABLES

MONASTÈRE ET CIMETIÈRE NOVODEVITCHI

SIR FRANCIS CANKER PHOTOGRAPHY / GETTY IMAGES ©

En 1524, le grand-prince Vassili III fonda le monastère Novodevitchi pour célébrer la prise de Smolensk aux Lituaniens, un tournant dans la conquête des anciens territoires de la Rous kiévienne. Le "nouveau couvent des vierges" se mua en lieu de retraite, plus ou moins consenti, pour les femmes des familles nobles.

Remparts et tours

On pénètre dans le monastère par l'**église-porche de la Transfiguration** (Преображенская надвратная церковь), un édifice baroque bâti dans le mur nord entre 1687 et 1689. Les remparts et les tours, ainsi que plusieurs bâtiments des jardins, furent reconstruits grâce à Sophie Alexeïevna. Adossé au mur est, le **clocher** (Колокольня) datant de 1690, domine l'ensemble de ses 72 m de haut.

Cathédrale de Smolensk

La **cathédrale de Smolensk** (Смоленский собор; 1524-1525) bâtie pour accueillir la précieuse icône *Notre-Dame de Smolensk*, est l'édifice majeur du monastère. Des **fresques** du XVIe siècle, parmi les plus belles de la ville, ornent les murs. L'**iconostase** dorée comporte des œuvres datant de l'époque de Boris Godounov. Les icônes du cinquième registre sont attribuées à deux artistes du XVIIe siècle, Simon Ouchakov et Fedor Zoubov. Dans la nef sud se trouvent les **tombeaux** de Sophie Alexeïevna et d'Eudoxie Lopoukhine.

Appartements de Sophie Alexeïevna

Lorsqu'elle devint régente de Russie dans les années 1680, Sophie Alexeïevna décida de s'installer au monastère de Novodevitchi et le fit rebâtir à sa convenance.

À NE PAS MANQUER

- Les fresques et les icônes de la cathédrale de Smolensk
- Le clocher de 72 m
- Les tombes de Nikita Khrouchtchev et de Boris Eltsine

INFOS PRATIQUES

- www.novodev.msk.ru
- Tarif plein/réduit 300/100 ₽
- 8h-20h, musées 9h-17h
- M Sportivnaya

C'est ici même qu'elle fut recluse lorsque Pierre le Grand atteignit sa majorité.En 1698, pour sa participation à la révolte des Streltsy, elle fut emprisonnée à vie et confinée dans la **tour de l'Étang** (Напрудная башня).

Appartements d'Eudoxie Lopoukhine

Eudoxie Lopoukhine, la première femme de Pierre le Grand, résidait dans les **appartements de la tsarine Eudoxie Miloslavkaya** (Палаты царевны Евдокии Милославской). Bien qu'elle lui eût donné un fils, Pierre détestait son conservatisme et son caractère exigeant. Il la répudia pour la fille d'un négociant en vins hollandais. Retirée dans un monastère à Souzdal, Eudoxie se brouilla un peu plus avec le tsar en prenant un amant puis en initiant une fronde au sein de l'Église. En représailles, Pierre fit exécuter les évêques impliqués et éloigna encore plus son épouse. À la mort du souverain, Pierre II fit rappeler sa grand-mère à Moscou, où elle passa les dernières années de sa vie dans le plus grand luxe, à Novodevitchi.

Autres bâtiments

Le domaine comprend également l'**église de l'Assomption** (Успенская церковь), un édifice rouge et blanc bâti entre 1685 et 1687, et l'**église Saint-Ambroise** (Амвросиевская церковь, XVIe siècle). La sœur de Boris Godounov, Irina, vécut dans le bâtiment contigu à cette dernière. Aujourd'hui, les **appartements d'Irina** (Палаты Ирины Годуновой) accueillent des expositions d'art sacré.

Cimetière Novodevitchi

Le **cimetière Novodevitchi** (Новодевичье кладбище ; plan p. 262 ; 9h-17 h ; Sportivnaya) GRATUIT regroupe les tombes de personnalités du monde politique et culturel, notamment celles de Rostropovitch, Boulgakov, Tchekhov, Gogol, Maïakovski, Prokofiev, Stanislavski et Eisenstein.

Durant l'ère soviétique, on y enterrait les personnalités que les autorités jugeaient indignes de reposer le long du mur du Kremlin, comme Khrouchtchev. Sa tombe est l'œuvre du sculpteur Ernst Neizvestny. Les blocs noirs et blancs entrelacés autour du buste de l'ancien dirigeant représentent ses bons et ses mauvais côtés.

La pierre tombale de Nadejda Alliloueïeva, la seconde épouse de Staline, est protégée du vandalisme par un verre incassable. La dalle de la tombe de l'ancien président Boris Eltsine, décédé en 2007, tient en une gigantesque sculpture du drapeau russe représenté à plat ondulant sous le vent.

TENUE CORRECTE EXIGÉE

Novodevitchi est un monastère en activité. Il est conseillé aux femmes de se couvrir la tête et les épaules, et aux hommes de porter des pantalons lorsqu'ils pénètrent dans les églises.

On dit que Novodevitchi était l'une des destinations favorites de Léon Tolstoï, qui habitait non loin de là et aimait à patiner l'hiver sur l'étang gelé devant le monastère. C'est sur cette même glace que Constantin Levine, l'un des personnages principaux d'Anna Karénine, rencontre sa future épouse Kitty.

WHO'S WHO

Si vous voulez découvrir le cimetière Novodevitchi, achetez le plan russe (en vente au kiosque), où sont indiquées 200 tombes de citoyens célèbres.

En 1922, le monastère fut fermé par les autorités soviétiques et converti, suprême ironie, en musée de l'Émancipation de la femme. En 1994, des religieuses furent invitées à reprendre possession du couvent.

MONASTÈRE ET CIMETIÈRE NOVODEVITCHI

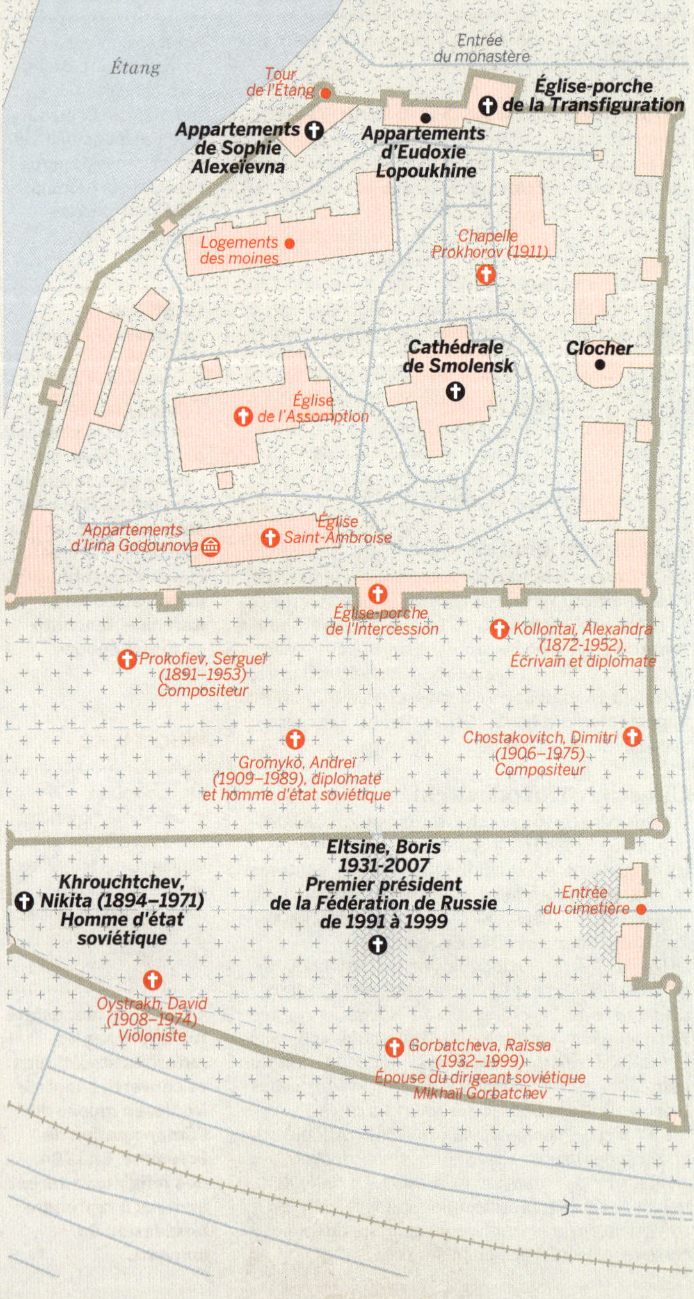

TONY WHEELER / GETTY IMAGES ©

LES INCONTOURNABLES
MUSÉE DES BEAUX-ARTS POUCHKINE

Dans le musée des Beaux-Arts Pouchkine (Музей изобразительных искусств им Пушкина), premier musée d'art international de Moscou, est exposée une vaste collection d'œuvres européennes. On peut les admirer dans le bâtiment principal, mais aussi dans le département des collections privées et dans la galerie de l'Art européen et américain des XIXe et XXe siècles.

Bâtiment principal

Le **bâtiment principal** (Главное здание ; ul Volkhonka 12 ; tarif plein/réduit 300/150 ₽ ; Ⓜ Kropotkinskaya) a ouvert ses portes en 1912 sous le nom de musée de l'Université de Moscou. Il conserve désormais l'essentiel des collections couvrant la période allant de l'Antiquité au XVIIIe siècle.

Au rez-de-chaussée dans les salles 1 et 2 dédiées à l'**Antiquité**, on peut admirer des bijoux, des amulettes, des bas-reliefs, des sarcophages et des momies de l'Égypte ancienne. La salle 3 abrite le **Trésor de Priam**, dont certains objets, issus des fouilles menées sur le site de Troie par l'archéologue Schliemann, remontent à 2 500 av. J.-C.

Situés dans les salles 9 à 11, les chefs-d'œuvre de la **peinture flamande** et **hollandaise** sont les pièces maîtresses du musée dont l'émouvant *Portrait d'une vieille femme* (1654) de Rembrandt fait partie.

Les **courettes grecque et italienne** (salles 14 et 15) contiennent des pièces issues de la collection originale du musée, laquelle est composée de copies en plâtre des chefs-d'œuvre de la Grèce et de la Rome antiques, mais aussi de la Renaissance. Les plâtres sont visibles à l'étage, qui contient également une salle consacrée à Michel-Ange (salle 29).

Les XVIIe et XVIIIe siècles occupent le premier étage. La salle 17 réunit des œuvres italiennes (Guardi, Canaletto), la salle 18 la peinture espagnole (Murillo, Zurbarán), tandis

À NE PAS MANQUER

- Trésor de Priam
- L'Âge d'or flamand et hollandais
- Les œuvres impressionnistes et post-impressionnistes

INFOS PRATIQUES

- Plan p. 260
- www.arts-museum.ru
- ul Volkhonka 12
- Chaque section 200-300 ₽
- ⏲ 10h-19h mar-dim, 10h-21h jeu
- Ⓜ Kropotkinskaya

Les amoureux de la culture ont rendez-vous au musée Pouchkine en décembre. Depuis 1981, le festival Nuits de décembre organise des concerts autour des expositions et met en valeur le travail d'un artiste, d'un compositeur, d'une époque ou d'un thème.

LA VILLE DES MUSÉES

La direction du musée a annoncé un vaste projet de modernisation des bâtiments et de la zone alentour. L'objectif est de restaurer et d'adapter l'actuel ensemble, ainsi que trois demeures historiques, pour créer un quartier culturel fort d'un espace d'exposition plus vaste et de nouveaux équipements. Le projet permettra au musée d'exposer davantage d'œuvres, d'accueillir un public plus nombreux et de préserver cette incroyable collection dans les meilleures conditions.

Les expositions du département des collections privées sont construites autour des fonds présentés dans leur ensemble. Les détails relatifs à chaque donateur sont affichés aux côtés des œuvres.

que les œuvres françaises sont exposées dans les salles 21 à 23, avec des œuvres superbes de Boucher, Poussin, et Watteau.

Galerie de l'Art européen et américain des XIXe et XXe siècles

La **galerie de l'Art européen et américain des XIXe et XXe siècles** (plan p. 260 ; www.newpaintart.ru ; ul Volkhonka 14 ; tarif plein/réduit 300/150 ₽ ; Ⓜ Kropotkinskaya) expose des œuvres impressionnistes et postimpressionnistes, issues des collections de deux mécènes moscovites, Sergueï Chtchoukine et Ivan Morozov. Les **impressionnistes** (Degas, Manet, Renoir et Pissarro) occupent les salles 8 à 10 et une salle est entièrement dévolue à Monet. Parmi les sculptures d'Auguste Rodin figurent des fragments de la *Porte de l'enfer* et du *Monument des bourgeois de Calais*.

Le **postimpressionnisme** est à l'honneur en salle 11, avec quelques joyaux de Van Gogh comme les *Vignes rouges d'Arles* (1888) et le tragique *Cour de Prison*, peint au cours de la dernière année de sa vie. La salle 14 fait est dédiée à Cézanne et la salle 15 s'intéresse à la période polynésienne de Gauguin. Dans les salles 16 et 17 sont rassemblées des œuvres des nabis (Bonnard, Denis, Vuillard).

Les salles 19 et 20 présentent des œuvres célèbres de Matisse, comme *Les Poissons rouges* (1912). Quelques superbes pièces du Douanier Rousseau sont en salle 21, tandis que la salle 22 expose des œuvres de Picasso. Les dernières salles complètent ce panorama de l'art du XXe siècle, avec, entre autres, des œuvres de Miró, Kandinsky, Chagall et Arp.

Département des collections privées

Le **département des collections privées** (Музей личных коллекций ; plan p. 260 ; www.artprivatecollections.ru ; ul Volkhonka 10 ; tarif plein/réduit 200/100 ₽ ; Ⓜ Kropotkinskaya) expose des œuvres de la **collection d'Ilia Silberstein** (salles 16 à 19), fondateur du musée et historien de l'art russe. On notera les œuvres du groupe "Mir Iskousstva" du début du XXe siècle, avec des artistes comme Benois, Serebriakova, Serov ou Koustodiev. Ne manquez pas la **collection d'Inna Koretskaya et de Boris Mihaïlovski** (salle 2), avec des œuvres de Rerikh, Golovine et Kouznetsov ; la **salle Lemkoul** (salle 20), avec des œuvres graphiques de Fiodor Lemkoul, ainsi que sa collection de verreries de Russie et d'Europe ; la **collection de Sergueï Soloviov** (salle 21), avec des tableaux de Perov et de Repine ; et l'impressionnante collection d'**icônes de vieux-croyants** datant du XVIe au XXe siècles, dans les salles 14 et 15.

JONATHAN SMITH / GETTY IMAGES ©

LES INCONTOURNABLES
PARC POBEDY

Le parc Pobedy (Парк Победы ; parc de la Victoire) sur le mont Poklonnaya est un vaste ensemble dédié à la mémoire des morts et au triomphe de la Grande Guerre patriotique – nom donné à la Seconde Guerre mondiale en Russie. Inauguré à l'occasion du 50e anniversaire de la victoire, le parc possède d'innombrables fontaines et monuments ainsi qu'une église, une synagogue et une mosquée commémoratives.

À NE PAS MANQUER

- L'obélisque
- La salle du Souvenir et du Chagrin
- Le mémorial aux victimes de l'Holocauste

INFOS PRATIQUES

- Koutouzovsky pr
- Aube-crépuscule
- Park Pobedy

Obélisque

Un gigantesque obélisque surmonté d'une sculpture de Niké, la déesse de la Victoire, signée Zourab Tsereteli domine le parc. Haut de 141,8 m, il compte autant de sections de 10 cm que la guerre a duré de jours. À ses pieds, saint Georges terrasse le dragon. Lors des célébrations du 60e anniversaire de la victoire en 2005, Vladimir Poutine dévoila 15 **canons de bronze** symbolisant les 15 fronts du conflit. L'ensemble est bordé de fontaines, de bancs et de la jolie **église de Saint-Georges**.

Musée de la Grande Guerre patriotique

Le **musée de la Grande Guerre patriotique** (Центральный музей Великой Отечественной Войны ; www.poklonnayagora.ru ; ul Bratiev Fonchenko 10 ; tarif plein/réduit 250/100 ₽ ; 10h-18h mar-dim nov-mars, 10h-20h avr-oct ; Park Pobedy) comporte deux salles du souvenir impressionnantes : la **salle de la Gloire** dédiée aux héros de l'Union soviétique, et l'émouvante **salle du Souvenir et du Chagrin** où des perles de verre symbolisent les larmes versées à la mémoire des défunts.

Cet immense musée accueille des centaines d'expositions, des dioramas de chacune des grandes batailles de la Seconde Guerre mondiale à laquelle les Russes ont participé, des armes, photos, documentaires, lettres et beaucoup d'autres objets de l'époque.

Le parc Pobedy est un mémorial de guerre depuis les années 1960, mais il était dédié à la guerre de 1812. Ce n'est que dans les années 1990 que le musée ouvra ses portes et que les monuments commémoratifs de la Seconde Guerre mondiale furent construits.

ART DANS LE MÉTRO

Ne manquez pas les œuvres d'art dans la station de métro Park Pobedy. Deux mosaïques, dues à Tsereteli, évoquent les événements de la guerre de 1812 et de la Grande Guerre patriotique. Cette station rivalise en terme d'art avec les stations plus centrales – et c'est également la plus profonde station de métro de la ville.

Juste à l'est du parc Pobedy, l'arc de triomphe célèbre la défaite de Napoléon en 1812. L'arc, à l'origine face à la station de métro Belorousskaya, a été démoli dans les années 1930 et reconstruit ici, au cours de l'élan de patriotisme qui a suivi la Seconde Guerre mondiale.

Exposition de matériel militaire

L'unique **exposition de matériel militaire** (Площадка боевой техники ; www.poklonnayagora.ru ; tarif plein/réduit 250/100 ₽ ; 10h-19h mar-dim ; M Park Pobedy) montre plus de 300 exemples d'équipements militaires datant de la Seconde Guerre mondiale. Vous y verrez des chars de l'Armée Rouge, des voitures blindées, sans oublier le lance-roquettes Katioucha, de terrifiante réputation. Chaque division des forces armées étant représentée, on y voit également des wagons de l'unité de génie civil, des avions de chasse et des destroyers. L'exposition présente aussi du matériel capturé aux Allemands et au Japonais, ainsi que d'autres équipements alliés.

Synagogue commémorative

La **synagogue commémorative du mont Poklonnaya** (Мемориальная синагога на Поклонной горе ; 499-148 1907 ; www.poklonnaya.ru ; sur rdv ; M Park Pobedy) GRATUIT, ouverte en 1998 en mémoire des victimes de l'Holocauste, est également un musée dédié à la communauté juive de Russie. La visite, obligatoirement guidée, doit être réservée, surtout si vous souhaitez un guide anglophone. Non loin de la synagogue, une émouvante **sculpture** rend hommage aux victimes.

Musée-panorama Borodino

Le parc Pobedy est un mémorial dédié à la Grande Guerre patriotique, mais les historiens y trouvent de nombreux parallèles avec la guerre de 1812, tels que l'itinéraire emprunté par les armées. Après la violente bataille de Borodino, en août 1812, les défenseurs de Moscou battirent en retraite le long des actuelles avenue Koutouzovsky et rue Arbat, poursuivis par la Grande Armée de Napoléon. Aujourd'hui, à moins de 1 km à l'est du parc Pobedy se trouve un musée commémorant cet événement.

Ne manquez pas le **musée-panorama Borodino** (Музей-панорама "Бородинская битва" ; www.1812panorama.ru ; Koutouzovsky pr 38 ; 160 ₽ ; 10h-17h sam-mer, 10h-20h jeu), un pavillon abritant une gigantesque fresque panoramique de la bataille de Borodino (115 m de circonférence sur 15 m de hauteur) peinte par Franz Roubaud. Se tenir au milieu de ce tableau sanglant – agrémenté d'effets sonores – donne un point de vue de vue immersif de la bataille. Le musée conserve aussi divers objets et œuvres d'art liés à l'affrontement.

À l'occasion du 200e anniversaire de la bataille, le musée a inauguré une exposition sur les hommes et la guerre. Elle présente plus de 400 objets – peintures, armes et uniformes, entre autres – et des installations multimédias font revivre la bataille.

HANS NELEMAN / GETTY IMAGES ©

LES INCONTOURNABLES
CATHÉDRALE DU CHRIST-SAUVEUR

Dominant le paysage urbain de Moscou le long du quai Pretchistenskaya, la monumentale cathédrale du Christ-Sauveur (Храм Христа Спасителя) fut achevée en 1997 – juste à temps pour célébrer le 850e anniversaire de la ville. Elle est à la fois incroyablement somptueuse, superbement criarde et véritablement historique.

Cette cathédrale se dresse à l'emplacement d'une église homonyme, édifiée entre 1839 et 1860 pour commémorer la victoire des troupes russes sur Napoléon. L'église originelle fut détruite par Staline, qui prévoyait de la remplacer par un palais des Soviets de 315 m de hauteur (dont une statue de Lénine haute de 100 m). Le projet ne vit jamais le jour et cinquante années durant, le site hébergea la plus grande piscine du monde.

L'opulence et la taille de l'édifice ont suscité des réactions très tranchées, de l'admiration sans bornes à l'aversion la plus marquée. Considérant les projets de Staline pour ce site, les Moscovites peuvent être reconnaissants de pouvoir admirer les dômes luisants d'une église plutôt que la tête d'Ilitch.

La cathédrale reproduit la précédente à bien des égards. L'autel central est dédié à la nativité, et les deux latéraux à Saint-Nicolas et Saint-Alexandre-Nevski. Des fresques autour de la galerie principale représentent des scènes de la guerre de 1812, et des plaques de marbre commémorent les soldats.

La cathédrale d'origine était construite sur une colline (qui a depuis été aplanie). Celle d'aujourd'hui repose sur une base plus large et abrite la plus petite (mais non moins impressionnante) **église de la Transfiguration**. Cette chapelle renferme l'icône vénérée du *Christ non peint de main d'homme,* de Sorokine, qui a été miraculeusement sauvée de la cathédrale d'origine.

À NE PAS MANQUER

- Les fresques intérieures du dôme
- *Le Christ non peint de main d'homme* dans l'église de la Transfiguration
- Le panorama depuis le pont Patriarchy

INFOS PRATIQUES

- Plan p. 260
- Ul Volkhonka 15
- 13h-17h lun, 10h-17h mar-dim
- M Kropotkinskaya

À VOIR

Arbat

MUSÉE DES BEAUX-ARTS POUCHKINE — MUSÉE

Voir p. 117.

DÉPARTEMENT DES COLLECTIONS PRIVÉES — MUSÉE

Voir p. 118.

GALERIE DE L'ART EUROPÉEN ET AMÉRICAIN DES XIXe ET XXe SIÈCLES — MUSÉE

Voir p. 118.

CATHÉDRALE DU CHRIST-SAUVEUR — ÉGLISE

Voir p. 121.

GALERIE SHILOV — MUSÉE

Plan p. 260 (Галерея Шилова ; www.shilov.su ; ul Znamenka 5 ; tarif plein/réduit 160/80 ₽ ; ⌚11h-19h ven-mer ; Ⓜ Biblioteka imeni Lenina). "Qu'est-ce qu'un portrait ? Il faut atteindre une ressemblance physique absolue, mais aussi exprimer le monde intérieur de la personne que vous peignez", a déclaré le portraitiste russe le plus connu du moment. Des œuvres qui fleurent bon le style académique de l'époque soviétique !

GALERIE GLAZOUNOV — MUSÉE

Plan p. 260 (Галерея Глазунова ; www.glazunov.ru ; ul Volkhonka 13 ; tarif plein/réduit 80/20 ₽ ; ⌚11h-18h mar-dim, 11h-21h jeu ; Ⓜ Kropotkinskaya). Située dans une superbe demeure Empire face au musée des Beaux-Arts Pouchkine, cette galerie expose les œuvres soviétiques et postsoviétiques d'Ilia Glazounov (né en 1930). Il met en scène sur de grandes toiles des centaines de personnages, de lieux et de jalons de l'histoire russe. Son œuvre la plus connue est *La Russie éternelle* (*Vetchnaya Rossiya*).

MUSÉE ROERICH — MUSÉE

Plan p. 260 (Центр-музей Рериха ; www.icr.su ; Maly Znamensky per 3/5 ; 650 ₽ ; ⌚11h-18h mar-dim ; Ⓜ Kropotkinskaya). Nicolas Roerich (Rerikh en russe ; 1874-1947) est un artiste russe dont l'œuvre fantastique se caractérise par des couleurs riches, un style primitif et des thèmes mystiques. Fondé par Sergueï, le fils de l'artiste, ce musée conserve les œuvres des Roerich père et fils, ainsi que des objets de famille. Le cadre de la demeure Lopoukhine, bâtiment du XVIIe siècle, ajoute une touche grandiose au musée.

ARBAT, MON ARBAT

Arbat, mon Arbat, tu es ma vocation. Tu es mon allégresse et tu es ma misère.

Boulat Okoudjava

Pour le barde Boulat Okoudjava (1924-1997), l'Arbat n'était pas seulement un foyer, mais aussi une source d'inspiration. Après avoir passé ses années d'université en Géorgie en écrivant des vers inoffensifs, il rentra à Moscou, retrouva son Arbat adoré et sa poésie prit alors le tour indépendant qui devait faire sa renommée.

La transition de poète à auteur-compositeur se fit graduellement. Comme il l'expliquait, "Un jour, j'ai eu envie d'accompagner en musique un de mes poèmes satiriques. Je ne connaissais que trois accords. Aujourd'hui, 27 ans plus tard, j'en maîtrise sept." Si les amis d'Okoudjava adoraient ses chansons, d'autres, compositeurs, chanteurs et guitaristes, eurent vite fait de railler son absence de culture musicale. Le débat cessa le jour où un poète renommé affirma : "Ce ne sont pas des chansons. C'est juste une autre façon de faire de la poésie."

Ainsi naquit un nouveau genre artistique. Dans les années 1960, qui furent, à Moscou comme ailleurs, une période d'intense bouillonnement, Okoudjava inspira un mouvement de poésie libre. Certains poètes, comme Vladimir Vissotski, mus ou non par des convictions politiques, suivirent le chemin tracé par le barde et conquirent les foules par leurs textes iconoclastes et leurs mélodies simples.

Envahi par les stands de souvenirs de mauvais goût et les cafés pour touristes, l'Arbat d'aujourd'hui ne ressemble plus guère au quartier chanté par Okoudjava. Toutefois, les bardes, musiciens, peintres et poètes qui enchantent les promeneurs les soirs d'été continuent de perpétuer son souvenir.

MAISON DE BOURGANOV — MUSÉE

Plan p. 260 (Дом Бурганова ; www.burganov.ru ; Bolchoï Afanasyevsky per 15 ; ⏲11h-19h ; Ⓜ Kropotkinskaya). Mi-atelier, mi-musée, la maison de Bourganov est un lieu unique à Moscou, où le visiteur admire les sculptures et les œuvres au milieu d'un atelier vivant. Les sculptures d'Alexandre Bourganov sont habilement exposées dans les différentes cours et salles, en parallèle avec les pièces de sa collection privée. On trouve d'autres exemples du travail de l'artiste dans les rues voisines de l'Arbat et de Khamovniki.

MAISON DE L'AMITIÉ AVEC LES PEUPLES DES PAYS ÉTRANGERS — ÉDIFICE NOTABLE

Plan p. 264 (Дом дружбы с народами зарубежных стран ; Vozdvijenka ul 16 ; Ⓜ Arbatskaya). Ce "Château mauresque", constellé d'éléments décoratifs en forme de coquillages, fut construit en 1899 pour Arseni Morozov, un négociant excentrique, d'après une demeure espagnole. Un faste tout aussi somptueux se déploie à l'intérieur (fermé au public). La mère de Morozov aurait déclaré au sujet de cette maison : "Jusqu'ici, j'étais la seule à savoir que tu étais fou ; maintenant, tout le monde est au courant."

MAISON DE MELNIKOV — ÉDIFICE NOTABLE

Plan p. 260 (Дом Мельникова ; www.melnikovhouse.org ; Krivoarbatsky per 10 ; Ⓜ Arbatskaya). L'insolite demeure de Constantin Melnikov, seule résidence privée construite durant l'ère soviétique, est un vivant témoignage de l'avant-garde russe des années 1920. L'architecte a bâti l'ensemble à partir de deux cylindres imbriqués, un concept ingénieux qui ne nécessite pas de mur porteur et s'appuie sur un plancher à claire-voie. Cette maison se révèle aussi expérimentale en termes d'espace de vie. Toute la famille couchait dans la même pièce, divisée au moyen de fines cloisons. Melnikov entreprit d'arrondir les angles, même ceux des fenêtres hexagonales, pour créer un environnement favorable au sommeil.

L'avenir de la maison de Melnikov reste incertain, en raison de la pollution. Les descendants de l'architecte travaillent avec la Fondation pour la conservation du patrimoine de l'avant-garde russe pour convertir la maison en musée public. Mais, pour le moment, cette démarche a été retardée par des conflits de propriété.

MAISON-MUSÉE POUCHKINE — MUSÉE

Plan p. 260 (Дом-музей Пушкина ; www.pushkinmuseum.ru ; ul Arbat 53 ; 120 ₽ ; ⏲10h-18h mar-dim, 12h-21h jeu ; Ⓜ Smolenskaya). Après leur mariage dans l'église de la Grande-Ascension voisine, Alexandre Pouchkine et Natalia Gontcharova emménagèrent dans cette jolie maison bleue de l'Arbat. Le musée donne un aperçu du quotidien du couple. Une statue représente également les amoureux de l'autre côté de la rue. Attention à ne pas confondre cette maison avec le musée littéraire Pouchkine, plus axé sur les influences livresques du poète.

MUSÉE LITTÉRAIRE TOLSTOÏ — MUSÉE

Plan p. 260 (Литературный музей Толстого ; www.tolstoymuseum.ru ; ul Pretchistenka 11 ; tarif plein/réduit 200/100 ₽ ; ⏲11h-18h mar-dim ; Ⓜ Kropotkinskaya). Le musée Tolstoï est le plus ancien musée littéraire du monde (fondé en 1911). Outre son impressionnante bibliothèque, le musée conserve des manuscrits, des lettres et des œuvres d'art. L'accent est mis sur les influences littéraires et la production de Léon Tolstoï. Les clichés de famille et la correspondance personnelle de l'auteur permettent de mieux appréhender son travail.

Ce musée recèle la plus grande collection de portraits du grand romancier russe. Certaines salles sont consacrées aux romans majeurs que sont *Anna Karénine* et *Guerre et Paix*. Pour les souvenirs personnels de Tolstoï, on cherchera plutôt du côté de la maison-musée Tolstoï (p. 125).

MUSÉE LITTÉRAIRE POUCHKINE — MUSÉE

Plan p. 260 (Литературный музей Пушкина ; www.pushkinmuseum.ru ; ul Pretchistenka 12/2 ; 120 ₽ ; ⏲10h-17h mar-dim ; Ⓜ Kropotkinskaya). Logé dans une magnifique demeure Empire de 1816, ce musée est consacré à la vie et à l'œuvre du poète le plus aimé de Russie. Les effets personnels, portraits de famille, reproductions de notes et de poèmes manuscrits, permettent de s'approcher au plus près du poète moscovite.

L'intérieur raffiné recrée une ambiance du XIXe siècle, surtout la grande salle de bal. Plusieurs pièces sont dédiées exclusivement aux œuvres de Pouchkine, mettant en exergue les liens entre sa vie personnelle et sa production littéraire. Parmi les expositions les plus intéressantes, "Pouchkine et son temps" replace le poète dans un contexte historique, démontrant

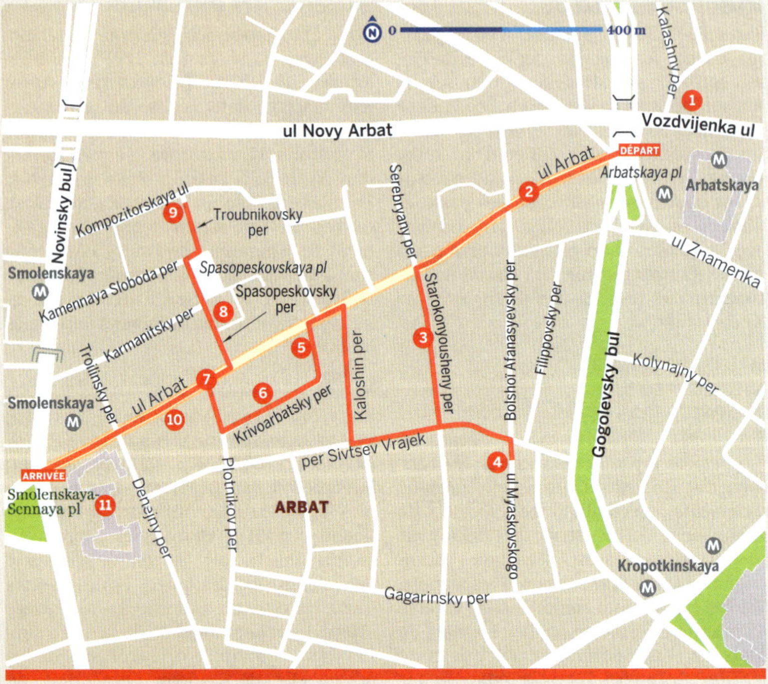

Promenade à pied
Une balade dans le vieil (*stary*) Arbat

DÉPART PLACE ARBATSKAYA
ARRIVÉE PLACE SMOLENSKAYA
DISTANCE 3 KM ; DEUX HEURES

Débutez au milieu des voitures, place Arbatskaya (Ⓜ Arbatskaya), dominée par le bâtiment du ministère de la Défense. En face se trouve la 1 **maison de l'Amitié avec les peuples des pays étrangers** (p. 123) de style mauresque.

Le long de la 2 **rue Arbat**, des artistes de rue côtoient des stands de souvenirs. Non loin, le 3 **passage Starokonyoushenny**, arbore des détails architecturaux Art nouveau. Dans la rue Sivtsev Vrajek, ne manquez pas, dans les jardins et les cours, les sculptures de Bourganov dont l' 4 **atelier** (p. 123) foisonne de trésors.

À l'angle du passage Krivoarbatsky, se dresse le 5 **mur de Victor Tsoï**, érigé en l'honneur du chanteur du groupe de rock Kino, entré dans la légende en 1990, lorsqu'il a trouvé la mort dans un accident de voiture à 28 ans. Plus loin sur Krivoarbatsky, la cylindrique 6 **maison de Melnikov** (p. 123) est un important site d'architecture constructiviste.

Rue Arbat, vous verrez la statue du chanteur 7 **Boulat Okoudjava** (voir p. 122), qui habitait non loin de là. Poursuivez vers le nord. Le passage Spasopeskovsky renferme quelques joyaux, dont l' 8 **église du Sauveur-de-Peski** (XVIIe siècle). Au n°10, la 9 **maison Spaso**, élégante demeure néoclassique, est aujourd'hui la demeure de l'ambassadeur des États-Unis. On la connaît surtout pour la scène du bal de Satan dans le roman de Boulgakov, *Le Maître et Marguerite*.

Retournez vers la rue Arbat et la 10 **maison d'Alexandre Pouchkine** et de Natalia Gontcharova, qui accueille désormais la maison-musée Pouchkine (p. 123). Poursuivez vers la place Smolenskaya (Ⓜ Smolenskaya), au bout de la rue Arbat. Le vertigineux gratte-ciel qui abrite le 11 **ministère des Affaires étrangères** compte parmi les "Sept Sœurs" de Staline.

notamment l'influence des guerres napoléoniennes et de la révolte des décembristes sur son œuvre. Ce musée littéraire nous apprend davantage sur l'artiste que la maison-musée de Pouchkine (p. 123) de la rue Arbat.

GALERIE TSERETELI MUSÉE

Plan p. 260 (Галерея Церетели ; www.tsereteli.ru ; ul Pretchistenka 19 ; 300 ₽ ; ⏲12h-20h mar-dim, 12h-21h jeu ; Ⓜ Kropotkinskaya). Les nombreuses sculptures et peintures de Zourab Tsereteli sont exposées dans cet hôtel particulier du XVIIIe siècle. Si la galerie ne vous tente pas, faites un saut au restaurant Galereya Khoudojnikov (p. 127).

ACADÉMIE RUSSE DES BEAUX-ARTS MUSÉE

Plan p. 260 (Российская академия художеств ; www.rah.ru ; ul Pretchistenka 21 ; tarif variable ; ⏲12h-20h mar-dim ; Ⓜ Kropotkinskaya). L'Académie russe des Beaux-Arts accueille des expositions tournantes au sein de cette demeure historique du XIXe siècle, propriété de la famille Morozov. En dépit de son nom très académique, ce musée fait aussi partie de l'empire Zourab Tsereteli. Il reçoit pour l'essentiel des travaux d'artistes contemporains, russes et étrangers.

MUSÉE D'ART MULTIMÉDIA MUSÉE

Plan p. 260 (Мультимедиа Арт Музей; www.mamm-mdf.ru ; ul Ostojenka 16 ; 300 ₽ ; Ⓜ Kropotkinskaya). Ce lieu moderne possède un impressionnant fonds de photographies ainsi que des archives photographiques contemporaines et historiques. On peut y voir généralement plusieurs expositions concomitantes, souvent consacrées à des photographes de la période soviétique, ainsi qu'à des artistes contemporains.

MUSÉE D'ART ÉROTIQUE TOTCHKA-G MUSÉE

Plan p. 260 (Музей эротического искусства Точка-G ; ul Novy Arbat 17 ; 500 ₽ ; ⏲12h-minuit ; Ⓜ Arbatskaya). Au cas où vous ne l'auriez pas deviné, *totchka-G* signifie point G ! Dans ce gigantesque déballage d'art érotique, vous trouverez forcément de quoi vous titiller. Ne manquez pas les interprétations artistiques du sexe à travers les âges, depuis les antiques sculptures de style Kama-sutra aux commentaires politico-sexuels actuels. Le musée dispose aussi d'un sex-shop et d'un café ! Cherchez l'Om Café et entrez par l'arrière.

Khamovniki

MONASTÈRE ET CIMETIÈRE NOVODEVITCHI MONASTÈRE

Voir p. 114.

MUSÉE DE LA VILLE DE MOSCOU MUSÉE

Plan p. 262 (Музей Москвы ; www.mosmuseum.ru ; Zoubovsky bul 2 ; tarif plein/réduit 300/120 ₽ ; ⏲10h-20h mar, mer et ven-dim, 11h-21h jeu ; 👪 ; Ⓜ Park Koultoury). Autrefois musée d'Histoire de la ville de Moscou, cette excellente institution a changé de nom, d'emplacement et de mission. L'exposition permanente d'histoire montre comment la ville s'est développée, et s'appuie sur de nombreux objets des XIIIe et XIVe siècles, notamment des articles domestiques et des armes. Un espace est dévolu à des expositions présentant, entre autres, le point de vue d'artistes et autres Moscovites sur la ville. Installé dans les anciens entrepôts et garages du ministère de la Défense, le musée dispose aussi d'une cour intérieure où sont exposées des œuvres d'art et des installations interactives.

MAISON-MUSÉE TOLSTOÏ MUSÉE

Plan p. 262 (Музей-усадьба Толстого 'Хамовники' ; www.tolstoymuseum.ru ; ul Lva Tolstovo 21 ; tarif plein/réduit 200/100 ₽ ; ⏲10h-18h mar-mer et ven-dim, 12h-20h jeu ; Ⓜ Park Koultoury). La résidence d'hiver de Léon Tolstoï durant les années 1880 et 1890 abrite désormais un musée fort intéressant. Ce lieu est consacré à la vie quotidienne de ce monstre sacré, alors que le musée Tolstoï se concentre davantage sur ses influences littéraires (p. 123). Découvrez le salon où Rachmaninov et Rimski-Korsakov jouaient du piano, et le bureau où Tolstoï composa ses grands récits épiques.

ÉGLISE SAINT-NICOLAS-DES-TISSERANDS ÉGLISE

Plan p. 262 (Церковь Святого Николая в Хамовниках ; ul Lva Tolstovo 2 ; Ⓜ Park Koultoury). Commanditée par la guilde des tisserands en 1676, cette église compte parmi les plus colorées de Moscou. Derrière la façade ouvragée vert et orange se cache un intérieur tout aussi somptueux, riche en fresques et en icônes. Léon Tolstoï fréquentait Saint-Nicolas en voisin, qui apparaît d'ailleurs dans son roman *Résurrection*. Ne manquez pas la vieille bâtisse en pierre datant de 1689, qui abritait les bureaux de

VAUT LE DÉTOUR

LE MONT DES MOINEAUX

Vorobyovy Gory, ou mont des Moineaux, est un espace vert et vallonné au sud de la Moskova, en face de l'extrémité de la péninsule de Khamovniki. Il forme la **réserve naturelle de Vorobyovy Gory** (Воробёвы горы ; www.vorobyovy-gory.ru ; Ⓜ Vorobyovy Gory) GRATUIT. Ce coteau boisé est un prolongement moins développé et moins fréquenté du parc Gorki et du jardin Neskoutchny. Le sentier pavé qui commence plus au nord continue le long du fleuve sur plusieurs kilomètres, et l'on peut y louer des vélos et des patins.

Les sentiers pédestres depuis la rive serpentent à travers les bois jusqu'à l'**université d'État de Moscou** (Московский Государственный Университет ; MGOU ; Ouniversitetskaya pl ; Ⓜ Ouniversitet). Au sommet de la colline, le point de vue offre une superbe vue panoramique sur la ville, notamment l'énorme stade Loujniki, construit de l'autre côté du fleuve pour les Jeux olympiques de 1980, mais aussi le couvent Novodevitchi et la cathédrale du Christ-Sauveur.

La flèche stalinienne de la MGOU domine la place. Faisant partie des "Sept Sœurs", le bâtiment est le résultat de quatre ans du labeur de travailleurs forcés, mené entre 1949 et 1953. Il compte 36 étages et 33 km de couloirs. L'étoile étincelante qui se trouve au sommet de la flèche pèserait 12 tonnes. Parmi les frises réalistes qui ornent la façade, notez l'hommage des étudiants au communisme. Le bâtiment n'étant malheureusement pas ouvert au public, vous n'en verrez pas le hall d'entrée et ses statues en bronze d'éminents scientifiques soviétiques.

la **guilde des tisserands** (Бывшая ткацкая гильдия ; ul Lva Tolstovo 10).

AUTOVILLE — MUSÉE

(Автовиль ; www.autoville.ru ; ul Ousatchyova 2 ; 300 ₽ ; ⏲10h-22h ; Ⓜ Sportivnaya). Ce musée impressionnant rassemble sous un même toit des dizaines de splendides automobiles du monde entier, de 1907 à nos jours. Les voitures, remarquablement conservées, proviennent de plus de 50 collections privées.

OÙ SE RESTAURER

Arbat

♥ VARENITCHNAYA N°1 — RUSSE €

Plan p. 260 (www.varenichnaya.ru ; ul Arbat 29 ; plats 200-400 ₽ ; ⏲10h-minuit ; ; Ⓜ Arbatskaya). Le style soviétique rétro est à la mode à Moscou, et cette ancienne *varenitchnaya* répond à la perfection à cet engouement, avec ses murs tapissés de livres, ses vieux films diffusés sur la télé noir et blanc. Le menu affiche des *vareniki* et *pelmeni* (différentes sortes de raviolis) savoureux et consistants, aux garnitures sucrées et salées. Le petit plus : une excellente assiette de légumes au vinaigre.

RUKKOLA — ITALIEN €

Plan p. 260 (Руккола ; rucola.com.ru ; ul Arbat 19 ; plats 300-500 ₽ ; ⏲10h-minuit ; ; Ⓜ Arbatskaya). Rukkola sert des pizzas à la pâte fine garnies avec soin. Son cadre élégant, son service chaleureux et ses prix abordables en font une bonne adresse. Installez-vous donc sur des canapés confortables et regardez le pizzaïolo faire le spectacle et lancer les pâtes haut dans les airs ; ou profitez des tables à l'extérieur pour regarder l'animation sur l'Arbat.

CAFÉ SINDBAD — LIBANAIS €

Plan p. 264 (Кафе Синдбад ; Nikitsky bul 14 ; plats 200-300 ₽ ; ⏲12h-minuit ; ; Ⓜ Arbatskaya). L'intérieur de ce restaurant intime rappelle les maisons traditionnelles de la campagne libanaise, musique arabe et parfum de café à la cardamome fraîchement moulu compris. C'est l'endroit parfait pour déguster une cuisine libanaise maison (*kefta*, chiche-kebabs, *fettoush* et falafels), et fumer une chicha.

MOO-MOO — CAFÉTÉRIA €

Plan p. 260 (My-My ; ul Arbat 45/24 ; plats 200-300 ₽ ; ⏲10h-23h ; ; Ⓜ Smolenskaya). Vous reconnaîtrez ce restaurant-cafétéria à son décor noir et blanc. Il propose les grands classiques de la cuisine russe. Vous trouverez d'autres adresses en ville.

ELARDJI GÉORGIEN €€

Plan p. 260 (Элараджи ; ☎495-627 7897 ; www.ginzaproject.ru ; Gagarinsky per 15a ; plats 600-800 ₽ ; ; Ⓜ Kropotkinskaya). Les restaurants géorgiens de Moscou sont tous délicieux, mais celui-ci brille également par son cadre (jolie cour intérieure). Installez-vous dans un sofa de la salle à manger romantique ou sur la terrasse éclairée, puis régalez-vous des spécialités telles que le plat homonyme, l'*elarji* (semoule de maïs au fromage Sulguni).

JOURFAK CAFÉ RUSSE €€

Plan p. 260 (Кафе Журфак ; ☎985-212 5050 ; www.jurfak-cafe.ru ; Bolchoï Afanasyevsky per 3 ; plats 500-800 ₽ ; 9h30-23h ; ; Ⓜ Kropotkinskaya). L'une de nos adresses préférées, ce café chic porte le nom de la faculté de journalisme de l'université de Moscou, qui se trouve à proximité. L'été, il y a une terrasse ombragée. Sinon, vous pourrez descendre dans la pièce confortable au sous-sol pour mener des conversations animées, accompagnés de plats traditionnels et de jazz (mercredi et vendredi), le tout sur fond de "nostalgie" soviétique.

CAFÉ SHTCHISLIVA RUSSE €€

Plan p. 260 (Кафе Щислива ; ul Volkhonka 9 ; plats 400-600 ₽ ; 8h-minuit lun-ven, 10h-minuit sam-dim ; ; Ⓜ Kropotkinskaya). Idéalement sis au parmi les musées d'art, le long de la rue Volkhonka, ce petit café, à la fois branché et classique, sert des soupes, des salades et des plats russes traditionnels, le tout présenté de façon subtile et appétissante. Nous recommandons les petits-déjeuners copieux, les jus de fruits frais et l'excellent "déjeuner d'affaires".

VOSTOTCHNY KVARTAL OUZBEK €€

Plan p. 260 (Восточный квартал ; ul Arbat 45/24 ; plats 400-800 ₽ ; ; Ⓜ Smolenskaya). Vostotchny Kvartal a longtemps mérité son nom de "quartier asiatique" de l'Arbat. Les cuisiniers et les clients ouzbeks sont le signe que l'endroit sert un très bon *plov* (viande et riz). Malgré son adresse sur l'Arbat, il se trouve dans la petite rue Plotnikov, derrière la statue du boulevard Okudzhava.

TIFLIS GÉORGIEN €€

Plan p. 260 (Тифлис ; www.tiflis.ru ; ul Ostozhenka 32 ; plats 500-900 ₽ ; ; Ⓜ Kropotinskaya). Le nom de ce restaurant vient de l'appellation russe pour Tbilissi, capitale de la Géorgie. Romantiques et évocateurs, les balcons aérés et les cours intérieures rappellent les demeures géorgiennes du XIXe siècle – un cadre pittoresque pour une bonne cuisine des confins de l'Empire.

AKADEMIYA ITALIEN €€

Plan p. 260 (Академия ; www.academiya.ru ; Volkhonka ul 15/17 ; déj 400 ₽, plats 400-800 ₽ ; 8h-minuit lun-ven, 10h-minuit sam-dim ; Ⓜ Kropotkinskaya). Sirotez un café, grignotez une part de pizza à deux pas du musée des Beaux-Arts Pouchkine et de la cathédrale du Christ-Sauveur. C'est l'endroit idéal pour se refaire une santé après une longue journée d'exploration moscovite. Il y a un autre établissement sur le **boulevard Gogolevsky** (plan p. 260 ; Gogolevsky bul 33/1 ; 9h-minuit ; Ⓜ Arbatskaya), près du vieil Arbat.

BALKON ASIATIQUE, ITALIEN €€

Plan p. 260 (Балкон ; www.ginzaproject.ru ; Novinsky bul 8 ; plats 500-1 000 ₽ ; 12h-dernier client ; ; Ⓜ Smolenskaya). Situé au 7e étage du Lotte Plaza, cet endroit branché a l'attrait de la plus grande terrasse de la ville et d'un panorama à l'avenant. L'intérieur ne manque pas non plus d'intérêt : divers îlots, chacun consacré à la préparation d'un type de nourriture distinct, y participent un véritable "florilège gastronomique".

GALEREYA KHOUDOJNIKOV FUSION €€

Plan p. 260 (Галерея художников ; ☎495-637 2866 ; www.gal-h.ru ; ul Pretchistenka 19 ; plats 800-1 200 ₽ ; 12h-minuit ; ; Ⓜ Kropotkinskaya). Ce fabuleux restaurant, voisin de la galerie Tsereteli, est à la hauteur de son nom, lequel signifie "galerie de l'artiste". Déclinées suivant un thème différent, les cinq salles sont aussi sophistiquées les unes que les autres et se rejoignent en un atrium lumineux, tapissé de vitraux et de peintures. La carte mélange les influences européennes et asiatiques.

Khamovniki

GOLUBKA RUSSE €

Plan p. 262 (Голубка ; www.golubka-moscow.com ; Bolchaya Pirogovskaya ul 53/55 ; plats 300-500 ₽ ; 9h-23h ; ; Ⓜ Sportivnaya). Face à l'entrée du couvent Novodevitchi, un adorable restaurant, où se blottir dans des grands fauteuils, profiter

VAUT LE DÉTOUR

SKY LOUNGE

Au tout dernier étage du bâtiment de l'Académie des sciences de Russie, le **Sky Lounge** (www.skylounge.ru ; Leninsky prospekt 29, 22e ét ; 13h-minuit dim-mer, 13h-1h jeu-sam ; M Leninsky Prospekt) est un endroit agréable où prendre un verre au coucher du soleil. L'ambiance devient plus festive à la tombée de la nuit, lorsque le DJ entre en scène, avec les lumières de Moscou qui scintillent au loin.

des baies vitrées, et se régaler de pain frais et de soupes chaudes, entre autres bonnes choses. Le menu affiche principalement des plats russes, mais on y trouve aussi des classiques internationaux, tels que des pâtes et des sandwichs.

SHTOLLE CAFÉ €

Plan p. 262 (Штолле ; www.stolle.ru ; Malaya Pirogovskaya ul 16 ; plats 200-400 ₽ ; 9h-21h ; ; M Sportivnaya). Après avoir arpenté les jardins et le cimetière de Novodevitchi, une pause à Stolle s'impose. Goûtez les tourtes saxonnes, la spécialité du lieu. Faites votre choix parmi les pâtisseries sucrées ou salées sur le comptoir ou asseyez-vous pour commander un mets plus substantiel.

BLACK MARKET AMÉRICAIN €€

Plan p. 262 (www.blackmarketcafe.ru ; ul Ousatchyova 2/1 ; plats 500-1 000 ₽, steaks 900-1500 ₽ ; 10h-minuit ; ; M Frounzenskaya). Que vous veniez pour le "bar à hamburgers" ou le "marché à viande", vous aurez votre dose de protéines dans ce bar et grill américain haut de gamme. La viande est préparée à la perfection, tout comme les pains faits maison. Vous apprécierez le bar et l'intérieur chic.

PANE & OLIO ITALIEN €€€

Plan p. 262 (www.paneolio.ru ; ul Timoura Frounzé 22 ; pâtes 600-1 000 ₽, plats 1 200-1 600 ₽ ; 12h-minuit ; ; M Park Koultoury). Renonçant à la mode qui caractérise de nombreux restaurants à Moscou, Pane & Olio est une trattoria italienne traditionnelle, proposant des pâtes maison, des pizzas fines et des bonnes grillades de viande et de poisson. Le chef Giuseppe vient en salle s'assurer que ses hôtes sont satisfaits.

TCHEMODAN SIBÉRIEN €€€

Plan p. 260 (Чемодан ; 495-695 3819 ; www.chemodan-msk.ru ; Gogolevsky bul 25 ; plats 900-1500 ₽ ; ; M Kropotkinskaya). Une occasion rare de goûter à la cuisine sibérienne. Le menu met à l'honneur le gibier (élan, renne, ours et même yack) mais fait également la part belle aux poissons et fruits de mer régionaux (saumon et crabe). La salle à manger est décorée de photos et d'objets anciens, lesquels évoquent les lointains comptoirs d'antan.

OÙ PRENDRE UN VERRE ET FAIRE LA FÊTE

Arbat

PIVNOÏ ZAL JIGOULI BRASSERIE

Plan p. 260 (Пивной зал Жигули ; www.zhiguli.net ; ul Novy Arbat 11 ; bières 500 ml 210-350 ₽ ; 10h-2h dim-jeu, 10h-4h ven-sam ; M Arbatskaya). Cette *stolovaya* (cafétéria) à l'ancienne, qui brasse une excellente bière, est inclassable. L'endroit date de l'époque soviétique, du temps où un bar à bières populaire portant le même nom était une institution de Novy Arbat. Le décor minimaliste et le style cafétéria rappellent cet âge d'or, même si des écrans de télévision et une salle à manger séparée ont depuis été rajoutés.

GOGOL-MOGOL CAFÉ

Plan p. 260 (Гоголь-Моголь ; www.gogol-mogol.ru ; Gagarinsky pe 6 ; desserts 200-300 ₽ ; 10h-23h ; ; M Kropotkinskaya). Dès la porte d'entrée qui affiche une recette de gâteau en français, le ton est donné. Si la carte mentionne le déjeuner, on vient surtout ici pour les pâtisseries et les boissons sucrées.

Khamovniki

GAVROCHE WINE BAR BAR À VINS

Plan p. 262 (Винный бар Гаврош ; www.thewinebar.ru ; ul Timoura Frounzé 11 ; 9h-minuit dim-mer, 9h-2h jeu-sam ; ; M Park Koultoury). Ce bar à vins, d'un chic sans prétention, joue sur des valeurs sûres, avec murs en briques apparentes et vins inscrits au tableau noir derrière le bar. Vous trouverez, par dizaines, des crus du monde entier, ainsi qu'un menu de petites assiettes de tapas pour les accompagner.

CARABAS LOUNGE

Plan p. 262 (www.carabasbar.ru ; ul Lva Tolstovo 18 ; 12h-6h ; ; Park Koultoury). Spacieux, élégant et éclectique, l'intérieur de Carabas réussit à associer fauteuils en cuir, lustres en cristal, briques apparentes, murs en béton et signes en néon. C'est une adresse chère mais où la clientèle aime à venir siroter un cocktail, danser sur des airs de DJ, ou manger un morceau en fin de soirée.

SOHO ROOMS DISCOTHÈQUE

Plan p. 262 (495-988 7474 ; www.sohorooms.ru ; Savvinskaya nab 12 ; club 11h-dernier client, restaurant 24h/24 ; Sportivnaya). Avec ses dames légèrement vêtues, son excellente musique et ses cocktails à prix d'or, ce club très exclusif compte parmi les plus branchés de Moscou. Ses atouts : une piscine et une terrasse. Physionomiste à l'entrée.

OÙ SORTIR

RHYTHM BLUES CAFÉ MUSIQUE LIVE

Plan p. 260 (Блюз Кафе Ритм ; 499-697 6008 ; www.rhythm-blues-cafe.ru ; Starovagankovsky per ; spectacles 21h ; Aleksandrovsky Sad). Au Rhythm Blues Café vous profiterez de concerts quotidiens, de bière fraîche et d'un menu à base de viandes fumées. L'ambiance y est excellente et, chose incroyable, on y écoute vraiment la musique. Réservez votre table si vous préférez être assis.

OPÉRA GUELIKON OPÉRA

Plan p. 260 (Геликон опера ; 495-695 6584 ; www.helikon.ru ; ul Novy Arbat 11 ; billets 300-3 000 ₽ ; billetterie 12h-14h et 14h30-19h ; Arbatskaya). Baptisée d'après le mont Hélicon, royaume des muses et source d'inspiration des musiciens, cette troupe d'opéra, fondée au début des années 1990, propose une forme d'opéra unique et novatrice. Le directeur Dimitri Bertman a la réputation de "combiner l'excellence musicale et la prise de risque artistique". Les 250 places du Guelikon créent une atmosphère intime.

STADE LOUJNIKI SPORT

Plan p. 262 (Олимпийский Комплекс Лужники ; 495-780 0808 ; www.luzhniki.ru ; Loujnetskaya nab 24 ; Sportivnaya). Pouvant accueillir près de 80 000 personnes, ce gigantesque stade (domicile du FK Torpedo) est le plus grand de la capitale. Principal site des Jeux olympiques d'été de 1980, il accueillera la finale de la Coupe du monde de football de 2018.

DIVERTISSEMENT POUR LES PETITS

La tradition russe pour le théâtre et le divertissement s'adresse à toutes les classes et âges, enfants inclus. Si vous voyagez avec des enfants, vous trouverez certaines des meilleures distractions de leur âge dans la partie sud-ouest de la ville.

Cirque Bolchoï sur Vernadskovo (495-930 0300 ; www.bolshoicircus.ru ; pr Vernadskovo 7 ; billets 600-3 000 ₽ ; spectacles 19h mer-ven, 13h et 17h sam-dim ; ; Ouniversitet). Cet immense cirque peut accueillir jusqu'à 3 400 spectateurs. La compagnie compte des centaines d'artistes – principalement des acrobates, mais aussi des animaux (ours, otaries, singes).

Théâtre des chats Kouklatchyov (Театр кошек Куклачёва ; 495-243 4005 ; www.kuklachev.ru ; Koutouzovsky pr 25 ; billets 300-2 000 ₽ ; spectacles 12h, 14h ou 16h jeu-dim, tlj en été ; ; Koutouzovskaya). Dans ce théâtre insolite, les chats acrobates effectuent toutes sortes de cascades pour le plus grand plaisir du public. Le directeur Youri Kouklatchyov a déclaré : "Nous n'employons pas le mot dressage, lequel sous-entendrait que nous forçons les chats à faire quelque chose. Or, il serait vain de vouloir obliger un chat à faire ce dont il n'a pas envie. Nous *jouons* avec eux".

Théâtre musical pour enfants de Moscou (Детский Музыкальный Театр им Н.И.Сац ; 495-930 7021 ; www.teatr-sats.ru ; pr Vernadskovo 5 ; billets 200-1 200 ₽ ; horaires variables mer-dim sept-juin ; ; Ouniversitet). Ce théâtre, le premier pour enfants du pays, fut fondé en 1965 par la légende de la scène Natalia Sats. Elle aurait inspiré Prokofiev pour sa célèbre interprétation de *Pierre et le loup*, qui figure toujours parmi les représentations les plus populaires ici. Mais tous les spectacles sont divertissants et éducatifs.

VAUT LE DÉTOUR

YOUDACHKINE

Valentin Youdachkine est le plus célèbre styliste de Russie. Ses vêtements chics sont exposés au Louvre et au Met, ainsi qu'au musée d'Histoire de Moscou (mais il est interdit de toucher !). Si vous souhaitez en essayer, rendez-vous dans cette **boutique** huppée (www.yudashkin.com ; Koutouzovsky pr 19 ; Ⓜ Kievskaya), qui ressemble à un musée mais où vous pourrez acheter de nombreux articles.

SHOPPING

ASSOCIATION D'ARTISTES DES ARTS DÉCORATIFS — SOUVENIRS

Plan p. 260 (Ассоциация художников декоративно-прикладного искусства ; AHDI ; www.ahdi.ru ; ul Arbat 21 ; 11h-20h ; Ⓜ Arbatskaya). Cherchez la plaque en céramique et le petit panneau indiquant l'entrée de cette "salle d'exposition", laquelle tient en fait d'un groupe de petites boutiques, présentant chacune de l'artisanat réalisé par des artistes locaux. Outre les peintures et la poterie, les articles les plus intéressants sont les magnifiques pulls tricotés, manteaux en laine et robes brodées – tous uniques et faits main.

ROUSSKAYA BYSHIVKAI KROUJEVO — SOUVENIRS

Plan p. 260 (Русская вышивка и кружево ; www.yp.ru/vishivka ; ul Arbat 31 ; 11h-20h lun-sam, 11h-17h dim ; Ⓜ Smolenskaya). On pourrait facilement passer à côté de ce magasin discret de la rue Arbat qui vend des nappes et des serviettes raffinées, des pulls faits main et des chemises brodées.

BYOURO NAHODOK — GALERIE D'ART

Plan p. 260 (Бюро находок ; www.buro-nahodok.ru ; Smolensky bul 7/9 ; 10h-21h lun-ven, 11h-20h sam-dim ; Ⓜ Park Koultoury). Ouverte en 2003 par trois artistes moscovites pour y vendre des cadeaux et des souvenirs un peu tendance, cette boutique est à l'origine d'un réseau de coopératives d'artistes à travers la ville.

Vous y trouverez des bibelots, des vêtements et des objets de décoration originaux et teintés d'humour.

DOM KNIGUI — LIVRES

Plan p. 264 (Дом Книги ; www.mdk-arbat.ru ; ul Novy Arbat 8 ; 9h-23h lun-ven, 10h-23h sam-dim ; Ⓜ Arbatskaya). L'une des plus grandes librairies de Moscou propose une sélection de livres en langue étrangère, sans oublier les guides de voyage, les plans, les ouvrages de référence et les souvenirs.

GALERIE DE L'ARTISANAT — ARTISANAT

Plan p. 260 (ul Pretchistenka 30 ; 10h-18h, horaires variables selon galerie ; Ⓜ Kropotkinskaya). À proximité de l'académie russe des Beaux-Arts, cette sorte de galerie marchande de l'art abrite plusieurs galeries sous le même toit.

ROUSSKIE TCHASOVYE TRADITSII — MONTRES

Plan p. 260 (Русские часовые традиции ; www.smirs.com ; ul Arbat 11 ; 10h-21h ; Ⓜ Arbatskaya). Si vous cherchez un souvenir culte, essayez l'un des magasins de "Tradition de la montre russe" de la rue Arbat. Ils visent les touristes, ce qui signifie qu'ils vendent exclusivement des marques russes, dont Aviator, Bouran, Vostok, Poljot, Romanoff et Denissov.

BOUTIQUE DE TCHAPOURINE — MODE

Plan p. 262 (www.chapurin.com ; Savvinskaya nab 21 ; 10h-22h ; Ⓜ Sportivnaya). Si Igor Tchapourine a commencé par concevoir des costumes de théâtre, sa créativité ne connaît pas de limites. Outre ses collections pour hommes et femmes, il a créé une ligne de vêtements pour enfants.

Zamoskvoretchie

Notre sélection

❶ Une escapade au **parc Gorki** (p. 133), qui s'est embourgeoisé, pour flâner, pédaler, faire du roller, danser, prendre un verre, jouer à la pétanque ou simplement se détendre.

❷ Une demi-journée à la **galerie Tretiakov** (p. 135), pour sa belle collection d'icônes russes, la critique sociale des Peredvijniki (les Ambulants), la fantaisie des symbolistes et d'autres artistes prérévolutionnaires.

❸ Un verre en journée ou en soirée dans l'un des bars sur un toit-terrasse d'**Octobre Rouge** (p. 137).

❹ Une visite aux héros déchus de l'Union soviétique au **parc des sculptures Art Muzeon** (p. 137).

❺ Une excursion à **Kolomenskoe** (p. 141), petit bout de campagne idyllique non loin du centre de Moscou.

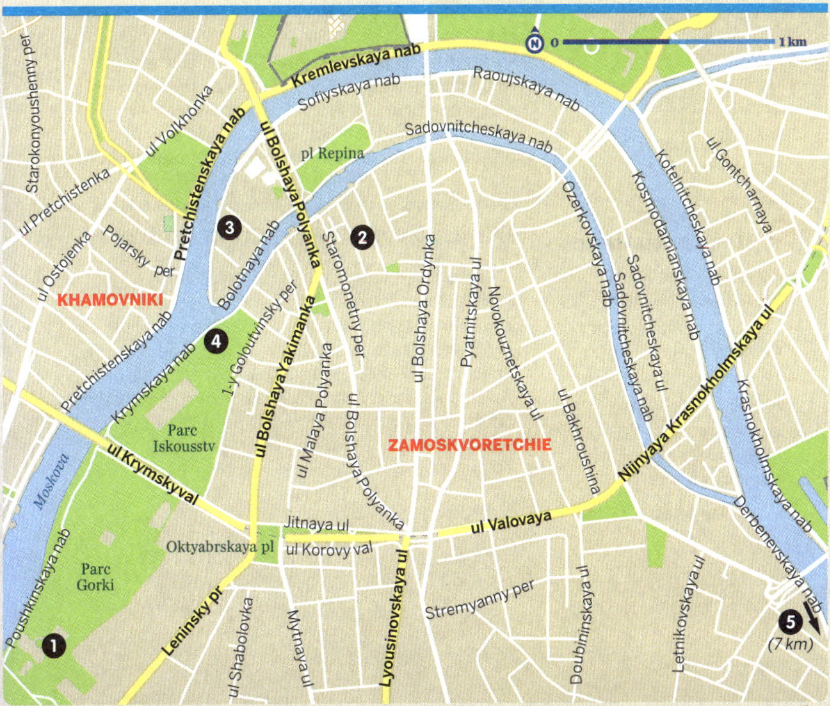

Pour un plan plus détaillé, reportez-vous p. 266

Bons plans Lonely Planet

Il est plus facile d'accéder à la partie nord de Zamoskvoretchie (y compris au complexe Octobre Rouge sur l'île Bolotny) en traversant à pied le pont Bolshoï Moskvoretsky à partir du Kremlin ou le pont Patriarshy depuis la cathédrale du Christ-Sauveur.

Le top des restaurants

- Mizandari (p. 140)
- Prodoukty (p. 141)
- Tchougounny most (p. 141)

Voir détails p. 140

Le top des bars et cafés

- Bar Strelka (p. 142)
- Le Boule (p. 142)
- WT4 (p. 144)

Voir détails p. 142

Le top des lieux artistiques

- La galerie Tretiakov (p. 135)
- Le Garage, musée d'art contemporain (p. 137)
- Le parc des Sculptures Art Muzeon (p. 137)
- Le Centre de photographie des Frères Lumière (p. 139)

Voir détails p. 137

Découvrir Zamoskvoretchie

Avec ses vieux bâtiments bas émaillés de cours désuètes et hérissés de dômes en forme de bulbes, Zamoskvoretchie ressemble à une petite ville provinciale russe qui aurait atterri au centre de Moscou. Le quartier doit son aspect et son atmosphère surannée aux *kouptsy* (marchands) qui l'ont peuplé jusqu'au XIXe siècle et dont le mode de vie différait totalement de celui de la noblesse installée de l'autre côté de la Moskova. Leur legs le plus remarquable est la galerie Tretiakov, qui abrite la plus grande collection d'art russe au monde.

Aujourd'hui, c'est dans ce quartier que la capitale est en train de se façonner un nouveau visage tendance, agréable et raffiné. La gentrification urbaine s'étend progressivement le long du fleuve, des bâtiments en brique rouge de l'ancienne chocolaterie Octobre Rouge (devenu le haut lieu du Moscou branché) jusqu'au parc Gorki réaménagé, en passant par le quai Krymskaya Naberejnaya qui vient de faire peau neuve. Oubliez les clichés et venez découvrir le Moscou posthistorique !

Vivre comme un Moscovite

- **Marchés** Le marché Danilovsky est un peu loin du centre mais il vaut le détour, surtout l'été et au début de l'automne, quand ses étals croulent sous les baies et autres fruits.
- **Activités de plein air** Interdite aux voitures mais fréquentée par les cyclistes, les amateurs de rollers et les marcheurs, la promenade qui s'étend sur 8 km d'Octobre Rouge à Vorobyovy Gory via le parc Gorki offre toutes sortes d'activités, de la pétanque à la danse.

Depuis/vers Zamoskvoretchie

- **Métro** Trois lignes de métro traversent Zamoskvoretchie du nord au sud. La ligne verte Zamoskvoretskaya s'arrête à Novokouznetskaya et à Paveletskaya. Sur la ligne orange Kaloujsko-Rijskaya, descendez à la station Novokouznetskaya ou Oktyabrskaya. Sur la ligne grise Serpoukhovsko-Timiryazevskaya, les arrêts Polyanka et Serpoukhovskaya sont également possibles.

LES INCONTOURNABLES
PARC GORKI

À Moscou, le principal refuge où fuir la ville n'est pas l'habituelle étendue de verdure préservée au cœur de la jungle urbaine. Ce n'est pas non plus un parc d'attractions, même si autrefois c'en était un. Son nom officiel, le parc central de la culture et des loisirs Maxime Gorki (Парк Горького), est éloquent. C'est exactement ce qu'on trouve ici : de la culture et des loisirs. Conçu par l'architecte d'avant-garde Constantin Melnikov dans les années 1920 comme une vitrine de l'utopie communiste, ce parc est désormais le symbole de la mutation qu'a connue Moscou ces dernières années.

À NE PAS MANQUER

- L'Olive Beach
- Le Boule

INFOS PRATIQUES

- Plan p. 266
- 24h/24
- (wifi) (familles)
- M Oktyabrskaya

Activités

D'innombrables activités s'offrent à vous, même si, par beau temps, nombreux sont ceux qui préfèrent s'adonner au farniente en prenant possession des poufs disséminés à travers le parc ou en s'installant sur les terrasses de l'**Olive Beach** (plan p. 266 ; transat 1 000 ₽/jour ; 10h-23h), sur la rive, à côté de la passerelle piétonne.

Le week-end, les cyclistes et les adeptes du roller créent des mini-embouteillages sur la piste de 8 km interdite aux voitures qui conduit à Vorobyovy Gory. Il existe plusieurs boutiques de location de vélos et de rollers dans le parc, dont l'une, très pratique, installée sous la passerelle piétonne.

Des espaces dédiés permettent de pratiquer le beach-volley, les sports urbains et extrêmes et le ping-pong, tandis que les francophones locaux et les branchés se retrouvent au bar Le Boule (p. 142) pour une partie de pétanque.

En été, la fièvre de la danse s'empare du parc : des centaines de jeunes s'y retrouvent pour danser sur tous les rythmes imaginables, de la salsa à la polka. L'épicentre de cette douce folie collective se situe sur la promenade en planches située sous le **pont Novoandreyevsky**, mais on trouve d'autres pistes de danse improvisées dans le parc.

JARDIN NESKOUTCHNY

En longeant la Moskova vers l'ouest, après le pont Andreyevsky, on rejoint un parc à l'aspect plus classique, le jardin Neskoutchny. Bien moins fréquenté que le parc Gorki et très ombragé, il est sillonné de sentiers et de pistes cyclables qui montent et descendent à travers de profonds ravins.

Le jardin Neskoutchny possède des équipements sportifs, dont des courts de tennis, des tables de ping-pong et une salle de sport en plein air, mais aussi des clubs d'échecs.

LOST IN TRANSLATION

"Neskoutchny" signifie littéralement "pas ennuyeux", ce qui paraît aussi bizarre en français qu'en russe. Le mot "sad" signifie quant à lui "jardin".

Lorsque le thermomètre plonge, le parc Gorki devient un paradis hivernal. Les étangs se transforment en vastes **patinoires** (Парк Горького ; plan p. 266 ; ☎495-237 1266 ; ul Krymsky val ; matin/soir mar-jeu 200/300 ₽, ven-dim 300/500 ₽ ; ⏲10h-15h et 17h-23h mar-dim ; Ⓜ Park Koultoury). Des pistes de ski de fond sont damées dans le parc, où l'on peut louer patins et skis de fond. Apportez votre passeport.

Culture

Après des dizaines d'années d'incurie, l'ancien parc d'attractions est redevenu un authentique Park Koultoury (parc de la culture), comme l'appellent les Moscovites. Des festivals de musique, de théâtre, d'art ou de cuisine s'y tiennent presque chaque semaine.

Si le Garage, musée d'art contemporain (p. 137), créé par Daria Joukova, tient la vedette, des œuvres d'art apparaissent régulièrement dans le parc à l'occasion d'expositions ou de manifestations. Il ne reste pas grand-chose des sculptures soviétiques d'avant-guerre qui bordaient les allées, mais on peut voir, en entrant dans le jardin Neskoutchny, une nageuse de bronze prête à plonger dans la Moskova.

Toujours dans le jardin Neskoutchny, le **théâtre Stas Namin** (Театр Стаса Намина ; Théâtre vert ; plan p. 266 ; stasnamintheatre.ru ; ul Krymsky Val 9, str 33) en plein air accueille des concerts, mais aussi des spectacles essentiellement dans le genre opéra-rock. Également en plein air, le nouveau **cinéma Pioner** projette des films à la nuit tombée, pour la plupart en russe.

Bars

La nouvelle direction du parc Gorki s'est donné pour mission de transformer la culture culinaire de la ville, et tous les projets audacieux en la matière sont donc les bienvenus. Une multitude d'établissements ont vu le jour, aussi bien des petits kiosques comme AC/DC in Tbilisi (p. 140) que des grands restaurants et des bars en plein air, dont les plus appréciés sont Lebedinoe Ozero (p. 142) et Le Boule (p. 142).

LES INCONTOURNABLES

GALERIE TRETIAKOV

Conçu entre 1900 et 1905 à l'image d'un château de boyard original par Viktor Vasnetsov, la galerie nationale Tretiakov (Главный отдел Государственной Третьяковской галереи) présente la plus vaste collection d'icônes russes et d'art russe prérévolutionnaire au monde.

La collection

La visite commence au 1er étage, où sont présentés les artistes du XVIIIe au XXe siècle. Le rez-de-chaussée regroupe des œuvres plus récentes et, dans les dernières salles, des icônes médiévales.

Premier étage

Les salles 1 à 7 rassemblent des peintures et des sculptures du XVIIIe siècle, tandis que les salles 8 à 15 sont dédiées aux paysages et aux portraits du XIXe siècle. Mais c'est à partir de la salle 16 que les perles de la collection apparaissent. Dans les années 1870, des artistes abordèrent des problèmes sociaux, fondant le mouvement des **Peredvijniki** (les Ambulants). La salle 17 est consacrée à **Vassili Perov**, l'un des fondateurs du mouvement. On peut y voir son *Portrait de Dostoïevski*. **Ivan Kramskoï** (salle 20) et **Ivan Chichkine** (salle 25) furent d'autres artistes du mouvement.

Victor Vasnetsov (salle 26) s'est intéressé aux contes de fées et aux personnages historiques. Son tableau *Les Bogatyrs* (Héros) est peut-être le meilleur exemple de la "Renaissance" russe. À l'inverse, **Vassili Verechtchaguine** (salle 27) est réputé pour le réalisme cru de ses scènes de guerre. **Vassili Sourikov** (salle 28) excelle dans les scènes historiques grand format. *La Boyarine Morozova*

À NE PAS MANQUER

- L'icône *Notre-Dame-de-Vladimir* dans l'église Saint-Nicolas-de-Tolmatchi
- La fresque de *La Princesse du rêve*, de Mikhaïl Vroubel
- *Le Chevalier à la croisée des chemins*, de Victor Vasnetsov
- *Ivan le Terrible et son fils Ivan*, d'Ilia Repine

INFOS PRATIQUES

- Plan p. 266
- www.tretyakovgallery.ru/en/
- Lavroushinsky per 10
- Tarif plein/réduit 400/250 ₽
- ⏲10h-18h mar, mer, sam et dim, 10h-21h jeu-ven, fermeture de la billetterie une heure avant
- Ⓜ Tretyakovskaya

GALERIE TRETIAKOV

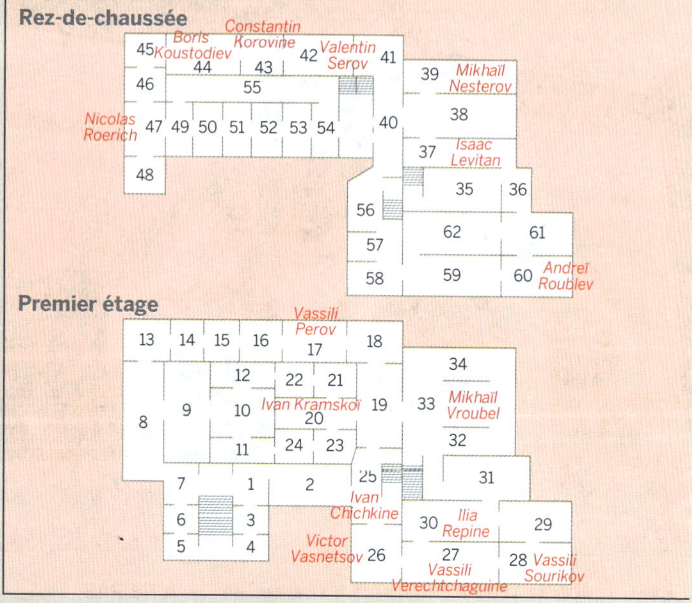

représente l'histoire du schisme au sein de l'Église orthodoxe et ses conséquences tragiques pour une famille.

Ilia Repine (salles 29 et 30) est sans doute le peintre réaliste russe le plus apprécié. Son œuvre *Ivan le Terrible et son fils Ivan* donne la chair de poule. La salle 31 renferme des chefs-d'œuvre de **Nikolaï Gay**, autre fondateur du mouvement Peredvijniki.

Mikhaïl Vroubel (salles 32 à 34) marque le passage au symbolisme. On peut admirer sa fresque murale Art nouveau, *La Princesse du rêve*.

Rez-de-chaussée

La salle 37 présente des paysages d'**Isaac Levitan**. **Mikhaïl Nesterov** (salle 39) associe symbolisme et thématiques religieuses : La *Vision du jeune Bartholomée* dépeint un épisode de la vie de saint Serge de Radonège (patron de la Russie). **Valentin Serov** (salles 41 et 42) était le portraitiste le plus célèbre de son époque.

À partir du XXe siècle, les artistes rejetèrent les règles du réalisme. Dans la salle 43, **Constantin Korovine** s'essaie à l'impressionnisme. **Alexandre Golovine** et **Boris Koustodiev** représentent le mouvement "Monde de l'art" (salle 44). La salle 46 est dédiée à **Pavel Kouznetsov**, fondateur de la Rose bleue, qui rassemblait les artistes symbolistes moscovites. **Nicolas Roerich** expose son style de conteur dans la salle 47. Les arts graphiques, ainsi que des expositions d'œuvres faisant partie des collections permanentes occupent les salles 49 à 54. Dans la salle 55 se trouve le **Trésor**, une collection de métaux, bijoux, et autres objets précieux.

Les **icônes** sont conservées dans les salles 56 à 62. Considérée comme la plus grande icône de Russie, *La Trinité* (vers 1420) d'Andreï Roublev se trouve en salle 60. L'**église Saint-Nicolas-de-Tolmatchi** (plan p. 266 ; ⏲12h-16h mar-dim), fut transférée dans l'enceinte du musée et restaurée sur place en 1997. Sa pièce maîtresse, la très révérée icône *Notre-Dame de Vladimir* (ou *Vierge de Vladimir*), protectrice de toute les Russies, date du XIIe siècle et fut transférée ici de la cathédrale de l'Assomption du Kremlin.

À VOIR

PARC GORKI PARC

Voir p. 133.

GALERIE TRETIAKOV MUSÉE

Voir p. 135.

OCTOBRE ROUGE CENTRE D'ART

Plan p. 266 (Завод Красный Октябрь ; Bersenevskaya nab ; MKropotkinskaya). GRATUIT Cet îlot de modernité russe et d'européanisme est un pôle artistique bouillonnant de vie où se mêlent bars, restaurants et galeries. Fidèle à son nom révolutionnaire, l'ancienne chocolaterie Octobre Rouge regarde le Kremlin droit dans les yeux comme pour lui rappeler que la Russie ne se limite pas au totalitarisme et à la répression.

Construite en brique rouge, comme son vis-à-vis impérial de l'autre côté de la Moskova, cette fabrique de chocolat fut fondée par un Allemand, Theodor Ferdinand von Einem, dont elle porta le nom jusqu'à la révolution bolchevique. Elle avait cessé de fonctionner quand a été entamée sa reconversion visant à en faire le quartier des restaurants et des loisirs le plus *hype* de Moscou. Elle fait partie intégrante de la ceinture branchée qui s'étire le long de la Moskova jusqu'au parc Gorki et au-delà. Les Moscovites chics et tendance se retrouvent dans les bars sur les toits-terrasses ou devant les expositions du célèbre Institut Strelka (p. 145) ou du Centre de photographie des Frères Lumière (p. 139).

Le lieu pourrait hélas perdre une partie de son attrait avec le déménagement de la chaîne de télé indépendante Dojd (soit la moitié de la clientèle des bars), remplacée par la chaîne pro-Poutine LifeNews.

ART MUZEON ET KRYMSKAYA NABEREJNAYA PARC

Plan p. 266 (ul Krymsky val 10 ; MPark Koultoury). GRATUIT Réhabilité de fond en comble et fusionné avec le quai Krymskaya Naberejnaya superbement réaménagé, l'**Art Muzeon** réunit une collection de statues et de monuments, (kitsch pour la plupart) à la gloire de héros soviétiques (Staline, Sverdlov, Lénine et Brejnev) qui furent déboulonnés dans la vague d'euphorie antisoviétique d'après 1991. Toutes ces œuvres sont installées dans un charmant parc avec promenades en planches et bancs invitant à la détente.

Krymskaya Naberejnaya comporte des bancs en bois évoquant des vagues, de magnifiques parterres et une fontaine qui crache sporadiquement des jets d'eau par des ouvertures dans le sol, ce qui ne manque pas de provoquer les rires des enfants en été.

Amarré ici, le bateau de croisière **Valery Bryousov** est en cours de transformation en un lieu artistique et éducatif, avec cinéma, salle de concerts, cafés, bureau partagé et même salon de coiffure !

La rénovation des lieux n'a quasiment épargné que le **Vernissage**, un marché d'artistes. Le quai commence près de la pointe de l'île Bolotny, où une immense **statue de Pierre le Grand** (Bersenevskaya nab ; MPolyanka), œuvre controversée du sculpteur Zourab Tsereteli, veille sur le quartier du haut d'une colonne géante. La zone est piétonne, mais l'afflux de cyclistes et de promeneurs en rollers crée des embouteillages dignes des pires rues de Moscou. Une boutique loue des vélos et des rollers. C'est ici que débute la promenade de 8 km interdite aux voitures qui s'étend à travers le parc Gorki et le jardin Neskoutchny jusqu'à Vorobyovy Gory.

GARAGE, MUSÉE D'ART CONTEMPORAIN MUSÉE

Plan p. 266 (www.garageccc.com ; ul Krymsky val 9 ; tarif plein/réduit 300/150 ₽ ; ⏲11h-21h lun-jeu ; MOktyabrskaya). Fondé par la fée moscovite de l'art, Dasha Joukova, compagne de l'oligarque Roman Abramovitch, ce musée a connu des jours meilleurs mais reste l'un des plus tendance de la capitale. Il occupe une remarquable structure temporaire réalisée dans le parc Gorki par l'architecte Sigerou Ban à l'aide de carton recyclé en guise de matériau de construction.

Le musée a quitté son ancien local spectaculaire, le Garage Bakhmetyev, dans le nord de Moscou, qui abrite aujourd'hui le Musée juif, mais il a conservé son nom d'origine. La construction d'un bâtiment permanent proche de son emplacement actuel a été annoncée il y a plusieurs années, mais les travaux semblent au point mort.

BOLOTNAYA PLOSHTCHAD PLACE

Plan p. 266 (Болотная площадь). Tirant son nom d'un ancien marais, la place Bolotnaya en sait long sur les mouvements d'opposition au Kremlin, qui l'observe avec méfiance depuis l'autre rive de la Moskova.

PROTESTATIONS ÉTOUFFÉES

En septembre 2011, Vladimir Poutine a décidé de briguer un troisième mandat présidentiel, au grand dam de nombreux Moscovites. Quelques semaines plus tard, les soupçons de fraude aux élections parlementaires ont déclenché une série de manifestations et de marches, qui eurent lieu pour la plupart sur la place Bolotnaya dans le calme et la bonne humeur, à grand renfort de slogans humoristiques, comme "Nous sommes les 146%" (en référence à la fois au mouvement Occupy Wall Street et à la diffusion par la télévision d'État d'un diagramme indiquant un taux de participation de 146%).

Fer de lance du mouvement, les jeunes citadins de la classe moyenne (souvent surnommés *khipstery*, ou *hipsters*) débordaient d'idées nouvelles, animés par l'envie de transformer Moscou en une ville plus moderne et agréable à vivre, mais surtout d'obtenir des élections justes.

Le 6 mai 2012, à la veille de l'investiture officielle de Poutine, une manifestation sur la place Bolotnaya a été brutalement dispersée, marquant le début d'une vague de répression qui a envoyé des dizaines de militants en prison sous des chefs d'accusation douteux.

Une carotte a toutefois accompagné la politique du bâton. S'emparant du programme des opposants, le maire de Moscou, Sergueï Sobianine, a lancé un projet ambitieux visant à faire de la ville une capitale européenne moderne sous la houlette du maire-adjoint, Sergueï Kapkov. Cet ancien bras droit de l'oligarque Roman Abramovitch est la tête pensante de la stupéfiante transformation du parc Gorki en un lieu moderne et agréable. Son approche s'est étendue à tous les parcs moscovites, tandis que la municipalité soutenait des projets de reconversion comme Winzavod (p. 148) et Flacon (p. 92).

La modernisation s'étant emparé de la ville, les manifestations anti-Poutine se sont apaisées. Les *hipsters* moscovites ont certes exprimé leur soutien aux protestataires ukrainiens après la chute du président Viktor Ianoukovitch, mais le bras de fer à Kiev a été trop long, trop tendu et trop violent pour eux. Le régime de Poutine se durcissant, ils ont réintégré leur cage dorée, faite de lectures artistiques au bar Strelka, d'expositions au centre Winzavod et de parties de pétanque au parc Gorki. Toutefois, le sentiment que tout cela ne durera pas est répandu : de nombreux jeunes Moscovites cultivés craignent de se voir un jour chasser de leur paradis branché.

Englobant des jardins et une partie de la principale avenue de la ville, flanquée par la triste silhouette constructiviste de la Dom na Naberejnoï, cette place fut la scène de l'exécution publique des chefs de deux des plus importants soulèvements paysans de Russie, Stepan Razine et Emelian Pougatchev.

Des siècles plus tard, durant les purges staliniennes, des figures bolcheviques prééminentes disparaissaient presque quotidiennement de leurs appartements de la **Dom na Naberejnoï**, où ils s'étaient fièrement installés dans les années 1920. Un petit **musée** (plan p. 266 ; ☎495-959 0317 ; www.museumdom.narod.ru ; ul Serafimovitcha 2 ; ⌚17h-20h mer, 14h-18h sam ; Ⓜ Kropotkinskaya) GRATUIT retrace la vie des occupants les plus célèbres de cette maison. Aujourd'hui, les jardins attirent des punks, des hippies, mais aussi des fans du *Seigneur des anneaux* qui en rejouent certaines scènes les soirs d'été. Notez le curieux ensemble sculptural de Mikhaïl Chemiakine, *Les enfants sont victimes des vices des adultes*, qui représente en détail les allégories de 13 vices. En 2012, la place a accueilli les manifestations anti-Poutine qui ont pris le nom de "mouvement de la place Bolotnaya".

NOUVELLE GALERIE TRETIAKOV MUSÉE

Plan p. 266 (Новая Третьяковская галерея ; www.tretyakovgallery.ru/en/ ; ul Krymsky val 10 ; tarif plein/réduit 400/250 ₽ ; ⌚10h-18h mar-mer et sam-dim, 10h-21h jeu-ven, fermeture de la billetterie 1 heure avant ; Ⓜ Park Koultoury). Cette annexe de la galerie Tretiakov, plus connue sous le nom de Nouvelle Tretiakov, est le principal musée d'art russe du XXe siècle. Loin de se limiter aux images typiques du réalisme soviétique (hommes musclés maniant la faux et femmes trayant des vaches), les collections mettent en avant des artistes d'avant-garde comme Malevitch, Kandinsky, Chagall, Gontcharova et Popova.

Dans le même bâtiment, la Maison centrale des artistes, ou **TsDKh**, est un immense espace d'exposition qui accueille des manifestations dédiées à l'art contemporain. Plusieurs galeries y sont installées de manière permanente.

CENTRE DE LA PHOTOGRAPHIE DES FRÈRES LUMIÈRE — GALERIE

Plan p. 266 (www.lumiere.ru ; Bolotnaya nab 3, bât 1 ; ⏲12h-21h mar-dim). Véritable lieu de pèlerinage pour les amateurs, cet espace moderne et intelligemment organisé présente des expositions de photographes russes et occidentaux. Le programme change régulièrement. Une jolie boutique vend des albums et des cartes postales.

ÉGLISE SAINT-JEAN-LE-GUERRIER — ÉGLISE

Plan p. 266 (Церковь Иоанна Воина ; ul Bolshaya Yakimanka 48 ; Ⓜ Oktyabrskaya). Les plus belles églises de Zamoskvoretchie associent les styles baroques moscovite et européen, mêlant formes et couleurs. Celle-ci fut commandée par Pierre le Grand en remerciement de sa victoire contre la Suède à Poltava, en 1709. L'iconostase dorée, en bois sculpté, avait été installée à l'origine dans l'**église de la Résurrection-de-Kadachi** (Церковь Воскрессения на Кадашах ; plan p. 266 ; 2-y Kadashevsky per 7).

MUSÉE DU THÉÂTRE BAKHROUCHINE — MUSÉE

Plan p. 266 (Театральный музей Бахрушина ; www.gctm.ru ; ul Bakhroushina 31/12 ; tarif plein/réduit 200/100 ₽ ; ⏲12h-19h mar-mer et ven-dim, 13h-21h jeu ; Ⓜ Paveletskaya). Fondé en 1894, le premier musée russe consacré au théâtre est installé dans une demeure néogothique, au nord de la place Paveletskaya. Il renferme décors, costumes et objets personnels ayant appartenu à des stars russes des planches. Certaines expositions retracent aussi l'évolution de l'opéra, du ballet et du théâtre de marionnettes. Ne manquez pas les costumes et les décors de *Boris Godounov* (interprété par Fiodor Chaliapine) et les chaussons de Vaslav Nijinski.

MONASTÈRE DANILOVSKY — MONASTÈRE

(Даниловский монастырь ; msdm.ru ; ul Danilovsky val ; ⏲7h-19h ; Ⓜ Toulskaya). GRATUIT Ce monastère héberge le siège de l'Église orthodoxe russe. Construit à la fin du XIIIe siècle par Daniel, premier prince de Moscou, le monastère était à l'origine un avant-poste défensif de la ville.

Régulièrement transformé au cours des siècles suivants, le lieu fut une usine et un centre détention durant l'ère soviétique. Il fut restauré à temps pour remplacer Serguïev Possad en tant que centre administratif et spirituel de l'Église, et devint la résidence officielle du patriarche durant les célébrations du millénaire de l'Église orthodoxe russe en 1988.

Entrez par le mur nord et l'**église-porche Saint-Siméon-le-Stylite**. L'**église des Saints-Pères-des-Sept-Conciles-Œcuméniques** (XVIIe siècle), où des messes sont dites en continu tous les jours de 10h à 17h, est la plus vieille église du monastère, et la plus vivante. Fondée au XVIIe siècle et remaniée à de nombreuses reprises, elle recèle des chapelles sur deux niveaux : la principale, à l'étage, est flanquée par des chapelles latérales consacrées à saint Daniel (côté nord) et aux saints Boris et Gleb (côté sud). Au rez-de-chaussée, la petite chapelle principale est dédiée au Voile protecteur, celle du nord au prophète Daniel.

Construite dans les années 1830, l'**église de la Trinité**, jaune et néoclassique, tranche sur les autres édifices par son austérité. À l'ouest de la cathédrale se trouve le secrétariat des Affaires extérieures du patriarche, et à l'extrémité de la propriété sa résidence officielle. Contre le mur nord, à l'est de la résidence, on peut voir une **croix de pierre gravée arménienne** , ou *khatchkar,* datant du XIIIe siècle, un présent de l'Église arménienne. La pension de l'église, dans la partie sud du domaine, abrite désormais l'élégant hôtel Danilovskaya (p. 181).

MONASTÈRE DONSKOÏ — MONASTÈRE

(Донской монастырь ; ☎495-952 1646 ; www.donskoi.org ; Donskaya ul ; Ⓜ Shabolovskaya). Fondé en 1591, le plus récent des monastères moscovites fut édifié pour conserver l'icône *La Vierge du Don* (aujourd'hui à la galerie Tretiakov). Cette icône est censée avoir assuré la victoire sur les Tatars lors de la bataille de Koulikovo en 1380. On raconte aussi qu'en 1591, le khan de Crimée Giraï battit en retraite sans combattre après avoir vu en rêve l'icône lui décocher des flèches enflammées.

La majeure partie du monastère, ceinte d'un rempart de brique ponctué de 12 tours, fut construite entre 1684 et 1733, sous la régence de Sophie et le règne de Pierre le Grand. Érigée en 1713-1714, l'**église Notre-Dame-de-Tihkvine**, l'un des derniers exemples du baroque moscovite, domine la porte nord. Au cœur de l'enceinte se dresse la **Grande Cathédrale**, en brique, édifiée entre 1684 et 1693. Du côté sud, la **Petite Cathédrale**, de taille modeste, dont la construction est datée de 1591 à 1593.

Lorsque les enterrements furent interdits dans le centre de Moscou après l'épidémie de peste de 1771, le monastère Donskoï devint le lieu de sépulture de la noblesse, d'où la présence de nombreuses tombes et chapelles richement ornées. C'est ici que l'écrivain et dissident russe, Prix Nobel de littérature en 1970, Alexandre Soljenitsyne est enterré.

Le monastère Donskoï est à cinq minutes de marche de la station de métro Shabolovskaya. Longez la rue Shabolovka vers le sud, puis bifurquez dans la première rue à l'ouest, 1-y Donskoï proezd.

OÙ SE RESTAURER

MIZANDARI — GÉORGIEN €

Plan p. 266 (8-903-263 9990 ; nab Bolotnaya 5, str 1 ; plats 300-400 ₽ ; 11h-23h ; M Kropotkinskaya). Les restaurants géorgiens de Moscou sont souvent chers ou kitsch. Cette petite adresse échappe à la règle. Venez avec des amis et commandez un choix de hors-d'œuvre : *pkhali* et *lobio* (tous deux à base de pâte de noix), *khatchapouri* (pains au fromage fondu) et *khartcho* (soupe d'agneau épicée), par exemple. Accompagnez le tout avec une bouteille de vin rouge Kindzmarauli.

MARUKAME — JAPONAIS €

Plan p. 266 (Марукамэ ; marukame.ru ; ul Pyatnitskaya 29 ; plats 150-200 ₽ ; 11h-23h ; M Novokouznetskaya). Très couru et bien situé, ce restaurant de nouilles en self-service attire à midi une foule d'employés de bureau. Outre les nouilles *udon*, la carte comprend des plats de riz *domburi*, des brochettes de tempura et des sushis.

OTCHEN DOMASHNEYE KAFE — RUSSE €

Plan p. 266 (Очень домашнее кафе ; 495-951 1734 ; www.dom-cafe.ru ; ul Pyatnitskaya 9/28, str 1 ; 380-550 ₽ ; 8h-23h lun-ven, 11h-23h sam-dim ; M Novoukuznetskaya). "Comme à la maison" : ce café porte bien son nom. La cuisine est celle que les Russes mangent chez eux : bortsch (soupe à la betterave) ou soupe de champignons en entrée, puis *kotlety* (boulettes) de toutes sortes – viande, poulet ou poisson – en plat principal. Les portions sont plutôt petites et les entrées coûtent grosso modo le même prix que les plats principaux.

AC/DC IN TBILISI — GÉORGIEN €

Plan p. 266 (facebook.com/acdcintbilisi ; parc Gorki ; plats 250-350 ₽ ; 10h-22h ; M Oktyabrskaya). Les hamburgers et la Géorgie semblent appartenir à deux univers parallèles, mais ils se rencontrent dans ce kiosque du parc Gorki ouvert uniquement en été. Un hamburger ordinaire a une saveur toute géorgienne avec l'ajout de sauce épicée *adjika* et de fromage *soulougouni*. Essayez aussi les boulettes de viande à la sauce aux noix *satsivi*.

SOK — VÉGÉTARIEN €

Plan p. 266 (Сок ; Lavrushinsky per 15 ; plats 340-400 ₽ ; 11h-23h ; M Tretyakovskaya). Bonne humeur garantie avec ces murs jaune citron et ces jus de fruits frais pressés. Toutes les soupes, salades, pâtes et délicieux desserts sont végétariens. Les végétaliens trouveront aussi leur bonheur. La carte comporte même de grands classiques russes revisités, comme le bœuf Stroganov, préparé à base de seitan (substitut de viande à base de protéine de blé).

NASHA TCHEBOURETCHNAYA — TATAR €

Plan p. 266 (Наша чебуречная ; Bolshoï Tolmatchevsky per 3 ; tcheboureks 80-100 ₽ ; 11h-23h ; M Tretyakovskaya). Si le décor postsoviétique décrépit ne vous gêne pas, vous goûterez ici de bons *tchebourek*, chaussons tatars farçis de viande et frits dans l'huile. L'endroit en propose une douzaine de différents, notamment le grand classique à l'agneau, mais aussi des versions végétariennes.

GRABLY — CAFÉTÉRIA €

Plan p. 266 (Грабли ; www.grably.ru ; Pyatnitskaya ul 27 ; plats 200-300 ₽ ; 10h-23h ; M Novokouznetskaya). Deux niveaux carrelés, des vignes qui tombent de balustrades en fer forgé et des chandeliers suspendus sous de hauts plafonds : le cadre est impressionnant. Le buffet comprend un grand choix de poisson, volaille et viande, salades, soupes et desserts. Après le repas, installez-vous dans l'élégant jardin d'hiver. Un bar à l'étage sert bières et vins.

VAUT LE DÉTOUR

LE MUSÉE-RÉSERVE KOLOMENSKOE

Un court trajet en métro suffit pour s'immerger dans une ambiance bucolique. Dans un parc de 4 km², sur une hauteur dominant un méandre de la Moskova, **Kolomenskoe** (Музей-заповедник 'Коломенское' ; www.mgomz.com ; parc entrée libre ; parc 8h-21h ; Kolomenskaya ou Kashirskaïa) GRATUIT, classé au patrimoine mondial de l'Unesco, occupe un ancien domaine impérial. Peu après sa fondation au XIVe siècle, le village devint l'une des destinations favorites des princes de Moscou. Ce domaine royal abrite aujourd'hui un ensemble éclectique d'églises, de portes-clochers et d'autres édifices ajoutés au fil des ans.

Églises et portes-clochers

De la rue Bolshaya, accédez au parc en franchissant la **porte du Sauveur** pour entrer dans l'**église Notre-Dame-de-Kazan**, aux bulbes étoilés, toutes deux bâties au XVIIe siècle. La **porte-clocher** (XVIIe siècle) blanchie à la chaux, au toit pointu et gardée par deux lions de pierre, marque l'ancienne entrée du palais royal.

Église de l'Ascension

Devant la porte principale, le plus bel édifice de Kolomenskoe, l'**église de l'Ascension** (pr Andropova 39 ; 10h-18h mar-dim ; Kolomenskoye) GRATUIT, surnommée la "colonne blanche", domine le fleuve. Bâtie entre 1530 et 1532 pour le Grand Prince Ivan III, certainement par des maîtres italiens, elle célébrait sons doute la naissance de son héritier, Ivan le Terrible.

Édifices en bois

Parmi les anciens bâtiments en bois du domaine figure l'**isba** de Pierre le Grand, où le souverain vécut alors qu'il supervisait la construction de ses navires et de sa forteresse à Arkhangelsk. Les vergers et jardins qui entourent l'isba ont été reconstitués. On peut voir aussi de beaux bâtiments provenant d'autres régions, notamment la **tour de la forteresse de Bratsk** et la **tour-porche du monastère Saint-Nicolas** de Carélie.

Grand palais de bois

Au milieu du XVIIe siècle, le tsar Alexis fit construire un fabuleux palais en bois que l'on surnomma "la huitième merveille du monde". Cet édifice féerique était célèbre pour son enchevêtrement de tours à flèches et de bulbes assemblés sans un seul clou. Malheureusement, elle fut laissée à l'abandon, avant d'être démolie par Catherine la Grande en 1768. Plus de deux siècles plus tard, une réplique un peu kitsch du **palais du tsar Alexis** (Дворец царя Алексея Михайловича ; pr Andropova 39 ; 400 ₽ ; 10h-18h mar-dim ; Kashirskaya) a été édifiée à l'intérieur du musée-réserve Kolomenskoe. Venez admirer son intérieur opulent, reconstitué à l'identique à partir de documents historiques.

PRODOUKTY — ITALIEN €€

Plan p. 266 (Продукты ; 8-903-789 3474 ; facebook.com/productscafe ; Bersenevsky per 5, bât 1 ; repas 600-1 000 ₽ ; 12h-minuit dim-jeu, 12h-6h ven-sam ; ; Kropotkinskaya). Le décor postindustriel décontracté, la cuisine italienne et la proximité de bureaux de rédaction, notamment celui de la chaîne de télévision Dojd, actuellement dans le collimateur des autorités, explique le succès de ce restaurant d'Octobre Rouge. Il est difficile à repérer de la rue : entrez dans la cour située à gauche du Burger Brothers.

TCHOUGOUNNY MOST — BISTRO €€

Plan p. 266 (Чугунный мост ; 495-959 4418 ; facebook.com/chugunniimost ; ul Pyatnitskaya 6 ; plats 360-550 ₽ ; 9h-minuit ; Tretyakovskaya). Cet établissement donne une bonne idée de l'évolution actuelle de la scène gastronomique moscovite : un bar-bistro au décor discret, dominé par le bois, et l'inventive cuisine fusion qui donne presque envie de vivre dans les environs pour pouvoir manger ici tous les jours ! Au déjeuner, le menu à 390 ₽ est le meilleur rapport qualité/prix de la ville. Parfait pour le petit-déjeuner aussi.

CORREA'S EUROPÉEN €€

Plan p. 266 (☎495-725 6035 ; ul Bolshaïa Ordynka 40/2 ; plats 400-600 ₽ ; 8h-23h ; Ⓜ Polyanka). Le Correa's a essaimé dans toute la ville. Bien que celui-ci n'ait pas le charme du restaurant d'origine à Presnensky (p. 108), la salle, un peu plus grande, a ses avantages. Il offre une terrasse en été, et un intérieur spacieux et lumineux. Sa formule gagnante : des ingrédients frais et des recettes simples.

MARCHÉ DANILOVSKY MARCHÉ

(www.danrinok.ru ; Mytnaya ul 74 ; 8h-20h ; Ⓜ Toulskaya). L'un des nombreux marchés géants de l'ère soviétique, le marché Danilovsky n'a pas été épargné par la vague d'embourgeoisement qui a déferlé sur les parcs et les usines désaffectées de Moscou. Ses vendeurs en uniforme et son espace soigneusement aménagé le font paraître très organisé mais un peu artificiel. Il conserve toutefois le charme d'un *rynok* russe : un endroit pittoresque et débordant d'activité.

Même si vous n'achetez rien, venez flâner entre les étals multicolores et insolites.

STARLITE DINER AMÉRICAIN €€

Plan p. 266 (www.starlite.ru ; Bolotnaïa pl 16/5 ; plats 350-700 ₽ ; 24h/24 ; Ⓜ Tretyakovskaya). Burger, bière ou breakfast à toute heure du jour ou de la nuit dans ce *diner* américain au décor classique, qui prépare une cuisine sans chichis.

OÙ PRENDRE UN VERRE ET FAIRE LA FÊTE

GIPSY DISCOTHÈQUE, CAFÉ

(www.bargipsy.ru ; Bolotnaya nab 3/4 ; 18h-1h dim-jeu, 14h-6h ven-sam). L'euphorie règne dans ce bar aux allures de camp nomade postmoderne, qui occupe une position stratégique sur les toits d'Octobre Rouge. Décor kitsch aux couleurs vives, avec faux palmiers et portes des toilettes recouvertes de fourrure artificielle. Les DJ et les groupes sont aussi éclectiques.

BAR STRELKA BAR-RESTAURANT

Plan p. 266 (barstrelka.com ; bât 5a, Bersenevskaya nab 14/5 ; 9h-minuit lun-jeu, 9h-3h ven, 12h-3h sam-dim ; Ⓜ Kropotkinskaya). En contrebas du pont Patriarshy, ce bar-restaurant dans l'Institut Strelka est le point de départ idéal pour une soirée dans le complexe Octobre Rouge : terrasse sur le toit avec vue imprenable sur la Moskova et intérieur tout aussi décontracté. Le bar propose un excellent menu, et il y a souvent quelqu'un au piano.

LEBEDINOE OZERO BAR

Plan p. 266 (Лебединое озеро ; ☎495-782 5813 ; parc Gorki ; 12h-5h avr-oct ; Ⓜ Frounzenskaya). Comme son nom l'indique, le "Lac des cygnes" jouxte un petit étang où y évoluent quelques-uns. Outre le lieu idyllique, au sud du parc Gorki, ce café est incontournable en été avec ses transats, ses cocktails de fruits (chers) et sa petite piscine où se rafraîchir. Les videurs à l'entrée deviennent plus stricts à l'heure de pointe, vers minuit.

KVARTIRA 44 BAR

Plan p. 266 (☎499-238 8234 ; www.kv44.ru ; ul Malaya Yakimanka 24/8 ; 12h-minuit dim-jeu, 12h-4h ven-sam ; Ⓜ Polyanka). Jadis, c'est dans l'appartement de son voisin, encombré de meubles dépareillés et de souvenirs personnels, que l'on aimait aller prendre un verre. L'"Appartement 44" recrée cette ambiance où l'alcool, la musique et la gaité coulent à flots.

HUB BAR

Plan p. 266 (www.facebook.com/hubyousomuch ; ul Pyatnitskaïa 82/34 ; 8h-3h ; Ⓜ Serpoukhovskaya). Bizarrement situé sur la place Serpoukhovskaya, ce bar de style garage dégage une ambiance de vacances sur une plage hawaïenne. La carte privilégie la qualité plutôt que la quantité : trois sortes de bières pression (dont la Fuel, brassée à Moscou), quelques cocktails, un excellent café fraîchement torréfié et des milk-shakes. Trois sortes de sandwichs, délicieux, vous permettront de caler un petit creux.

LE BOULE BAR

Plan p. 266 (☎8-926-376 9366 ; parc Gorki ; 12h-minuit ; Ⓜ Oktyabrskaya). Le look "bouc et moustache" domine dans ce bar ultra-branché doté d'une douzaine de terrains de pétanque. Commandez une

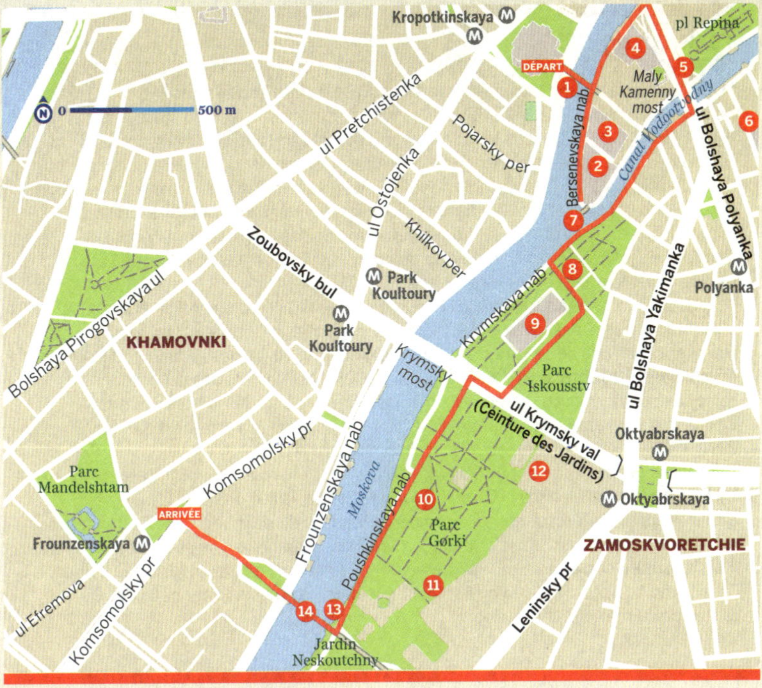

Promenade à pied **Zamoskvoretchie**

DÉPART CATHÉDRALE DU CHRIST-SAUVEUR
ARRIVÉE PONT NOVOANDREYEVSKY
DISTANCE 3 KM ; 2 HEURES

Depuis la cathédrale du Christ-Sauveur (Ⓜ Kropotkinskaya), empruntez le pont ❶ **Patriarshy**, qui offre une vue imprenable sur les tours du Kremlin et la cathédrale.

Au sud du pont, sur l'île Bolotny, l'ancienne ❷ **chocolaterie Octobre Rouge** (p. 137) est devenue un haut lieu des arts et du divertissement, dont l' ❸ **Institut Strelka** (p. 145) constitue le point fort.

Un petit crochet au nord le long du quai Sofiyskaya jusqu'à ❹ **Dom na Naberejnoï** (p. 138), vous fait découvrir ce prestigieux bâtiment résidentiel de l'époque soviétique. En face, la ❺ **place Bolotnaya** (p. 137) a été le théâtre des manifestations anti-Poutine en 2012.

Traversez le pont Maly Kamenny. La ❻ **galerie Tretiakov** (p. 135) se trouve à quelques rues à l'est, mais pour ne pas risquer de vous faire happer par ses trésors jusqu'au soir, dirigez-vous au sud le long du quai en passant devant la gigantesque sculpture de ❼ **Pierre le Grand** (p. 137) signée Zourab Tsereteli.

Entrez dans le ❽ **parc des sculptures Art Muzeon** (p. 137), un concentré d'art et d'histoire installé le long du quai Krymskaya, superbement réhabilité. De là, faites un saut à la ❾ **Nouvelle Galerie Tretiakov** (p. 138) consacrée à l'art du XXᵉ siècle.

Dirigez-vous vers le ❿ **parc Gorki** (p. 133) en empruntant le passage sous le pont Krymsky et faites votre choix : partie de pétanque au bar ⓫ **Le Boule**, découverte des œuvres modernes du ⓬ **Garage, musée d'art contemporain** (p. 137) ou bain de soleil à ⓭ l'**Olive Beach** (p. 133). Le ⓮ **pont Novoandreyevsky** (passerelle piétonne, p. 133) vous conduira à la station de métro Frounzenskaya.

VAUT LE DÉTOUR

TSARITSYNO

Sur une colline boisée au sud-est de Moscou, le **palais Tsaritsyno** (Музей-заповедник Царицыно ; ☎495-355 4844 ; www.tsaritsyno-museum.ru ; parc gratuit ; ⏰parc 6h-minuit, expositions 11h-18h jeu-ven, 11h-20h sam-dim ; Ⓜ Tsaritsyno) GRATUIT témoigne d'un caprice de Catherine la Grande, qui commanda une résidence d'été, commencée en 1775 mais jamais achevée. Après avoir travaillé dix ans sur le projet, l'architecte Vassili Bajenov fut limogé. Catherine engagea un nouvel architecte, Matveï Kazakov, mais le projet fut abandonné lorsque l'argent vint à manquer. Pendant des années, le palais n'a été qu'une coquille vide, jusqu'à ce que l'État décide de le terminer et de le rénover en 2007.

Aujourd'hui, le **Grand Palais** (Большой дворец ; 150 ₽) est un édifice étonnant alliant les styles russe, gothique, classique et oriental. À l'intérieur, des expositions retracent l'histoire de Tsaritsyno (Царицыно) et la vie de Catherine la Grande. À côté, les cuisines, **Khlebny dom** (Хлебный дом ; 300 ₽), accueillent des expositions temporaires, parfois sur le thème de la cuisine, parfois sur les icônes ou l'art. Le *khlebny dom* est un lieu agréable où l'on peut assister à un **concert** (☎499-725 7291 ; 150-300 ₽ ; ⏰17h sam et dim) classique en été.

L'immense parc est parsemé d'autres bâtiments charmants, notamment le **Petit Palais**, l'église **Notre-Dame-Source-de-Vie**, le bâtiment de la cavalerie quelques ponts intéressants. Un étang est rehaussé d'une magnifique fontaine avec son et lumière. Le parc boisé aménagé à l'anglaise s'étend vers le sud jusqu'à l'**étang Tsaritsynsky supérieur**, où l'on peut louer des bateaux en été, et jusqu'au palais Tsaritsyno à l'ouest. Tsaritsyno est facile à trouver : suivez les panneaux depuis la station de métro du même nom.

carafe de sangria ou de cidre et lancez-vous dans une partie du sport qui est sans doute le plus compatible avec l'alcool. Des musiciens jouent souvent sur la véranda en début de soirée.

WT4 — BAR

Plan p. 266 (☎495-771 7446 ; Bersenevskaya nab 6/3 ; ⏰12h-minuit dim-jeu, 12h-6h ven-sam ; Ⓜ Kropotkinskaya). Enfin, un bar russe en adéquation avec la taille du pays. Détendez-vous sur les canapés ou prenez place devant le bar central tout en longueur pour contempler le crocodile géant qui avale un train sur le mur intérieur. Faites taire votre soif en choisissant l'un des 24 cocktails, à accompagner d'un plat asiatique. On peut assister à toutes sortes de manifestations artistiques et à des projections de films. Des DJ assurent l'animation jusqu'au petit matin.

PROGRESSIVE DADDY & DADDY'S TERRACE — BAR

Plan p. 266 (www.progressivedaddy.ru ; Bersenevskaya nab 6/2 ; Ⓜ Kropotkinskaïa). On peut difficilement trouver mieux placé dans Octobre Rouge : à l'extrémité de l'île, sur le toit de l'usine, ce restaurant-bar-club jouit de la plus belle vue du complexe (si ce n'est de la ville). Venez y dégustez un Bellini en admirant la cathédrale du Christ-Sauveur.

ROLLING STONE — DISCOTHÈQUE

Plan p. 266 (Bolotnaya nab 3 ; ⏰22h-7h jeu-sam ; Ⓜ Kropotkinskaya). Décoré de couvertures du magazine éponyme et éclairé par des ampoules nues, voici un “bar du coin” version haut de gamme en raison de son emplacement (le complexe Octobre Rouge) et de sa clientèle (style décontracté, mais impeccable pour franchir la sélection à l'entrée). On y passe toutes sortes de musique.

COFFEE BEAN — CAFÉ

Plan p. 266 (www.coffeebean.ru ; Pyatnitskaya ul 5 ; ⏰8h-23h ; Ⓜ Tretiakovskaya). Cette excellente chaîne à prix abordables, dont l'adresse d'origine dans la rue Tverskaya a fermé, a en quelque sorte lancé la mode des cafés à Moscou. Nombreuses enseignes en ville.

KARLSON — BAR

Plan p. 266 (Карлсон ; ☎8-964-571 6370 ; www.ginza.ru/msk ; nab Ovtchinnikovskaya 20/1 ;

⏲12h-minuit dim-jeu, 12h-3h ven-sam ; Ⓜ Novokouznetskaya). Ce bar huppé installé au dernier étage a une vue superbe sur Moscou, qui justifie que l'on vienne dépenser quelques milliers de roubles pour un verre, ou pour déguster une cuisine hors de prix. Rassurez-vous : la qualité est au rendez-vous. Ce bar se trouve à l'intérieur d'un centre d'affaires. À l'entrée, dites simplement que vous allez au Karlson.

OÙ SORTIR

INSTITUT STRELKA DE L'ARCHITECTURE, DES MÉDIAS ET DU DESIGN — CENTRE ARTISTIQUE

Plan p. 266 (www.strelkainstitute.ru ; Bersenevskaya nab 14/5 ; Ⓜ Kropotkinskaya). Cet institut est le cœur du complexe Octobre Rouge. Outre les formations proposées et le bar, Strelka offre une bonne dose de culture contemporaine, avec ses conférences, ateliers, films et concerts.

MAISON INTERNATIONALE DE LA MUSIQUE DE MOSCOU — MUSIQUE CLASSIQUE

Plan p. 266 (☎495-730 1011 ; www.mmdm.ru ; Kosmodamianskaya nab 52/8 ; billets 200-2 000 ₽ ; Ⓜ Paveletskaya). Ce gracieux bâtiment moderne en verre comporte trois salles, dont la salle Svetlanov, qui abrite le plus grand orgue de Russie. Les concerts d'orgue y sont donc très impressionnants. Il accueille souvent l'**Orchestre national philharmonique de Russie** (☎495-730 3778 ; www.nfor.ru), ensemble prestigieux financé par des fonds privés. Créé en 1991, l'orchestre est dirigé par le très estimé Vladimir Spivakov.

SHOPPING

MAISON CENTRALE DES ARTISTES (TSDKH) — ART, SOUVENIRS

Plan p. 266 (Центральный дом художника ; www.cha.ru ; entrée 200 ₽ ; ⏲11h-19h mar-dim ; Ⓜ Park Koultoury). Parfois appelée par ses initiales (ЦДХ), cet immense bâtiment jouxtant la Nouvelle Tretiakov abrite des ateliers et des galeries, ainsi qu'un espace consacré aux expositions temporaires. C'est l'endroit idéal si vous êtes à la recherche d'un tableau ou d'une gravure signée par des artistes parmi les plus créatifs de Moscou.

ROTFRONT — FRIANDISES

Plan p. 266 (per 2e Novokouznetsky 13/15 ; ⏲9h-20h lun-sam, 9h-17h dim ; Ⓜ Novokouznetskaya). Nous sommes bien en ex-URSS : cette confiserie porte le nom du cri de ralliement des ouvriers communistes allemands dans les années 1920. Elle est toutefois bien plus ancienne que cela, car elle fournit les Moscovites en friandises depuis 1826. La boutique continue à vendre les mêmes caramels et chocolats que dans les années 1970.

BOOKHUNTER — LIVRES

Plan p. 266 (www.bookhunter.ru ; ul Tatarskaya Bolshaya 7 ; ⏲9h-19h ; Ⓜ Novokouznetskaya). Installée dans un centre d'affaires, cette petite librairie déborde de livres notamment en français. On y trouve toutes sortes d'ouvrages artistiques, universitaires et pratiques (bon choix de guides de voyage), ainsi que des romans.

SPORTS ET ACTIVITÉS

BERSENEVSKIYE BANY — BAINS

Plan p. 266 (Берсеневские бани ; ☎495-281 5086 ; Bersenevskaya nab 16, str 5 ; 1 200 ₽/2 heures, 600 ₽/heure supp ; ⏲8h-23h, femmes lun-mer, hommes jeu-dim). Preuve que la faune branchée d'Octobre Rouge ne dédaigne pas les traditions séculaires, ce nouvel établissement est à la fois élégant et bien géré. Les caves voûtées de l'ancienne distillerie Smirnov, lieu de naissance de la célèbre vodka, sont parfaitement adaptées à la circulation de la vapeur d'eau. Si vous n'avez pas une grande expérience de la *bania* russe, un employé vous prodiguera des soins moyennant un supplément.

Les soins en question consistent notamment à vous fouetter avec des branches… de bouleau, bien sûr.

OLIVER BIKES — VÉLOS

Plan p. 266 (Оливер Байкс ; ☎499-340 2609 ; www.bikerentalmoscow.com ; Pyatnitskaya ul 2 ; à partir de 100/500 ₽ heure/jour, circuits 900 ₽ ; ⏲14h-22h mar-ven, 11h-22h sam-dim ; Ⓜ Novokouznetskaya). Oliver Bikes loue des deux-roues de toutes sortes, et qui sont en excellent état : cruisers, VTT, vélos pliants et tandems. Il est idéalement situé pour une balade le long de la Moskova. Circuits guidés le week-end, parfois en anglais.

Meshtchansky et Basmanny

MESHTCHANSKY | BASMANNY

Notre sélection

❶ L'actuelle scène artistique de Moscou à découvrir dans un complexe postindustriel, comme **le Centre d'art contemporain Winzavod** (p. 148), **ArtPlay** (p. 148) et **Proekt_Fabrika** (p. 157).

❷ Le **Bunker-42** (p. 149), un centre de communications datant la guerre froide et situé 60 m sous terre.

❸ Le **marché d'Izmaïlovo** (p. 150) pour faire le plein de babioles et de souvenirs de l'ère soviétique.

❹ Le **musée des Jeux d'arcade soviétiques** (p. 149).

❺ L'**Art Garbage** (p. 156), un lieu qui allie restauration, musique et arts plastiques.

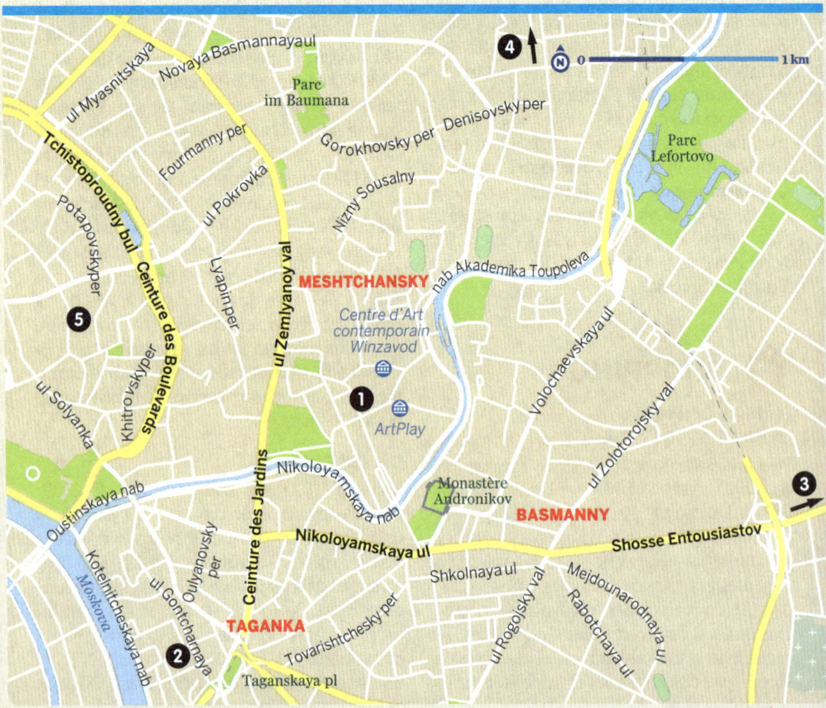

Pour un plan plus détaillé, reportez-vous p. 270

Découvrir Meshtchansky et Basmanny

Nettement plus décontracté que les autres quartiers centraux, Meshtchansky couvre une large partie du centre de Moscou, dominée par des immeubles résidentiels prérévolutionnaires – nombre d'entre eux sont d'une couleur jaune uniforme.

La rue Maroseyka est la plus animée. Commençant à Kitaï-Gorod, elle devient ensuite la rue Pokrovka, avant d'atteindre la ceinture des Boulevards. On y trouve quantité d'excellents bars et restaurants.

Des boulevards élégants forment une coulée verte, piétonne, qui s'étend jusqu'à la Moskova. Avec un bel étang qui se transforme en patinoire l'hiver, le boulevard Tchistoproudny, l'un des plus beaux espaces de Moscou, se prête à d'agréables balades.

Au-delà de la ceinture des Jardins et de la gare de Koursk, un ensemble d'usines centenaires est en passe de devenir le plus haut lieu de la scène artistique, commerciale et technologique de Moscou. L'emblématique Centre d'art contemporain Winzavod, ancienne entreprise vinicole, compte nombre de galeries, tandis qu'ArtPlay, à proximité, est spécialisé dans le design moderne.

Vivre comme un Moscovite

- **Le nouveau Moscou** Découvrez les nouvelles mutations et start-up qui se préparent au Centre d'Art contemporain Winzavod et à ArtPlay.
- **À petits prix** Les jeunes Russes ne paient pas leur café au Tsiferblat (p. 154), où ils profitent de multiples activités.
- **Plein air** Quel que soit le temps, les Moscovites adorent se promener autour de l'étang de Tchistye Proudy.

Depuis/vers Meshtchansky et Basmanny

- **Meshtchansky** Plusieurs lignes de métro traversent Meshtchansky. La ligne violette Tagansko-Krasnopresnenskaya et la ligne orange Kaloujsko-Rijskaya s'arrêtent à Kitaï-Gorod. Le long de la ceinture des Boulevards, la station Tchistye Proudy est sur la ligne rouge Sokolnitcheskaya, Tourguenevskaya sur la ligne orange Kaloujsko-Rijskaya, et Sretensky Boulvar sur la ligne vert clair Lioublinskaya.
- **Basmanny** Les usines reconverties sont plus facilement accessibles depuis la station Kourskaya, où la ligne circulaire relie la ligne bleu foncé Arbatsko-Pokrovskaya et la ligne vert clair Lioublinskaya.

Bons plans Lonely Planet

Emprunter les tramways qui partent de la station de métro Tchistye Proudy est une façon agréable de visiter cette partie de la ceinture des Boulevards. Tous descendent vers la rivière et traversent le pont jusqu'à la station Novokouznetskaya, à Zamoskvoretchie.

Le top des restaurants

- Darbazi (p. 152)
- Kitayskaya Gramota (p. 152)
- Odessa-Mama (p. 153)

Voir détails p. 152

Le top des bars et cafés

- Art Garbage (p. 156)
- Solyanka (p. 155)
- Tchaïnaya Vysota (p. 154)
- Café Tsourtsoum (p. 154)

Voir détails p. 154

Le top des centres d'art

- Le Centre d'art contemporain Winzavod (p. 148)
- Proekt_Fabrika (p. 157)
- ArtPlay (p. 148)

Voir détails p. 148

LES INCONTOURNABLES
WINZAVOD ET ARTPLAY

Il y a un siècle, l'industrialisation était le maître mot à Moscou. Aujourd'hui, la gentrification urbaine lui a succédé et nombre d'usines désaffectées ont été reconverties en centres artistiques. Derrière la gare de Koursk, la zone industrielle en cours de réhabilitation est en passe de devenir un haut lieu de la culture.

Tout a commencé avec le **Centre d'art contemporain Winzavod** (en photo), ancienne usine de mise en bouteilles de vin reconvertie en atelier-espace d'exposition destiné aux artistes moscovites. On trouve dans ce complexe postindustriel parmi les plus prestigieuses galeries d'art de Moscou, des magasins branchés et des boutiques de mode.

La **galerie M&J Guelman** (n°23), a pour mission d'exposer des œuvres d'art modernes réalisées ailleurs qu'à Moscou. À l'**Aidan Studio** (n°20), le week-end, vous pouvez observer la maîtresse des lieux Aidan Salakhova et ses étudiants au travail. La **galerie pop/off/art** (n°22) est dédiée au Sots Art – sorte de pop art soviétique né dans les années 1970 –, tandis que **Fotoloft** (www.fotoloft.ru ; n°4) s'intéresse à la photographie. L'**atelier Red & White Wine** organise des expositions.

À NE PAS MANQUER

- La galerie M&J Guelman
- Fotoloft
- Café Tsourtsoum (p. 154)
- Edward's (p. 155)

INFOS PRATIQUES

- Винзавод
- Plan p. 270
- www.winzavod.ru
- 4 Syromyatnitchesky per 1
- (M) Tchkalovskaya

Prenant modèle sur Winzavod, **ArtPlay** (plan p. 270 ; ☎ 495-620 0882 ; www.artplay.ru ; Nijny Syromyatnitchesky per 10 ; 🕑 12h-20h mar-dim ; (M) Tchkalovskaya) GRATUIT, a un concept similaire, en occupant les bâtiments de l'ancienne usine Monomètre. Ce "centre du design" rassemble des entreprises spécialisées dans l'architecture, des magasins de meubles et d'antiquités. Il y a aussi un bâtiment d'expositions et Edward's (p. 155), où prendre un verre.

Dans le sillage d'ArtPlay et de Winzavod, l'**usine Arma** est en cours de reconstruction.

Pour vous rendre à Winzavod et à ArtPlay, descendez la rue Verkhnyaya Syromyatnitcheskaya depuis la ceinture des Jardins et repérez les passages sous la ligne de chemin de fer sur votre gauche. Le premier mène à Winzavod (100 m plus loin sur votre gauche). Prenez le deuxième pour ArtPlay.

À VOIR

Meshtchansky

TCHISTYE PROUDY PARC

Plan p. 270 (Чистые пруды ; Tchistoproudny bul ; MTchistye Proudy) Le nom de Tchistye Proudy ("étangs clairs") vient du ravissant petit étang situé à l'angle de la rue Pokrovka. Toute la ceinture des Boulevards est un excellent lieu de promenade, mais cet étang pittoresque rend ce quartier particulièrement attrayant. On y fait du pédalo l'été et du patin à glace l'hiver.

SYNAGOGUE CHORALE ÉDIFICE RELIGIEUX

Plan p. 270 (Московская Хоральная Синагога ; Bolshoï Spasoglinishtchevsky per 10 ; 9h-18h ; MKitaï-Gorod). La construction d'un lieu de culte étant autrefois bannie dans l'enceinte de Kitaï-Gorod, c'est donc à la sortie de la ville, non loin du quartier juif de Zaryadye, que fut érigée la plus ancienne et la plus célèbre synagogue de Moscou. Lancée en 1881, sa construction fut ralentie à cause des obstacles dressés par un gouvernement tsariste antisémite. Achevée en 1906, elle fut la seule synagogue à rester ouverte pendant toute la période soviétique.

BUNKER-42 MUSÉE

Plan p. 270 (495-500 0554 ; www.bunker42.com ; 5-ya Kotelnitchesky per 11 ; 1 300 ₽ ; sur rdv ; MTaganskaya). Dans une petite rue près de la place Taganskaya, ce bâtiment néoclassique quelconque abritait le centre secret de communications de la guerre froide. Ce site devait servir de quartier général des communications en cas d'attaque nucléaire. C'est pourquoi le bâtiment n'est qu'une façade servant d'entrée à un espace de 7 000 m² situé 60 m sous terre, converti en une sorte de musée dédié à la guerre froide.

Les lieux sont presque vides, à part quelques expositions mises en place pour les visiteurs, dont une maquette du site. Un film de 20 minutes sur l'histoire de la guerre froide est suivi d'une visite guidée des quatre "quartiers" souterrains.

CENTRE CULTUREL VISSOTSKI MUSÉE

Plan p. 270 (Культурный центр Высоцкого ; www.vysotsky.ru ; Nyjny Tagansky toupik 3 ; 80 ₽ ; 11h-18h jeu-sam ; MTaganskaya). À la fois musée, salle de spectacles et espace d'expositions, ce centre culturel rend hommage à Vladimir Vissotski. Chanteur, auteur-compositeur, poète et acteur, celui-ci marqua l'ère soviétique grâce aux paroles pleines d'esprit de ses chansons commentant la société. La collection permanente est composée de multiples documents et photos, ainsi que d'effets personnels tels que sa guitare. Des spectacles de théâtre, de danse et de musique ont lieu chaque soir.

MUSÉE DE L'ICÔNE RUSSE MUSÉE

Plan p. 270 (Частный музей русской иконы ; www.russikona.ru ; ul Gontcharnaya 3 ; 11h-19h jeu-mar ; MTaganskaya). GRATUIT Ce musée présente la collection privée de l'homme d'affaires et mécène russe Mikhaïl Abramov, qui a rassemblé plus de 4 000 œuvres d'art russe et chrétien oriental, dont quelque 600 icônes. Cette collection est unique en ceci qu'elle représente presque toutes les écoles de peinture d'icônes russes. À ne pas manquer : une représentation du XVIIe siècle de la Vierge Hodigitria par Simon Ouchakov et une icône de saint Nicolas Mirlikiisky.

PRISON DE LA LOUBIANKA ÉDIFICE HISTORIQUE

Plan p. 270 (Лубянка ; Loubyanskaya pl ; MLoubianka). Dans les années 1930, la prison de la Loubianka était le cauchemar des victimes innocentes des purges staliniennes. Aujourd'hui, l'édifice gris qui domine le côté nord-est de la place abrite le FSB (*Federalnaya Sloujba Bezopasnosti*, Service de sécurité fédérale), successeur du KGB. Le FSB surveille de près les affaires du pays. Le bâtiment est fermé au public.

Basmanny

MUSÉE DES JEUX D'ARCADE SOVIÉTIQUES MUSÉE

(Музей советских игровых автоматов ; www.15kop.ru ; ul Baoumanskaya 11 ; 13h-20h ; MBaoumanskaya). Cette collection d'environ 40 jeux d'arcade soviétiques permet de se rendre compte à quoi pouvait jouer les jeunes des années 1980 en URSS. À l'entrée, les visiteurs reçoivent un sac rempli de pièces soviétiques de 15 kopecks pour faire fonctionner ces antiques machines. La majorité des jeux testent vos capacités de tir et de conduite. L'époque et les comportements étaient différents, donc ne soyez pas surpris d'avoir à viser des écureuils et

VAUT LE DÉTOUR

IZMAÏLOVO

Marché d'Izmaïlovo

Passez outre le faux "palais du tsar" kitsch qu'il entoure, le **marché aux puces d'Izmaïlovo** (www.kremlin-izmailovo.com ; Izmaylovskoye shosse 73 ; 10h-20h ; Ⓜ Partizanskaya) reste l'endroit idéal pour acheter matriochkas, icônes, insignes soviétiques et objets anciens. De bons antiquaires occupent le 2e étage des boutiques en bois autour du palais, mais pour faire de vraies affaires, vous devez venir de bonne heure le samedi matin. N'oubliez pas que la Russie interdit l'exportation d'objets vieux de plus de 100 ans.

Parc Izmaïlovsky et domaine royal

De l'autre côté du lac en face du marché d'Izmaïlovo, le parc Izmaïlovsky est un ancien domaine royal aménagé par le tsar Alexis Ier Mikhaïlovitch, père de Pierre le Grand. Ses 15 km² comportent un **parc de loisirs** et une vaste **zone boisée** (Izmaïlovsky Lessopark), à l'est de l'allée Glavnaya, qui le traverse du nord au sud. Les sentiers qui le sillonnent en font un endroit idéal pour se promener à pied ou à vélo.

Après une grande caserne du XVIIIe siècle (aujourd'hui partiellement occupée par la police) se profilent les cinq dômes de l'**église de l'Intercession** (1679), splendide exemple des débuts du baroque moscovite. Non loin, la **porte des Cérémonies** (1682), dotée de trois arcades aux toits pentus, et la **tour du Pont** (1671), en brique et trapue, sont les seuls autres bâtiments d'origine encore debout.

Bunker de Staline

Ce **bunker secret** (Бункер Сталин ; www.cmaf.ru ; Sovietskaya ul 80 ; Ⓜ Partizanskaya), rattaché au musée central des Forces armées, fut construit sous un stade à la fin des années 1930 en prévision du conflit avec l'Allemagne. Il fut désigné par la suite "poste de commandement suprême d'urgence de l'Armée rouge".

Il faut réserver pour une visite guidée du site, qui comprend la salle de commandement, une salle à manger, une salle de réunion ornée de marbre, le bureau de Staline et son salon. Les visites sont en russe, mais certains voyagistes organisent parfois des visites en anglais.

des lapins dans Winter Hunt. Vous pouvez également mesurer votre force en arrachant un navet plutôt provocateur ou jouer au hockey sur table. Si l'effort vous a donné soif, achetez une eau gazeuse aux fruits à un distributeur authentique – vous ne la paierez que 3 kopecks !

APTEKARSKY OGOROD JARDIN

(Аптекарский огород ; www.hortus.ru ; pr Mira 26 ; jour/soir 100/150 ₽ ; 10h-22h mai-sept, 10h-17h oct-avr ; Ⓜ Prospekt Mira). Ce beau jardin créé en 1706 et rénové avec soin, appartenait à l'origine au centre hospitalier de Moscou, qui y faisait pousser des plantes médicinales – d'où son nom, qui se traduit par "jardin d'apothicaire". Les visiteurs peuvent flâner dans les allées, visiter une exposition de plantes ornementales et explorer trois serres aux espèces de différentes zones climatiques. Il y a également des restaurants avec véranda donnant sur le jardin. Le week-end, l'Aptekarsky Ogorod devient un lieu de concerts, de défilés de mode et de foires artisanales.

SOKOLNIKI PARC

(Сокольники ; ; Ⓜ Sokolniki). GRATUIT Au cours des dernières années, le parc Sokolniki a subi une mutation spectaculaire. Sillonné de pistes cyclables, il se fond dans une véritable forêt qui borde le **parc national de Lossiny Ostrov** (Национальный парк Лосиный остров). Près de l'entrée, des restaurants sympathiques et des bancs entourent une fontaine. Plus loin, sur la gauche, tournent les manèges d'une fête foraine. Le **Rosarium** (Розариум), une belle roseraie, vaut aussi le détour. Dans la partie centrale du parc, au moins trois adresses louent des vélos et des équipements sportifs. L'été, les amateurs de soleil apprécient la piscine en plein air du **Basseïn** (Бассейн), qui se transforme en lieu de fête le soir venu.

En hiver, le parc ouvre une patinoire et la plus grande piste de luge de Moscou (200 m). Toutes sortes de festivals culturels et sportifs, dont le populaire **festival équestre** (Конный Фестиваль ; 29 août-1er septembre), s'y tiennent tout au long de l'année.

CENTRE SAKHAROV — MUSÉE

Plan p. 270 (☎495-623 4401 ; www.sakharov-center.ru ; ul Zemlyanoï val 57 ; ⏲11h-19h mar-dim ; Ⓜ Tchkalovskaya). GRATUIT Au sud de la gare de Koursk, au bord de la Iaouza, une maison à deux étages abrite un centre des droits de l'homme, qui porte le nom du dissident le plus célèbre de l'URSS. À l'intérieur, un musée retraçant la vie d'Andreï Sakharov, physicien nucléaire devenu défenseur des droits de l'homme, décrit en détail les années de dépression en URSS et l'histoire courageuse du mouvement dissident. Le centre organise de nombreux débats et présentations sur des questions politiques et relevant des droits de l'homme. Il est l'objet de pressions constantes de la part des autorités.

Le parc est jalonné de sculptures insolites, réalisées pour la plupart avec des armes et d'autres rebuts militaires. Repérez le morceau du mur de Berlin qui a été intégré à une installation émouvante. Les expositions temporaires sont consacrées aux problèmes actuels concernant les droits de l'homme ainsi qu'à l'art contemporain.

CATHÉDRALE ELOKHOVSKI — ÉGLISE

Plan p. 270 (www.mospat.ru ; Spartakovskaya ul 15 ; Ⓜ Baoumanskaya). GRATUIT Construite entre 1837 et 1845, la cathédrale de l'Épiphanie, à Elokhovo, est la principale église orthodoxe de Moscou depuis 1943. D'un un style russe éclectique et surmontée de cinq dômes, elle est remplie de dorures et d'icônes. Dans la partie nord se trouve la **tombe de saint Nicolas le Miraculeux**. Un autre tombeau situé face au côté droit de l'iconostase contient les restes de saint Alexis, un métropolite du XIVe siècle.

MUSÉE D'ART ANCIEN ANDREÏ ROUBLEV — MUSÉE D'ART

Plan p. 270 (Музей древнерусской культуры и искусства им Андрея Рублёва ; www.rublev-museum.ru ; Andronevskaya pl 10 ; tarif plein/réduit 350/200 ₽ ; ⏲11h-18h lun-mar et ven-sam, 14h-21h jeu ; Ⓜ Ploshtchad Ilytcha). Situé dans l'ancien monastère Andronikov, ce musée expose des icônes d'hier et d'aujourd'hui. Il ne possède, hélas, aucune œuvre du célèbre artiste dont il porte le nom, mais mérite néanmoins la visite, ne serait-ce que pour son cadre romantique. Andreï Roublev, peintre de génie, fut moine ici au XVe siècle. Il est enterré sur place, mais nul ne connaît l'emplacement exact de sa sépulture.

Au centre de l'enceinte, la **cathédrale du Sauveur**, un édifice datant de 1427, est le plus ancien bâtiment en pierre de Moscou. Ses *kokoshniki* (pignons en faïence et brique de couleurs vives) sont caractéristiques de l'architecture russe de l'époque. À gauche vous trouverez le presbytère et l'**église de l'Archange-Michel**, de style baroque moscovite (XVIIe siècle). À droite, les anciens logements des moines ont été transformés en musée.

MONASTÈRE NOVOSPASSKY — MONASTÈRE

Plan p. 270 (Новоспасский монастырь ; ☎495-676 9570 ; www.spasnanovom.ru ; Verkhny Novospassky proezd ; ⏲7h-19h ; Ⓜ Proletarskaya). GRATUIT Couvent fortifié du XVe siècle, le monastère du Nouveau-Sauveur se situe à 1 km au sud de la place Taganskaya. La **cathédrale de la Transfiguration**, son plus bel édifice, fut bâtie sur le modèle de la cathédrale de l'Assomption du Kremlin par la famille impériale des Romanov vers 1640. Ses fresques illustrent l'histoire du christianisme en Russie ; l'arbre généalogique des Romanov, qui remonte au prince viking Riourik, occupe tout un mur. L'**église de l'Intercession** date de 1675.

Sur la rive, au pied de l'une des tours du monastère, une fosse commune contient les restes de milliers de victimes des purges staliniennes. Au nord de l'enceinte se trouvent la **cathédrale de l'Assomption**, aux murs de brique, et une extraordinaire **tour-porche** de style baroque moscovite.

RÉSIDENCE ECCLÉSIASTIQUE — ÉDIFICE HISTORIQUE

(Крутицкое подворье; www.krutitsy.ru ; 1-y Kroutitsky per ; ⏲10h-18h mer-lun ; Ⓜ Proletarskaya). GRATUIT De l'autre côté de la route au sud du monastère Novospassky, cette somptueuse résidence fut celle des métropolites moscovites après la fondation du patriarcat russe au XVIe siècle, qui les chassa du Kremlin.

VAUT LE DÉTOUR

LA COMMUNAUTÉ DES VIEUX-CROYANTS

L'un des centres religieux les plus évocateurs de Russie est la **communauté des vieux-croyants** (Старообрядческая Община ; ul Rogojsky posyolok 29 ; 9h-18h mar-dim ; MPloshtchad Ilytcha), à Rogojskoe, à 3 km à l'est de la place Taganskaya. Refusant d'accepter certaines réformes, les vieux-croyants se séparèrent de l'Église orthodoxe russe en 1653. Ils continuent d'observer les pratiques et les rites anciens depuis lors. C'est à la fin du XVIIIe siècle, au cours d'une brève période exempte de persécutions, que de riches marchands vieux-croyants fondèrent cette communauté, parmi les plus importantes du pays.

Bâtiment jaune classique, l'**église de l'Intercession** renferme l'une des plus belles collections d'icônes de Moscou. Toutes datent d'avant 1653 ; la plus ancienne, *Le Sauveur aux yeux courroucés* (*Spass Iaroe Oko*, XIVe siècle), est conservée sous verre près de la porte sud. Les icônes de la déisis (plus grande rangée) de l'iconostase sont censées représenter l'école de Roublev, tandis que la septième, *Le Sauveur*, est attribuée à Roublev lui-même. Au nord de l'église se trouve le **cimetière de Rogojskoe**.

L'église se visite, mais les femmes doivent porter une jupe longue (pas de pantalon) et se couvrir la tête d'un foulard. La communauté est à 30 minutes de marche de la place Ilytcha. Vous pouvez aussi prendre le trolleybus n°16 ou n°26 ou le bus n°51 vers l'est sur la place Taganskaya et descendre après la voie de chemin de fer.

OÙ SE RESTAURER

Meshtchansky

LIOUDI KAK LIOUDI RESTAURATION RAPIDE €

Plan p. 270 (Люди как люди ; www.ludikakludi.ru ; Solyansky toupik 1/4 ; repas 300 ₽ ; 11h-22h lun-sam, 11h-20h dim ; MKitaï-Gorod). L'emplacement de ce joli café en fait un lieu idéal pour une pause-déjeuner lors d'une promenade à Kitaï-Gorod. Sa savoureuse cuisine réconfortera les voyageurs et ses prix raviront ceux qui surveillent leur budget.

FILIAL INTERNATIONAL €

Plan p. 270 (Филиал ; 495-621 2143 ; www.filialmoscow.ru ; per Krivokolenny 3 str 1 ; plats 270-450 ₽ ; 12h-minuit dim-jeu, 12h-6h ven-sam ; MTchistye Proudy). Son intérieur revêtu de bois lui donne des airs de pub, voire de chapelle gothique, mais la carte affiche un véritable melting-pot culinaire : pâtes italiennes, nouilles asiatiques, ou encore curries thaïlandais. Des DJ officient tous les vendredis et samedis soir.

KOULINARNAYA LAVKA BRATYEV KARAVAEVIKH TRAITEUR €

Plan p. 270 (Кулинарная лавка братьев Караваевых ; www.karavaevi.ru ; ul Pokrovka 14, str 2 ; plats 200-300 ₽ ; 8h-23h ; MTchistye Proudy, Kitaï-Gorod). Chez ce traiteur, prenez un ticket à l'entrée, puis faites votre choix parmi les plats préparés exposés. Les grands classiques russes, tels que la salade de betteraves, côtoient des spécialités européennes et asiatiques.

AVOCADO VÉGÉTARIEN €

Plan p. 270 (www.avocadocafe.ru ; Tchistoproudny bul 12/2 ; plats 290-420 ₽ ; 10h-23h ; MTchistye Proudy). Dans un intérieur un peu austère, l'Avocado offre un menu varié, tirant parti des cuisines du monde entier. Les versions végétariennes des soupes, salades, pâtes et *pelmeni* (raviolis) sont toutes présentes. La carte comporte aussi une section spéciale s'adressant aux crudivores.

DARBAZI GÉORGIEN €€

Plan p. 270 (495-915 3632 ; www.darbazi-rest.ru ; ul Nikoloïamskaya 16 ; plats 390-860 ₽ ; 12h-minuit ; MTaganskaya). La grande majorité des restaurants géorgiens se concentrent sur les spécialités les plus populaires, telles que les chachliks et les *khinkali* (raviolis). Cet établissement chic va bien au-delà et présente une liste de plats moins connus avec une précision presque encyclopédique. Nous recommandons le *tchakapouli* (agneau cuit dans du vin blanc et de l'estragon) et le *megreli khartcho* (canard à la sauce aux noix).

KITAYSKAYA GRAMOTA CHINOIS €€

Plan p. 270 (Китайская грамота ; 495-625 4757 ; ul Sretenka 1 ; plats 300-900 ₽ ; 12h-minuit). Mis à part l'humour douteux consistant à faire porter aux serveuses la tenue de soldats de Mao, cet établissement sert une cuisine cantonaise exceptionnelle. Le chef chinois transforme les ingrédients – des pieds de porc au poulpe en passant par du simple lait – en mets raffinés et appétissants.

♥ODESSA-MAMA UKRAINIEN €€

Plan p. 270 (☎8-964-647 1110 ; www.cafeodessa.ru ; per Krivokolenny 10 str 5 ; plats 380-540 ₽ ; ⏲12h-minuit ; Ⓜ Tchistye Proudy). Venez ici pour célébrer Odessa, que les habitants de cette ville portuaire surnomme affectueusement "mama". La cuisine de mama est un mélange étonnant d'influences juive, ukrainienne et balkanique, les poissons de la mer Noire étant à l'honneur. Goûtez au *forshmak* (pâté de hareng juif) ou encore au bortsch ukrainien en passant par les gobies frits d'Odessa. Si les produits de la mer ne vous tentent pas, essayez les raviolis ukrainiens *varenyky* ou les boulettes de viande grecques. Les *makarony po-flotski* (pâtes à la marine) est une spécialité soviétique que les locaux nostalgiques apprécient.

MOSCOW-DELHI INDIEN €€

Plan p. 270 (☎8-925-193 1916 ; per Khokhlovsky 7 ; menu 1 000 ₽ ; ⏲17h-23h30 ; 🖉 ; Ⓜ Kitaï-Gorod). Se retrouver dans une hutte de village indien avec un four tandoori après avoir cherché ce restaurant mal signalé dans une ruelle délabrée fait partie du plaisir, surtout lorsqu'il fait -25°C dehors ! Le menu thali, cuisiné par un chef indien, fait bien sûr le reste. Pour trouver Moscow-Delhi, entrez dans la cour et cherchez le passage minuscule entre deux bâtiments. Le restaurant se trouve juste derrière. Réservation essentielle.

SHERBET OUZBEK €€

Plan p. 270 (www.scherbet.ru ; ul Sretenka 32 ; plats 350-400 ₽ ; ⏲24h/24 ; Ⓜ Soukharevskaya). Au milieu des coussins moelleux et des tapisseries, prenez-vous pour un cheik en dégustant du *plov* (plat de riz, d'agneau et de légumes), des chachliks et d'autres spécialités ouzbèkes dans ce restaurant à la décoration extravagante. Sans oublier les narguilés et les danseuses orientales qui se produisent chaque soir.

EKSPEDITSIA RUSSE €€€

Plan p. 270 (Экспедиция ; ☎495-775 6075 ; www.expedicia.ru ; Pevtchesky per 6 ; menus 940-2 000 ₽ ; 🗐👪 ; Ⓜ Kitaï-Gorod). Ce restaurant au thème extrême emmène ses clients dans le Grand Nord sibérien. L'hélicoptère au beau milieu de la salle donne envie de se prendre pour un aventurier. Au menu : des plats typiques de la "cuisine du Nord" tels que l'*oukha* (soupe de poisson du Baïkal), les *pelmeni* au sanglier sauvage ou au crabe du Kamtchatka et le chevreuil Stroganov. Sur place : une *bania* (bains) sibérienne, chère mais authentique.

Basmanny

♥DOUKHAN TCHITO-RA GÉORGIEN €

Plan p. 270 (ul Kazakhova 10, str 2 ; plats 200-300 ₽ ; ⏲12h-23h ; Ⓜ Kourskaya). Ce restaurant géorgien, l'un des plus vénérés de la ville, est aussi l'un des moins chers. Les *khinkali* (grands raviolis farcis à la viande) font ici l'objet d'un culte. Seul inconvénient, les lieux sont constamment bondés et il faut souvent faire la queue avant d'entrer. Attention : les raviolis sont remplis d'un délicieux bouillon, donc mieux vaut commencer par en croquer une bouchée et boire le jus.

ART CLOUMBA INTERNATIONAL €

Plan p. 270 (☎499-678 0225 ; www.art-clumba.ru ; Nijnyaya Syromyatnitcheskaya ul 5/7, bât 10 ; plats 310-480 ₽ ; ⏲11h-23h ; 📶🖉🗐 ; Ⓜ Tchkalovskaya). Dans ce lieu situé dans le centre ArtPlay, les créatifs viennent se rencontrer. L'excellente carte est "éclectique, avec un fort accent de cuisine russe familiale". Vous y trouverez les grands classiques de la gastronomie russe, agrémentés d'accompagnements inattendus. Même les basiques (soupes, *pelmeni* – raviolis russes) sont bien préparés et subtilement assaisonnés.

LAVKA-LAVKA INTERNATIONAL €€

Plan p. 270 (www.lavkalavka.com ; per Nijny Sousalny 5, str 10 ; plats 400-600 ₽ ; ⏲11h-22h ; Ⓜ Kourskaya). Situé à l'intérieur de l'ancienne usine Arma, ce restaurant est le premier d'une chaîne qui promeut les produits fermiers locaux et les expériences culinaires. La carte change en permanence, au gré des ingrédients du jour et de l'imagination des cuisiniers. La petite rue Nijny Sousalny est accessible via un long passage souterrain relié à la station de métro Kourskaya (ligne circulaire) et Koursky vokzal (suivez les panneaux indiquant la rue Kazakova). En sortant, cherchez les portes menant à Arma, environ 100 m plus loin sur votre droite.

MADAM GALIFE GÉORGIEN €€

(www.madamgalife.ru ; Prospekt Mira 26/1 ; plats 370-800 ₽ ; ⏲12h-5h ; 📶 ; Ⓜ Prospekt Mira). Idée originale du célèbre réalisateur géorgien Rezo Gabriadze, cet établissement est bien plus qu'un simple restaurant caucasien. Il fait face au charmant jardin Aptekarsky Ogorod et la décoration intérieure – alliant des œuvres d'art naïf à des objets anciens provenant de Géorgie – est superbe.

La carte mêle cuisines géorgienne et européenne (mieux vaut opter pour la première). Ajoutant à l'ambiance extraordinaire, des concerts ont lieu tous les soirs : généralement du piano ou des formations de jazz.

OÙ PRENDRE UN VERRE ET FAIRE LA FÊTE

Meshtchansky

SISTERS CAFE CAFÉ

Plan p. 270 (☎495-623 0932 ; www.facebook.com/sistacafe ; ul Pokrovka 6 ; ⏲12h-23h ; 📶 ; Ⓜ Kitaï-Gorod). Ce café-bar calme et douillet a un petit côté féminin – comme si les sœurs de Tchekhov étaient finalement arrivées à Moscou et y avaient refait leur vie. Au menu : smoothies, limonades et thés bon marché, mais aussi vins et cocktails. Si vous avez faim, vous vous régalerez de spécialités italiennes.

Le mobilier rétro crée une ambiance chaleureuse, mais la fresque saisissante d'une jeune femme face à un abîme bleu incite plutôt à rêver à de nouveaux horizons.

TCHAÏNAYA VYSOTA SALON DE THÉ

Plan p. 270 (Чайная высота ; www.cha108.ru ; ul Pokrovka 27, str 1 ; 📶 ; Ⓜ Tchistye Proudy). Un salon de thé ? Un marchand de glaces ? Cet établissement ressemble davantage à une bibliothèque du thé et de la glace – une impression renforcée par le fait qu'il partage les lieux avec une librairie. La carte des thés est une liste interminable de pu-erh et d'oolong, et les parfums de glace vont de la groseille à la châtaigne en passant par les pétales de rose de Crimée. L'accent est mis sur les ingrédients insolites et peu communs, ce qui fait malheureusement grimper les prix.

BEAVERS & DUCKS BAR

Plan p. 270 (Бобры и утки ; bobryiutki.ru ; Tchistoproudny bul 1A ; ⏲24h/24 ; Ⓜ Tchistye Proudy). Ce bar convivial ouvert 24h/24 est tenu par deux femmes joviales qui se mêlent à la clientèle et donnent à leurs cocktails des noms osés – que nous ne citerons pas par décence.

Le service du petit-déjeuner commence à 4h, ce qui attire une foule de fêtards affamés.

TSIFERBLAT ANTICAFÉ

Plan p. 270 (Циферблат ; www.domnadereve.ziferblat.net ; ul Pokrovka 12, str 1 ; 120 ₽ la 1re heure, puis 80 ₽/heure ; 📶 ; Ⓜ Kitaï-Gorod). Êtes-vous déjà allé dans un café uniquement par envie de passer du temps dans un endroit agréable où échanger avec les autres, et non de consommer ? Le Tsiferblat a été le premier établissement à Moscou à révolutionner l'idée même du café. Ici, vous payez le temps, tandis que le café, la limonade et les gâteaux sont gratuits. De nombreuses animations culturelles s'y déroulent. Entrez à l'arrière du bâtiment puis montez au 2e étage.

Basmanny

CAFÉ TSOURTSOUM CAFÉ

Plan p. 270 (Цурцум кафе ; 4th Syromyatnitchesky per 1, str 6 ; ⏲10h-23h). Synonyme de Winzavod, où il se trouve, le Tsourtsoum est un bar où tous les membres de la communauté postindustrielle située derrière la gare de Koursk viennent faire la fête.

OMG! COFFEE CAFÉ

Plan p. 270 (☎495-722 6954 ; www.omgcoffee.net ; ul Staray Basmannaya 6, str 3 ; ⏲8h30-23h lun-ven, 11h-23h sam-dim ; Ⓜ Krasnye Vorota). Ce petit établissement de quartier ne plaisante pas avec la préparation du café ! Acheté à des spécialistes de la torréfaction, on le prépare ici de sept façons différentes. On y sert également de délicieux hamburgers et sandwichs.

KHITRYE LYOUDI CAFÉ

Plan p. 270 (Хитрые люди ; 4th Syromyatnitchesky per, str 10 ; ⏲12h-minuit dim-jeu, 12h-5h ven-sam). Occupant ce qui ressemble à une salle de classe abandonnée dans Winzavod, ce café décontracté propose une belle liste de limonades, ainsi que des boissons alcoolisées.

EDWARD'S PUB

Plan p. 270 (ul Nijnyaya Syromyatnitcheskaya 10, str 9 ; 8h-minuit ; MKourskaya). Installé à l'intérieur d'un passage stratégique dans l'ancienne usine d'ArtPlay, Edward's est un établissement minuscule mais bruyant, qui sert plusieurs bières blondes et artisanales à la pression (dommage, la nourriture est plutôt médiocre).

PROPAGANDA CAFÉ, DISCOTHÈQUE

Plan p. 270 (www.propagandamoscow.com ; Bolshoï Zlatoustinsky per 7 ; 12h-6h ; ; MKitaï-Gorod). Cet établissement renommé semble tout droit sorti du quartier des entrepôts, avec ses briques nues et ses tuyaux au plafond. Café le jour, il laisse place à un DJ le soir venu, qui enflamme la piste de danse. Les gays sont les bienvenus, notamment le dimanche soir.

TEMA BAR BAR

Plan p. 270 (495-624 2720 ; www.temabar.ru ; Potapovsky per 5 ; 24h/24 ; MTchistye Proudy). Les cocktails sont trop nombreux pour les compter, mais nous savons que le Tema propose plus de 20 martinis différents – ce qui donne une idée de l'étendue de la carte des boissons ! Le personnel expert vous servira à coup sûr quelque chose que vous aimez.

OUKOULELESHNAYA CAFÉ

Plan p. 270 (www.uku-uku.ru ; ul Pokrovka 3/7 ; 12h-23h ; MKitaï-Gorod). Il peut sembler incongru d'acheter un ukulélé à Moscou, mais ce magasin de musique possède un "ukubar" miniature, proposant quelques douzaines de types de cafés et de thés différents. Le soir, votre tabouret de bar devient une position privilégiée pour observer les personnes venues apprendre à jouer du ukulélé et de son équivalent russe, la balalaïka.

SOLYANKA CAFÉ, DISCOTHÈQUE

Plan p. 270 (ru-ru.facebook.com/solyankamoscow ; ul Solyanka 11 ; entrée ven-sam 500 ₽ ; 11h-6h ;). Le n°11 de la rue Solyanka est un hôtel particulier du XVIIIe siècle qui abrite aujourd'hui un club branché. Le jour, c'est un excellent restaurant préparant une cuisine créative d'inspiration russe et européenne. Les jeudis, vendredis et samedis soir, on débarasse la salle de ses tables et le DJ mixe du hip-hop, de la techno et de la musique électronique. La musique commence généralement à 23h (de même que la sélection à l'entrée).

LIGA PAP CAFÉ DES SPORTS

Plan p. 270 (495-624 3636 ; www.ligapap.ru ; ul Bolshaya Loubianka 24 ; 24h/24 ; MLoubianka). Le bel intérieur de ce café des sports comporte notamment un plafond en voûte de style gothique et de grandes TV. La salle principale est équipée d'un immense écran avec projecteur et de rangées de sièges comme dans un auditorium.

CAFÉ DIDOU CAFÉ

Plan p. 270 (495-624 1320 ; www.cafe-didu.ru ; Myasnitskaya ul 24 ; déj 190-320 ₽, repas 1 000 ₽ ; ; MTchistye Proudy). Ce club-café invite à s'amuser grâce à ses délicieux cocktails et la pâte à modeler mise à disposition sur chaque table. Les "sculptures" réalisées par les clients sont ensuite exposées.

ART LEBEDEV CAFÉ CAFÉ

Plan p. 270 (cafe.artlebedev.ru ; Myasnitskaya ul 22/1 ; 9h-23h ; MTchistye Proudy). Artemy Lebedev est connu à Moscou pour ses créations astucieuses et innovantes. Après avoir jeté un coup d'œil à la boutique, on peut boire un café et manger des friandises confortablement assis à l'étage. Par beau temps, la cour est un lieu charmant.

SECRET DISCOTHÈQUE

Plan p. 270 (www.secret-club.ru ; Nijny Sousalny per 7, bât 8 ; MKourskaya). Le "tarif dégressif" des entrées et les boissons attirent une clientèle jeune dans cette boîte gay. Plus on arrive tôt, moins on paie cher, et, si on est un homme de 18 à 22 ans, l'entrée est gratuite. Deux pistes de danse et concerts ou spectacles de drag queens le week-end.

COFFEE BEAN CAFÉ

Plan p. 270 (www.coffeebean.ru ; ul Pokrovka 21 ; 8h-23h ; MTchistye Proudy). L'Américain Jerry Ruditser a créé au début des années 1990 la première chaîne de cafés du pays. Certains prétendent qu'il s'agit toujours du meilleur café de la ville.

★ OÙ SORTIR

KRIZIS JANRA MUSIQUE LIVE

Plan p. 270 (www.kriziszhanra.ru ; ul Pokrovka 16/16 ; 11h-5h ; MTchistye Proudy). Habitués et nouveaux venus, jeunes et moins jeunes, tout le monde adore le Krizis, pour sa bonne cuisine à petits prix, ses boissons généreusement servies et la musique entraînante tous les soirs.

ART GARBAGE MUSIQUE LIVE

Plan p. 270 (www.art-garbage.ru ; Starosadsky per 5 ; 12h-6h ; ; M Kitaï-Gorod). On entre dans ce club-café atypique par la cour remplie de sculptures. À l'intérieur, les murs sont couverts de tableaux en tous genres, et des DJ ou des musiciens se produisent chaque soir. La décoration du restaurant est minimaliste, mais sa carte est créative.

PLATFORMA PROJECT THÉÂTRE

Plan p. 270 (www.platformaproject.ru ; per 4-y Syromyatnitchesky 1, str 6). Lorsque le théâtre, la danse et les arts visuels fusionnent, cela s'appelle une "plateforme", et les artistes de passage peuvent lui donner la forme qu'ils souhaitent. Située à Winzavod, la salle accueille divers événements créatifs.

CENTRE GOGOL THÉÂTRE

Plan p. 270 (Гоголь-центр ; 499-262 9214 ; www.gogolcenter.com ; ul Kazakhova 8 ; M Kourskaya). Ce théâtre qui fait beaucoup parler de lui à Moscou subit une pression politique constante en raison de son non-conformisme. Sa salle moderne accueille de nombreuses représentations de danse et de musique, ainsi que du théâtre d'avant-garde.

35MM CINÉMA

Plan p. 270 (495-917 1748 ; www.kino35mm.ru/en ; ul Pokrovka 47/24 ; M Krasnye Vorota). Unique à Moscou, ce cinéma a pour politique de diffuser tous les films en version originale, sous-titrés en russe. L'accent est mis sur les films d'art et d'essai et européens, mais des productions hollywoodiennes se glissent quand même dans la programmation.

PIROGUI NA MAROSEÏKE MUSIQUE LIVE, CINÉMA

Plan p. 270 (ul Maroseyka 9/2 ; 24h/24 ; ; M Kitaï-Gorod). La devanture élégante de cet établissement peut surprendre ceux qui connaissent les précédentes adresses de PirOGI. L'intérieur n'est ni sombre, ni sale. Rien à craindre cela dit, les fondamentaux n'ont pas changé : il y a toujours de la bonne nourriture, de la bière peu chère, des films et des concerts tous les soirs. De quoi attirer les inconditionnels et les fauchés.

NEW BALLET DANSE

Plan p. 270 (495-265 7510 ; www.newballet.ru ; Novaya Basmannaya ul 25/2 ; billetterie 11h-19h ; M Krasnye Vorota). Si vous n'en pouvez plus des reprises du *Lac des cygnes*, vous serez ravi d'apprendre que le New Ballet propose une forme innovante de danse contemporaine. Baptisée "ballet esthétique", celle-ci intègre des éléments de danse classique et moderne, ainsi que de mime et de théâtre. La salle est toute petite, ce qui permet d'apprécier de très près les spectacles.

SHOPPING

TRICOTAGE CLUB MODE, ACCESSOIRES

Plan p. 270 (Трикотаж-клуб ; www.sviterok.ru ; ul Pokrovka 4 ; 10h-22h lun-ven, 11h-22h sam-dim ; M Kitaï-Gorod). Pulls, chaussettes et moufles de toutes les couleurs et tailles tricotés à la main, jouets amusants, souvenirs maison et vêtements aux lignes épurées et sexy, pour homme et femme.

ODENSYA DLYA SHTCHASTYA MODE

Plan p. 270 (Оденься для счастья ; ul Pokrovka 31 ; 11h-21h ; M Kourskaya). Cette charmante boutique – qui invite sa clientèle à "s'habiller pour le bonheur" – vend des pièces de créateurs au style particulier, dont le Moscovite Oleg Birioukov. Sa marque propose des modèles raffinés aux lignes fluides et allongées et aux sublimes couleurs douces.

KHOKHLOVKA ORIGINAL MODE

Plan p. 270 (www.xoxloveka.ru ; per Khokhlovsky 7 ; 12h-22h ; M Kitaï-Gorod). Entrez par une cour couverte de graffitis, puis cherchez un petit espace entre deux bâtiments sur votre gauche – la porte se trouve dans ce passage minuscule. La boutique expose des vêtements et des accessoires de jeunes (très talentueux) créateurs russes.

BIBLIO-GLOBUS LIVRES

Plan p. 270 (495-781 1900 ; www.biblio-globus.ru ; Myasnitskaya ul 6 ; 9h-22h lun-ven, 10h-21h sam-dim ; M Loubianka). La librairie la plus prisée de Moscou est immense. Elle offre de nombreux ouvrages de référence et de beaux livres consacrés aux langues, à l'art et à l'histoire, ainsi qu'un bon choix de plans et de guides de voyage. Cette librairie à l'ancienne est désormais dotée d'un café au rez-de-chaussée.

RAZOUMIKHINA WORKSHOP MODE

Plan p. 270 (www.razumikhina.com ; 4-y Syromyatnitchesky per 1, str 9, entrée 21 ; 11h-19h ; M Kourskaya). La styliste Daria Razoumikhina, formée à Londres, qualifie son style d'"ethno-futuriste". On distingue dans ses vêtements multicolores des influences de Russie et d'Asie du Sud. La boutique vend également des bijoux.

OTCHEVIDNOYE NEVEROYATNOYE CADEAUX

Plan p. 270 (Очевидное невероятное ; www.orz-design.ru ; 4-y Syromyatnitchesky per 1, str 6, entrée 13 ; ⏲11h-21h). Cette boutique est remplie de cadeaux et de souvenirs insolites – de la lampe en forme de plateforme pétrolière au rouleau de papier toilette qui permet à son utilisateur d'apprendre quelques mots de russe. Le thème soviétique est bien présent dans les carnets et les étuis à passeport.

COSMOTHEKA PARFUMS

Plan p. 270 (www.cosmotheca.com ; 4-y Syromyatnitchesky per 1/8, str 6 ; ⏲10h-22h ; Ⓜ Kourskaya). Vous trouverez ici des marques de parfum que vous ne verrez dans aucune boutique hors taxe. Tous les fabricants russes et étrangers de parfum en marge des grandes marques sont présents. La boutique se trouve à l'entrée du centre Winzavod.

BEL POSTEL LINGE DE MAISON

Plan p. 270 (www.belpostel.com ; ul Sretenka 27/29 ; Ⓜ Soukharevskaya). Ce ravissant magasin de linge de maison propose un somptueux choix de peignoirs, couvertures, draps et serviettes, ainsi que des nappes et serviettes de table en lin russe, aux couleurs vives. Quelques marques internationales sont présentes, mais la majeure partie de la gamme est composée d'étoffes russes soyeuses et d'imprimés orientaux.

MAGAZINE TCHAÏ-KOFE ALIMENTATION

Plan p. 270 (Магазин Чай-Кофе ; ☎495-625 4656 ; Myasnitskaya ul 19 ; ⏲9h-21h lun-ven, 10h-19h sam-dim ; Ⓜ Tourguenevskaya). En 1894, l'ancienne maison de thé Perlov a été redécorée dans le style d'une pagode chinoise. Aujourd'hui, cette façade fantastique abrite le "Magasin thé-café", débordant de cafés d'Italie, du Brésil, du Costa Rica et du Kenya, et de thés de Chine, d'Inde et d'Afrique du Sud.

VAUT LE DÉTOUR

PROEKT_FABRIKA

Depuis 2004, une usine de papier, toujours en activité, partage son espace avec ce **lieu artistique** novateur (www.proektfabrika.ru ; Perevedenovsky per 18 ; ⏲10h-20h mar-dim ; Ⓜ Baoumanskaya). GRATUIT Première organisation indépendante à but non lucratif d'art contemporain à Moscou, Fabrika a ouvert en 2004 et accueille aujourd'hui des expositions interactives, notamment sur la danse et le théâtre, ainsi que des expositions d'art visuel. L'espace le plus animé est l'**Aktovy Zal** (☎499-265 4935 ; www.aktzal.ru ; billets 250-300 ₽), une salle expérimentale qui servait à des travailleurs pratiquant le théâtre amateur et où se tenaient des assemblées ouvrières. Des spectacles de danse contemporaine, de théâtre et de musique ont lieu chaque soir.

SRETENIE SOUVENIRS

Plan p. 270 (Сретение ; ☎495-623 8046 ; ul Bolshaya Loubianka 17 ; Ⓜ Loubianka). Il ne reste pas grand-chose du monastère Sretensky (XIVe siècle) : seulement l'église principale – la cathédrale Vladimirsky – et la boutique de souvenirs, marqués au sceau des icônes.

FACTORIYA-EKSPEDITSYA ÉQUIPEMENT DE PLEIN AIR

Plan p. 270 (Фактория-Экспедиция ; www.expedicia.ru ; Pevtchesky per 6 ; Ⓜ Kitaï-Gorod). Dans cette petite boutique située sous le restaurant du même nom, vous trouverez tout ce qu'il faut pour partir chasser, mais surtout, vous pourrez acheter des objets provenant de la vaste campagne russe.

Excursions

Serguïev Possad p. 159

Site de la laure de la Trinité-Saint-Serge, Serguïev Possad est la destination la plus visitée de l'Anneau d'Or (ensemble de villes anciennes au nord-est de Moscou). Facile d'accès depuis la capitale, c'est un endroit empreint de mysticisme.

Abramtsevo p. 164

Domaine campagnard abritant une colonie d'artistes, Abramtsevo fut le creuset du renouveau de la tradition russe dans la peinture, la sculpture, l'architecture et la littérature au XIXe siècle.

Vladimir p. 165

Vladimir, capitale de la Rous kiévienne au XIIe siècle, joua un rôle déterminant dans la création d'un style architectural typiquement russe. La ville arbore encore plusieurs édifices datant de cet âge d'or.

Souzdal p. 168

Datant du XIe siècle, Souzdal fut une capitale médiévale, puis un centre spirituel. Les monastères qui l'entourent et ses multiples églises lui confèrent une atmosphère de conte de fées.

Borodino p. 172

Théâtre de batailles décisives lors de l'invasion napoléonienne en 1812 et de la "grande guerre patriotique" (Seconde Guerre mondiale), Borodino est également une destination idyllique, loin des foules, de la circulation et de la pollution.

GAVIN HELLIER / GETTY IMAGES ©

LES INCONTOURNABLES
LAURE DE LA TRINITÉ-SAINT-SERGE

Aucun lieu en Russie n'est plus sacré que Serguïev Possad (Сергиев Посад), fondée en 1340 par le saint le plus révéré du pays, saint Serge de Radonège. Depuis le XIVe siècle, les pèlerins affluent ici pour lui rendre hommage.

La ville reste l'un des principaux sites spirituels de Russie. Il est facile de s'y rendre pour la journée depuis Moscou. Elle comporte quelques musées et autres curiosités, mais la laure (grand monastère) est son principal atout et vaut largement le détour à elle seule.

Abstenez-vous de photographier les moines. Les femmes sont tenues de se couvrir la tête d'un foulard et les hommes de se découvrir avant d'entrer dans les églises.

À NE PAS MANQUER

- La cathédrale de la Trinité
- La sacristie
- La chapelle du Puits

INFOS PRATIQUES

- **Indicatif téléphonique** ☎496
- **Localisation** Serguïev Possad est à 80 km au nord de Moscou.

Histoire

Vers 1340, saint Serge de Radonège fonda la **laure de la Trinité-Saint-Serge** (Troitse-Serguïeva Lavra ; ☎496 544 5356 ; www.stsl.ru ; 5h-21h) GRATUIT, qui devint rapidement le centre spirituel de l'orthodoxie russe. C'est grâce à sa bénédiction que le prince Dimitri Donskoï aurait remporté une victoire inattendue contre les Mongols lors de la bataille de Koulikovo Pole en 1380. Peu après sa mort, à l'âge de 78 ans, Serge fut nommé saint patron de la Russie.

Restauré à l'occasion du 700e anniversaire de saint Serge en 2014, ce monastère est un lieu de culte toujours en activité qui abrite une communauté de moines. Cet endroit empreint de mysticisme offre un aperçu de cette religion dont se nourrit depuis des siècles la spiritualité russe.

Cathédrale de la Trinité

Bâti dans les années 1420, la **cathédrale de la Trinité** (Троицкий собор), sombre et ramassée, constitue le cœur du monastère. La tombe de saint Serge occupe le coin

Пельмени
Жаркое

IVAN VDOVIN / GETTY IMAGES ©

. Cathédrale de la Nativité-
le-la-Vierge, Souzdal (p. 169)
Bâtie au XIIIe siècle, la cathédrale de la ville est
reconnaissable à ses traditionne ls clochers
bulbe dorés et à ses fresques somptueuses.

. Maison rurale, Vladimir (p. 165)
a fusion des traditions occidentale et kievienne,
n ferment dans le Vladimir du XIIe siècle,
influencé l'architecture russe pendant
les siècles.

. Monastère du Sauveur-Saint-
Euthyme, Souzdal (p. 169)
a muraille du XVIIe siècle de ce grand monastère
rotège des églises, des clochers et d'autres
difices remarquables où sont accueillies
ésormais des expositions d'art et d'histoire.

. Pancarte de restaurant,
ouzdal (p. 168)
es chalets en bois qui voisinent avec les
ombreuses églises de Souzdal ajoutent
u charme de cette ville historique.

JANE SWEENEY / GETTY IMAGES ©

UNE FOIS SUR PLACE

Le **musée du Jouet** (Музей игрушек ; www.museumot.ru ; pr Krasnoï Armii 123 ; tarif plein/réduit 150/70 ₽ ; ⏲11h-17h mer-dim). Les jouets à travers l'histoire et le monde. Très belle collection de poupées gigognes ; Serguïev Possad était le centre de la production de matriochkas avant la révolution.

OÙ SE RESTAURER À SERGUÏEV POSSAD

Tout près de la muraille du monastère, **Gostevaya Izba** (Гостевая Изба ; Aptekarsky per ; 300-500 ₽ ; ⏲11h-23h) recrée le genre de cuisine sur laquelle les citadins d'autrefois se seraient jetés en dehors des périodes de carême, bien que – au plus grand plaisir des végétariens – le menu comprenne également une importante section dévolue aux jours maigres. Pour des salades, des pâtes et quelques plats végétariens, essayez le petit **Art Café San Marino** (pr Krasnoï Armii 138/2 ; 250-400 ₽ ; ⏲11h-minuit). D'allure bien peu orthodoxe, ce petit restaurant, aménagé dans une cave voûtée devant le monastère, est rempli de tableaux et de livres.

sud-est, où une messe à sa mémoire est dite toute la journée, tous les jours de l'année. Les icônes qui couvrent les murs, éclairées par des lampes à huile, ont été réalisées pour la plupart par Andreï Roublev et son atelier.

Cathédrale de l'Assomption

Constellée d'étoiles, la **cathédrale de l'Assomption** (Успенский собор), inspirée de celle du Kremlin à Moscou, fut achevée en 1585 grâce à des fonds légués par Ivan le Terrible, pris de remords après avoir tué son fils. La **tombe** qui se trouve devant la porte ouest est celle de Boris Godounov, seul tsar à ne pas reposer au Kremlin de Moscou ou dans la cathédrale Saints-Pierre-et-Paul de Saint-Pétersbourg. Une autre tombe à voir est celle de **saint Innocent**, plus connu comme l'apôtre de l'Amérique, pour avoir fondé la communauté orthodoxe russe d'Alaska.

Non loin, la resplendissante **chapelle du Puits** (Накладезная часовня) fut édifiée au-dessus d'une source apparue, selon la légende, lors du siège de la ville par les Polonais. Élevé au XVIIIe siècle, le **clocher** baroque à cinq niveaux possédait autrefois 42 cloches dont la plus grosse pesait 65 tonnes. Sa construction prit 30 ans.

Sacristie

La **sacristie** (⏲10h-17h30 mer-dim), derrière la cathédrale de la Trinité, présente les fabuleux trésors du monastère, accumulés sur une période de 600 ans grâce aux dons des princes et des marchands : tapisseries, vêtements sertis de pierres précieuses, calices en or massif et autres merveilles. Récemment fermé pour réfection, il est difficile de savoir quand le musée rouvrira.

Église-réfectoire Saint-Serge

Cet immense bâtiment couvert de peintures murales est l'**église-réfectoire Saint-Serge** (Трапезная церковь преподобного Сергия), où les pèlerins étaient jadis accueillis au moment des repas. Aujourd'hui, lorsque la cathédrale de l'Assomption est fermée durant les grands froids, on y célèbre la messe du matin. L'église est fermée le reste du temps, sauf pour les visites guidées. Le bâtiment vert qui se tient à côté est la **résidence du métropolite**.

Depuis/vers la laure de la Trinité-Saint-Serge

Le mode de transport le plus rapide pour se rendre à Serguïev Possad est le train express qui part de la gare de Iaroslavl (Yaroslavsky vokzal) à Moscou (160 ₽, 1 heure, 6/jour). Plusieurs trains longue

LAURE DE LA TRINITÉ-SAINT-SERGE

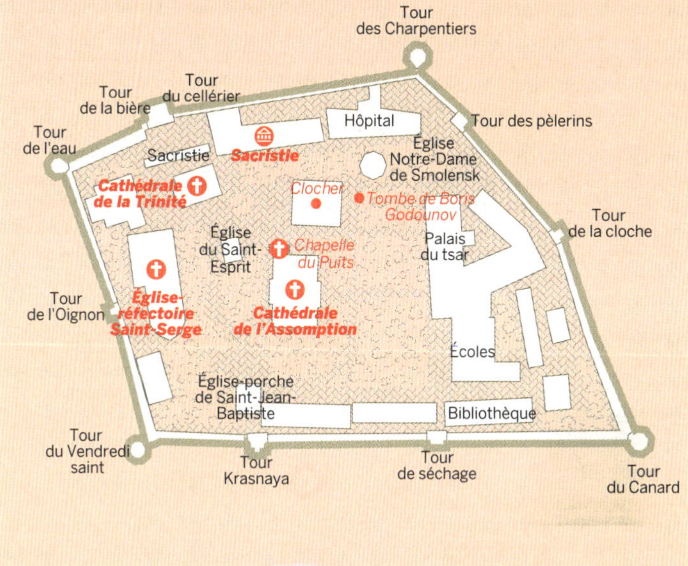

distance pour Iaroslavl s'arrêtent quotidiennement à Serguïev Possad (1 200 ₽, 3 heures). Il n'existe pas de ligne directe pour Rostov-Veliky.

Le bus n° 388 à destination de Serguïev Possad (145 ₽ ; 1/heure de 7h à 22h) part de la station de métro VDNKh à Moscou. D'autres bus à destination de Kostroma (700 ₽), Iaroslavl (500 ₽) et Rybinsk passent par Serguïev Possad presque toutes les heures ; tous vous emmèneront à Pereslavl-Zalessky (150 ₽) ou Rostov-Veliky (320 ₽) si vous parvenez à vous procurer un billet.

Depuis les gares ferroviaire et routière, marchez 500 m le long de la rue Voznesenskaya jusqu'à ce que vous arriviez à un beau point de vue sur la laure. De là, continuez encore 300 m le long de l'avenue Krasnoï Armii.

Pour vous y rendre en voiture, c'est un trajet direct de 80 km depuis Moscou sur la M8 (route Yaroslavl), mais le trafic à la sortie de la capitale est épouvantable. Évitez à tout prix de partir l'après-midi ou le samedi matin.

Abramtsevo

Découvrir Abramtsevo

Toute une génération d'artistes considérait la propriété campagnarde de Savva Mamontov, Abramtsevo (Абрамцево) comme une retraite idéale à l'écart de Moscou. Les bâtiments et l'enceinte ont conservé en grande partie l'apparence qu'ils avaient jadis. En une demi-journée, on peut explorer la maison principale et ses dépendances, parcourir les sentiers et admirer les œuvres d'art qu'ils ont laissées. Des expositions intéressantes sont organisées.

Le meilleur

➜ **À voir** L'église du Sauveur "non bâtie de main d'homme"

➜ **Où se restaurer** Café Abramtsevo

Notre conseil

En vous promenant dans le domaine, ne manquez pas l'"isba aux pattes de poule" de la sorcière Baba Yaga (célèbre personnage de contes russes), construite selon l'interprétation de Victor Vasnetsov.

Depuis/vers Abramtsevo

➜ **Train** Des trains de banlieue (en direction de Serguïev Possad ou Alexandrov) partent toutes les 30 minutes de la gare de Iaroslavl (Iaroslavsky vokzal, 245 ₽, 2 heures). Depuis le quai, suivez le sentier à travers bois, traversez la zone résidentielle et descendez les escaliers. Avant la grande route, tournez à gauche, traversez le pont et poursuivez jusqu'au parking.

➜ **Voiture** Quittez la M8 Moscou-Iaroslavl à l'ouest juste après la borne des 61 km (suivez la direction Khotkovo et Abramtsevo) et continuez au-dessus des voies ferrées.

Renseignements

➜ **Indicatif téléphonique** ☎495

➜ **Localisation** Abramtsevo se trouve à 58 km au nord de Moscou.

À VOIR

En 1870, le magnat du chemin de fer et mécène Savva Mamontov acheta ce domaine, devenu depuis **musée-réserve d'Abramtsevo** (Музей-заповедник Абрамцево ; www.

CIRCULER EN TRAIN

Il convient de distinguer les trains longue distance de ceux de banlieue. Les premiers desservent des villes situées à 3 ou 4 heures au moins de la capitale (comme Vladimir), marquent peu d'arrêts et comprennent plusieurs classes. Les seconds, appelés *prigorodnie poezdy* ou *elektritchki*, circulent dans un rayon de 100 à 200 km autour de Moscou (c'est le cas d'Abramtsevo, Serguïev Possad et Borodino).

Trains longue distance

Le service régulier est assuré par les trains rapides (*skory poezd*) – désignation relative. Les étrangers achetant des billets par le biais d'une agence sont sovent placés dans un train *skory*. Les meilleurs (*firmenny*) ont des wagons plus propres, et des horaires plus pratiques. Les billets de ces trains indiquent généralement les numéros de voiture (*vagon*) et de siège (*mesto*).

Trains de banlieue

La plupart des gares moscovites ont un hall séparé pour les guichets des trains de banlieue, généralement indiqué *prigorodny zal* (Пригородный Зал), souvent sur le côté ou à l'arrière du bâtiment. Habituellement mentionnés sur des fiches horaires distinctes, ces trains partent souvent de quais spécifiques. Assez lents, ils s'arrêtent fréquemment et ne comptent qu'une seule classe, avec des bancs en bois. Le billet s'achète avant le départ, sans réservation ; on risque de faire une partie du trajet debout. Pour accéder aux trains *prigorodnie*, il faut souvent passer son billet dans un lecteur électronique, donc veillez à garder le vôtre en cas de contrôle à bord ou (plus probablement) sur le quai à l'arrivée.

abramtsevo.net ; Museynaya ul 1, Abramtsevo ; site 55 ₽, 295 ₽/exposition ; ⊙10h-18h mer-dim avr-sept, 10h-16h mer-dim oct-mar), à 60 km au nord de Moscou. Il y accueillit des peintres parmi lesquels Ilia Repine, Isaac Levitan, Valentin Serov et Mikhaïl Vroubel. D'autres artistes fréquentaient l'atelier d'ébénisterie et de céramique, tandis que des musiciens (dont Fiodor Chaliapine) donnaient des représentations dans l'Opéra privé.

MAISON PRINCIPALE MUSÉE

(Усадебный дом ; tarif plein/réduit 250/150 ₽). Plusieurs pièces de la maison principale conservées en l'état, renferment des œuvres d'artistes qui y ont vécu. Le clou de la visite est la salle à manger de Mamontov, dont les murs arborent des portraits du mécène et de son épouse par Repine, ainsi que la *Jeune fille aux pêches* de Serov. Il y a un banc en majolique de Vroubel dans le jardin.

ÉGLISE DU SAUVEUR "NON BÂTIE DE MAIN D'HOMME" ÉGLISE

(Храм Спаса Нерукотворного). Le plus beau bâtiment de la propriété est l'église du Sauveur "non bâtie de main d'homme" (Tserkov Spassa Neroukotvorny). Cet édifice, hommage recherché d'une demi-douzaine d'artistes à l'architecture de Novgorod du XIVe siècle, illustre bien les intentions de Mamontov. L'iconostase est de Repine et Vassili Polenov. Ne manquez pas le magnifique poêle carrelé, qui fonctionne toujours. À l'heure de la rédaction de ce guide, le lieu avait fermé pour rénovation.

ATELIER ET CUISINE MUSÉE

(Мастерская и Кухня ; tarif plein/réduit 100/60 ₽). Construit en 1873 par Victor Gartman, cet atelier en bois, typiquement russe, est remarquable pour ses ornements extérieurs sculptés de style Art nouveau. Il abrite une exposition des œuvres en céramique de Vroubel. À proximité, l'ancienne cuisine présente une collection d'art folklorique accumulée par les Mamontov.

BAINS PUBLICS MUSÉE

(Баня-Теремок ; tarif plein/réduit 40/25 ₽). Achevés en 1878, les bains publics sont un autre exemple d'architecture russe ancienne, avec un extérieur en bois sculpté et un toit peint. Il accueille une exposition de menuiserie et d'ébénisterie, présentant entre autres le travail de Yelena Polenova.

OÙ SE RESTAURER

CAFÉ ABRAMTSEVO RUSSE €

(Кафе Абрамцево ; www.cafe-abramtsevo.ru ; plats 250-400 ₽ ; ⊙10h-18h). Près de l'entrée principale du musée-réserve, vous attend ce café avec terrasse. Le menu est riche en classiques russes et internationaux. Les portions sont copieuses. Glaces et *pirojki* (pâtisseries) en vente sur le parking.

Vladimir

Découvrir Vladimir

Vladimir (Владимир) ressemble à n'importe quelle grosse ville soviétique jusqu'à ce qu'on passe la porte d'Or médiévale, par laquelle on aperçoit les églises et cathédrales exquises, dont certaines figurent parmi les plus anciennes de Russie. Elles sont la première chose à voir à Vladimir.

Le prince Andreï Bogolioubski choisit Vladimir comme capitale en 1157 et invita les meilleurs architectes européens à créer les monuments de la ville, qui réunissent les traditions de l'Occident et de la Rous kiévienne. Leur style influença longtemps l'architecture russe.

On peut visiter Vladimir en une journée depuis Moscou, mais il est préférable de profiter d'un week-end pour aller à Souzdal dans la foulée.

Le meilleur

➡**À voir** La cathédrale Saint-Dimitri (p. 166)

➡**Où se restaurer** Losos i Kofé (p. 167)

➡**Où prendre un verre** Piteyny Dom Kuptsa Andreyeva (p. 167)

Notre conseil

Si vous comptez visiter Vladimir et Souzdal à la suite, passez la nuit à Souzdal, où l'offre d'hébergement est meilleure et plus variée.

Depuis/vers Vladimir

➡**Train** Des trains circulent fréquemment depuis Moscou, les plus rapides étant le Lastotchka (300 ₽, 3/jour) et le moderne Sapsan (900 ₽, 2/jour) – ils parcourent la distance en 1 heure 45. Tous deux vont

Vladimir

jusqu'à Nijni-Novgorod (Lastotchka 300 ₽, Sapsan 1 050 ₽ ; 2 heures). Tous les trains longue distance pour Tatarstan et la Sibérie s'arrêtent également à Vladimir.

➜**Voiture** Partez plutôt le matin (sauf le samedi) pour gagner du temps à la sortie de la capitale.

Renseignements

➜**Indicatif téléphonique** ☎4922

➜**Localisation** Vladimir se trouve à 178 km à l'est de Moscou sur la M7.

À VOIR

CATHÉDRALE DE L'ASSOMPTION ÉGLISE

(Успенский собор ; ☎4922-325 201 ; pl Sobornaya ; tarif plein/réduit 80/30 ₽ ; ⏲offices 7h-20h mar-dim, visiteurs 13h-16h45). Dressé sur une hauteur dominant la rivière Oka, ce bel exemple d'architecture prémongole est l'héritage du prince Andreï Bogolioubski, qui amorça le transfert du pouvoir de Kiev à la Rous' du nord-est, donnant à terme naissance à la Moscovie. L'édification de cette cathédrale, semblable aux églises byzantines de Kiev mais bâtie en pierre blanche, commença en 1158. Simple mais majestueuse, elle arbore de belles sculptures.

Sur la moitié inférieure du mur intérieur de l'aile nord extérieure, des fresques (XIIe siècle) représentent des paons et des prophètes. Les véritables trésors restent les fresques du Jugement dernier peintes par Andreï Roublev et Daniel Tchiorny en 1408 dans la nef centrale et l'aile sud intérieure, sous la galerie du chœur.

CATHÉDRALE SAINT-DIMITRI CATHÉDRALE

(Дмитриевский собор ; Bolshaya Moskovskaya ul 60 ; tarif plein/réduit 50/30 ₽ ; ⏲10h-17h mer-lun été, 10h-16h hiver). Ce chef-d'œuvre met en avant le travail remarquable des tailleurs de pierre russes. Les murs extérieurs de la cathédrale, achevée en 1197, sont couverts de décors sculptés. Au centre de la partie supérieure des murs nord, sud et ouest, le roi David charme les oiseaux et les animaux en leur jouant de la musique. Le prince de Vladimir, Vsevolod le Grand Nid, qui fit construire cette église comme partie intégrante de son palais, apparaît en haut à gauche du mur nord, avec un nouveau-né sur ses genoux. Au-dessus de la fenêtre percée sur la droite du mur sud, Alexandre le Grand, symbole de la puissance princière, monte au ciel ; sur le mur ouest figurent les travaux d'Hercule.

PALAIS MUSÉE

(Палаты ; ☎4922-323 320 ; Bolshaya Moskovskaya ul 58 ; tarif plein/-15 ans 150/70 ₽ ; ⊙10h-16h mar-mer, 10h-17h jeu-dim). Ce beau bâtiment du XVIIIe siècle qui s'élève entre les deux cathédrales regroupe une galerie d'art, des collections historiques et un musée pour enfants. La galerie d'art expose des œuvres remontant au XVIIIe siècle, dont certaines représentent les villes de l'Anneau d'Or.

MUSÉE D'HISTOIRE MUSÉE

(Исторический музей ; ☎4922-322 284 ; Bolshaya Moskovskaya ul 64 ; tarif plein/réduit 50/30 ₽ ; ⊙10h-17h mer-lun). Ce musée présente une vaste exposition sur l'histoire de Vladimir, des princes de Kiev à la révolution de 1917, avec de nombreux vestiges et reconstitutions d'éléments décoratifs des deux cathédrales de Vladimir. L'édifice en brique rouge, qui rappelle le musée d'Histoire de Moscou, a été spécialement construit à cet effet en 1902.

PORTE D'OR ÉDIFICE HISTORIQUE

(Золотые ворота ; www.vladmuseum.ru ; Zolotye Vorota ; tarif plein/réduit 50/30 ₽ ; ⊙10h-18h ven-mer). Mi-tour défensive, mi-arc de triomphe, la porte d'Or de Vladimir fut conçue sur le modèle de celle de Kiev. Bâtie par Andreï Bogolioubski pour garder la principale entrée de la ville, celle de l'ouest, elle fut plus tard restaurée par Catherine II. Grimpez l'étroit escalier de pierre pour jeter un coup d'œil au petit **musée militaire** (☎4922-322 559 ; tarif plein/réduit 40/20 ₽ ; ⊙10h-18h ven-mer). Il contient un diorama représentant la vieille ville de Vladimir, laquelle fut saccagée par des assaillants nomades en 1238 et 1293.

COLLECTION DE CRISTAUX, DE MINIATURES EN LAQUE ET DE BRODERIES MUSÉE

(Выставка хрусталя, лаковой миниатюры и вышивки ; vladmuseum.ru ; Bolshaya Moskovskaya ul 2 ; tarif plein/-15 ans 50/30 ₽ ; ⊙11h-19h mer-lun). Dans l'ancienne église de la Trinité des vieux-croyants, ce musée présente des objets d'artisanat fabriqués à Gous-Khroustalny et dans d'autres villes des environs. La boutique du rez-de-chaussée propose un choix correct de cristaux.

OÙ SE RESTAURER ET PRENDRE UN VERRE

LOSOS I KOFÉ INTERNATIONAL €€

(Лосось и кофе ; www.losos-coffee.ru ; Bolshaya Moskovskaya ul 19a ; plats 300-600 ₽ ; 📶). Ce café avec DJ sert une cuisine asiatique et européenne qui apporte une touche cosmopolite à la vieille ville.

PITEYNY DOM KUPTSA ANDREYEVA RUSSE €€

(☎4922-232 6545 ; www.andreevbeer.com/dom ; Bolshaya Moskovskaya ul 16 ; plats 250-400 ₽ ; ⊙11h-minuit ; 📶). Cet établissement tente de ressembler à un *kabak* (estaminet) russe d'antan. On vient pour sa douzaine de bières à la pression, brassées sur place, et ses plats russes copieux, du *chtchi* (soupe au chou) aux blinis.

OÙ SE LOGER

Les prix indiqués incluent le petit-déjeuner.

SAMOVAR AUBERGE DE JEUNESSE €

(Самовар ; ☎8-900-586 0151 ; www.samovar-hostel.ru ; ul Kozlov toupik 3 ; dort à partir de 400 ₽, d 1 400 ₽ ; 📶🐾). Cette toute nouvelle auberge de jeunesse, dans laquelle on trouve un samovar – parfait à l'heure du thé ! – a de nombreux équipements et une bonne ambiance. Les alentours sont un peu défraîchis, mais les escaliers menant au jardin proche de la cathédrale de l'Assomption se trouvent juste en face de l'entrée.

ROUS HÔTEL €€

(Русь ; ☎4922-322 736 ; www.rushotel33.ru ; ul Gagarina 14 ; s/d à partir de 2 900/3 400 ₽ ;

VAUT LE DÉTOUR

BOGOLIOUBOVO

Touristes et pèlerins affluent à Bogolioubovo, à seulement 12 km au nord-est de Vladimir, pour visiter l'**église de l'Intercession-de-la-Vierge-sur-la-Nerl** (Церковь Покрова на Нерли ; ⏲10h-18h mar-dim), référence en terme d'architecture russe. En plus de ses proportions parfaites, sa beauté tient à son emplacement au bord de l'eau (avec l'inconvénient des inondations) et à la sobriété de ses sculptures. Selon la légende, le prince Andreï Bogolioubski aurait fait construire l'église en mémoire de son fils préféré, Iziaslav, tué dans une bataille contre les Bulgares. Comme dans la cathédrale Saint-Dimitri à Vladimir, le roi David apparaît en haut de trois des murs extérieurs, tenant des oiseaux et des animaux sous le charme de sa musique. L'intérieur compte davantage de sculptures, dont 20 paires de lions. Si l'église est fermée (d'octobre à avril, les horaires sont aléatoires), demandez à la maison qui se trouve à l'arrière.

Pour rejoindre cette célèbre église, prenez le bus n°152 depuis la porte d'Or ou la place Sobornaya à Vladimir et descendez au monastère Bogolioubski, inratable, qui contient dans son enceinte les vestiges du palais du prince Andreï. Suivez la rue Vokzalnaya, immédiatement à l'est du monastère. Au bout de la rue, traversez la voie ferrée et suivez le chemin pavé à travers champs.

❄📶). Comme partout le long de l'Anneau d'Or, l'industrie hôtelière à Vladimir évolue rapidement, avec des nouveaux établissements de qualité. Aménagé dans un ancien manoir, lequel donne dans une rue calme proche de l'artère principale, cet hôtel loue de belles et confortables chambres, quoique légèrement impersonnelles.

♥ **VOZNESENSKAYA SLOBODA** HÔTEL **€€€**
(Вознесенская слобода ; ☎4922-325 494 ; www.vsloboda.ru ; ul Voznesenskaya 14b ; d 4 800 ₽ ; P❄📶). Perché sur un promontoire fort d'une vue superbe sur la vallée, cet hôtel est probablement le mieux placé de tout l'Anneau d'Or. C'est un quartier très calme, où les vieilles maisons en bois et les villas modernes sont dominées par la jolie église de l'Ascension. L'intérieur de l'hotel est décoré avec goût dans le style Art nouveau. Le restaurant **Kroutcha**, très réputé, se trouve sur place.

Souzdal

Découvrir Souzdal

Souzdal (Суздаль) est le joyau de l'Anneau d'Or. Cette ville a gardé en grande partie son aspect d'origine ; ses petites maisons en bois se mêlent aux coupoles dorées qui se reflètent dans la rivière serpentant au milieu des collines et des prairies.

Passez la matinée à explorer le Kremlin, à faire des emplettes sur la place du marché et à admirer la vue sur la Kamenka. L'après-midi, partez à la découverte du monastère du Sauveur-Saint-Euthyme. En chemin, vous passerez devant des dizaines d'églises exquises, de cabanes en bois aux couleurs vives et d'autres décors photogéniques. Si vous en avez le temps et l'envie, la campagne environnante se prête parfaitement à la pratique du VTT ou de l'équitation.

Le meilleur

- **À voir** Le Kremlin
- **Où se restaurer** Tchaïnaya (p. 171)
- **Où prendre un verre** Kvasnaya Izba (p. 171)

Notre conseil

La plupart des bus longue distance depuis Vladimir ou Moscou passent par la place centrale en allant à la gare routière de Souzdal. Demandez au chauffeur de vous laisser à cet endroit afin d'éviter de marcher 2 km pour regagner le centre-ville.

Depuis/vers Souzdal

- **Bus** La gare routière se trouve à 2 km à l'est du centre de Souzdal, dans la rue Vasilievskaya. Une combinaison train/bus via Vladimir est de loin la meilleure solution pour s'y rendre depuis Moscou. Les bus circulent toutes les 45 minutes depuis/vers Vladimir (115 ₽, 1 heure).

Voiture Depuis Moscou, prenez la M7 jusqu'à Vladimir, puis suivez les panneaux pour Souzdal le long de la route qui contourne Vladimir, avant de tourner au nord vers Souzdal (220 km au total).

Renseignements

Indicatif téléphonique ☎49231

Localisation Souzdal se trouve à 35 km au nord de Vladimir.

À VOIR

KREMLIN — FORTERESSE

(Кремль ; 30-70 ₽/expo, billet combiné tarif plein/réduit 250/100 ₽ ; ⏱10h-18h mer-lun). Ce Kremlin est l'ancêtre de celui de Moscou. Au XIIe siècle, il servait de base au prince Iouri Dolgorouki, gouverneur de la partie nord-est de la Rous kiévienne, qui, entre autre, créa un avant-poste, devenu depuis capitale russe. Long de 1,4 km, le rempart en terre du Kremlin entoure aujourd'hui quelques rues bordées de maisons et une poignée d'églises, ainsi que la principale cathédrale de la ville, dans la rue Kremlyovskaya.

CATHÉDRALE DE LA NATIVITÉ-DE-LA-VIERGE — ÉGLISE

(Церковь Казанской иконы Божьей Матери ; Kremlyovskaya ul) La cathédrale de la Nativité-de-la-Vierge, avec ses coupoles bleues pailletées d'or, a été bâtie dans les années 1220. Seule sa partie inférieure en pierre blanche sculptée est d'origine ; le reste, construit en brique, date du XVIe siècle. Elle renferme de splendides fresques (XIIIe et XVIIe siècles) et ses portails ouest et sud sont couverts de cuivre damasquiné d'or (XIIIe siècle).

PALAIS DE L'ARCHEVÊQUE — MUSÉE

(Архиерейские палаты ; Kremlyovskaya ul ; 70 ₽ ; ⏱10h-17h mer-lun). Dans le palais de l'Archevêque, à l'intérieur du Kremlin, l'**exposition sur l'histoire de Souzdal** (☎49231-21 624 ; 70 ₽ ; ⏱10h-17h mer-lun) présente des photos de l'intérieur de la cathédrale de la Nativité-de-la-Vierge et sa porte d'origine (XIIIe siècle). On peut voir la **salle de la Croix** (Крестовая палата), du XVIIIe siècle, où se tenaient les réceptions. L'exposition se prolonge dans le **clocher du Kremlin** (звоница), un édifice au toit en pavillon de 1635 sur le côté est de la cour.

PLACE DU MARCHÉ — PLACE

(Торговая площадь). Cette place est bordée sur son flanc ouest par les arcades des **galeries marchandes** (1806-1811). Quatre églises se dressent aux abords immédiats, notamment l'**église de la Résurrection** (Воскресенская церковь; Torgovaya pl ; 50 ₽). Une fois grimpé au sommet du clocher, on a une vue sur les bulbes dorés qui ponctuent Souzdal. L'**église de l'Empereur-Constantin** (1707), dont les cinq dômes s'élèvent à l'angle nord-est de la place, est toujours en activité. À côté, l'**église Notre-Dame-Consolatrice-de-Tous-les-Affligés**, plus petite, date de 1787.

MONASTÈRE DU SAUVEUR-SAINT-EUTHYME — MONASTÈRE

(Спасо-Евфимиев мужской монастырь ; ☎49231-20 746 ; site et pour chaque expo tarif plein/réduit 70/30 ₽, billet tout compris tarif plein/réduit 350/150 ₽ ; ⏱10h-18h mar-dim). Fondé au XIVe siècle pour protéger l'entrée nord de la ville, le plus grand monastère de Souzdal prit son essor aux XVIe et XVIIe siècles après que Vassili III, Ivan le Terrible et la famille Pojarski y eurent construit d'imposants bâtiments de pierre et l'eurent doté de vastes terrains. Au XVIIe siècle, il fut ceint d'une muraille de brique ponctuée de tours.

À l'entrée, dans l'**église-porche de l'Annonciation** (Благовещенская надвратная церковь) on peut voir une exposition consacrée à Dimitri Pojarski (1578-1642), qui prit la tête de l'armée russe pour chasser les Polonais de Moscou en 1612.

Devant la **cathédrale de la Transfiguration-du-Sauveur** (Спасо-Преображенский собор surmontée de sept coupoles, un **clocher** (Звонница) (XVIe-XVIIe siècle) fait entendre son carillon. La cathédrale fut bâtie durant les années 1590 dans le style de Vladimir-Souzdal des XIIe et XIIIe siècles. Les travaux de restauration ont mis au jour des fresques réalisées en 1689 par l'atelier de Gouri Nikitine, artiste de Kostroma. La **tombe** du prince Dimitri Pojarski se trouve près du mur est. Face au clocher, l'**église de l'Assomption** (Успенская церковь) (1525) est contiguë à l'ancienne **résidence du père supérieur** (Палаты отца-игумена), où sont exposées des icônes russes et une collection d'art naïf.

À l'extrémité nord de l'ensemble, l'ancien **donjon** (Монасты-рская тюрьма), construit en 1764 pour les dissidents religieux, renferme aujourd'hui une passionnante exposition sur l'histoire carcérale du

Souzdal

monastère et présente quelques-uns des détenus les plus connus. Regroupés dans un même édifice, **l'hôpital et l'église Saint-Nicolas** (Больничные кельи и Никольская церковь ; 1669) abritent un musée doté d'une riche collection d'accessoires liturgiques en or.

COUVENT DE L'INTERCESSION COUVENT

(Покровский монастырь ; Pokrovskaya ul). GRATUIT Ce bel édifice blanc se détache de son cadre de vertes prairies. À l'intérieur, tout n'est que fleurs. Ce couvent fut fondé en 1364, initialement pour servir de lieu d'exil aux épouses répudiées des tsars.

Souzdal

À voir
1 Église-porche de l'Annonciation............B1
2 Palais de l'Archevêque.........................B5
3 Église de l'Assomption..........................B1
4 Clocher de la cathédrale........................B1
5 Cathédrale de la Transfiguration-du-Sauveur...B1
Salle de la Croix.............................(voir 2)
6 Église de l'Empereur-Constantin.........C4
7 Résidence du père supérieur................B1
8 Couvent de l'Intercession.....................A2
9 Kremlin..B5
10 Clocher du Kremlin..............................B5
11 Donjon..B1
12 Musée de l'Architecture en bois et de la Vie paysanne..........................B6
13 Cathédrale de la Nativité-de-la-Vierge..B5
14 Église de la Résurrection.......................C4
Église de la Résurrection..............(voir 12)
15 Monastère du sauveur-saint-Euthyme....................................B1
Exposition sur l'histoire de Souzdal..(voir 2)
16 Galeries marchandes...........................C4
Église de la Transfiguration.........(voir 12)
17 Notre-Dame-Consolatrice-de-Tous-les-Affligés..................................C4

Où se restaurer
18 Tchaïnaya...B5
19 Kvasnaya Izba..A5
20 Losos I Kofé...C4

Où prendre un verre et faire la fête
21 Graf Suvorov & Mead-Tasting Hall.......C4

Activités
22 Croisière...C6

Où se loger
23 Godzillas Souzdal...................................B4
24 Poushkarskaya Sloboda.........................C6
25 Sourikov Guest House...........................A1

Renseignements
26 Poste et téléphone.................................C3
27 Sberbank...C3

MUSÉE DE L'ARCHITECTURE EN BOIS ET DE LA VIE PAYSANNE MUSÉE

(Музей деревянного зодчества и крестьянского быта ; www.vladmuseum.ru ; ul Poushkarskaya ; tarif plein/réduit 200/80 ₽ ; 9h-19h jeu-mar mai-oct, 9h-16h nov-avr). À une courte distance à pied au sud du Kremlin, sur l'autre berge, ce musée à ciel ouvert vous donnera un aperçu de la vie que menaient jadis les paysans de la région.

Outre des isbas, des moulins, une étable et quantité d'outils et d'objets artisanaux, ses points forts sont l'**église de la Transfiguration** (Преображенская церковь, 1756) et l'**église de la Résurrection** (Воскресенская церковь), plus modeste, bâtie en 1776.

OÙ SE RESTAURER ET PRENDRE UN VERRE

La plupart des hôtels ont également un restaurant.

TCHAÏNAYA RUSSE €

(Чайная ; www.restoran-suzdal.ru/chaynaya ; ul Kremlyovskaya 10g ; 120-350 ₽ ; 10h-21h). Caché dans un marché d'artisanat kitsch, ce restaurant est une petite merveille. Les classiques russes – blinis, *chtchi* (soupe au chou), champignons et légumes au vinaigre – occupent une place importante au menu, mais ce sont les plats inhabituels, voire insolites qui rendent cet endroit si spécial : galettes de sarrasin rouge, pommes au vinaigre farcies de hareng, ou encore toasts de concombre salé et frit aux baies de sorbier avec de la crème aigre et du raifort.

KVASNAYA IZBA RUSSE €

(8-915-779 0577 ; www.kvasnaya-izba.ru ; ul Poushkarskaya 51 ; 200-400 ₽ ; 10h-21h ;). Légèrement excentré, cet établissement vaut vraiment le détour pour qui veut goûter différentes sortes de *kvas* – boisson traditionnelle russe à base de pain de seigle fermenté. On peut le boire seul ou en accompagnement des plats russes servis ici.

LOSOS I KOFÉ INTERNATIONAL €€

(Лосось и кофе ; www.losos-coffee.ru ; dans les galeries marchandes, ul Lenina 63a ; plats 340-590 ₽ ; 10h-23h). Cette enseigne de Souzdal est le meilleur endroit pour déjeuner ou prendre un café. Pittoresque, l'intérieur en bois vieilli et chaulé évoque l'ambiance de la datcha de "La Cerisaie". Plats de cuisine européenne fusion et sushis.

GRAF SUVOROV & MEAD-TASTING HALL RUSSE €€

(Граф Суворов и зал дегустаций ; dans les galeries marchandes, ul Lenina 63a ; menu dégustation 130-350 ₽). Doté de plafonds en voûte et décoré de peintures murales kitsch retraçant les aventures du comte Souvorov (héros militaire russe) dans les Alpes, ce restaurant propose une cuisine russe traditionnelle (plats 200-300 ₽) et plusieurs dizaines de variétés de *medovoukha* local, l'hydromel que buvaient les princes d'antan. Essayez les assortiments de dégustation, qui en comprennent 10 sortes chacun. Outre la version classique, on peut goûter des *medovoukha* aux baies ou aux herbes.

ACTIVITÉS

CROISIÈRE BATEAU

(250 ₽). Quatre fois par jour, un petit bateau embarque des touristes pour une croisière de 40 minutes le long de la rivière Kamenka, depuis le pont près du Kremlin. Idéal pour voir les monastères et églises de Souzdal sous un autre angle.

HELIO SPA BANIA

(Горячие ключи ; ☎49231-24 000 ; www.parilka.com ; ul Korovniki 14 ; ⏲11h-1h). Le cadre rural de Souzdal est idéal pour se purifier le corps et l'esprit dans une *bania* (bain chaud russe). On peut louer de belles *bani* au bord du lac au Helio Park Hotel (anciennement Goryatchie Klyoutchi) à partir de 1 200 ₽/heure, jusqu'à 4 personnes. Chaque *bania* est un chalet en bois individuel avec différents niveaux de vapeur et de confort.

OÙ SE LOGER

Avec l'explosion du tourisme, les adresses de milieu et haut de gamme se multiplient à Souzdal, allant des petites pensions pittoresques aux vastes complexes de vacances. Vous économiserez probablement jusqu'à 1 000 ₽ par nuit si vous évitez les week-ends et la haute saison. Les tarifs comprennent généralement le petit-déjeuner.

GODZILLAS SOUZDAL AUBERGE DE JEUNESSE €

(☎depuis Moscou 495-699 4223 ; www.godzillashostel.com ; Naberejnaya ul 32 ; dort à partir de 700 ₽ ; 📶). Affilié à l'auberge de jeunesse moscovite du même nom, ce magnifique chalet surplombant la rivière a été entièrement rénové. Chaque dortoir a sa salle de bain et son balcon. Les hôtes peuvent profiter du jardin et d'une *bania*, ou se détendre au salon et au bar du sous-sol.

♥ **SOURIKOV GUEST HOUSE** PENSION €€

(Гостевой дом Суриковых ; ☎49231-21 568 ; www.surikovs.ru ; ul Krasnoarmeyskaya 53 ; sem d/tr/qua 2 000/2 500/3 000 ₽, week-end d/tr/qua 2 500/3 000/3 500 ₽ ; 📶). Classée dans la catégorie boutique-hôtel, cette belle pension, près de la rivière Kamenka, sous la muraille du monastère du Sauveur-Saint-Euthyme, loue des chambres confortables de taille modeste, aux meubles de style ancien. Restaurant russe.

POUSHKARSKAYA SLOBODA COMPLEXE HÔTELIER €€

(Пушкарская слобода ; ☎49231-23 303 ; www.sloboda-gk.ru ; ul Lenina 45 ; hôtel d 2 900 ₽, village d à partir de 4 300 ₽ ; ❄ 🏊). Ce village de vacances a tout d'un parc à thème : chambres réparties entre l'"auberge russe" en bois et les maisonnettes reconstituant un village du XIXe siècle, trois restaurants allant de la taverne rustique à la salle à manger solennelle, et un service très complet. Une adresse d'un bon rapport qualité/prix, accueillante pour les familles.

Borodino

Découvrir Borodino

Borodino (Бородино) fut le théâtre d'affrontements décisifs lors de l'invasion napoléonienne en 1812. Plus de deux cents ans après, ce site présente une leçon d'histoire vivante. Commencez par le musée de Borodino, qui donne une vue d'ensemble de la bataille, puis explorez la réserve de 100 km². Si vous êtes en voiture, vous pourrez voir les monuments commémorant les sites des plus violents affrontements, ainsi que les quartiers généraux des armées française et russe. Si vous arrivez en train, votre visite se limitera sûrement aux monuments placés le long de la route entre la gare et le musée. Le statut historique des collines aux alentours de Borodino et de Semionovskoe les préserve de tout développement touristique. Pensez à apporter un pique-nique.

Le meilleur

➡**À voir** Le champ de bataille de Borodino (ci-après)

Notre conseil

Le premier dimanche de septembre, le musée organise une reconstitution historique de la bataille, rejouée par des participants russes et français en uniforme.

Depuis/vers Borodino

➡**Train** Des trains de banlieue partent de la gare de Biélorussie (Bieloroussky vokzal) de Moscou à destination de Borodino (228 ₽, 2 heures) à 7h56 et 8h43 (avec des trains supplémentaires le week-end). Ils repartent pour Moscou à 14h20 et 16h02.

➡**Voiture** Étant donné que les monuments sont dispersés, la voiture est un moyen de transport plus pratique et probablement moins frustrant. Depuis Moscou, restez sur la M1 (Minskoe sh) jusqu'à la direction Mojaïsk, 95 km après le périphérique extérieur. Continuez pendant 5 km vers le nord jusqu'à Mojaïsk, puis encore 13 km vers l'ouest jusqu'à Borodino.

Renseignements

➡**Indicatif téléphonique** ☎49638

➡**Localisation** Borodino se trouve à 130 km à l'ouest de Moscou.

À VOIR

CHAMP DE BATAILLE DE BORODINO — SITE HISTORIQUE

(Бородинское поле ; www.borodino.ru). La totalité du champ de bataille, qui s'étend sur plus de 100 km², est devenu le **musée-réserve de la Bataille de Borodino**. Il se compose de vastes champs parsemés de dizaines de mémoriaux érigés pour la plupart à l'occasion du centenaire de la bataille en 1912. La **tombe de Bagration** (Могила Багратиона), un prince géorgien et général d'infanterie héroïque, mortellement blessé au cours de la bataille, se dresse sur une hauteur, à 400 m environ du musée.

La ligne de front suivait approximativement la route de 4 km entre le village et la gare ferroviaire ; la plupart des monuments sont proches de cette route. Plus au sud, autour de **Semionovskoe**, un groupe de monuments marque le lieu des affrontements les plus violents : c'est ici que la deuxième armée de Bagration fut pratiquement exterminée par des forces françaises bien plus nombreuses. Le commandant russe Mikhaïl Koutouzov l'aurait délibérément sacrifiée pour sauver la première armée, qui affrontait les troupes françaises inférieures en nombre dans la partie nord du champ de bataille. Dans le village de Gorki, un obélisque signale le **quartier général de Koutouzov**. Un deuxième obélisque, financé par des dons français en 1912, indique le **camp de Napoléon**, près de Shevardino, au sud-ouest.

Une autre bataille se déroula ici pendant la Seconde Guerre mondiale entre l'Armée rouge et les troupes nazies. Plusieurs monuments la commémorent et des **tranchées** entourent encore la tombe de Bagration. Près de la gare, deux charniers datent de cette époque.

MUSÉE DE BORODINO — MUSÉE

(Бородинский музей ; www.borodino.ru ; 50 ₽ ; ⌚10h-17h mar-dim avr-oct, 9h-15h30 mar-dim nov-mars). Commencez votre visite par le musée, où vous verrez un diorama interactif de la bataille avant d'arpenter le site. La collection principale présente des objets de la bataille : uniformes, armes et effets personnels. Les expositions, créées par des soldats et leurs contemporains, montrent comment la guerre était perçue à l'époque.

MONASTÈRE DU SAUVEUR-DE-BORODINO — MUSÉE

(Спасо-Бородинский монастырь ; www.borodino.ru ; 30 ₽/expo ; ⌚10h-17h mer-dim). Bâti par des veuves de la guerre d'Afghanistan, ce monastère renferme plusieurs expositions sur les événements qui ont eu lieu à Borodino. Aujourd'hui, l'ancien hôtel où Léon Tolstoï a séjourné en écrivant *Guerre et Paix* abrite une exposition dédiée aux personnages historiques et fictifs du livre.

OÙ SE RESTAURER

ART CAFÉ BORODINO — CAFÉ €€

(Арт-Кафе Бородино ; plats 400-600 ₽). Ne vous inquiétez pas si vous avez oublié votre pique-nique. Le site du musée comprend désormais un petit café, où sont servis des blinis, des *pelmeni* (raviolis) et autres plats russes populaires.

Où se loger

Avec un tarif hôtelier moyen parmi les plus élevés du monde, Moscou n'est pas une ville où l'on se loge facilement à petit prix. À côté d'une quantité d'hôtels de luxe, les établissements plus abordables sont difficiles à trouver. Des auberges de jeunesse ont ouvert ces dernières années, et des adresses de catégorie moyenne font aussi leur apparition sous la forme de mini-hôtels.

Hôtels

Les grands hôtels semblent avoir envahi la ville au cours de la dernière décennie. Leur cœur de cible étant l'homme d'affaires fortuné, leurs tarifs élevés seront sans doute dissuasifs pour nombre de visiteurs.

À l'autre extrémité de l'échelle, la *gostinitsa*, version soviétique de l'hôtel, a entrepris des rénovations pour s'adapter au voyageur moderne. Résultat : l'offre et les prix varient considérablement, parfois au sein du même établissement.

Ces dernières années, quelques particuliers se sont lancés dans l'aventure hôtelière. Installés dans des édifices historiques, ces hôtels indépendants à l'ambiance familiale offrent davantage d'intimité que les grandes chaînes. Leur niveau de confort et de service est toutefois très variable.

Mini-hôtels

Ces mini-hôtels privés occupent généralement plusieurs étages d'un immeuble d'habitation. Les chambres ont été rénovées pour assurer un bon niveau de confort, mais l'hôtel (qui peut compter une dizaine de chambres ou moins) ne dispose habituellement d'aucun autre équipement. Étant donné la pénurie d'options de moyenne gamme, les mini-hôtels offrent l'un des meilleurs rapports qualité/prix de la ville.

Auberges de jeunesse

Planches de salut du voyageur désargenté, des dizaines d'auberges de jeunesse ont fait leur apparition à Moscou ces dernières années. Certaines sont installées dans d'anciens appartement communautaires (*kommounalky*). Un immeuble banal, dans une rue tout ce qu'il y a de plus résidentiel, peut cacher une équipe qui parle anglais, un accès Internet, des cuisines et des machines à laver. Le prix à la nuitée n'inclut généralement pas le petit-déjeuner.

Tarifs hôteliers

Renoncez au haut de gamme si vous n'êtes pas prêt à débourser la coquette somme de 10 000 ₽, au moins. Pour 8 000 ₽ (10 000 ₽ la double), vous pourrez vous offrir une chambre dans un hôtel classieux, confortable et bien situé.

De 3 000 à 8 000 ₽ la double, attendez-vous à des chambres décentes et à des équipements. Certains hôtels de cette catégorie intermédiaire datent de l'ère soviétique et n'ont pas vraiment franchi le cap du XIXe siècle, mais beaucoup ont un charme fou (ce qui se ressent sur les tarifs).

L'hébergement en dortoir est le moins cher, bien qu'il existe quelques chambres privées à moins de 3 000 ₽.

La demande étant plus forte en semaine que le week-end, les prix des chambres baissent les vendredis et samedis soir. Les fluctuations saisonnières, en revanche, sont négligeables. Les prix que nous indiquons incluent le petit-déjeuner, sauf mention contraire.

La sélection de Lonely Planet

Hôtel Metropol (p. 177) Summum de l'Art nouveau du début du XXe siècle, cet hôtel somptueux est situé à quelques pas de la place Rouge.

Hôtel de Paris (p. 180) Chambres élégantes, service excellent et quartier plein de vie, le tout à un prix abordable.

Hôtel Kitaï-Gorod (p. 183) Hôtel simple et chic, à la lisière du quartier ancien de Kitaï-Gorod.

Blues Hotel (p. 180) Boutique-hôtel d'un excellent rapport qualité/prix, à l'écart de l'agitation touristique.

Godzillas Hostel (p. 178) Large choix de chambres et de prestations pour les voyageurs à budget serré.

Les meilleures adresses par prix

€

Godzillas Hostel (p. 178) Apprécié de longue date, il s'apparente plus à un club pour voyageurs qu'à une auberge de jeunesse.

Anti-Hostel Cosmic (p. 178) Allie hébergement en dortoir et intimité en proposant aux clients une "capsule" personnelle.

€€

Blues Hotel (p. 180) Excellent rapport qualité/prix, accueillant, dans un quartier peu touristique.

Sleepbox Hotel (p. 178) Ni des chambres, ni des capsules, mais des compartiments indviduels, comme dans un train, confortables et très propres.

Hôtel Danilovskaya (p. 181) Adresse confortable dans l'enceinte du monastère abritant le siège officiel du patriarcat russe.

€€€

Hôtel Metropol (p. 177) Artistique et historique, le Metropol constitue la quintessence de l'hébergement moscovite.

Hôtel Baltschoug Kempinski (p. 182) Hôtel historique de grand luxe, situé en face du Kremlin, de l'autre côté du fleuve.

Hôtel Nikitskaya (p. 179) Ce boutique-hôtel élégant occupe une rue qui concentre certains des meilleurs restaurants de Moscou.

Les meilleures adresses par catégories

Hôtels historiques

Hôtel Metropol (p. 177) Un chef-d'œuvre architectural datant de 1907, à quelques pas de la plupart des sites historiques.

Hôtel Baltschoug Kempinski (p. 182) Sa récente rénovation a ajouté une touche moderne à ce bijou de 1898.

Radisson Royal (p. 181) Installé dans un gratte-ciel stalinien, cet hôtel de luxe rappelle la grandeur d'une époque révolue.

Adresses secrètes

iVAN Hostel (p. 178) Chambres privées élégantes qui évoquent davantage un hôtel de charme qu'une auberge de jeunesse.

Boulgakov Mini-Hotel (p. 181) Entrez par l'arrière pour dénicher ce lieu accueillant situé dans l'Arbat.

Hôtel People (p. 181) Niché dans la cour d'un palace de 1913.

L'ESSENTIEL

Guide des tarifs

Les symboles suivants représentent le prix d'une chambre double en haute saison.

€	moins de 3 000 ₽
€€	3 000-8 000 ₽
€€€	plus de 8 000 ₽

Réserver en ligne

- www.russie-tourisme.com/reservation-online.html
- www.booking.com
- fr.hotels.com/de1153093/hotels-moscou-federation-de-russie/

Comment payer

La plupart des hôtels acceptent les cartes bancaires ; ce n'est pas le cas des auberges de jeunesse. Les tarifs sont souvent indiqués en dollars ou en euros. Certains les donnent en *ouslovie yedenitsiy* (abrégé en "y. e"), unités standards équivalentes de fait à l'euro. Quoi qu'il en soit, c'est en roubles que vous devrez toujours payer.

Taxes

Les prix indiqués incluent la TVA de 18% mais pas les 5% supplémentaires qu'ajoutent surtout les hôtels de luxe.

Réservation

La réservation est fortement conseillée. Les hôtels à l'ancienne pratiquent souvent une réservation payante, équivalente à 20% (et parfois 50%) de la première nuit.

Où se loger par quartiers

Quartier	Avantage	Inconvénient
Le Kremlin et Kitaï Gorod	Proche des sites historiques, comme le Kremlin et la place Rouge ; beau quartier plein de poésie ; bien desservi	Touristique ; tout y est cher ; beaucoup de circulation dans le centre-ville
Tverskoï et Novoslobodsky	Excellent choix d'adresses où se restaurer et sortir ; accès facile à l'aéroport Sheremetyevo depuis Beloroussky vokzal	Quartier bruyant ; trafic automobile chargé
Presnensky	Beaucoup de bonnes tables et d'agréables lieux de divertissement ; espaces verts	
Arbat et Khamovniki	À proximité du musée des Beaux-Arts Pouchkine et d'autres galeries ; excellent choix d'adresses pour se restaurer et sortir ; espaces verts	
Zamoskvoretchie	Proche de la galerie Tretiakov ; excellent choix d'établissements où se restaurer et sortir ; accès facile à Domodedovo depuis Paveletskaya vokzal ; espaces verts	
Meshtchansky et Basmanny	Nombreux restaurants et options de divertissement à Basmanny ; accès facile à Yaroslavsky vokzal ; bien desservi	Peut être bruyant (beaucoup de circulation et de lignes de métro)

Le Kremlin et Kitaï-Gorod

CAPITAL HOUSE HÔTEL €€

Plan p. 255 (☎8-968-931 6646 ; www.capital-house.su ; Bol Tcherkassky per 4, bât 1 ; ch à partir de 4 500 ₽ ; Loubyanka). La première impression n'est pas très engageante lorsqu'on entre par la cour, en retrait d'une petite rue au cœur de Kitaï-Gorod. Entouré de bâtiments décrépits, ce mini-hôtel offre pourtant un intérieur pimpant et 20 chambres sans prétention, aménagées aux deux étages inférieurs. Rien de très recherché, mais des meubles suédois fonctionnels, de hauts plafonds et beaucoup de luminosité. Petit-déjeuner servi dans les chambres.

HÔTEL METROPOL HÔTEL HISTORIQUE €€€

Plan p. 255 (☎499-501 7800 ; www.metropol-moscow.ru ; Teatralny proezd 1/4 ; d 9 930-11 400 ₽, petit-déj 2 000 ₽ ; Teatralnaya). Ce chef-d'œuvre Art nouveau de 1907 a énormément de charme, depuis sa façade spectaculaire jusqu'à son grandiose hall d'entrée en passant par ses (petites) chambres toutes décorées différemment. Le petit-déjeuner buffet est ridiculement cher, mais on le déguste sous la splendide verrière du restaurant (voir aussi p. 81). Les tarifs les moins chers sont proposés le week-end et durant certaines périodes creuses.

FOUR SEASONS MOSCOW HÔTEL HISTORIQUE €€€

Plan p. 255 (www.fourseasons.com ; Okhotny ryad 2 ; d à partir de 18 000 ₽ ; Okhotny Ryad). Après s'être longtemps inscrit sur l'horizon moscovite, l'ancien Hôtel Moskva a été démoli en 2003, mais le Four Seasons a reproduit à l'identique l'ancienne façade et sa bizarrerie architecturale. Lorsqu'on lui présenta à l'origine deux projets pour l'hôtel Movska, Staline, ne comprenant pas qu'il devait choisir, les approuva tous les deux. D'où un résultat hybride : une aile constructiviste, l'autre stalinienne. L'étrange bâtiment fut vite adopté par les Moscovites au point qu'il orne les bouteilles de Stolitchnaya.

Le nouvel intérieur, contemporain et élégant, abrite plus de 200 chambres et suites luxueuses, un spa raffiné et une piscine surmontée d'un toit en verre.

LOCATIONS À COURT TERME

Les appartements à louer pour de courtes périodes sont équipés (cuisine et machine à laver, Wi-Fi la plupart du temps). L'agence de location se charge de leur entretien. Un appartement de bonne taille, loué souvent à un prix équivalent à celui d'une chambre d'hôtel, voire moins cher, est la solution idéale pour les voyages à plusieurs.

La qualité de la prestation augmente avec le prix, de 4 300 à 8 600 ₽ la nuit. La note peut diminuer si vous restez plusieurs nuits, mais cette réduction ne suffit cependant pas à en faire une solution valable pour une location de longue durée.

Moscow Suites (www.moscowsuites.ru ; studio à partir de 199 $US/nuit). Appartements élégants et centralement situés, dans Tverskaya ou Novy Arbat. Le prix comprend le transport depuis l'aéroport et l'aide à l'obtention du visa.

Intermark Serviced Apartments (www.intermarksa.ru ; à partir de 6 800 ₽/nuit). Locations 4-étoiles s'adressant essentiellement aux hommes d'affaires.

Enjoy Moscow (www.enjoymoscow.com ; à partir de 155 US$/nuit). Offre un choix d'appartements dans le quartier de Tverskoï. Taille et décoration variables, mais service fiable et professionnel.

Evans Property Services (www.evans.ru/fr/). Propose surtout des locations longue durée. Quelques appartements se louent à partir de 120 € la nuitée.

HOFA (www.hofa.ru ; app à partir de 44 $US/nuit). Séjours authentiques et abordables chez des particuliers (habitant sur place ou non).

Moscow4rent.com (www.moscow4rent.com ; à partir de 150 $US/nuit). Appartements centraux, avec Internet, TV satellite et appels internationaux illimités.

Tverskoï et Novoslobodsky

GODZILLAS HOSTEL AUBERGE DE JEUNESSE €

Plan p. 258 (☎495-699 4223 ; www.godzillashostel.com ; Bolshoï Karetny per 6 ; dort à partir de 760 ₽, s/d 2 400/2 600 ₽ ; ❄@📶 ; Ⓜ Tsvetnoï Bulvar). Testée et approuvée, la meilleure auberge de jeunesse de Moscou, avec des dizaines de lits sur 4 étages. Chambres spacieuses et très lumineuses, de différentes couleurs, une salle de bains par étage, un salon équipé d'une TV sat et trois cuisines.

CHOCOLATE HOSTEL AUBERGE DE JEUNESSE €

Plan p. 258 (☎8-910-446 1778 ; www.chocohostel.com ; apt 4, Degtyarny per 15 ; dort 700-800 ₽, ch lits jumeaux/tr 2 600/3 300 ₽ ; @📶 ; Ⓜ Poushkinskaya). Dans cet endroit charmant, l'accueil est chaleureux et le chocolat omniprésent. Vous pouvez enrichir la collection en apportant votre marque préférée. Chambres colorées, meubles métalliques, vieux parquet et vélos à louer.

ANTI-HOSTEL COSMIC AUBERGE DE JEUNESSE €

Plan p. 258 (☎499-390 8132 ; www.anti-hostel.ru/ ; ul Bolshaya Dmitrovka 7/5, str 3 ; capsule à partir de 1 350 ₽ ; 📶 ; Ⓜ Teatralnaya). Dans un appartement transformé, cette adresse opère la fusion entre l'auberge de jeunesse et l'hôtel capsule. L'emplacement est imprenable, à 5 minutes à pied de la place Rouge. Les capsules, bien que minuscules, offrent confort et intimité. Un agréable espace commun permet de rencontrer les autres hôtes.

IVAN HOSTEL AUBERGE DE JEUNESSE €

Plan p. 258 (☎8-916-407 1178 ; www.ivanhostel.com ; per Petrovsky 1/30, app 23 ; dort à partir de 750 ₽, d avec sdb commune à partir de 2 500 ₽ ; 📶 ; Ⓜ Tchekhovskaya). Cette auberge de jeunesse se compose de 2 appartements propres et calmes situés dans le même édifice de l'époque tsariste, proche de la place Pouchkine. Elle possède d'agréable dortoirs ainsi que plusieurs chambres privatives à la décoration simple mais de bon goût. Les salles de bains sont communes et on ne sert pas de petit-déjeuner, mais on peut le préparer soi-même dans la cuisine équipée. Lave-linge en supplément.

♥ **SLEEPBOX HOTEL** HÔTEL €€

Plan p. 258 (☎495-989 4104 ; www.sleepbox-hotel.ru ; ul 1e Tverskaya-Yamskaya 27 ; s sans sdb à partir de 3 200 ₽, d à partir de 4 700 ₽, qua à partir de 5 500 ₽ ; ❄📶 ; Ⓜ Belorousskaya). Le Sleepbox ressemble à un hôtel capsule mais il se situe un cran au-dessus. Imaginez un confortable compartiment de train et vous n'êtes pas loin de ce que propose cet hôtel immaculé et insolite, bénéficiant d'une situation pratique pour ceux qui arrivent en train de l'aéroport Sheremetyevo. Les douches et toilettes communes sont modernes et propres ; il y a rarement la queue. L'endroit compte aussi des doubles plus classiques, avec salle de bains, et de grandes chambres familiales. Location de vélos.

GOLDEN APPLE BOUTIQUE-HÔTEL €€

Plan p. 258 (☎495-980 7000 ; www.goldenapple.ru ; ul Malaya Dmitrovka 11 ; d à partir de 4 900 ₽ ; 🚭❄📶 ; Ⓜ Poushkinskaya). Si l'édifice est classique vu de la rue, son architecture intérieure allie élégance et raffinement. Les chambres sont modernes et la décoration épurée : camaïeu de blancs et de gris clairs qu'égayent des notes de couleur et des luminaires fantaisie. Le confort n'est pas en reste, avec chauffage au sol dans les salles de bains et couette en duvet sur les lits. Jusqu'à 30% de réduction sur le site Internet.

HÔTEL POUCHKINE HÔTEL €€

Plan p. 258 (Отель Пушкин ; ☎495-201 0222 ; www.otel-pushkin.ru ; per Nastasyinsky 5, str 1 ; s/d à partir de 7 000/8 000 ₽ ; ❄📶 ; Ⓜ Poushkinskaya). Tout près de la place éponyme, cet hôtel s'efforce de marier style XIXe et confort moderne. C'est un endroit chic, hormis sa réception minuscule évoquant un B&B. On y trouve un restaurant, mais allez profiter de l'un des excellents et nombreux cafés et restaurants du quartier.

L'entrée n'était pas très bien indiquée lors de notre passage. On peut toutefois difficilement la rater : c'est la seule du bâtiment. Fortes réductions le week-end.

PENSION AMÉLIE PENSION €€

Plan p. 258 (☎495-650 1789 ; www.hotel-amelie.ru ; Strastnoï bul 4, str 3, app 17 ; s/d sans petit-déj à partir de 3 000/3 500 ₽ ; 📶 ; Ⓜ Tchekhovskaya). Très bien situé à deux pas de la place Pouchkine. Difficile de trouver une chambre moins chère dans le quartier, et plus joliment meublée ! Seul bémol : cette pension occupant un ancien appartement, les salles de bains sont communes et l'entrée, dans la rue Kozitsky, n'est pas indiquée par une enseigne. Quand vous aurez trouvé cette petite rue, cherchez le bâtiment marqué "per Kozitsky 3". Composez le 17 et on vous ouvrira la porte.

HÔTEL SAVOY HÔTEL DE CHARME €€€

Plan p. 258 (Отель Савой ; ☎495-620 8500 ; www.savoy.ru ; ul Rojdestvenka 3 ; s/d à partir de 9 500/1 600 ₽ ; ; MLoubianka). Bâti en 1912, cet endroit a conservé l'atmosphère opulente de l'ère tsariste, tout en étant plus abordable et plus intime que les autres hôtels haut de gamme. Il propose 70 chambres qui respirent le luxe – mobilier italien et marbre dans les salles de bains. Le club de remise en forme comprend une piscine de 20 m coiffée d'une verrière et agrémentée de geysers et de cascades.

ARARAT PARK HYATT HÔTEL €€€

Plan p. 258 (☎495-783 1234 ; www.moscow.park.hyatt.com ; Neglinnaya ul 4 ; ch à partir de 23 000 ₽ ; ; MTeatralnaya). Archétype du design contemporain, ce grand hôtel arbore une étonnante façade toute de verre et de marbre, qui s'intègre avec bonheur dans une rue où règne le baroque. Cette élégante modernité caractérise aussi l'intérieur, que ce soit le hall de style atrium ou les chambres luxueuses. Les hôtes bénéficient de tous les équipements imaginables et d'un service de premier ordre (ménage deux fois par jour dans les chambres !). L'un des restaurants de l'hôtel, le **Conservatory Lounge**, offre une vue panoramique de la place Teatralnaya.

Presnensky

BEAR HOSTEL MAYAKOVSKAYA AUBERGE DE JEUNESSE €

Plan p. 264 (☎495-649 6736 ; www.bear-hostels.com ; ul Sadovaya-Koudrinskaya 32 ; dort 550-1 000 ₽ ; ; MMayakovskaya). Plutôt agréable pour une auberge de jeunesse. Les couleurs vives et les dictons écrits au pochoir sur les murs lui confèrent un rien de légèreté et de charme. Les dortoirs comptent de 4 à 14 lits et l'un d'eux est réservé aux femmes. Très bien situé, à deux pas de l'étang des Patriarches.

BEAR HOSTEL ARBATSKAYA AUBERGE DE JEUNESSE €

Plan p. 264 (☎495-649 6736 ; www.bear-hostels.com ; ul Bolshaya Moltchanovka 23 ; dort 500-1 250 ₽, ch lits jumeaux 3 000 ₽, petit-déj 130 ₽ ; ; MArbatskaya). Enlevez vos chaussures avant d'entrer dans cette auberge de jeunesse immaculée et bien gérée. Si vous avez oublié vos *tapotchki* (chaussons), vous pourrez en acheter sur place comme des brosses à dents, des sous-vêtements et des petits-déjeuners préemballés. Le prix dépend de la taille du dortoir (2-16 lits) ; les femmes peuvent opter pour un dortoir non mixte. Adresse sans charme mais fiable.

FRESH HOSTEL ARBAT AUBERGE DE JEUNESSE €

Plan p. 264 (☎8-916-224 1212 ; www.freshhostel.ru ; Merzlyakovsky per 16 ; dort 600-650 ₽ ; MArbatskaya). Nichée au calme près de l'Arbat, une bonne adresse propre et cosy, avec un superbe espace cuisine-salon climatisé. Elle possède 50 lits répartis dans des dortoirs de 8 ou 10 places. Cherchez le "F" dans la cour et appelez avant de venir pour qu'on vous donne le code.

MARCO POLO PRESNJA HÔTEL €€

Plan p. 264 (Марко Поло Пресня ; ☎495-660 0606 ; www.presnja.ru ; Spiridonevsky per 9 ; d à partir de 5 400 ₽ ; ; MMayakovskaya). Malgré une ambiance fleurant l'époque soviétique, voici un hôtel confortable et d'un excellent rapport qualité/prix. Son emplacement est idéal dans Moscou, dans une rue calme et verdoyante entourée des meilleurs restaurants de la capitale. On peut profiter de réductions intéressantes en réservant bien à l'avance ou en restant 5 nuits. Renseignez-vous.

HÔTEL ELEMENT HÔTEL €€

Plan p. 264 (Отель Элемент ; ☎495-988 0064 ; www.hotel-element.ru ; Bolshaya Nikitskaya ul 24/1, bât 5 ; d 3 800-4 500 ₽ ; ; MArbatskaya). Prix imbattables et situation de rêve dans le quartier branché de la rue Bol Nikitskaya. Vous oublierez facilement l'entrée sur le côté, par une petite rue, et le fait que les chambres peuvent se louer à l'heure. Cet hôtel est respectable, doté de chambres impeccables à la décoration agréable. Sachez que les chambres les moins chères sont minuscules.

HÔTEL NIKITSKAYA BOUTIQUE-HÔTEL €€€

Plan p. 264 (Гостиница Никитская ; ☎495-933 5001 ; www.assambleya-hotels.ru ; Bolshaya Nikitskaya ul 12 ; s/d 9 300/11 300 ₽, petit-déj 500 ₽ ; ; MOkhotny Ryad). Les amateurs de petits hôtels dans des quartiers pittoresques seront comblés. Bien que le bâtiment et les chambres soient parfaitement entretenus, l'endroit a conservé une atmosphère à l'ancienne, douillette et confortable. Il jouit d'une situation idéale, parmi les belles bâtisses et les excellents restaurants de Bolshaya Nikitskaya. Le petit-déjeuner est servi dans le restaurant attenant très apprécié, l'Ugolyok (p. 107).

Les tarifs nous paraissent excessifs, à moins de profiter des promotions du week-end et des périodes creuses.

♥HÔTEL DE PARIS BOUTIQUE-HÔTEL €€€

Plan p. 264 (☎495-777 0052 ; www.hotel-deparis.ru ; Bol Bronnaya ul 23, bât 3 ; s/d à partir de 9 000/9 450 ₽ ; ; MPoushkinskaya). À quelques pas de l'agitation de Tverskaya, voici un hôtel délicieusement chic, blotti dans une cour tranquille tout près de la ceinture des Boulevards. Aménagées aux étages inférieurs, les chambres élégnates reçoivent peu de lumière naturelle mais ont lit king-size et baignoire à remous. Personnel d'une grande amabilité. Excellent rapport qualité/prix le week-end, quand les prix chutent de 40%.

HÔTEL ARBAT HOUSE HÔTEL €€€

Plan p. 264 (Отель Арбат Хаус ; ☎495-643 1910, réservations 495-695 5136 ; www.arbathouse.ru ; Skatertny per 13 ; s/d à partir de 7 800/8 300 ₽ ; ; MArbatskaya). Malgré sa nouvelle direction, son nouveau nom et sa rénovation, l'Arbat House reste un 3-étoiles pratiquant les tarifs d'un 4-étoiles (d'un assez bon rapport qualité/prix toutefois pour un établissement moscovite). Chambres petites mais confortables, service sympathique. L'emplacement est pittoresque, éloigné de l'Arbat mais dans une rue résidentielle paisible entourée d'ambassades étrangères.

Réductions fréquentes le week-end et en période creuse. Demandez le "meilleur prix du jour" lorsque vous réservez.

HÔTEL PEKING HÔTEL €€€

Plan p. 264 (Гостиница Пекин ; ☎495-650 0900 ; www.hotelpeking.ru ; Bolshaya Sadovaya ul 5/1 ; s/d 7 000/8 600 ₽ ; ; MMayakovskaya). Ce bâtiment stalinien, doté de hauts plafonds, d'un escalier en marbre et de parquet, domine la place Trioumfalnaya. Toutes différentes, les chambres ont en commun d'avoir été refaites dans de jolis tons subtils et meublées dans un style assez moderne. Dommage que l'ambiance maussade continue de rappeler l'ère soviétique.

L'excellent Time-Out Bar, au 13e niveau, mérite en revanche une mention spéciale pour sa vue fabuleuse et son atmosphère sympathique : bienvenue au XXIe siècle ! A savoir : tarifs réduits "non remboursables" pour les réservations sur Internet.

Arbat et Khamovniki

DA! HOSTEL AUBERGE DE JEUNESSE €

Plan p. 260 (Да! Хостел ; ☎495-212 9383 ; www.da-hostel.ru ; ul Arbat 11 ; dort 650-1 025 ₽, ch lits jumeaux 2 900 ₽ ; ; MArbatskaya). *Da*, cette auberge de jeunesse vaut le détour : vaste espace cuisine-salon ouvert, salle de jeux et dortoirs agréables et propres. Elle compte une centaine de lits répartis sur 2 étages, notamment des chambres de 4 lits réservées aux femmes. Ambiance garantie : les clients sont essentiellement russes, certains logeant ici à long terme.

BEAR HOSTEL SMOLENSKAYA AUBERGE DE JEUNESSE €

Plan p. 260 (☎495-649 6736 ; www.bear-hostels.com ; Smolensky bul 15 ; dort 600-950 ₽, petit-déj 130 ₽ ; ; MSmolenskaya). Auberge de jeunesse pimpante et sans chichis, avec des dortoirs climatisés (tous mixtes), sur la ceinture des Jardins juste à l'ouest de l'Arbat. Les 50 lits superposés sont munis de barrières pour protéger les enfants ou les clients éméchés. C'est l'adresse la plus agréable de la chaîne Bear, qui compte aussi une antenne plus banale à Mayakovskaya et un établissement vedette, plus vaste, à Arbatskaya.

♥BLUES HOTEL BOUTIQUE-HÔTEL €€

Plan p. 262 (☎495-961 1161 ; www.blues-hotel.ru ; ul Dovatora 8 ; s/d à partir 5 800/6 300 ₽ ; ; MSportivnaya). Cet hôtel est implanté près de la ligne rouge du métro (à 5 arrêts de la place Rouge) et à quelques rues de Novodevitchy, avec plusieurs bons restaurants à proximité. De plus, c'est un endroit accueillant et abordable qui loue des chambres élégantes et impeccables, avec lits immenses et TV. Importantes réductions le week-end.

♥HÔTEL MERCURE ARBAT BOUTIQUE-HÔTEL €€

Plan p. 260 (Гостиница Меркурий Арбат ; ☎495-225 0025 ; www.mercure.com ; Smolenskaya pl 6 ; d à partir de 7 000 ₽ ; ; MSmolenskaya). Si la façade ne paie pas de mine, les chambres sont agréables et assez luxueuses. Les moins chères comptent un grand lit double, un bureau, une TV et une belle salle de bains. L'endroit est étonnamment calme vu sa situation sur la ceinture des Jardins. Le copieux buffet du petit-déjeuner est en sus. Excellent rapport qualité/prix, surtout le week-end.

BOULGAKOV MINI-HOTEL HÔTEL €€

Plan p. 260 (495-229 8018 ; www.bulgakovhotel.com ; ul Arbat 49 ; d 4 000 ₽ ; ; Smolenskaya). À ce prix, difficile de faire mieux que ces chambres élégantes, dotées de hauts plafonds et d'une décoration inspirée du roman de Boulgakov, *Le Maître et Marguerite*, surtout dans un tel quartier. Les salles de bains sont minuscules mais privatives. Entrez dans la cour par la rue Plotnikov et cherchez le n°2.

HÔTEL PEOPLE HÔTEL €€

Plan p. 260 (495-363 4581 ; www.hotelpeople.ru ; Novinsky bul 11 ; s/d 3 890/4 290 ₽, sans sdb 2 690/3 290 ₽ ; ; Smolenskaya). Cette charmante adresse occupe trois ailes d'un grandiose palace néoclassique, juste à côté de la ceinture des Jardins. Les chambres, aux cloisons minces, sont petites, chichement équipées et nettoyées tous les 3 jours seulement, mais elles sont modernes, claires et offrent un rapport qualité/prix rare à Moscou. Agréables cuisine et salon communs. Pas de climatisation.

KEBOUR PALACE HÔTEL €€€

Plan p. 260 (Кебур Палас ; 495-733 9070 ; www.keburpalace.ru ; ul Ostojenka 32 ; s/d 10 950/13 000 ₽ ; ; Kropotkinskaya). Comme à l'incontournable Tiflis (p. 127), dirigé par la même équipe, on retrouve ici la légendaire hospitalité géorgienne. Dans cet élégant 4-étoiles de 80 chambres, l'ambiance est intime et le service personnalisé. L'hôtel compte aussi des chambres simples (6 600-9 950 ₽) – préférez celles avec balcon donnant sur la fontaine du patio.

HÔTEL ARBAT HÔTEL €€€

Plan p. 260 (Гостиница Арбат ; 499-271 2801 ; www.president-hotel.net/arbat ; Plotnikov per 12 ; s/d à partir de 10 000/11 500 ₽ ; ; Smolenskaya). Situé dans un quartier résidentiel à deux pas de l'Arbat, cet hôtel est l'un des rares qui a su préserver un certain attrait datant de l'ère soviétique, comme le hall d'entrée rempli de plantes et les miroirs derrière le bar. Les chambres, sont confortables et décorées avec goût, mais l'endroit exhale un charme anachronique.

RADISSON ROYAL HÔTEL HISTORIQUE €€€

(Радиссон ; 495-221 5555 ; www.radissonblu.com ; Koutouzovsky pr 2/1 ; ch à partir de 11 000 ₽ ; ; Kievskaya) Occupant l'une des "Sept Sœurs" de Staline, ce splendide hôtel trône majestueusement au bord de la Moskova, face à la Maison blanche. Il a conservé son faste désuet : chandeliers de cristal, marbre poli et une fresque ornant le plafond de l'entrée. Les chambres allient confort moderne et touches vieille aristocratie : lourds rideaux, somptueuses tapisseries et copies réussies de meubles anciens. Les réductions sont importantes si vous réservez longtemps l'avance ou si vous acceptez de payer votre chambre à l'avance (sans possibilité de remboursement).

Zamoskvoretchie

TRI PINGVINA AUBERGE DE JEUNESSE €

Plan p. 266 (Три Пингвина ; 8-910-446 1778 ; www.3penguins.ru ; ul Pyatnitskaya 20, str 2 ; dort/d 750/₽2 600 ₽ ; ; Novoko Kouznetskaya). Cette petite auberge de jeunesse occupe un ancien appartement doté d'un salon commun douillet, dans le même bâtiment que le café Illarion, juste en retrait de la rue Pyatnitskaya. Outre les dortoirs, elle compte 4 chambres doubles : 2 avec grand lit et 2 avec lits superposés. Très accueillante, elle est très bien située dans le quartier le plus animé de Zamoskvoretchie (pratique pour rejoindre le Kremlin). On trouve non loin de nombreux cafés et la galerie Tretiakov.

HÔTEL DANILOVSKAYA HÔTEL €€

(Даниловская гостиница ; 495-954 0503 ; www.danilovsky.ru ; Bul Starodanilovsky per ; s/d 6 000/6 500 ₽ ; ; Toulskaya). Peut-être le plus atypique de Moscou, cet hôtel est installé dans un monastère du XIIe siècle où vous profiterez d'un cadre magnifique, d'églises du XVIIIe siècle et de jardins soignés. Réparties sur 5 niveaux, presque toutes les chambres ont vue sur le domaine. Chambres simples et propres, refaites il y a peu, et petit-déjeuner… monastique.

MERCURE MOSCOW PAVELETSKAYA HÔTEL €€

Plan p. 266 (495-720 5301 ; www.mercure.com ; ul Bakhroushina 11 ; ch à partir de 5 900 ₽ ; ;

Ⓜ Paveletskaya). Cet établissement de la chaîne Mercure multiplie les atouts. Pratique pour les trains desservant l'aéroport Domodedovo et proche de la station de métro Paveletskaya, il loue des chambres opulentes (le violet domine la décoration) et un confort 4-étoiles dans une rue tranquille bordée de belles maisons du XIXe siècle. Le spa gratuit est particulièrement appréciable après une chaude journée.

IBIS BAKHROUSHINA HÔTEL €€

Plan p. 266 (☎495-720 5301 ; www.ibis.com ; ul Bakhroushina 11 ; ch à partir de 3 990 ₽ ; ❄📶 ; Ⓜ Paveletskaya). Cette dernière incursion en date de la chaîne Ibis dans le centre-ville apporte un plus non négligeable à la scène hôtelière moscovite. Réserver ici, c'est l'assurance d'une chambre confortable à un prix abordable et d'un service professionnel et fiable. Accès gratuit au spa de l'hôtel Mercure voisin.

HÔTEL OZERKOVSKAYA BOUTIQUE-HÔTEL €€

Plan p. 266 (Озерковская гостиница ; ☎495-783 5553 ; www.ozerkhotel.ru/eng ; Ozerkovskaya nab 50 ; s/d à partir de 5 940/6 900 ₽ ; 🚭📶 ; Ⓜ Paveletskaya). Ce douillet hôtel de charme ne compte que 27 chambres, dont 3 mansardées. La décoration est sobre mais les parquets et les lits immenses le placent au-dessus des hôtels postsoviétiques de même catégorie. Ajoutez à cela un service attentif et une position stratégique (notamment pour rallier l'aéroport Domodedovo en train express), et vous obtiendrez un hôtel à l'excellent rapport qualité/prix.

WEEKEND INN APARTMENTS PENSION €€

Plan p. 266 (☎495-648 4047 ; www.weekend-inn.ru ; ul Pyatnitskaya 10, str 1 ; d/tr à partir de 3 900/4 500 ₽ ; Ⓜ Novokouznetskaya). À une courte distance à pied du Kremlin en traversant le fleuve, ce modeste établissement occupe 2 étages en haut d'un bâtiment du XIXe siècle. Les grandes chambres ont des murs blanchis à la chaux, une déco minimaliste, et des salles de bains nettes. Les clients ont accès à une cuisine commune.

ALROSA NA KAZATCHEM BOUTIQUE-HÔTEL €€

Plan p. 266 (Алроса на Казачьем ; ☎495-745 2190 ; www.alrosa-hotels.ru ; 1-y Kazatchy per 4 ; s/d à partir de 6 400/6 700 ₽ ; 🚭❄📶🏊 ; Ⓜ Polyanka). En plein cœur de Zamoskvoretchie, l'Alrosa recrée avec brio l'ambiance d'une demeure du XVIIIe siècle. L'atrium, lumineux, surplombé par un chandelier de cristal, et la quinzaine de chambres offrent un décor idoine à l'hospitalité russe à l'ancienne qui règne ici. Le week-end, les tarifs réduits rendent ce repaire au charme suranné plus accessible.

HÔTEL VARSHAVA HÔTEL €€

Plan p. 266 (Гостиница Варшава ; ☎495-238 7701 ; www.hotelwarsaw.ru ; Leninsky pr 2/1 ; s/d à partir de 4 600/5 600 ₽ ; 🚭❄📶 ; Ⓜ Oktyabrskaya). Sur une place livrée à la circulation automobile et dominée par une statue géante de Lénine mais pratique pour rejoindre le parc Gorky, cet hôtel de l'époque soviétique a subi une réfection complète, comme en attestent sa réception ultramoderne aux chromes rutilants, ses fauteuils en cuir bleu et ses luminaires arachnéens. Le prix des chambres reste très raisonnable pour le quartier.

PARK INN SADU HÔTEL €€

Plan p. 266 (☎495-644 4844 ; www.parkinn.ru ; ul Bolshaya Polyanka 17 ; s/d à partir de 3 900/4 500 ₽ ; ❄📶 ; Ⓜ Polyanka). Un Park Inn très ordinaire (prestations habituelles et quelque peu impersonnelles) mais très bien situé à quelques minutes à pied du Kremlin, ainsi que des bars et galeries d'Octobre Rouge. Les tarifs chutent de manière spectaculaire en milieu d'été.

SWISSÔTEL KRASNYE HOLMY HÔTEL €€€

Plan p. 266 (☎495-787 9800 ; www.moscow.swissotel.com ; Kosmodamianskaya nab 52 ; ch à partir de 17 000/19 800 ₽ ; 🚭❄📶🏊 ; Ⓜ Paveletskaya). Impossible de manquer ce gratte-ciel métallique qui domine la Moskova ! Les chambres sont spacieuses et d'un luxe subtil. On a opté pour le minimalisme : parquets sombres et quelques toiles modernes n'entendent pas détourner l'attention de la vue sur la ville, superbe. Si votre portefeuille est plat, contentez-vous de venir admirer le panorama depuis le City Space Bar, au 32e étage.

HÔTEL BALTCHOUG KEMPINSKI HÔTEL HISTORIQUE €€€

Plan p. 266 (Балчуг Кемпински ; ☎495-287 2000 ; www.kempinski-moscow.com ; ul Baltchoug 1 ; ch avec/sans vue à partir de 13 000/16 000 ₽ ; 🚭❄📶🏊 ; Ⓜ Kitaï-Gorod, Ploshtchad Revolyoutsii). Si vous rêvez d'admirer les dômes dorés du Kremlin en ouvrant les rideaux d'une somptueuse chambre au plafond haut, cet hôtel construit en 1898 est fait pour vous. On y vient aussi pour le restaurant et ses fameux brunchs du dimanche, servis de 12h30 à 16h30. Champagne russe et concert de jazz accompagnent un buffet extraordinaire. Les réductions consenties les vendredis et samedis soir en font un point de chute grandiose pour un week-end.

Meshtchansky et Basmanny

PRIVET HOSTEL AUBERGE DE JEUNESSE €

Plan p. 270 (Хостел Привет ; ☎495-374 5949 ; www.privethostels.ru ; per Podsosensky 3, str 2 ; dort à partir de 800 ₽ ; 📶 ; Ⓜ Kourskaya). Autoproclamé plus grande auberge de jeunesse de l'ex-URSS, cet établissement occupe une demeure dans l'agréable quartier central de Tchistye Proudy. Peints en violet, les dortoirs de 4 ou 6 places disposent de matelas orthopédiques. Les sanitaires paraissent presque luxueux par comparaison avec les prestations habituelles des auberges de jeunesse russes. Un café servant des petits-déjeuners (payants), une petite cuisine commune, une salle de sport et un petit cinéma projetant des films en anglais et en russe complètent l'offre. L'entrée se situe dans la rue Barashevsky.

COMRADE HOSTEL AUBERGE DE JEUNESSE €

Plan p. 270 (☎499-709 8760 ; www.comrade-hostel.com ; ul Maroseyka 11 ; dort/s/d 650/1 800/2 200 ₽ ; 🚭@📶 ; Ⓜ Kitaï-Gorod). Difficile de trouver cette petite adresse : entrez dans la cour et cherchez le n°3 ; une affichette est collée sur la fenêtre du 3e étage. Atmosphère très accueillante à l'intérieur, même s'il y a beaucoup de monde. De 10 à 12 lits s'entassent dans les dortoirs, avec matelas supplémentaires au sol le cas échéant. Pas de véritables espaces communs, excepté le petit foyer et la cuisine, mais l'esprit est à la camaraderie. Petit-déjeuner en sus.

HÔTEL KITAÏ-GOROD HÔTEL €€

Plan p. 270 (Отель Китай-Город ; ☎495-991 9971 ; www.otel-kg.ru ; Loubyansky proezd 25 ; s 3 800-5 500 ₽, d 5 200-7 500 ₽ ; 🚭❄📶 ; Ⓜ Kitaï-Gorod). Cet hôtel permet aux voyageurs au budget serré de loger près de la place Rouge. Il offre un accès facile au métro et aux restaurants du quartier. Ses 46 chambres, petites mais confortables, sont réparties sur 2 étages dans un immeuble résidentiel. Attention, l'endroit est parfois bruyant ; pour pouvoir garder vos fenêtres closes, demandez une chambre climatisée. Tarifs réduits le week-end.

HÔTEL ELOKHOVSKY HÔTEL €€

Plan p. 270 (Отель Елоховский ; ☎495-632 2300 ; www.elohotel.ru/ ; ul Spartakovskaya 24 ; s/d 3 900/4 600 ₽ ; ❄📶 ; Ⓜ Baoumanskaya). Certes peu central et installé au dernier étage d'une galerie commerciale, cet hôtel n'en présente pas moins l'un des meilleurs rapports qualité/prix de Moscou. La déco des chambres, déclinée dans une palette de couleurs naturelles, s'inspire des grandes villes du monde. Machine à café accessible 24h/24 dans le hall d'entrée. La station de métro Baoumanskaya et la cathédrale Elokhovsky se trouvent à quelques pas.

HÔTEL SVERTCHKOV 8 HÔTEL €€

Plan p. 270 (Сверчков 8 ; ☎495-625 4978 ; www.sverchkov-8.ru ; Sverchkov per 8 ; s/d 6 000/7 000 ₽ ; 🚭❄📶 ; Ⓜ Tchistye Proudy). Dans une petite rue résidentielle, un bel immeuble du XIXe siècle cache cet hôtel de 11 chambres. Des plantes vertes égayent les couloirs, et des artistes locaux ont signé les toiles qui ornent les murs. Les salles de bains sont vieillottes et les meubles des chambres un tantinet défraîchis mais, rareté, on se sent comme à la maison dans cet endroit à l'ambiance intime.

HILTON LENINGRADSKAYA HÔTEL HISTORIQUE €€

Plan p. 270 (☎495-627 5550 ; www.hilton.com ; Kalantchevskaya ul 21/40 ; d à partir de 7000 ₽ ; 🚭❄📶 ; Ⓜ Komsomolskaya). Occupant l'un des gratte-ciel emblématiques de l'ère stalinienne, le Hilton a ressuscité l'ancien Leningradskaya. Si les rénovations n'ont en rien altéré la grandeur toute soviétique du hall d'entrée, elles ont apporté tout le confort moderne aux chambres, au design contemporain. Si vous arrivez en train, c'est le meilleur choix : le Hilton se trouve à proximité des trois gares centrales. Ce joyau domine la place Komsomolskaya.

BENTLEY HOTEL HÔTEL €€

Plan p. 270 (☎495-917-4436 ; www.bentleyhotel.ru ; ul Pokrovka 28 ; s/d à partir de 4 300/5 500 ₽ ; 🚭❄📶≋ ; Ⓜ Kitaï-Gorod). Installé à l'étage d'un *diner* américain très populaire, le Bentley fait tout pour que sa clientèle se sente comme à la maison. Il se compose d'une douzaine de chambres spacieuses et richement décorées. Les clients ont droit à une réduction sur les massages et autres services offerts dans un spa voisin.

GODZILLAS URBAN JUNGLE LODGE PENSION €€

Plan p. 270 (☎8-925-347 4677 ; www.godzillas-hostel.com/ujl/ ; ul Pokrovka 21, 3e ét. ; s/d avec sdb commune 2 450/3 150 ₽ ; ; MTchistye Proudy). Au-dessus du café Coffee Bean, dans l'un des quartiers les plus charmants de la ville, cette annexe de l'auberge de jeunesse la plus appréciée de Moscou regroupe une douzaine de chambres simples et doubles à la décoration originale. Les salles de bains sont communes et l'accès se fait par un escalier raide et peu engageant, mais difficile de faire mieux sur le plan des tarifs.

HÔTEL SRETENSKAYA HÔTEL €€€

Plan p. 258 (Сретенская гостиница ; ☎495-933 5544 ; www.hotel-sretenskaya.ru ; ul Sretenka 15 ; s/d 7900/11 300 ₽ ; @ ; MSoukharevskaya). Sa petite taille et son personnel sympathique font du Sretenskaya une adresse à l'atmosphère russe romantique. Les chambres au plafond haut sont décorées avec goût dans un style traditionnel. L'endroit est très accueillant en hiver, où il fait bon se réchauffer dans le sauna ou prendre le soleil dans le jardin d'hiver tropical.

Comprendre Moscou

Moscou aujourd'hui

Figure de proue de la Fédération de Russie, Moscou a fait ses preuves en vingt ans. Elle a essuyé des crises économiques et politiques, traversé des frénésies de construction et des folies de démolition, subi des attentats et organisé de grandes célébrations. Aujourd'hui, forte d'une nouvelle classe moyenne prospère et avec un nouveau look, la ville a trouvé son rythme, soutenu mais tenable.

À voir

Elena (Andreï Zvyagintsev, 2011) Vainqueur d'un Prix du jury à Cannes, ce drame s'interroge sur l'amour, la famille et la classe sociale dans le Moscou d'aujourd'hui.

Moscou ne croit pas aux larmes (Vladimir Menshoï, 1980). Grand mélodrame qui remporta l'Oscar du meilleur film en langue étrangère.

My Perestroika (Robin Hessman, 2010). Un documentaire intelligent sur le parcours d'adolescents sous la perestroïka qui sont maintenant des adultes dans le Moscou d'aujourd'hui.

À lire

Le Maître et Marguerite (Mikhaïl Boulgakov). Un roman culte fantastique qui a Moscou pour décor.

Feu et poussière (Tatiana Tolstoï). Des nouvelles mettant en scène des personnages au grand cœur dans les années 1990.

Anna Karénine (Léon Tolstoï). Un classique intemporel de la littérature russe.

Une saga moscovite (Vassili Axionov). L'histoire soviétique vue à travers le quotidien d'une famille moscovite des années 1920 à 1950. Un ouvrage essentiel.

Savoir-vivre

Il n'y a pas si longtemps, Moscou était tenue pour une des métropoles les moins accueillantes au monde. De fait, si les Moscovites ne se montrent guère enclins à discuter avec des inconnus dans la rue, la ville n'en a pas moins fait des progrès en termes de bonnes manières.

- Les forces de police se sont réformées, avec des nouveaux uniformes, un nouveau code de conduite et une nouvelle appellation (*politsiya* remplace le nom de *militsiya*).
- Le code de la route et les restrictions de stationnement étant appliqués, la conduite s'en trouve améliorée. Les automobilistes s'arrêtent désormais aux passages cloutés pour laisser traverser les piétons.
- En 2014, est entrée en vigueur, à l'échelle nationale, une interdiction de fumer dans les lieux publics. Elle inclut les restaurants, les bars, les quais de gare, et même les cages d'escalier d'immeubles d'habitation.
- Une autre forme de prohibition a désormais cours : les obscénités ont été bannies des films et des autres productions théâtrales, tandis que des mises en garde sont imposées sur les livres et la musique susceptibles de choquer. La réaction des Moscovites face à cette législation est partagée : beaucoup la louent, tandis que d'autres s'en moquent.

Qualité de vie

Devenu maire de Moscou en 2010, Sergueï Sobianine a promis d'orienter la politique de la ville, autrefois acquise au mercantilisme et aux grands chantiers, davantage vers le mieux-vivre de ses résidents. Près de cinq ans plus tard, les résultats sont bien là, et des millions d'habitants s'en réjouissent. Progressivement, mais de manière tangible, la ville devient en effet plus commode, plus propre et plus agréable à vivre.

L'une des premières actions de Sobianine en 2011 a consisté à faire disparaître les milliers de kiosques qui en encombraient les trottoirs. La décision fut controversée – car tenue pour un frein au petit commerce. Or ces boutiques de fortune ne manquent en fait à personne.

Si la circulation reste dense, la conduite est plus étroitement contrôlée, ce qui amène les gens à la pratiquer de manière plus sûre et sérieuse. Sobianine a également réduit le nombre d'automobiles en centre-ville en y introduisant le stationnement payant. L'urbanisme s'est concentré sur les parcs et les voies piétonnes, rendant Moscou plus facilement praticable à pied – voire à vélo.

Une certaine jeunesse

Une jeunesse hyper-connectée, avenante et rompue aux voyages, a investi la capitale. Vous en verrez les représentants parcourir les galeries du centre d'art contemporain Winzavod, affluer dans les bars et les clubs d'Octobre Rouge, et jouer au ping-pong dans le parc Gorki. Ils ne sont pas particulièrement politisés, mais entendent mener une vie riche, gratifiante et "normale" – comme leurs homologues en Europe occidentale ou en Amérique. Et ils parlent ici d'expérience, et non sur la foi d'une vague idée.

Aussi sont-ils descendus dans la rue, lorsque Vladimir Poutine s'est présenté pour un troisième mandat présidentiel en 2012 au terme d'une alternance qui n'en avait que le nom. Les analystes conviennent toutefois que les manifestations pour des élections justes ont abouti sur un échec politique, leurs initiateurs n'étant pas parvenus à influer sur le contexte électoral ou à corriger les imperfections du système. Depuis, des lois strictes ont été adoptées en vue de mettre un frein au droit de manifester et de faire obstacle à toute contestation future.

Les protestataires ont donné un nouveau souffle aux initiatives municipales. Les parcs de la ville ont été bientôt rénovés, les rues fleuries, les fontaines remises en eau, et le calendrier est désormais ponctué de marchés d'art et de cours collectifs de yoga ou de beach-volley. Sergueï Kapkov, jadis en charge de la transformation du parc Gorki, a été nommé à la tête du département culturel de la ville. Il supervise la conception et le développement d'un nouveau parc à Zaryadié (sur l'ancien site de l'hôtel Rossiya) et la rénovation du système de bibliothèques municipales. D'aucuns affirment que la principale mission de Kapkov tient à occuper – avec succès – une frange de la jeunesse encline autrement à s'exprimer.

Vladimir Poutine (et par extension, Sobianine) est conscient de l'intérêt qu'a tout dirigeant à gagner appui d'une part de la population, en ce qu'il y trouve une relative légitimité que, ni la force, ni la fraude électorale ne sauraient lui garantir. Et de fait, au cours du présent mandat, les conditions de vie de nombreuses personnes à Moscou ont progressé, ce qui a contribué à "désamorcer" les velléités protestataires d'une certaine jeunesse.

Population au km²

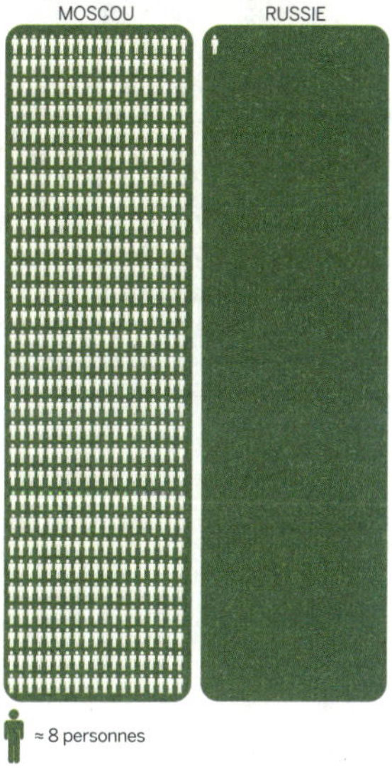

Sur 100 habitants de Moscou

Religions

(en %)

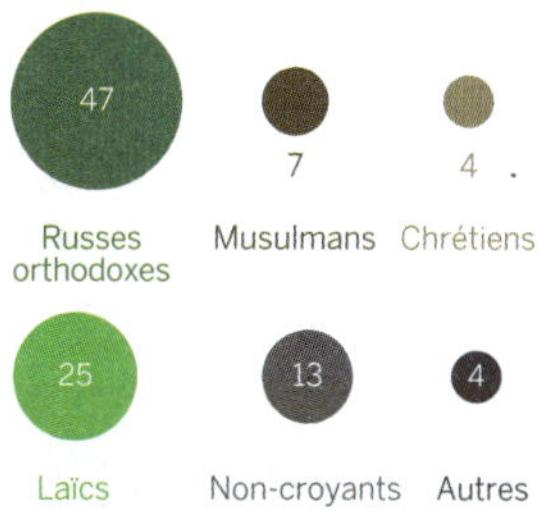

Histoire

"Viens à moi, frère, s'il te plaît, viens à Moscou." Par ces mots, Iouri Dolgorouki invitait ses alliés à un banquet d'inauguration des fortifications qu'il avait fait ériger sur la colline Borovitski, au confluent de deux rivières. C'était en 1147. Simple village à l'origine, Moscou s'imposa comme la capitale de l'ancienne Rous. Neuf siècles plus tard, la forteresse a survécu à toutes les mutations de la Russie, et dirige toujours la ville du haut de sa colline.

Moscou médiévale

Les origines

À l'origine, Moscou, qui tient son nom de la rivière Moskova, était un comptoir commercial, fondé par des peuples slaves émigrés de la Rous kiévienne, le berceau de la Russie et de l'Ukraine actuelles. À Kiev, le grand-prince Vladimir Ier, soucieux d'imposer sa souveraineté sur tous les Slaves de l'Est, nomma son fils Iaroslav vice-prince de la région, pour superviser la collecte du tribut et la conversion des païens.

À la mort de Vladimir, les descendants de Iaroslav héritèrent des territoires nord-est du royaume où ils fondèrent plusieurs villes, forteresses et monastères, qui formèrent ce que l'on appelle aujourd'hui l'Anneau d'Or.

Le pouvoir politique se déplaça vers ces nouvelles villes. Vladimir II Monomaque nomma son fils Iouri Dolgorouki à la tête de la région. Selon la légende, le prince Iouri fit halte à Moscou en revenant de Kiev à Vladimir. Estimant que le prince Koutchka de Moscou ne l'avait pas reçu avec suffisamment d'égards, Iouri mit à mort l'impudent boyard, et s'arrogea le contrôle du comptoir. L'importance stratégique de la cité conduisit Iouri à installer des douves entourées d'une palissade en bois au sommet de la colline pour y placer son vassal.

Grâce à ses voies fluviales et à ses voies routières, Moscou devint un centre économique régional prospère, attirant bon nombre de marchands et d'artisans dans le quartier commerçant qui bordait les murs du Kremlin.

Ouvrages historiques

Moscou et la naissance d'une nation (Pierre Lorrain, 2010)

La Bataille de Moscou (Andrew Nagorski, 2011)

Le métro de Moscou : la construction d'un mythe soviétique (Josette Bouvard, 2005)

Le Dilemme russe, la Russie et l'Europe occidentale d'Ivan le terrible à Boris Eltsine (Marie-Pierre Rey, 2002)

CHRONOLOGIE

Xe siècle

Des tribus slaves de l'Ouest, originaires de la Rous kiévienne, migrent vers l'est, assimilant ou déplaçant les tribus finno-ougriennes qui peuplent la région.

1015

Le royaume de Vladimir Ier est divisé entre ses fils, provoquant une période de troubles. Son fils Iaroslav prend le contrôle des territoires de l'Est.

1113-1125

La principauté de Vladimir-Souzdal devient une puissante rivale dans le royaume de Russie. Le grand-prince Vladimir charge son plus jeune fils, Iouri Dolgorouki, d'administrer la région.

Au début du XIIIe siècle, Moscou était la capitale d'une petite principauté indépendante et resta un objet de convoitise pour des générations de boyards.

L'essor de la Moscovie

Au XIIIe siècle, l'Europe de l'Est fut envahie par la féroce Horde d'Or, une armée mongole composée de peuples nomades venus des steppes eurasiennes, sous le commandement du petit-fils de Gengis Khan, Batou. La violence des attaques fut telle que les princes de Russie se rendirent au nouveau maître de la région. La Russie resta deux siècles sous la coupe du khan qui exigeait le versement d'un tribut. Cette domination coïncida avec l'essor de la Moscovie, grâce au jeu de l'argent et du pouvoir. La Horde d'Or s'intéressait au butin, et Moscou était idéalement située pour surveiller le commerce fluvial et routier. Avec l'appui des Mongols, les dirigeants moscovites s'imposèrent rapidement comme collecteurs de l'impôt dans toute la région.

À mesure que la ville prospérait, son pouvoir politique s'accentuait. Le prince moscovite Ivan Danilovitch accepta de collecter les tributs exigés par les Mongols, ce qui lui valut le surnom de l'"Escarcelle" (*Kalita*). Ivan Ier Kalita en profita pour placer Moscou en position de force face aux princes rivaux. Au milieu du XIVe siècle, Moscou avait éclipsé Vladimir et Souzdal comme capitale régionale.

Mais le rapport de force entre Moscou et les Mongols s'inversa. En 1380, lors de la bataille de Koulikovo, le grand-prince moscovite Dimitri, petit-fils d'Ivan Kalita, prit la tête d'une coalition de princes slaves, qu'il mena à la victoire face à la Horde d'Or sur les rives du Don, ce qui lui valut le nom de Dimitri Donskoï. Les Mongols ripostèrent en incendiant Moscou seulement deux ans plus tard. Dès lors, la ville s'érigea en championne de la cause russe.

Vers la fin du XVe siècle, Moscou étendit son territoire qui devint un État autocratique. Sous le règne d'Ivan III le Grand, les principautés slaves indépendantes furent contraintes de se regrouper en une entité territoriale unique.

Après une guerre de sept ans, l'armée d'Ivan soumit enfin la riche principauté marchande de Novgorod, et en évinça la Ligue hanséatique. Après la chute de Novgorod, la réunification des terres s'accéléra, avec l'annexion par le jeune État moscovite de Tver, Viatka, Riazan, Smolensk et Pskov.

En 1480, l'armée d'Ivan repoussa les Mongols près de l'Ougra. Après 200 ans de domination, le joug mongol était enfin brisé. Ivan triomphant se couronna lui-même "tsar de toutes les Russies" lors d'une cérémonie à la byzantine, et gagna le surnom d'Ivan le Grand.

SAINT DANIEL

Le fils d'Alexandre Nevski, Daniel (1261-1303) fut le premier prince de Moscou. Adulé pour son humilité et sa diplomatie, il fut canonisé par l'Église orthodoxe en 1652.

1147

Moscou est mentionnée pour la première fois dans les chroniques historiques, lorsque Iouri Dolgorouki invite ses alliés à un banquet.

1156

Moscou est encerclée par une palissade de bois, doublée de douves, pour la protéger des principautés rivales et autres attaques venant de l'est.

1237-1238

Les Mongols rasent la ville et exécutent son gouverneur. Leur présence menaçante remet les compteurs politiques à zéro dans la région, ouvrant le champ à la principauté de Moscou.

Années 1260

Le fils cadet d'Alexandre Nevski, Daniel, hérite de la Moscovie. La ville est gouvernée par son oncle jusqu'à ce qu'il soit en âge de régner.

Ivan le Terrible

À la mort d'Ivan le Grand, en 1505, la Moscovie s'étendait de la région de la Baltique à l'ouest aux monts de l'Oural à l'est, et jusqu'à la mer de Barents au nord. Le Sud était toujours sous la domination de la Horde d'Or.

Au XVIe siècle, la Horde d'Or se scinda en quatre khanats, qui poursuivirent leurs raids sur les villages russes. À cette époque, le petit-fils d'Ivan le Grand, Ivan IV (le Terrible), se lança dans l'expansion et le renforcement de l'État de Moscovie. Il défit trois des quatre khanats, prit le contrôle de la Volga et s'empara de terres à l'est de l'Oural. Il eut moins de succès contre les Tatars de Crimée, qui contrôlaient les voies vers le sud et la mer Noire.

Ivan IV monta sur le trône à l'âge de trois ans, sous la régence de sa mère. Arrivé à l'âge adulte, 13 années plus tard, il fut couronné "tsar de toutes les Russies". (Le mot "tsar" vient du latin *caesar* – "césar".) Ivan épousa Anastasia, de la famille des Romanov. Ce fut un mariage heureux, mais lorsque mourut sa bien-aimée, Ivan bascula. Persuadé qu'on l'avait empoisonnée, il fit régner la terreur parmi les boyards jaloux, ce qui lui valut le surnom de "Terrible". Plus tard, dans un accès de rage, il tua même son fils, héritier du trône.

Ivan souffrait d'un blocage de la colonne vertébrale et prenait un traitement médical à base de mercure. Le remède se révéla toutefois pire que le mal, et le plongea progressivement dans la folie.

Les dernières années du règne d'Ivan, de plus en plus malade – il abandonna son trône pour se cloîtrer dans un monastère –, furent désastreuses pour Moscou. En 1571, les Tatars de Crimée mirent la ville à feu, la détruisant presque entièrement.

À sa mort, le pouvoir revint à son fils Fédor Ier, faible d'esprit. Pendant une courte période, le beau-frère de Fédor, Boris Godounov, Premier ministre habile, parvint à restaurer l'ordre dans le royaume. Mais, après sa mort, au début du XVIIe siècle, les envahisseurs polonais s'installèrent au Kremlin, et la Russie sombra dans le "Temps des troubles". Enfin, les soldats cosaques parvinrent à éconduire les Polonais, et la stabilité politique revint avec le couronnement du tsar Michel, fondateur de la dynastie des Romanov.

Sites médiévaux

Le Kremlin

Kitaï-Gorod

Cathédrale Basile-le-Bien-heureux (Le Kremlin et Kitaï-Gorod)

Datant du XVe siècle, l'Arbat est l'une des plus anciennes rues de Moscou. Le mot Arbat viendrait de l'arabe *arbad*, qui signifie "faubourgs". Ce mot arabe pourrait avoir été introduit par le khanat de Crimée, qui lançait des attaques fréquentes sur Moscou à l'époque.

Moscou impériale

La capitale déchue

Pierre Ier, connu sous le nom de "Pierre le Grand" autant pour sa taille (plus de 2 m) que pour sa victoire sans appel sur les Suédois, fit entrer la Russie dans l'Europe moderne. Dynamique et curieux

1282

Dans les faubourgs sud de Moscou, Daniel fonde le premier monastère de la ville comme poste avancé défensif, aujourd'hui le monastère Danilovsky.

1303

Ayant prononcé ses vœux monastiques avant sa mort, le prince Daniel est inhumé dans le cimetière du monastère Danilovsky.

1326

Moscou s'impose comme centre politique et religieux. Le chef de l'épiscopat russe quitte Vladimir pour s'établir au Kremlin.

1328

Le grand-prince Ivan Ier (Kalita) obtient le droit de collecter l'impôt dans les autres principautés russes, contrôlant de fait la principauté de Vladimir-Souzdal.

du monde extérieur, il voyagea beaucoup en Europe. Pierre partagea un temps le trône avec son demi-frère avant de prendre seul les commandes en 1696. Déterminé à moderniser la Russie, il imposa aux boyards de se raser la barbe, invita des conseillers et artisans européens, et rationalisa l'administration d'État. Il fit bâtir la plus haute construction de Moscou, la tour Soukharev (90 m), à côté de laquelle il fonda un collège de mathématiques et de navigation.

Pierre méprisait Moscou, ses boyards intrigants et ses traditions archaïques. En 1712, il transféra la capitale dans une région marécageuse récemment prise à la Suède. Saint-Pétersbourg serait une "fenêtre vers l'ouest" pour la Russie, et tout ce que Moscou n'était pas : moderne, scientifique et cultivée. Alexandre Pouchkine écrivit plus tard : "Pierre Ier n'aimait pas Moscou, où chaque pas lui rappelait des mutineries et des exécutions, le passéisme invétéré et la résistance obstinée de la superstition et des préjugés".

La capitale déchue déclina rapidement. Avec le départ de l'élite aristocratique et du personnel administratif, la population moscovite diminua d'un quart en 25 ans. La ville souffrit de violents incendies, aux conséquences aggravées par l'acheminement de tous les matériaux de construction à Saint-Pétersbourg, sur ordre de Pierre.

En 1771, Moscou fut dévastée par une épidémie de peste bubonique, qui emporta plus de 50 000 personnes. Les morts furent enterrés en dehors des murs de la ville. Les grands cimetières Danilovskoye

En Russie, Ivan IV s'appelle Ivan Grozny, habituellement traduit par "le Terrible". "Grozny" signifie en réalité "rigoureux" ou "strict", par référence à la sévérité du tsar.

DÉCALAGE CALENDAIRE

Pendant des siècles, le calendrier de la Russie a été en décalage avec celui de l'Occident. Jusqu'en 1700, les dates s'égrenaient à partir de la "création", estimée aux alentours de 5 508 ans av. J.-C. À l'époque, l'année 1700 était donc l'an 7208 en Russie. Pierre le Grand réforma le calendrier afin de le faire commencer à la supposée naissance du Christ, comme ailleurs en Europe.

Les choses se corsèrent au XVIIIe siècle, lorsque la plus grande partie de l'Europe abandonna le calendrier julien, astronomiquement moins exact, en faveur du calendrier grégorien, sans que la Russie suive le mouvement. En 1917, le calendrier russe avait donc 13 jours de retard sur le reste de l'Europe, ce qui explique comment la révolution d'Octobre a eu lieu le 7 novembre.

Le régime soviétique remit les pendules russes à l'heure : en 1918, au 31 janvier succéda le 14 février, permettant ainsi au pays de rattraper l'Occident. Cela dit, les Russes fêtent toujours le Noël orthodoxe 13 jours plus tard que les catholiques.

Dans ce guide, les dates mentionnées sont celles du calendrier grégorien actuel, utilisé mondialement.

1327-1333

Les premiers édifices en pierre sont érigés à l'intérieur du Kremlin, notamment trois belles églises et un clocher en calcaire, chacun surmonté d'un bulbe.

1360

Le Kremlin est fortifié à nouveau et étendu. Le village devient un centre urbain, et le grand-prince Dimitri fait remplacer la palissade de bois par une enceinte de pierre.

1380

Le grand-prince Dimitri parvient pour la première fois à défier l'autorité tatare, et gagne son surnom de Donskoï en battant les Tatars lors de la bataille de Koulikovo, sur le Don.

Années 1450

Constantinople tombée aux mains des Turcs, l'Église orthodoxe russe s'émancipe de Byzance. Moscou s'autoproclame "Troisième Rome", légitime héritière de la chrétienté.

En 1682, Pierre Ier fut intronisé tsar à l'âge de 10 ans. Sa demi-sœur, Sophie Alexeïevna, assura la régence, littéralement dans l'ombre, puisqu'elle était cachée derrière le trône. Ce trône à deux sièges, dont l'un dissimulé, est exposé à l'Armurerie du Kremlin.

Le Kremlin resta vide et à l'abandon de 1712 à 1773, lorsque Catherine la Grande commanda d'y construire une résidence. La construction du palais n'avançait pas, faute d'argent, mais quelques années plus tard, l'architecte Matveï Kazakov y édifia le beau bâtiment néoclassique du Sénat, que l'on voit aujourd'hui.

et Vagankovskoye datent de cette époque. La situation était si dramatique que la population se souleva, et fut violemment réprimée par l'armée. L'impératrice Catherine II la Grande instaura un nouveau code sanitaire pour nettoyer la ville et apaiser la situation.

Le départ de Pierre n'avait pas tué Moscou, et au tournant du XIXe siècle, la ville avait redressé la tête. Elle conservait le titre de "première ville du trône", car les monarques russes y étaient couronnés. Lorsque le petit-fils de Pierre Ier, Pierre III, leva l'obligation pour les nobles de servir l'État, beaucoup revinrent à Moscou.

La fin du XVIIIe siècle vit aussi la construction des premiers quais le long de la Moskova, bientôt suivis par des ponts. La première université et le premier journal de Russie furent fondés à Moscou. Ce nouveau milieu intellectuel et littéraire donna naissance à un mouvement d'inspiration nationaliste vantant les caractéristiques culturelles qui différenciaient la Russie de l'Occident.

Le renouveau de Moscou

Dans les années qui suivirent l'épisode napoléonien, la ville fut reconstruite à marche forcée. Des monuments furent érigés pour célébrer la victoire durement acquise par Alexandre Ier. Un arc de triomphe, inspiré de celui de Paris, fut bâti en haut de la rue Tverskaya, sur la route de Saint-Pétersbourg, et la cathédrale du Christ-Sauveur, dont la construction prit près de 50 ans, s'éleva sur les rives de la Moskova au pied du Kremlin. Dans le centre-ville, le cours de la Neglinnaya fut détourné vers un canal souterrain pour créer deux nouveaux espaces urbains : le jardin Aleksandrovsky, le long du mur ouest du Kremlin, et la place Teatralnaya, qui accueillit le flamboyant Bolchoï et, plus tard, le luxueux hôtel Metropol. Le Manège reconstruit (d'anciennes écuries impériales de 180 m de long) ajoutait une touche néoclassique grandiose au tableau.

L'essor économique d'après-guerre changea le visage de la ville. Au départ, la forte reprise fut menée par les riches marchands, piliers de la prospérité locale. Dans les années 1830, ils créèrent la Bourse de commerce de Moscou. Au milieu du siècle, l'industrie rattrapa le commerce et tendit à s'imposer comme moteur économique. Moscou devint une plaque tournante de l'essor ferroviaire, entre les matières premières venant de l'est et les constructeurs situés à l'ouest. Grâce à un approvisionnement soutenu en coton d'Asie centrale, Moscou gagna le rang de grand centre de production textile. En 1890, plus de 300 des 660 usines de la ville produisaient du tissu. À la différence de Saint-Pétersbourg, où le développement industriel était pour grande part financé par des fonds étrangers, Moscou ne

1475-1495

Ivan III lance une campagne de reconstruction pour célébrer ses victoires militaires, invitant des artisans italiens pour bâtir les murs du Kremlin et ses imposantes tours.

1478-1480

Moscou éclipse ses principautés rivales, et l'armée russe défait les Mongols sur l'Ougra. Ivan III est couronné souverain de toute la Russie, ce qui lui vaut le surnom d'Ivan le Grand.

1505-1508

Les constructions à l'intérieur du Kremlin se poursuivent, avec le clocher d'Ivan-le-Grand, plus haut édifice de Moscou jusqu'au XXe siècle.

1508-1516

Le fossé d'Alevizov est creusé le long du mur est du Kremlin. La zone attenante au fossé (aujourd'hui la place Rouge) est la place du marché de la ville.

s'appuyait que sur ses propres ressources. À la fin du siècle, la Banque commerciale de Moscou, fondée en 1866, était la seconde du pays.

L'élite des commerçants étendit son influence sur la ville. L'éclectisme des goûts des nouveaux riches se reflétait dans la multitude des styles architecturaux des demeures, salons et hôtels. Cette élite bourgeoise finit par s'arroger les plus hautes fonctions administratives de la ville, balayant les vestiges de l'ancienne aristocratie des boyards. En 1876, Sergueï Tretiakov, entrepreneur talentueux et mécène, fut le premier d'une longue liste de maires de la ville non issus de la noblesse.

L'accroissement du développement économique de la ville coïncida avec le déclin de l'agriculture et l'émancipation des serfs. En résulta un important exode rural qui fit exploser la population de la ville. En 1890, Moscou comptait plus d'un million d'habitants. La population augmenta si rapidement qu'elle franchit le million et demi moins de 20 ans plus tard. Si Moscou demeurait derrière Saint-Pétersbourg en

Sites de l'époque impériale

Palais des Armures au Kremlin

Cathédrale du Christ-Sauveur (Khamovniki)

Bolchoï (Tverskoï)

Arc de Triomphe (Dorogomilovo)

LA BATAILLE DE LA MOSKOVA – 1812

En 1807, le tsar Alexandre Ier négocia le traité de Tilsit, qui proclamait Napoléon empereur de l'ouest de l'Europe, et Alexandre empereur de l'Est, unis (théoriquement) contre l'Angleterre. L'alliance tint jusqu'en 1810, date à laquelle la Russie renoua les relations commerciales avec l'Angleterre. Napoléon, furieux, se lança à l'assaut du tsar avec sa Grande Armée de 700 000 hommes, la plus grande alors jamais constituée pour une seule campagne militaire.

Largement surpassées en nombre, les forces russes reculèrent tout au long de l'été 1812, pratiquant une politique de terre brûlée pour retarder les Français et remportant certains combats d'arrière-garde.

Napoléon décida de marcher sur Moscou. En septembre, les Français commençant à souffrir du manque de ravitaillement, le général russe Mikhaïl Koutouzov décida de livrer bataille à Borodino, à 130 km de Moscou. La bataille fut sanglante mais ne se solda que par une victoire marginale française, et les Russes parvinrent à se retirer en bon ordre. En une journée, plus de 100 000 soldats furent tués.

Lorsque Napoléon entra dans Moscou vers la mi-septembre, il trouva une ville déserte, incendiée aux deux tiers par ses habitants, qui préféraient la voir en cendres plutôt qu'occupée par l'envahisseur. Alexandre ignora l'appel de Napoléon à négocier.

Contraint par l'arrivée de l'hiver et la distension de ses lignes de ravitaillement, Napoléon déclara la victoire et sonna la retraite. Ses troupes très affaiblies progressèrent laborieusement, subissant l'attrition de la faim, de la maladie, du froid et des attaques de harcèlement russes. Un vingtième seulement des soldats atteignirent la Pologne. L'armée du tsar pourchassa Napoléon jusqu'à Paris, qu'elle occupa brièvement en 1814.

1524

Le monastère Novodevitchi est fondé en l'honneur de la conquête de Smolensk, 10 ans auparavant. La forteresse est un important maillon du système de défense de la ville, au sud.

1560

À la mort de sa femme, Ivan IV, paranoïaque, commence à faire régner la terreur sur les boyards (nobles de haut rang), ce qui lui vaut son surnom d'Ivan le Terrible.

1571

Moscou est réduite en cendres par les Tatars de Crimée. La ville se reconstruit, et un mur de pierre est érigé autour des quartiers commerçants qui jouxtent le Kremlin.

1592

Tout autour de la ville sont construits des remparts de terre, hérissés de quelque 50 tours, qui marquent les limites de la ville. Leur emplacement est aujourd'hui occupé par la ceinture des Jardins.

nombre d'habitants, elle était, à la différence de la capitale, une ville composée à 95% de Russes.

En 1900, plus de la moitié des Moscovites étaient des ruraux exilés. Ils s'installèrent dans les logements ouvriers à l'extérieur de la ceinture des Jardins et au sud de la rivière, dans le quartier Zamoskvoretchie. La pauvreté submergeait les rares patronages locaux et les logements bon marché ne suffisaient plus. Au début du XXe siècle, les immenses bas quartiers de Moscou étaient un terrain fertile pour la maladie et la colère sociale. Ne pouvant faire entendre leur voix, les plus pauvres se tournèrent alors vers le radicalisme.

Peu après la guerre napoléonienne, les deux remparts extérieurs de la ville furent remplacés par la ceinture des Boulevards et celle des Jardins, toutes deux bordées d'arbres. La ceinture des Jardins marquait une frontière sociale informelle : à l'intérieur les commerçants, intellectuels, fonctionnaires et étrangers, à l'extérieur les usines et les pauvres.

Moscou la rouge

Moscou révolutionnaire

C'est une autocratie tsariste affaiblie qui entra dans le XXe siècle. En 1904, l'expansionnisme russe en Extrême-Orient se heurta, en Mandchourie, aux menées japonaises. Après avoir lancé une attaque-surprise sur Port-Athur, le Japon déclara la guerre au tsar Nicolas II et infligea à ses troupes une série de revers. Dans la foulée de ces défaites, la Russie se trouva plongée dans un climat insurrectionnel.

À l'instar des Pétersbourgcois, ouvriers et étudiants moscovites entamèrent une série de manifestations dont le point d'orgue fut la grève générale d'octobre 1905, laquelle permit d'arracher des concessions politiques au tsar. En décembre, les pouvoirs publics tentèrent d'arrêter les leaders radicaux, provoquant une nouvelle vague de confrontations, qui s'acheva par une nuit sanglante sur des barricades érigées à la hâte dans le quartier Presnensky. Plus tard, Vladimir Ilitch Oulianov (Lénine) affirma que cette révolution manquée de 1905 avait tenu lieu de "répétition générale pour 1917". De fait, épuisée par trois années de guerre mondiale, la monarchie ne put résister au soulèvement ouvrier lancé à Saint-Pétersbourg en février 1917. Nicolas II abdiqua et un gouvernement provisoire fut mis en place. Des soviets (assemblées) virent le jour, dans lesquels les bolcheviks étaient minoritaires. Le gouvernement provisoire annonça la tenue d'élections en novembre, mais poursuivit la guerre. Les bolcheviks tirèrent parti du mécontentement de la population pour provoquer des manifestations à Saint-Pétersbourg en juillet, et renverser le gouvernement provisoire. Leur prise de pouvoir ne devint effective qu'en novembre 1917, à la suite du coup de force du mois précédent et de la dissolution du gouvernement.

À Moscou même, le changement de régime fut plus violent et se traduisit, au tournant du mois de novembre, par une semaine de

1591-1613	1601-1603	1610-1612	1613
Ivan IV meurt sans héritier capable, laissant le pays dans le chaos. Sa mort marque le début du "Temps des troubles" : les prétendants au trône se bousculent pour diriger le pays.	La Russie souffre d'une famine généralisée, et voit périr près des deux tiers de sa population. Plus de 100 000 personnes sont ensevelies dans les fosses communes de Moscou.	L'armée de la république des Deux-Nations (Pologne-Lituanie) occupe Moscou, jusqu'à l'arrivée de l'armée cosaque emmenée par Dimitri Pojarski et Kouzma Minine.	Le Zemsky sobor, sorte de parlement, élit Mikhaïl Romanov tsar. Il est rappelé de son exil à Kostroma et couronné, fondant ainsi la dynastie des Romanov.

combats de rue et un bon millier de victimes. Le socialisme radical était arrivé au pouvoir en Russie.

Redoutant une attaque allemande à Saint-Pétersbourg, Lénine rendit à Moscou son statut de capitale. En mars 1918, il s'installa au Kremlin, et le nouveau gouvernement soviétique s'appropria les plus beaux hôtels particuliers de la ville pour en faire des bureaux. S'ensuivit un beau ballet de sycophantes avides de se placer. La nouvelle municipalité communiste de la ville autorisa la redistribution des logements, et des ouvriers emménagèrent par milliers dans des appartements confisqués à la bourgeoisie.

Mais la révolution et la guerre civile qui s'ensuivit mirent la ville à rude épreuve. La tourmente politique précipita une crise économique. En 1921, les usines moscovites ne fonctionnaient qu'à 10% de leur niveau d'avant-guerre. Pénurie de nourriture et de carburant, famine et maladie rongeaient la capitale. De deux millions en 1917, la population fit un plongeon vertigineux à un million en 1920. Les ouvriers épuisés retournèrent dans leurs villages en quête d'un répit, tandis que l'ancienne élite partit avec armes et bagages vers d'autres horizons.

Moscou selon Staline

En mai 1922, Lénine subit la première d'une série d'attaques. Il en resta paralysé et fut réduit à quitter la direction du parti et du gouvernement. Il mourut à l'âge de 53 ans, en janvier 1924. Son corps embaumé fut exposé à Moscou et Saint-Pétersbourg fut rebaptisée Leningrad en son honneur. Il fit l'objet d'un culte de la personnalité orchestré par Joseph Vissarionovitch Djougachvili, connu sous le nom de Joseph Staline.

Improbable successeur méprisé de Lénine, Staline (1878-1953) parvint, au terme de près de six ans de manœuvres, à évincer ses rivaux et à se frayer un chemin à la tête du parti communiste. Grand paranoïaque, le géorgien fit régner dans ses rangs une terreur qui coûta au final la vie à la quasi-totalité de la première génération des officiels soviétiques. Des centaines de milliers de Moscovites furent exécutés et enterrés en secret sur les terres des anciens monastères.

Au début des années 1930, Staline entama une révolution industrielle. Celle-ci se fit à marche forcée, mais en 1939, seuls les États-Unis et l'Allemagne affichaient une production industrielle supérieure. Moscou donna le rythme de ce développement soutenu. Les prisonniers politiques furent exploités comme main-d'œuvre servile. La construction du canal Moscou-Volga fut supervisée par la police secrète, qui força plusieurs centaines de milliers "d'ennemis de la révolution" à creuser les 125 kilomètres de canaux. Au total, cette campagne entraîna des millions de morts.

Le plus célèbre roman de Tolstoï, *Guerre et Paix*, est une fresque historique construite autour de cinq familles aristocratiques à l'aube de l'invasion napoléonienne. L'auteur s'est appuyé sur des lettres, des journaux, des entretiens et d'autres sources directes pour créer ce chef-d'œuvre de réalisme, qui fait intervenir plus de 160 personnages réels.

Sites de l'époque soviétique

- *Mausolée de Lénine*
- *Métro de Moscou*
- *VDNKh*
- *Bunker-42*

Années 1600

Dans la première moitié du XVIIe siècle, la population de la capitale double pour atteindre 200 000 habitants. La ville s'étend au-delà des remparts.

1654-1662

Les guerres contre la Pologne et la Suède vident les caisses. Des pièces de cuivre sont frappées, ce qui aggrave la crise économique. 10 000 personnes descendent dans la rue.

1682

La lutte pour le pouvoir entre deux clans sème le trouble dans la garde du Kremlin, puis dans la ville, avant que Sophie Alexeïevna ne prenne la régence au nom de ses deux frères.

1712

Pierre Ier (le Grand) surprend le pays en transférant la capitale à Saint-Pétersbourg.

La collectivisation brutale des terres provoqua une vague d'immigration paysanne à Moscou, et des campements de fortune s'élevèrent autour de la cité. Moscou devint le centre d'une industrie militaire fortement subventionnée. Les ingénieurs et les techniciens qui y travaillaient jouissaient d'un statut privilégié. L'élite du parti emménagea dans de spacieux appartements, tels que la résidence Dom na Naberejnoï, au bord de l'eau, face au Kremlin.

Staline lança un grand projet d'urbanisation qui fut mené avec une brutalité à l'aune de l'époque. Des pans entiers de patrimoine, en particulier religieux, furent détruits, et souvent remplacés par de nouveaux monuments, symbolisant l'avènement de l'ère socialiste. La première ligne du métro, aux murs tapissés de marbre, fut achevée en 1935. L'immense cathédrale du Christ-Sauveur fut rasée en vue d'ériger à sa place le plus grand bâtiment du monde, au sommet duquel se serait dressée une statue de Lénine. De grands axes furent tracés et des gratte-ciel néogothiques s'élevèrent autour de la ville.

Dans les années 1940, le quartier médiéval de Zaryadié, à Kitaï-Gorod, fut rasé en vue de la construction de la "Huitième Sœur" de Staline. Ce gigantesque gratte-ciel ne vit jamais le jour et ses fondations accueillirent finalement le massif hôtel Rossia (aujourd'hui démoli). Il est prévu de transformer le site en parking.

Moscou poststalinienne

À la mort de Staline, des millions de soviétiques vinrent rendre hommage à sa dépouille, tant ils associaient le dictateur à la nation elle-même. Dans la cohue de ces jours de déploration collective, des centaines de personnes moururent piétinées. Le système mis en place par l'autocrate lui survécut, à quelques changements près.

Installé au pouvoir au terme d'une âpre lutte de près de deux ans, Nikita Khrouchtchev (1894-1971), nouveau Premier secrétaire du Parti

LA BATAILLE DE MOSCOU – 1941

Ayant mené, de longue date, une politique ambivalente avec pour vœu de déstabiliser l'Ouest tout en assurant la sécurité de l'Union soviétique, Staline signa un pacte de non-agression avec Hitler en août 1939.

Lorsque le dictateur allemand lança l'opération Barberousse en juin 1941, Staline, faute d'avoir tenu compte des avertissements qui lui avaient été adressés, se trouva un temps pris de court.

Mal préparée, l'Armée rouge ne faisait pas le poids contre la machine de guerre nazie qui avançait sur trois fronts. Et l'Histoire se répéta lorsque les deux armées s'affrontèrent à Borodino. En décembre, les Allemands étaient aux portes de Moscou, à 30 km du Kremlin. Seul un sévère hiver précoce ralentit leur avancée. Un monument marque aujourd'hui l'endroit, près de la route menant à l'aéroport de Sheremyetievo, où les nazis ont été stoppés. Organisant une brillante contre-attaque, le général Gueorgui Joukov, héros de guerre soviétique, sauva la capitale.

Années 1700

Moscou périclite pendant la première moitié du siècle, bureaucrates et aristocrates étant partis vers le nord. Au milieu du siècle, la population a chuté à 130 000 habitants.

1746

La route de Tver devient la route de Saint-Pétersbourg, ou Peterbourskoye shosse, reliant les deux capitales.

1755

Poussée par Mikhaïl Lomonossov et le ministre de l'Éducation Ivan Chouvalov, l'impératrice Élisabeth fonde l'Université d'État de Moscou (MGOU), la première de Russie.

1756

Le premier journal du pays est un hebdomadaire, les *Nouvelles russes (Moskovskiye Vedemosti).* Il est publié dans la nouvelle université.

communiste et ancien Premier secrétaire de la région de Moscou, rogna l'influence de la police secrète, libéra les prisonniers politiques et engagea d'importantes réformes. D'immenses constructions sortirent de terre dans la banlieue de Moscou. Beaucoup de ces immeubles bas, construits à la hâte, furent baptisés *khroushtchoby*, jeu de mots entre Khrouchtchev et *troushtchoby* (taudis). Inquiètes du populisme et de l'imprévisibilité de Khrouchtchev, les élites dirigeantes l'évincèrent en 1964.

Vint alors la stagnation, avec le long règne de Leonid Brejnev (1906-1982), principal dirigeant de l'URSS jusqu'en 1982, qui maintint, au prix de l'inertie, la Russie au rang de superpuissance militaire et garantit la stabilité politique.

Durant ces années, la guerre froide influença le développement de Moscou pendant que l'Union soviétique et les États-Unis étaient engagés dans la course aux armements et à l'espace. En 1980, l'industrie de la défense représentait un tiers de la production industrielle de la ville et un quart de sa main-d'œuvre. Les dirigeants municipaux de Moscou n'étaient pas tenus au courant de ce qui se tramait dans ces installations gérées secrètement. Pour des questions de sécurité nationale, le KGB aurait fait discrètement creuser un réseau de métro parallèle, Metro-2.

Sous Brejnev, l'élite politique vieillissante jouissaient de réels privilèges, tandis que le reste de la population vivait dans la pénurie. L'économie planifiée et centralisée ne parvenait pas à satisfaire la demande croissante et le système économique ne faisait que décliner.

Moscou ne tira pas moins profit de la dynamique inertielle née du boom économique d'après-guerre. Brejnev témoignant d'un penchant pour les bâtiments modernes massifs, d'immenses blocs de béton et de verre, comme l'ancien hôtel Rossia, furent construits en manière de témoignages de la modernité soviétique. La ville s'étendit, accueillant davantage de bâtiments et d'habitants, notamment à l'orée des Jeux olympiques d'été de 1980 (lesquels furent toutefois boycottés par un grand nombre de pays, en réaction à l'invasion de l'Afghanistan l'année précédente).

Le passé de Moscou commença à revenir en faveur chez les architectes. L'arc de triomphe d'Alexandre fut ainsi reconstruit, tandis que le projet de rebâtir la tour Soukharev de Pierre le Grand demeura lettre morte. Les habitants continuèrent de s'éloigner du centre, occupé par l'élite dirigeante. Des tours de piètre facture furent érigées à la périphérie de Moscou et les lignes de métro furent prolongées.

Au long de ces années comme aujourd'hui, les Russes étaient enclins à s'installer à Moscou ou à y retourner. Les dirigeants municipaux

Beaucoup des sites "historiques" de Moscou sont en fait de nouveaux bâtiments reconstruits d'après les originaux détruits. Ainsi, la cathédrale de Kazan et celle du Christ-Sauveur ont été érigées dans les années 1990, tandis que le grand palais de bois de Kolomenskoe et le grand palais de Tsaritsyno datent tous deux du début du XXIe siècle.

1770-1780

Une épidémie de peste bubonique éclate, emportant 50 000 Moscovites. À la fin de la décennie, Saint-Pétersbourg compte plus d'habitants que Moscou.

1810-1812

La Russie rompt son traité avec la France. Napoléon riposte en envahissant le pays avec sa Grande Armée. Les Moscovites auraient incendié eux-mêmes leur ville avant l'invasion.

1824

Les théâtres Bolchoï et Maly sont bâtis sur la bien nommée place du Théâtre, et inaugurés l'année suivante.

1839-1860

Pour fêter une victoire héroïque sur la France lors des guerres napoléoniennes, la cathédrale du Christ-Sauveur est érigée sur les rives de la Moskova.

tentèrent de mettre en place un système de permis de résidence, mais sans succès. En 1960, la ville comptait 6 millions d'habitants, et plus de 8 millions en 1980. Cet excédent entraîna la croissance rapide des banlieues moscovites. Si l'industrie était le principal pilier économique de la ville, de nombreux emplois furent créés dans les secteurs de la science, de l'éducation et de l'administration publique. Une diversité ethnique apparut, avec l'installation de petits commerçants d'Asie centrale et du Caucase.

La transition

L'effondrement du communisme

Avec l'arrivée au pouvoir de Mikhaïl Gorbatchev en mars 1985, le gouvernement soviétique se montra ouvert au changement. Le nouveau Secrétaire général avait pour mission de revitaliser un système socialiste vacillant. Ainsi lança-t-il un programme de réformes multiples, baptisé "perestroïka" (reconstruction). Pour lui, la crise économique procédait de l'aliénation de la société par le socialisme.

Ses réformes visaient à éveiller les consciences et à encourager l'initiative. La glasnost (transparence) rendit à une vie relative une culture populaire moribonde et des médias étouffés. La démocratisation donna lieu à des élections pluripartites et à de nouvelles assemblées législatives. Les coopératives réalisèrent leurs premiers pas dans une économie de marché depuis plus de 50 ans. Le plan de Gorbatchev était de mener une transition progressive, mais en pratique, les événements le prirent de court. Et Moscou mena la danse.

En 1985, Mikhaïl Gorbatchev fit venir Boris Eltsine (1931-2007), alors gouverneur d'Ekaterinbourg, dans l'Oural, pour prendre la tête de Moscou. Sa mission était de débarrasser la ville de la corruption. Il commença par renvoyer des centaines de fonctionnaires. Son côté populiste lui valut un succès immédiat auprès des Moscovites. Pendant la campagne impopulaire de Mikhaïl Gorbatchev contre la consommation d'alcool, Eltsine sauva la plus grande brasserie de Moscou de la fermeture.

Au plan général, Boris Eltsine favorisa une atmosphère politique plus ouverte. Il autorisa les groupes "informels", non validés par le Parti communiste, à s'organiser et à s'exprimer. Bientôt, les rues de Moscou, notamment l'Arbat, résonnèrent de manifestations démocrates, nationalistes ou communistes. Avec son style, Eltsine s'aliéna les chefs du parti, les uns après les autres. Gorbatchev, sous la pression des conservateurs, le renvoya en 1987.

ALCOOLISME

Dans les années 1970, le principal problème social à Moscou était l'alcoolisme, considéré comme le facteur essentiel du taux important d'absentéisme et d'agressions. L'alcoolisme était à ce point endémique que Gorbatchev tenta par la suite de limiter la consommation à deux bouteilles de vodka par semaine et par famille, une initiative peu populaire.

1861

Le "tsar libérateur" Alexandre II décrète la réforme paysanne, qui émancipe les serfs. La population de Moscou s'envole, des milliers de paysans affluant vers la grande ville.

1862

Le roman d'Ivan Tourgueniev *Pères et Fils* marque le début du mouvement nihiliste, précurseur du populisme, de l'anarchisme, puis du bolchevisme.

1905

Avec la création du poste de "gouverneur de la ville", le tsar nomme Alexandre Adrianov comme premier maire de Moscou.

1905

La guerre russo-japonaise provoque des grèves générales à Moscou et Saint-Pétersbourg. À Moscou, des barricades sont dressées et on se bat dans Presnensky.

Dans le cadre de ses réformes politiques, Mikhaïl Gorbatchev organisa les élections des assemblées réformées au printemps 1990. À cette époque, le communisme s'était déjà effondré en Europe de l'Est et, en Union soviétique, les événements se radicalisaient. Lors des premières élections libres depuis 88 ans, les Moscovites se pressèrent aux urnes pour élire un bloc de réformateurs démocrates.

Gavriil Popov, économiste, fut élu maire, tandis que Iouri Loujkov prit le poste d'adjoint. Popov se lança dans la "décommunisation" de la ville, vendit les demeures et les entreprises d'État, et rendit aux rues leur nom prérévolutionnaire. Il se heurta maintes fois au gouvernement soviétique au sujet de la gestion des affaires

Domaines historiques

Kolomenskoe

Tsaritsyno

Parc Izmaïlovsky

Palais d'Ostankino

LÉNINE SOUS VERRE

La place Rouge héberge le corps embaumé le plus célèbre au monde, celui de Vladimir Ilitch Oulianov, dit Lénine. Lorsqu'il succomba à une attaque foudroyante le 22 janvier 1924, à l'âge de 53 ans, une longue file de dévots se forma, attendant durant des semaines, debout, par un hiver mordant, de lui rendre un dernier hommage. Inspiré par ce spectacle, Staline proposa de faire du fondateur du communisme soviétique une "relique" de nature à servir la cause. La décision fut prise de conserver le corps de Lénine, malgré les vives protestations de sa veuve et la volonté de Lénine lui-même, qui avait dit vouloir être enterré près de sa mère à Saint-Pétersbourg.

Boris Zbarsky, biochimiste et Vladimir Voribov, anatomiste, reçurent l'ordre de stopper le processus naturel de décomposition du corps. Le tandem travailla d'arrache-pied dans un laboratoire secret pour mettre au point la solution chimique miracle. Pendant ce temps, les taches de vieillesse de Lénine furent blanchies, et ses lèvres et yeux cousus. Son cerveau fut prélevé et transféré vers un autre laboratoire secret, où il fut découpé en tranches et en cubes pendant les 40 années suivantes par des scientifiques cherchant à découvrir l'origine de son génie.

En juillet 1924, les scientifiques trouvèrent une formule propre à stabiliser les tissus. Elle fut classée secret d'État. Zbarsky passa le flambeau à son fils, qui dirigea le laboratoire d'embaumement du Kremlin pendant des décennies. À la chute du régime, Zbarsky livra son secret : le corps est régulièrement nettoyé, et, tous les 18 mois, soigneusement examiné et plongé dans un bain de produits chimiques comprenant une large proportion de paraffine. Aujourd'hui, l'institut est privé et offre ses services aux aspirants à l'immortalité, moyennant finance.

Au début des années 1990, Boris Eltsine exprima son intention de respecter la volonté de Lénine et de l'enterrer à Saint-Pétersbourg, provoquant un tollé à gauche et suscitant les objections plus discrètes des tour-opérateurs moscovites. Il semble que le mausolée, le reliquaire le plus sacré du communisme soviétique, et le corps embaumé qu'il contient resteront en place encore quelques années.

1914-1917

La Première Guerre mondiale ravage la Russie. En 1916, le pays déplorait 1,6 million de morts. La population est fortement touchée par l'inflation et la pénurie alimentaire.

1917

Nicolas II est renversé lors de la révolution de février à Saint-Pétersbourg, et abdique. Un gouvernement provisoire est créé pour rétablir l'ordre.

1918

Face à l'inefficacité du gouvernement provisoire, le Parti bolchevik prend le pouvoir. Redoutant une attaque allemande, Lénine rapatrie la capitale à Moscou.

1922-1924

Lénine meurt. Plus d'un million d'admirateurs endeuillés viennent lui rendre un dernier hommage. Joseph Staline lui succède en propre quelques années plus tard.

municipales, mais il se fit un allié clé lorsque Eltsine, élu à la tête du nouveau Soviet suprême russe, fit son retour sur la scène politique.

Le 18 août 1991, les Moscovites trouvèrent à leur réveil une colonne de chars dans la rue et un "Comité d'état d'urgence", composé de dirigeants du Parti communiste, du KGB et de militaires, en charge des opérations. Ce comité avait fait appréhender Gorbatchev dans sa datcha de Crimée et ordonné l'arrestation d'Eltsine et des chefs municipaux de Moscou.

Mais le coup d'État, mal organisé, tourna court. Eltsine, Popov et Loujkov regagnèrent le bâtiment du Parlement, la Maison blanche, et appelèrent l'opposition à l'aide. La foule se rassembla devant la Maison blanche, persuada certains équipages de chars de changer de camp et construisit des barricades. Eltsine se hissa sur un tank, défiant les snipers de l'abattre, pour déclarer le putsch illégal et appeler à la grève générale. Après ce paroxysme, la résolution des mutins vacilla, annonçant la fin du coup d'État.

Le jour suivant, une foule massive opposée au putsch se rassembla à Moscou. Les organisateurs du putsch perdirent leur sang froid : l'un d'eux se suicida, quelques-uns eurent des malaises, laissant les autres irrésolus, voire démissionnaires. Le 21 août, les tanks se retirèrent. Le putsch avait échoué. Mikhaïl Gorbatchev rentra à Moscou pour reprendre le pouvoir, mais lui aussi avait fait son temps. Le 23 août, Eltsine interdit le Parti communiste en Russie.

Gorbatchev se lança dans une dernière tentative pour sauver l'Union soviétique, en proposant plus d'autonomie aux différentes républiques. Eltsine, de son côté, retira progressivement toutes les manettes importantes des mains des prosoviétiques pour les confier à des défenseurs de la Russie. Le 8 décembre, Boris Eltsine et les dirigeants de l'Ukraine et de la Biélorussie, après s'être réunis, proclamèrent la dissolution de l'URSS, remplacée par une nouvelle Communauté des États indépendants (CEI), vague alliance sans autorité centrale. Mikhaïl Gorbatchev, président d'une entité qui n'existait plus, démissionna officiellement le 25 décembre, le jour où le drapeau russe blanc, bleu et rouge vint flotter sur le Kremlin à la place de celui, rouge, de l'ex-Union soviétique.

GORBATCHEV

Chacun sait que ses efforts pour mettre fin à la guerre froide ont valu à Mikhaïl Gorbatchev le prix Nobel de la paix en 1990. On sait moins, en revanche, qu'il a remporté un Grammy Award en 2004 pour avoir prêté sa voix à la libre adapation parlée pour enfants du *Pierre et le Loup* de Prokofiev.

La renaissance de la politique russe

Encouragé par son succès, Boris Eltsine (désormais président) se vit confier des pouvoirs extraordinaires par le Parlement afin de sortir le pays des décombres soviétiques. Il en usa pour lancer des réformes économiques et se rapprocher de l'Occident, ce qui divisa l'élite politique. Tandis que l'équipe de réformateurs économiques de Boris

Années 1930
Staline lance une campagne de modernisation et fait régner la terreur. Moscou devient une ville industrielle abritant des ouvriers pauvres et une multitude d'usines.

1931
La gigantesque cathédrale du Christ-Sauveur est dynamitée pour y construire le palais des Soviets, projet de monument au socialisme surmonté d'une statue de Lénine.

1935
Les jeunes du Komsomol aident à la construire la station de métro Komsomolskaya. La première ligne de métro, Sokolniki, est mise en service.

1941-1944
Violant le pacte germano-soviétique de non-agression, Hitler attaque la Russie. Le terrible hiver russe stoppe l'avancée nazie et permet à l'Armée rouge de résister.

Eltsine s'attelait au démantèlement de l'économie planifiée, le Parlement décida début 1992 de reprendre ses pouvoirs au président. Les réformes restèrent au point mort pendant un an et demi.

Le conflit entre exécutif et législatif au niveau national se jouait également à Moscou. Après la chute du régime soviétique, le bloc démocrate qui avait mis Popov au pouvoir se désagrégea. À Moscou, le boom de l'immobilier s'amorçait à mesure que les immeubles et les terrains sans véritable propriétaire changeaient de main à un rythme effréné dans une légalité douteuse. Les désaccords se multiplièrent entre la mairie et le conseil municipal ainsi que le gouvernement fédéral. Popov entra en conflit avec Eltsine, comme il l'avait fait avec Gorbatchev.

En juin 1992, Popov démissionna et l'adjoint au maire Iouri Loujkov prit sa place. Le conseil municipal vota alors une motion de censure contre Loujkov et demanda de nouvelles élections, mais le nouveau maire se contenta d'ignorer la résolution.

En 1993, le conflit entre le président Eltsine et le Parlement s'intensifia. Huit projets de Constitution différents furent proposés, et rejetés. En septembre 1993, le Parlement se réunit pour retirer au président une grande partie de ses pouvoirs. Avant que l'assemblée ait pu statuer, Eltsine acta sa dissolution par décret et appela à de nouvelles élections. Les événements prirent alors un cours violent. Eltsine envoya l'armée bloquer la Maison blanche et ordonna aux parlementaires de partir avant le 4 octobre. Beaucoup obtempérèrent, mais les 2 et 3 octobre, un Front de salut national vit le jour, dans l'espoir de soulever une insurrection populaire contre le président. Le Front affronta les troupes encerclant la Maison Blanche et tenta de prendre la tour de télévision Ostankino.

L'armée intervint en faveur du président et obligea le Parlement à se rendre. On dénombra en tout 145 morts et 700 blessés, victimes du conflit civil le plus sanglant ayant eu lieu à Moscou depuis la prise de pouvoir par les bolcheviks en 1917. Eltsine et le Parlement, récemment dompté, mirent en place la Constitution de 1993 qui créait un nouveau système politique s'articulant autour d'un pouvoir exécutif central fort.

Si, au cours des années 1990, l'état de santé du président se dégrada, l'intéressé n'était, en 1996, nullement disposé à quitter ses fonctions. De nombreux témoignages rapportent qu'à cette période, les nouveaux riches de Russie, qui avaient soutenu et financé la campagne d'Eltsine, furent récompensés par des postes de décideurs politiques au sein du gouvernement, et par des actifs publics octroyés lors des enchères de privatisation. La prise du pouvoir par

Musées historiques

Musée juif

Le musée d'Histoire

Musée d'Histoire contemporaine (Tverskoï)

Musée de l'Histoire du goulag (Tverskoï)

1953

Staline meurt et est inhumé sur la place Rouge. Nikita Khrouchtchev devient Premier secrétaire. Lavrenti Beria, chef du NKVD, est arrêté, jugé pour trahison et exécuté.

1956

Lors du congrès du Parti, Khrouchtchev lit un "discours secret" dans lequel il dénonce la répression stalinienne et justifie l'exécution de Beria, trois ans plus tôt.

1961

Le corps de Staline est déplacé du mausolée de la place Rouge vers le mur du Kremlin.

1958

Près de 30 ans après la destruction de la cathédrale du Christ-Sauveur, l'immense trou, jamais recouvert, devient finalement la plus grande piscine du monde.

ces “oligarques” dignes des boyards médiévaux devint encore plus évidente durant la maladie de Boris Eltsine.

Après des années de maladie, Boris Eltsine a succombé à une défaillance cardiaque en 2007. Il repose au cimetière de Novodevitchi, où sa tombe est ornée d'un immense drapeau russe sculpté dans la pierre qui donne l'impression d'onduler à plat dans le vent.

La prospérité économique

Dans la nouvelle Russie, la richesse était concentrée à Moscou. Tandis que le reste du pays luttait pour survivre à l'effondrement de l'économie planifiée, la capitale fit bientôt figure d'enclave d'abondance et de dynamisme. Au milieu des années 1990, elle possédait tout ce que les Russes avaient espéré du capitalisme, mais dont la Province n'avait encore rien vu venir.

La ville apportait près de 25 % des recettes fiscales récoltées par le gouvernement fédéral. Banques, Bourses de commerce, grandes entreprises et magasins de luxe s'installèrent dans la capitale. À la fin des années 1990, Moscou était devenue l'une des villes les plus chères du monde.

Lorsqu'en 1998, l'État ne put honorer sa dette et dévalua la monnaie, le boom sembla avoir fait long feu. Mais une fois la panique apaisée, il parut évident qu'il s'agissait moins d'une crise que de l'ajustement, certes brutal, d'un rouble fortement surévalué. Grâce au nouveau taux de change, les entreprises russes gagnèrent en compétitivité et en productivité. Les salaires furent à nouveau versés et la consommation reprit.

Le nouveau millénaire

En 2005, Elena Batourina, grande propriétaire et épouse du maire de Moscou, Iouri Loujkov, est devenue la première femme milliardaire de Russie.La femme du maire actuel, Irina Sobianina, œuvre aussi dans l'industrie du bâtiment, même si elle ne figure pas encore parmi les personnalités les plus riches du pays.

Le KGB au Kremlin

En décembre 1999, alors qu'il adressait ses vœux télévisés à la nation, Boris Eltsine choqua une nouvelle fois ses compatriotes en annonçant qu'il démissionnait et se retirait de la vie politique. Il confia sa fonction à son Premier ministre fraîchement nommé, Vladimir Poutine. Celui-ci avait su impressionner Eltsine par son dévouement, son esprit avisé et sa détermination marquée de principes. Eltsine avait choisi de faire son annonce pendant les vacances de Noël, prenant ainsi de court ses adversaires politiques et augmentant les chances de son poulain dans le scrutin à venir. Le plan fonctionna. En mars 2000, Poutine devint le deuxième président de la Fédération de Russie.

Sa présence au Kremlin intriguait : ancien chef du KGB mais allié du maire démocrate de Saint-Pétersbourg ; adepte de la culture européenne mais nostalgique du patriotisme soviétique.

Pendant son premier mandat, Vladimir Poutine domina dans les sondages. Il apportait calme et stabilité à la politique russe, après plus de dix ans de crise et de bouleversements.

1964	1979-1980	1982-1985	1985
Leonid Brejnev accède au pouvoir après avoir évincé Khrouchtchev, amorçant les “années de stagnation”.	La Russie envahit l'Afghanistan et appuie le régime communiste face aux moudjahidine soutenus par les États-Unis. Les relations entre les deux superpuissances se dégradent.	À la mort de Brejnev, l'ancien chef du KGB Iouri Andropov devient Premier secrétaire pendant 15 mois, jusqu'à son décès. Son successeur, Constantin Tchernenko, meurt 13 mois plus tard.	Mikhaïl Gorbatchev est élu secrétaire général du Parti communiste. Souhaitant des réformes, il institue la perestroïka (reconstruction) et la glasnost (transparence).

L'économie finit par amorcer une pente positive, engendrant des excédents budgétaires. Salaires et retraites furent versés entièrement, en temps et en heure.

Vladimir Poutine avait promis de restaurer l'autorité de l'État centralisé à Moscou. Il lança une réforme constitutionnelle réduisant le pouvoir des gouverneurs régionaux et amorça une deuxième guerre contre les séparatistes radicaux tchétchènes. Le maire de Moscou Iouri Loujkov, son principal adversaire lors de l'élection de 2000, se hâta alors d'allier son parti politique à celui de Poutine, "Russie Unie".

Le président fut réélu en 2004. Ce second mandat vit s'affirmer une politique plus autoritaire. D'anciens policiers furent nommés Premier ministre et porte-parole du gouvernement. La mainmise sur les médias de masse, la société civile et les organisations non gouvernementales se durcit.

Sites de l'époque post-soviétique

Art Muzeon (Zamoskvoretchie)

Maison blanche (Presnensky)

Hôtel Moskva (Le Kremlin et Kitaï-Gorod)

Terreur sur la ville

Si les origines du conflit russo-tchétchène remontent au XVIIIe siècle, Moscou n'en ressent les conséquences que depuis peu. En septembre 1999, des explosions firent plus de 200 victimes dans la capitale. Les terroristes tchétchènes furent accusés, malgré des preuves plutôt minces.

En 2002, des rebelles tchétchènes ceinturés d'explosifs investirent un théâtre populaire moscovite et exigèrent l'indépendance de la Tchétchénie. Près de 800 employés et spectateurs du théâtre furent retenus en otage pendant 3 jours. L'armée russe riposta en envoyant du gaz toxique paralysant les preneurs d'otages comme leurs victimes, évitant ainsi le bain de sang. Mais la réaction violente imprévue des otages au gaz ainsi que l'absence de moyens médicaux sur place entraînèrent la mort de 130 personnes et des séquelles plus ou moins durables pour des centaines d'autres. Cet épisode tragique relança la campagne russe visant à forcer la Tchétchénie à capituler.

Les terroristes répliquèrent par des actions de plus petite ampleur menées régulièrement les années suivantes. Ainsi, entre 2002 et 2005, des kamikazes se firent exploser à Moscou près de la place Rouge, dans le métro, dans des avions et à des concerts de rock, faisant des centaines de morts et de blessés. L'un des pires attentats à Moscou même eut lieu en février 2004, lorsqu'une bombe explosa dans une rame de métro entre les stations Avtozavodskaya et Paveletskaya, tuant 39 personnes et en blessant plus d'une centaine.

Les choses se calmèrent ensuite pendant quelques années, mais, vers la fin de la décennie, les attentats reprirent dans la capitale et ses environs, avec pour cibles-clés le métro, les aéroports et autres infrastructures de transport.

On estime que Moscou est la 7e ville du monde par sa population. En 2011, l'acquisition d'une immense étendue de terre faiblement peuplée lui a permis de doubler sa superficie et de devenir également la 7e ville du monde par ses dimensions géographiques.

1991

Un putsch avorté en août sonne le glas de l'URSS. Gorbatchev démissionne et Boris Eltsine devient le premier président élu de la Fédération de Russie.

1992

Le premier adjoint de la municipalité de Moscou, Iouri Loujkov, prend la place du maire, Gavriil Popov.

1993

En désaccord avec le Parlement russe, Eltsine envoie l'armée mater les dissidents à la Maison blanche et la tour Ostankino. C'est le conflit politique le plus violent en Russie depuis 1917.

1997

Pour célébrer le 850e anniversaire de la fondation de Moscou, la cathédrale du Christ-Sauveur est reconstruite sur son site d'origine.

Depuis 2011, Moscou est relativement paisible mais personne ne croit réellement que les choses soient terminées. Les journaux font état des succès enregistrés par la Sécurité fédérale (FSB) pour déjouer les attentats terroristes. Les autorités fédérales promettent des représailles et les forces de l'ordre municipales augmentent la sécurité, mais la violence continue.

Depuis le début de la deuxième guerre de Tchétchénie en 1999, près de 900 personnnes ont péri dans des attentats terroristes à Moscou et dans ses environs.

Le parti après le parti

À partir de 1999, la Russie enregistra une croissance économique positive. Après la dévaluation du rouble, les producteurs gagnèrent en compétitivité et en bénéfices. L'économie profita largement de la rareté mondiale des ressources énergétiques. Le boom pétrolier russe, à son plus haut depuis 2000, permit à l'État d'afficher des excédents budgétaires, de rembourser sa dette étrangère et de baisser les impôts.

Moscou prospéra et continua sa métamorphose physique, débarrassant son centre historique de ses industries et construisant des gratte-ciel le long de la Moskova. Les voitures de luxe embouteillèrent les rues congestionnées de la capitale. Une classe de

L'ÉCHEC DE LA RÉVOLUTION DE NEIGE

En 2008, voyant s'achever son second mandat présidentiel et ne pouvant, la Constitution l'interdisant, en briguer un troisième consécutif, Vladimir Poutine s'est choisi comme successeur le professeur de droit Dmitri Medvedev, qui s'est empressé de nommer son mentor Premier ministre. Cette alternance artificielle n'a guère provoqué de remous en Russie. Quatre ans plus tard, Medvedev a renoncé à se présenter pour un second mandat. Poutine s'est déclaré candidat en laissant entendre que Medvedev ferait un excellent Premier ministre. Les deux hommes ont ainsi échangé leurs places en 2012.

Pendant environ 6 mois entre les élections et l'investiture, des manifestants sont régulièrement descendus dans les rues de Moscou pour demander des "élections justes". Ces manifestations se sont muées en un mouvement antigouvernemental plus vaste, parfois baptisé "révolution de neige". Le plus gros rassemblement aurait attiré, selon les organisateurs, plus de 100 000 personnes.

La protestation n'a cependant pas duré. Une fois au pouvoir, Poutine a fait voter des lois draconiennes restreignant le droit de se rassembler et sanctionant d'une lourde amende la participation à des manifestations non autorisées. Le mouvement d'opposition manquait également d'unité et d'organisation. Les Moscovites étaient occupés à gagner leur vie, nourrir leurs familles et assister à des événements sportifs et des expositions artistiques, et la vie dans la capitale a repris son cours, au grand soulagement du Kremlin.

1998

Crise financière : le rouble est dévalué et le gouvernement fait défaut sur ses emprunts internationaux.

1999

Le soir de Noël, Eltsine annonce sa démission immédiate, et confie les manettes du pays au Premier ministre Vladimir Poutine.

2002-2004

Des attentats-suicides visant le métro, les aéroports et des concerts de rock font des centaines de morts et de blessés.

2008-2009

La Russie n'échappe pas à la crise financière internationale. La récession économique est accentuée par la chute du cours du pétrole et l'imbroglio militaire avec la Géorgie.

"nouveaux Russes" émergea, à la fois enviée et tournée en dérision pour son côté "bling-bling".

Après des décennies d'austérité sous le régime soviétique, les Moscovites se révélèrent avec leur liberté retrouvée. Libération des mœurs, libations, provocations et plaisirs, tout était permis et affiché au grand jour.

Au début des années 2010, le rythme de la vie économique se stabilisa. Après plus de 10 ans de croissance économique, la richesse commençait à profiter à d'autres couches sociales que celle des "nouveaux Russes". À Moscou, la bourgeoisie naissante bénéficiait désormais de perspectives d'emploi sans précédent et d'une multitude de choix en matière de culture et de consommation.

Une nouvelle ère

Depuis que la fonction de maire n'est plus un titre honorifique, mais un poste à plein temps, nul n'est resté maire de Moscou aussi longtemps que Iouri Loujkov. Aucun n'a d'ailleurs autant influencé la transformation du Moscou postcommuniste que le "maire à la casquette". Pendant ses 18 années de service, la ville a revendiqué son statut mondial de centre du pouvoir et de richesse. Elle a vu son paysage changer tandis que son économie et son rayonnement culturel international ont pris leur envol.

En 2010, les tensions larvées entre le Kremlin et la mairie ont atteint le point de non-retour. Après une prise de bec semi-publique, Medvedev, alors président, a limogé Loujkov. Son remplaçant, Sergeï Sobianine, est l'ancien directeur de l'administration présidentielle de Poutine. À l'instar d'autres possessions convoitées de la Russie de Poutine, Moscou est désormais dans le giron du Kremlin.

La lutte contre la corruption et le gel des constructions figurent parmi les premières intiatives du maire de Moscou, Sergeï Sobianine. Une autre décision, controversée, a été de supprimer quelque 2 000 kiosques disséminés dans les rues et les places de la capitale.

2008-2012

Le successeur choisi par Poutine, Dimitri Medvedev, est élu président pour un mandat. Poutine est nommé Premier ministre en attendant de pouvoir à nouveau briguer la présidence.

2009-2011

Le terrorisme tchétchène reprend, avec des attentats dans des trains, des stations de métro et un aéroport, causant des centaines de victimes.

2010

L'indéboulonnable maire Iouri Loujkov est finalement démis de ses fonctions et remplacé par Sergueï Sobianine.

2011

Moscou négocie une transaction foncière qui permettra à la ville d'acquérir un immense espace peu peuplé, venant plus que doubler sa superficie.

Arts du spectacle

Moscou a toujours été réputée pour sa richesse culturelle, entre intemporel et avant-garde. Côté classique, qu'il s'agisse d'un opéra de Tchaïkovski ou d'une pièce d'Ostrovski, les spectacles sont parmi les meilleurs (et les moins chers) du monde. Mais la nouvelle Russie n'est pas en reste, et expérimente de nouvelles formes d'art et de spectacles. Musique hippie ou théâtre expérimental, ce Moscou alternatif vit déjà dans la Russie de demain.

Musique

Le classique ne se démode jamais. La musique ne fait pas exception à Moscou, où les compositeurs classiques Moussorgski, Stravinsky et surtout Tchaïkovski sont toujours joués presque quotidiennement dans les salles de concerts, dont l'atmosphère un peu guindée est vite éclipsée par la virtuosité des musiciens et la magie intemporelle des compositions. Mais il n'y a pas que le classique à Moscou : rock, blues, jazz sont partout, sans oublier funk, ska, house, hip-hop, trip-hop et bien d'autres styles.

Musique classique et opéra

La période déterminante, en matière de musique classique russe, s'étend des années 1860 à 1900. À cette époque, les compositeurs russes (tout comme les peintres et les écrivains), à la recherche une identité nationale, se divisent en plusieurs écoles influentes d'où émergent certains des plus grands talents de l'histoire du pays. Le Groupe des Cinq, composé notamment de Modeste Moussorgski (1839-1881) et de Nikolaï Rimski-Korsakov (1844-1908), estimant nécessaire une rupture radicale avec l'Europe, puise ses thèmes dans les *byliny* (chants folkloriques). Moussorgski compose les *Tableaux d'une exposition* et l'opéra *Boris Godounov*. L'œuvre majeure de Rimski-Korsakov est *Shéhérazade*.

Considéré comme le père des compositeurs russes, Piotr Tchaïkovski (1840-1893) réussit l'alliance entre le folklore russe et la discipline des compositeurs d'Europe occidentale. Parmi toutes ses œuvres, la magnifique *Ouverture 1812*, ses concertos et symphonies, les ballets *Le Lac des cygnes, La Belle au bois dormant* et *Casse-Noisette* ainsi que son opéra *Eugène Onéguine* sont mondialement reconnus. Ce sont certainement les compositions les plus jouées au Bolchoï et sur d'autres scènes de Moscou.

Sergueï Rachmaninov (1873-1943) et Igor Stravinsky (1882-1971), qui fuirent la Russie à la révolution, emboîtèrent le pas au romantisme de Tchaïkovski. *Le Sacre du printemps,* qui fit fureur lors de sa première à Paris et *L'Oiseau de feu,* tous deux de Stravinsky, furent influencés par la musique folklorique russe. Sergueï Prokofiev (1891-1953), qui quitta aussi la Russie soviétique mais y revint en 1934, composa la musique de deux films de Sergueï Eisenstein, *Alexandre Nevski* et *Ivan le Terrible,* le ballet *Roméo et Juliette* et *Pierre et le Loup*. Vers la fin de sa vie, son œuvre fut cependant condamnée pour "formalisme". Il en alla de même

Où écouter de la musique classique

Salle de concerts Tchaïkovski (Presnensky)

Conservatoire Tchaïkovski de Moscou (Presnensky)

Maison internationale de la Musique de Moscou (Zamoskvoretchie)

pour d'autres de ses contemporains, tels qu'Aram Khatchakourian (1903-1978), connu en particulier du grand public pour sa *Danse du sabre*, inspirée du folklore de son Arménie natale.

Dmitri Chostakovitch (1906-1975) fut, également, tour à tour encensé et vilipendé par le pouvoir soviétique. Il composa aussi bien des œuvres étranges, dissonantes, que d'autre plus classiques et accessibles. Malgré la condamnation officielle de Staline, sa *Symphonie n°7* (*Leningrad*) lui valut les honneurs et la reconnaissance internationale, après avoir été interprétée par le Philarmonique de Leningrad, en plein siège de la ville par les nazis. Or, en 1948, les autorités, prises dans leur élan de purge de tout ce qu'elles tenaient pour du "formalisme", interdirent sa musique. Il ne fut réhabilité qu'après la mort de Staline. Passé de vie à trépas le même jour que le dictateur, le grand Prokofiev, qui en avait subi les foudres des années durant, n'eut quant à lui droit à semblable justice qu'à titre posthume.

Régulièrement joués durant la période soviétique, les opéras classiques restent très appréciés. Aujourd'hui, les grands théâtres, et surtout le Bolchoï, tentent de programmer des œuvres de compositeurs contemporains, ainsi que des œuvres inconnues ou interdites autrefois.

Où écouter de la musique actuelle

Masterskaya

16 Tone (Presnensky)

Rhythm Blues Café (Arbat)

Musiques actuelles

Or la musique russe ne se résume pas au classique. Après que les Beatles ont traversé le rideau de fer dans les années 1960, les Russes de toutes générations ont voulu faire leur révolution musicale. N'ayant pas la possibilité d'enregistrer ou de jouer devant un large public, des auteurs-compositeurs folk, les "bardes", puis des groupes de rock russes se sont développés dans la clandestinité. Tous les enregistrements circulaient sous le manteau, sur des cassettes illégales, les *maguizdat*. Les concerts étaient relégués dans des salles perdues de banlieue. Dans les années 1970, l'époque hippie soviétique, cette musique enthousiasmait une jeunesse déçue et mécontente.

MOSCOU EN ALBUMS

- **200km/h in the Wrong Lane** Premier album en anglais du duo glamour jouant l'ambiguïté sexuelle tATu, qui a valu aux deux natives de Moscou l'adoration des jeunes amateurs de pop du monde entier.
- **Les plus grands succès des Chœurs de l'Armée rouge** Deux disques rassemblant les grands classiques folkloriques et quelques merveilles soviétiques, interprétées par les voix impressionnantes du célèbre chœur.
- **Eto bylo tak davno**. Le premier album studio de Mashina Vremeni a propulsé le groupe moscovite légendaire au firmament du rock russe.
- **Gloubina** L'album qui a lancé les stars du rock-folk fusion arménien Deti Picasso a été acclamé en Russie et à l'étranger.
- **Horowitz in Moscow** Émouvant et magnifique, cet album live est un enregistrement du concert donné par le pianiste mondialement connu Vladimir Horowitz de retour dans sa patrie après presque 60 ans d'exil.
- **Slianye i Pogloshtchenye** Ilia Lagoutenko, leader du groupe moscovite Mumiy Troll nous livre avec cet album une critique au vitriol de la société.
- **Moskva** Album live de l'artiste heavy-metal Valery Kipelov, ex-leader du groupe Aria, surnommé l'"Iron Maiden russe".
- **Pierre et Le loup** Chaque personnage de ce grand classique pour enfants est représenté par un instrument et un thème musical. C'est en 1930 que Sergueï Prokofiev composa ce chef-d'œuvre, alors qu'il était revenu à Moscou, où il passa le restant de ses jours.

Andreï Makarevitch, leader du groupe Mashina Vremeni ("la Machine à voyager dans le temps"), est considéré avec Iouri Chevtchouk du groupe DDT (originaire de Saint-Pétersbourg) comme l'un des pionniers du rock soviétique. Formé en 1968, le groupe s'inspirait des Beatles avec des riffs de guitare simples et des mélodies que l'on pouvait fredonner. Encore aujourd'hui, Mashina Vremeni demeure populaire auprès de toutes les générations.

L'idole du *roussky rok* reste toutefois Viktor Tsoï, leader du groupe Kino. Le principal album du groupe, *Grouppa Krovi*, date de 1988. La mort prématurée de Tsoï en 1990 dans un accident de voiture n'a fait que renforcer sa légende. Encore aujourd'hui, des fans se rassemblent le jour anniversaire de sa mort (15 août) pour jouer sa musique. Dans la rue Arbat à Moscou, un "mur Tsoï" est couvert de graffitis.

Beaucoup de groupes de rock russes sont toujours là. L'un des plus célèbres de Moscou (venu de Vladivostok) est Moumiy Troll, avec son chanteur androgyne Ilia Lagoutenko. Son dernier album studio, *SOS Matrosu*, est sorti en 2013.

Le groupe Bi-2, dont les deux membres, Choura et Leva ont vécu en Israël et en Australie, s'est fait un nom sur la scène internationale depuis la sortie de son album éponyme en 2000. Le duo est connu pour ses collaborations avec d'autres rock stars russes. Plusieurs années et opus plus tard, ce groupe "post-punk" est toujours à l'affiche des festivals de rock de Moscou.

La chanteuse rock-folk à voix Pelagueya, appréciée de Poutine, se produit elle aussi sur les scènes moscovites. Elle chante des arrangements rock de chansons folkloriques du monde entier. Arkona est l'emblème d'un mouvement "folk metal" : du heavy metal mêlant folklore russe, mythologie slave et autres rites préchrétiens avec des instruments traditionnels russes.

Des artistes comme le duo de chanteuses techno-pop tATu et le jeune Dima Bilan (vainqueur de l'Eurovision 2008) sont les visages de la scène musicale russe actuelle connus à l'étranger. Bien que séparé depuis 2011, le duo tATu s'est reformé pour jouer au Jeux olympiques de Sotchi.

À l'extrême opposé, les rockeuses les plus connues de Moscou sont les Pussy Riot, un groupe punk rock féministe devenu célèbre pour sa représentation dans la cathédrale du Christ-Sauveur, en protestation contre l'élection de Poutine en 2012. La scène d'une minute, intégrée à leur clip *Punk Prayer*, a conduit à l'arrestation de trois membres du groupe. Condamnées à 2 ans de prison, peine considérée par beaucoup comme trop sévère, elles furent relâchées quelques mois plus tard, après à une loi d'amnistie.

Où voir de la danse

Théâtre Bolchoï (Tverskoï)

Théâtre musical Stanislavski et Nemirovitch-Dantchenko (Tverskoï)

Novy Ballet (Nouveau Ballet) (Basmanny)

Ballet du théâtre du Kremlin (Le Kremlin et Kitaï-Gorod)

Danse

En Russie, le ballet à la française s'est combiné au folklore et aux danses paysannes russes. Dans sa volonté d'occidentaliser son empire, Pierre le Grand invita des artistes français à venir y enseigner cette nouvelle forme d'art. En 1738, le maître de danse Jean-Baptiste Landet établit une école au Palais d'hiver de Saint-Pétersbourg, qui deviendra plus tard la célèbre école de chorégraphie Vaganova. La compagnie d'opéra et de ballet du Bolchoï fut fondée en 1776.

Cependant, celui que l'on considère comme le véritable père des ballets russes est Marius Petipa (1819-1910), danseur et chorégraphe français qui fut d'abord danseur étoile, puis premier maître de ballet du Théâtre impérial de Saint-Pétersbourg. Il produisit plus de 60 ballets, dont *La Belle au bois dormant* et *Le Lac des cygnes*.

Au début du XXe siècle, les ballets russes de Serge Diaghilev émerveillèrent l'Europe. Les décors, totalement inédits et créés par des artistes peintres tels qu'Alexandre Benois, Mikhaïl Larionov, Natalia Gontcharova et Léon Bakst, surprenaient et charmaient le public.

Le Ballet du Bolchoï

Durant l'époque soviétique, le ballet bénéficia d'un statut privilégié, lequel permit à des compagnies telles que celle du Bolchoï de continuer à présenter de somptueux spectacles et à promouvoir des artistes exceptionnels. Dans les années 1960, Iouri Grigorovitch s'imposa comme un brillant nouveau chorégraphe avec *Spartacus, Ivan le Terrible* et d'autres succès.

Grigorovitch dirigea la compagnie pendant plus de 30 ans, non sans susciter la controverse. À la fin des années 1980, il se brouilla avec plusieurs de ses danseurs étoiles, qui finirent par démissionner en l'accusant d'être "brutal" et "stalinien". Poussé par Eltsine, Grigorovitch démissionna à son tour en 1995, provoquant la toute première grève au Bolchoï des danseurs qui lui restaient loyaux.

Au fil de la décennie suivante, plusieurs directeurs artistiques se succédèrent à la tête du Bolchoï, tous prometteurs, mais aucun ne parvenant à faire oublier l'emprise de Grigorovitch sur la troupe. Enfin, en 2004, l'étoile montante Alexeï Ratmanski le remplaça. Né en 1968 en Ukraine, Ratmanski était jeune mais déjà accompli. À son actif notamment, *Le Clair Ruisseau*, récompensé par un prix national en 2003, lui valut cette promotion.

Les productions de Ratmanski furent bien accueillies, même lorsqu'elles faisaient souffler un vent nouveau sur le très classique Bolchoï. En 2006, pour le centenaire de Dmitri Chostakovitch, le Bolchoï donna pour la première fois son ballet *Le Boulon*. Avant cela, ce ballet avait été présenté en tout et pour tout une seule fois, en 1931, avant d'être interdit pour ses "graves erreurs de formalisme". Ratmanski remporta en 2007 le Masque d'or (prix principal d'un festival de théâtre créé en 1994) pour sa mise en scène du *Jeu de cartes*. En 2008, il signa une nouvelle interprétation des *Flammes de Paris*, un ballet sur la Révolution française, datant des années 1930.

À la fin de la saison 2008, Ratmanski démissionna et céda la place à Iouri Bourlaka, connu pour sa réinterprétation des ballets classiques. La direction du Bolchoï nomma également Iouri Grigorovitch maître de ballet. Bourlaka assura une présence discrète, mais réussit à poursuivre le travail de Ratmanski, à promouvoir de jeunes talents et à assurer une programmation innovante.

En 2009, la danseuse étoile Svetlana Zakharova brilla dans le ballet en un acte *Zakharova Supergame*. Cette œuvre originale du chorégraphe italien Francesco Ventriglia reconstitue un jeu vidéo sur scène.

Le coup d'envoi de la saison 2010 a été donné par le chorégraphe français Angelin Preljocaj. Intitulée *Suivront mille ans de calme*, cette pièce abstraite a été composée spécialement pour les danseurs du Bolchoï. Loin des ballets traditionnels, c'est une belle création contemporaine, sans scénario, mais sur une musique de Laurent Garnier et avec des costumes d'Igor Chapourine.

Le contrat de Bourlaka est arrivé à son terme en 2011. Au même moment, le directeur de la troupe, Guennadi Ianine, a démissionné sur fond de scandale après à la découverte d'un site Internet de photos pornographiques où il figurait. Soudainement privée de directeur et de directeur artistique, la direction du Bolchoï ne perdit pas de temps, et nomma immédiatement Sergueï Filine, ancien directeur de la troupe de danse Stanislavski et Nemirovitch-Dantchenko, au poste de directeur artistique. Deux ans plus tard, Filine était victime d'une attaque à l'acide sulfurique, entraînant une grave défiguration et une

THÉÂTRE BOLCHOÏ

Après six ans et plus d'un milliard de dollars de rénovations, la scène principale du théâtre Bolchoï a rouvert en grande pompe à l'automne 2011.

perte partielle de la vue. Trois danseurs ont été accusés d'avoir ourdi et perpétré l'agression.

Filine n'en est pas moins resté directeur artistique au Bolchoï, insistant sur l'art du ballet et l'importance de préserver le travail de Grigorovitch et de Ratmanski. Le spectacle continue. Et le monde attend de voir si ce théâtre pourra se relever de cet affreux incident et surmonter ses perpétuelles dissensions.

Autres compagnies de danse

La troupe de ballet du Bolchoï est la plus célèbre (et donc la plus sensible politiquement) de Moscou, mais les danseurs et les directeurs d'autres compagnies sont tout aussi talentueux. Le ballet du Kremlin et le ballet du théâtre musical Stanislavski et Nemirovitch-Dantchenko programment d'excellentes représentations des classiques russes.

Le Novy Ballet, dirigé par Pavel Nestratov, propose un style de danse complètement différent. Surnommé "ballet esthétique", il combine danse, pantomime et théâtre. Les productions sont très diverses, intégrant des contes folkloriques, de la poésie ou encore des improvisations de jazz. Ce style étrange et ludique apporte une touche de fantaisie à la danse moscovite.

Théâtres

Théâtre d'art de Moscou-MkhAT (Tverskoï)

Théâtre anglais de Moscou

Théâtre de la Taganka (Taganka)

Théâtre

Avant d'être construit en tant que tel, le théâtre Maly était une troupe fondée en 1756, sur décret de l'impératrice Élisabeth Ire. Mais cet art ne commença à s'épanouir réellement que sous le règne de Catherine la Grande, qui fonda l'Administration impériale du théâtre et écrivit elle-même plusieurs pièces. À cette époque, Denis Fonzivine écrivit *Le Brigadier* (1769) et *Le Mineur* (1791), deux comédies satiriques toujours jouées aujourd'hui.

Alexandre Ostrovski (1823-1886), dramaturge de premier plan, vécut à Zamoskvoretchie et s'inspira dans nombre de ses pièces des marchands et des nobles qu'il y côtoyait. Directeur du théâtre Maly, il contribua à faire de cette institution un théâtre et une école réputés. Parmi les autres auteurs du XIXe siècle figurent Alexandre Pouchkine, dont le *Boris Godounov* (1830) devint le livret de l'opéra de Moussorgski ; Nikolaï Gogol, dont la farce tragique *Le Revizor* (1836) aurait été la pièce préférée de Nicolas Ier ; et Ivan Tourgueniev, dont le languide *Un mois à la campagne* (1849) ouvrit la voie au dramaturge russe le plus célèbre, Anton Tchekhov (1860-1904).

TCHEKHOV

Anton Tchekhov décrit son style : "Je voulais dire honnêtement aux gens : Regardez-vous. Voyez comme vous vivez mal, noyés dans l'ennui ! Si les gens parviennent à me comprendre, ils ne manqueront pas de créer une autre vie, une vie meilleure."

Tchekhov a vécu sur la ceinture des Jardins, dans le quartier de Presnensky, même s'il passait beaucoup de temps dans sa résidence de campagne de Melikhovo. En 1898, Konstantin Stanislavski mit en application sa méthode de jeu d'acteur innovante, qui mit en valeur les pièces de Tchekhov. *La Mouette, Les Trois Sœurs, La Cerisaie* et *Oncle Vania,* avaient toutes pour thème les angoisses de la classe moyenne provinciale et durent en grande partie leur succès aux productions réalistes du théâtre d'art de Moscou.

L'un des derniers bastions artistiques à bénéficier d'un soupçon de liberté d'expression, le théâtre resta populaire durant l'époque soviétique. Staline déclara même que le roman *La Garde blanche* de Mikhaïl Boulgakov, bien qu'écrit par un ennemi, méritait d'être adapté à la scène en raison de l'exceptionnel talent de son auteur. Boulgakov fut sans doute la seule personne à avoir été qualifiée d'"ennemi" par Staline sans être jamais persécutée.

D'autres n'eurent pas cette chance. L'acteur et réalisateur avant-gardiste Vsevolod Meyerhold (1874-1940) vit son théâtre fermé ; il fut ensuite emprisonné, puis torturé et exécuté pour trahison. Mais ces

VISSOTSKI, LE VOL ARRÊTÉ

Vladimir Vissotski fit ses débuts comme acteur au théâtre.de la Taganka dans les années 1960. Il commença alors à composer des poèmes et des chansons, en partie politiques, mais traitant surtout du quotidien. Circulant sous le manteau, elles furent vite interdites, ce qui n'empêcha pas son succès. Sa voix éraillée et ses textes souvent drôles et décrivant crûment la réalité soviétique lui assurèrent une immense popularité. Marié à l'actrice française Marina Vlady, il put sortir ponctuellement d'URSS (qu'il refusa toujours de quitter) pour enregistrer quelques albums. Mais, rongé par l'alcool, frustré par ses difficultés avec le pouvoir, épuisé par son travail d'acteur et de chanteur, Vissotski mourut d'une crise cardiaque en 1980, à l'âge de 42 ans. Il reste jusqu'à aujourd'hui l'un des chanteurs les plus aimés des Russes.

Pour découvrir son œuvre, écoutez *Le Vol arrêté* (Le Chant du monde). Vous pouvez aussi lire *Vladimir ou le vol arrêté* de Marina Vlady (Fayard, 1987).

persécutions ne cessèrent pas avec la disparition de Staline. En 1984, le directeur rebelle du théâtre de la Taganka, Iouri Lioubimov (1917-2014), fut exilé au motif de ses pièces controversées.

Ne parvenant pas à trouver d'emploi stable au cours des années 1980 et 1990, Piotr Fomenko décida de créer sa propre compagnie de théâtre, laquelle connut un succès presque immédiat. Le théâtre studio Piotr Fomenko emménagea enfin dans un véritable (et magnifique) théâtre en 2008, quelques années seulement avant la mort du très aimé directeur en 2012.

Aujourd'hui, la scène théâtrale moscovite est aussi dynamique que celles de Londres ou de New York. La capitale ne compte pas moins de 40 théâtres, qui continuent de divertir et de provoquer le public. Parmi les directeurs notables : Kama Ginkas, qui travaille avec le théâtre d'art de Moscou et le théâtre de la Nouvelle Génération ; Oleg et Vladimir Presnyakov, qui coécrivent et dirigent leurs pièces sous le nom commun des Presnyakov Brothers.

Cirque

Alors que les cirques occidentaux s'amenuisent et se raréfient, leurs homologues russes ressemblent toujours à ceux des contes pour enfants : des chevaux caracolent avec des acrobates sur leur dos, des tigres et des lions rugissent, des fildeféristes font frissonner l'assistance et des clowns rivalisent de pitreries. Le cirque demeure très populaire en Russie : près de la moitié des Russes y vont une fois par an.

Cirques

Cirque Nikouline (Tverskoï)

Grand Cirque (mont des Moineaux)

La tradition du cirque russe puise ses racines dans les ménestrels du Moyen Âge (*skomorokhi*), et les artistes de cirque d'aujourd'hui ont toujours le même mode de vie. La compagnie nationale du cirque russe, RosGosTsirk, affecte ses membres à un cirque particulier pour une saison, avant d'effectuer une rotation pour les saisons suivantes. Ce que les artistes perdent en stabilité, ils le gagnent en sécurité de l'emploi, RosGosTsirk leur assurant du travail tout au long de leur carrière.

Pour de nombreux artistes de cirque, la vocation ne vient pas par hasard, mais par la naissance. Il n'est pas rare de croiser plusieurs générations d'une même famille pratiquant la même discipline.

Moscou compte plusieurs cirques, dont le très célèbre cirque Nikouline. Il doit son nom au clown Iouri Nikouline, très apprécié, et réputé être "l'honneur et la conscience du cirque russe".

Et, s'agissant d'honneur et de conscience, la plupart des grandes troupes ont revu leur comportement à l'égard des animaux, même si leur présence est toujours controversée.

Art et architecture

La capitale russe est une source inépuisable de découverte et d'étonnement pour les amateurs d'art et d'architecture. Sur le plan visuel, Moscou ne manque pas d'attraits, entre baroque moscovite, bâtiments de style pseudo-russe et des collections d'art de renommée mondiale. Aujourd'hui, un vent de créativité souffle sur la capitale, où artistes et architectes s'essayent à intégrer le nouveau à l'ancien dans cette cité intemporelle.

Arts visuels

L'art est bien vivant à Moscou. En témoignent l'agrandissement en cours du musée des Beaux-Arts Pouchkine et les innombrables galeries d'art contemporain ouvrant sur d'anciens sites industriels.

Icônes

Jusqu'au XVIIe siècle, les icônes étaient la principale forme d'art en Russie. Peintes à l'origine par les moines en manière d'exercice spirituel, ces images sont des supports d'adoration des saints personnages qu'elles représentent. On prête à certaines le pouvoir de porter chance, d'exaucer les vœux ou d'accomplir des miracles. Le plus souvent, elles ornent l'iconostase des églises.

La tradition veut que seuls le Christ, la Vierge, les anges, les saints et les scènes bibliques puissent être peints : tous étaient censés être des copies de prototypes approuvés par l'Église. Parmi les représentations du Christ figurent le Pantocrator (Celui qui régit tout) et le Mandylion, représentant le visage du Christ et supposément inspiré d'une image originelle "non peinte de main d'homme". Les icônes étaient traditionnellement peintes sur bois *a tempera* (pigment mélangé à un liant tel que le jaune d'œuf).

Le film d'Andreï Tarkovski *Andreï Roublev* tourné en 1966 retrace la vie d'un peintre d'icônes dans la dure réalité de la Russie médiévale. Abordant des thèmes comme la foi et la liberté artistique, il avait été censuré en Union soviétique, mais avait reçu un prix au festival de Cannes en 1969.

Une tradition d'icônes spécifiquement russes vit le jour à Novgorod lorsque des artistes commencèrent à introduire l'art folklorique dans leurs représentations de personnages, dessinant des silhouettes aux contours marqués et aux visages doux et utilisant des couleurs plus lumineuses, comme des jaunes et des verts pâles. Le premier peintre remarquable fut Théophane le Grec (1340-1405), Feofan Grek en russe, qui travailla à Byzance, Novgorod et Moscou. Ses plus belles œuvres sont exposées dans la cathédrale de l'Annonciation au Kremlin.

Andreï Roublev (1370-1430), moine des monastères de la Trinité Saint-Serge et d'Andronikov, fut le plus grand peintre russe d'icônes. L'icône de la Trinité, exposée à la galerie Tretiakov de Moscou, est son œuvre la plus célèbre.

Dionysius, grand peintre d'icônes de la fin du XVe siècle, allongea les silhouettes et utilisa la couleur de manière plus subtile. Les icônes du XVIe siècle devinrent plus petites et plus peuplées, les personnages aux traits plus russes devinrent plus réalistes.

Au XVIIe siècle, Simon Ouchakov (1626-1686) se tourna vers la peinture religieuse occidentale, dont il adopta la perspective et l'arrière-plan architectural.

Outre la somptueuse collection de la galerie Tretiakov et du musée d'Art ancien Andreï Roublev, on peut admirer d'impressionnantes collections privées au musée de l'Icône russe, sans oublier les nombreuses églises de la ville.

Les Peredvijniki et le style pseudo-russe

Le mouvement des Peredvijniki (les Ambulants) qui considéraient l'art comme le vecteur de l'éveil national et du changement social, fut la mouvance artistique la plus influente du XIXe siècle. Son nom provient des expositions itinérantes qui le firent connaître du grand public. Parmi les artistes soutenus par les frères Pavel et Sergueï Tretiakov, citons Vassili Sourikov (1848-1916) qui a peint des scènes historiques russes très réalistes, Nikolaï Gay (1831-1894), auteur de scènes bibliques et historiques, et Ilia Repine (1844-1930), sans doute le plus aimé des artistes russes, dont l'œuvre va de la critique sociale (*Les Haleurs de la Volga*) à l'histoire (Les *Cosaques zaporogues écrivant une lettre au sultan de Turquie*) en passant par les portraits. La galerie Tretiakov expose un grand nombre de pièces maîtresses des Peredvijniki.

L'industriel Savva Mamontov fut aussi un important mécène du mouvement pseudo-russe. Sa propriété d'Abramtsevo près de Moscou devint une colonie d'artistes. En 1894, Victor Vasnetsov (1848-1926), y résida souvent. Ce peintre et architecte, célèbre pour ses tableaux historiques ou inspirés de contes de fées, dessina sa propre maison à Moscou : c'est aujourd'hui un petit musée. Il est également l'architecte du bâtiment original de la galerie Tretiakov, ainsi que de la chapelle d'Abramtsevo.

L'art fantastique de Nicolas Roerich (1874-1947), se caractérise, quant à lui, par des couleurs vives et riches, un style primitif et des thèmes mystiques. À Moscou, on peut admirer les tableaux de l'artiste au musée Roerich et au musée d'Art oriental.

L'œuvre de Mikhaïl Vroubel (1856-1910), génie de la fin du XIXe siècle, déploie une forme et un style uniques, s'inspirant des étincelantes mosaïques byzantines et vénitiennes. Les mosaïques réalisées sur l'hôtel Metropol figurent parmi ses plus belles œuvres.

Avant-garde

Au XXe siècle, l'art russe mélangea groupes, styles et mouvements à mesure qu'il absorbait des décennies de changement européen en quelques années, avant de donner naissance à ses propres mouvements futuristes d'avant-garde.

Mikhaïl Larionov (1881-1964) et sa femme, Natalia Gontcharova (1881-1962) créèrent le néoprimitivisme, un mouvement fondé sur les arts populaires et les icônes primitives. Quelques années plus tard, Kazimir Malevitch (1878-1935) annonça l'arrivée de l'un courant de l'abstraction, le suprématisme, dont les formes géométriques (les carrés noirs représentant

ART ET ARCHITECTURE RUSSES

1405

Andreï Roublev peint les icônes de la cathédrale de l'Annonciation du Kremlin et de la cathédrale de l'Assomption à Vladimir, signant l'apogée de l'icône moscovite.

1555

Les églises dotées de bulbes et de toits en pavillon représentent un style d'architecture typiquement russe, dont la cathédrale Basile-le-Bienheureux est la plus représentative.

1757

Création de l'Académie impériale des beaux-arts.

1870

Après avoir boycotté l'Académie, des étudiants en art se regroupent pour former les Peredvijniki (Ambulants), qui axent leur travail sur des thèmes politico-sociaux.

1900-1903

Fiodor Chekhtel mêle style néorusse et Art nouveau et crée des chefs-d'œuvre comme la gare de Iaroslavl et l'hôtel particulier Riaboushinksy (maison-musée Gorki).

1915-1920

Kasimir Malevitch publie un traité sur le suprématisme, dont son célèbre tableau *Carré noir sur fond blanc* est l'emblème. Artistes et architectes constructivistes explorent l'idée de l'art dans un but social.

la "forme zéro" ultime) libéraient enfin l'art et lui ouvraient la porte à de plus hautes visées. Autre futuriste très connu, Vladimir Maïakovski (1893-1930) était aussi poète. La nouvelle galerie Tretiakov ainsi que le musée d'Art moderne de Moscou exposent tous ces artistes.

Admirateur de Malevitch, Alexandre Rodtchenko (1891-1956) fut l'un des fondateurs du mouvement constructiviste. Ce graphiste, sculpteur et peintre est surtout célèbre pour son travail novateur en photographie. L'influence de Rodtchenko sur le design graphique est immense et nombre de ses techniques ont été largement utilisées.

Art russe

Galerie Tretiakov (Zamoskvoretchie)

Nouvelle galerie Tretiakov (Zamoskvoretchie)

Musée Roerich

Maison-musée Vasnetsov

Art soviétique

Les futuristes répondirent avec enthousiasme aux besoins de la révolution (éducation, affiches et bannières). Mais à la fin des années 1920, l'art abstrait tomba en disgrâce, taxé de "formalisme". Le Parti communiste voulait du "réalisme socialiste", exaltant les objectifs de la glorieuse révolution. Des images académiques d'ouvriers au travail, de soldats héroïques et de dirigeants inspirés l'emportèrent. La nouvelle galerie Tretiakov recèle de nombreux exemples de ce réalisme. Deux millions de sculptures de Lénine et de Staline furent disséminées dans le pays. Malevitch finit par peindre des portraits et par élaborer des projcts de défilés tandis que Maïakovski se suicida.

Après Staline, une avant-garde "conceptualiste" fut autorisée. Le Sots Art (pop art soviétique) d'Ilia Kabakov (né en 1933) tentait ainsi de montrer le gouffre qui séparait les promesses de la réalité de l'existence soviétique. Figure majeure de cette avant-garde, Erik Boulatov (né en 1933) dénonçait la dévalorisation du langage en reproduisant ironiquement les slogans soviétiques et en représentant des mots disparaissant à l'horizon.

En 1962, l'Union des artistes de Moscou célébra la détente poststalinienne en organisant une exposition d'art "non officiel" autrefois interdit. Khrouchtchev, réformateur frileux, fut atterré par les œuvres exposées, qu'il qualifia de "merde". Les artistes retournèrent dans la clandestinité.

Art actuel

Garage, musée d'art contemporain (Zamoskvoretchie)

Centre d'Art contemporain Winzavod

Musée d'Art multimédia

Art contemporain

Dans les années qui suivirent la fin de l'époque soviétique, beaucoup de peintres contemporains quittèrent la Russie pour l'Ouest. Aujourd'hui, la plupart des jeunes artistes prometteurs choisissent de rester. L'engouement pour l'art contemporain est sans précédent, les entrepreneurs investissant leur fortune dans l'art. Les sites industriels sont reconvertis en galeries d'art, comme c'est le cas du centre d'Art contemporain Winzavod. L'ancienne fabrique de chocolat Octobre Rouge abrite, quant à elle, galeries et ateliers.

BOGATYRS

Bogatyrs (Les Preux) de Viktor Vasnetsov (œuvre exposée à la galerie Tretiakov) est l'un des tableaux russes les plus appréciés. Cette peinture à l'huile représente trois imposants personnages d'une légende russe ou *bylina* : le guerrier et moine Ilya Mouromets, véritable héros du Moyen Âge, Dobrynia Nikititch noble censé avoir terrassé un dragon, et Aliocha Popovitch personnage rusé et audacieux souvent plus malin que ses adversaires. La *bylina* est une tradition orale. Grâce à ce chant narratif les légendes de la Russie kiévienne se sont transmises de génération en génération. Les bylines ont été publiées pour la première fois à partir du XVIIIe siècle. Les peintures de style néorusse de Vasnetsov en sont une réinterprétation.

Les artistes russes les plus connus aujourd'hui sont ceux qui ont bénéficié de certaines faveurs des politiciens en place, comme Alexandre Bourganov (né en 1935) dont les sculptures ornent notamment l'Arbat. Plus connu que populaire, l'artiste et architecte Zourab Tsereteli (né en 1934) est l'auteur de monumentaux bâtiments et statues omniprésents à Moscou.

Le peintre religieux Ilia Glazounov (né en 1930) a été un ardent défenseur de la culture traditionnelle russe orthodoxe, tandis qu'Alexandre Shilov (né en 1943) est célèbre pour avoir brossé des portraits académiques – à la limite du kitsch –, de ses contemporains.

De nombreux artistes prometteurs travaillent dans les centres artistiques de la ville, et l'État finance de prestigieux événements comme la Biennale d'art contemporain de Moscou. Néanmoins, artistes et responsables de musées risquent des poursuites s'ils traitent de sujets trop sensibles, tels que la guerre en Tchétchénie, l'Église russe orthodoxe ou le gouvernement.

1934

Les idées avant-gardistes sont officiellement désapprouvées par le réalisme socialiste. L'architecture se dirige vers un néoclassicisme pompeux.

1985

La politique de la glasnost (*transparence*) confère progressivement davantage de liberté d'expression aux artistes et architectes, qui explorent différents styles et thématiques.

Architecture

Les rues de Moscou racontent l'histoire de la Russie : églises, hôtels particuliers, théâtres et hôtels sont autant de témoins de périodes clés. Malgré une tendance toujours actuelle à la démolition puis à la reconstruction, Moscou a réussi à conserver un nombre impressionnant de joyaux architecturaux.

Moscou médiévale

La plus ancienne architecture moscovite puise ses origines dans la Rous kiévienne. L'église byzantine au plan en croix, surmontée de voûtes arquées et d'une coupole centrale, en est la représentation par excellence. Aux XIe et XIIe siècles, la culture russe se déplaça, partant de Kiev pour aller vers le nord-est. C'est alors que naquirent les villes de “l'Anneau d'Or”, où l'architecture kiévienne fut reproduite avec des variations propres à chaque principauté. Les toits se firent plus pentus, pour mieux résister aux lourdes chutes de neige ; les fenêtres plus étroites, pour repousser le froid.

Souvent, la pierre remplaçait la brique comme matériau de base. Ainsi, à Vladimir, la cathédrale de l'Assomption et la porte d'Or sont deux copies en pierre blanche d'originaux en brique de Kiev. Parfois, la façade de pierre devient un époustouflant kaléidoscope de bas-reliefs, telles celles de la cathédrale Saint-Dimitri à Vladimir et de l'église de l'Intercession-de-la-Vierge-sur-la-Nerl à Bogolioubovo.

Ces premières églises-citadelles devaient être protégées, d'où la construction de murailles hérissées de tours, archétypes des kremlins russes. Elles sont encore visibles à Souzdal et, bien sûr, à Moscou.

À la fin du XVe siècle, Ivan III fit venir des architectes d'Italie pour construire deux des trois grandes cathédrales de Moscou : la cathédrale de l'Assomption et la cathédrale de l'Archange. Mais les architectes s'inspirèrent de Kiev, copiant là encore ce style byzantin.

Ce n'est qu'à la fin du XVIe siècle que les architectes prirent pour modèle des tentes en pavillon et des bulbes des églises en bois du nord de la Russie. Leur innovation fut de reproduire en brique ces bâtiments, donnant naissance à un style unique typiquement russe. Blanchie à la chaux, l'église de l'Ascension de Kolomenskoe en serait un premier exemple, avec les galeries ouvertes de sa base, ses étages de *kokochniki*

Art et architecture

Des icônes aux bulbes des églises en passant par les gratte-ciel et le réalisme soviétique, la Russie a toujours inventé ses propres formes d'art et d'architecture, s'inspirant des styles européens tout en restant fidèle à son âme slave. Moscou est la ville idéale où admirer le visage saisissant et protéiforme de la culture russe.

1

LONELY PLANET / GETTY IMAGES ©

/ GETTY IMAGES ©

1. Immeuble d'habitation Kotelnitcheskaya (p. 219)
L'une des "Sept Sœurs" de Staline.

2. Hôtel Metropol (p. 81)
Un superbe exemple du Style moderne, version russe de l'Art nouveau.

3. Art Muzeon (p. 137)
Un ensemble de sculptures et de monuments déboulonnés dans la vague d'euphorie antisoviétique d'après 1991.

4. Icônes (p. 212)
Issues du folklore populaire, elles constituent aujourd'hui le symbole par excellence de l'art russe.

/ GETTY IMAGES ©

(encorbellements décoratifs), et son sommet en forme de tente. La cathédrale Basile-le-Bienheureux est l'exemple parfait de ce style.

Au XVIIe siècle, des marchands financèrent la construction d'églises plus petites ornées de plusieurs étages de *kokochniki*, de carreaux colorés et de motifs en brique. L'église Saint-Nicolas-des-Tisserands et celle de la Sainte-Trinité-de-Nikitniki en sont de bons exemples, de même que la plupart des églises de Souzdal. Mais ces "frivolités" furent interdites par le patriarche Nikon peu après la construction de l'église de la Nativité-de-la-Vierge-à-Poutinki.

Moscou impériale

Au XVIIe siècle, le nouveau style baroque, d'influence occidentale, vint embellir Moscou. Ce style est parfois baptisé baroque Narychkine, du nom d'une famille de boyards qui vécut au XVIIe siècle à Fili, à l'ouest de Moscou. C'est là, qu'en mémoire de ses frères, Lev Narychkine fit construire l'église de l'Intercession, chef-d'œuvre baroque qui allait jouer un rôle déterminant dans l'architecture de Moscou. Elle se distingue par ses décorations blanches très détaillées se détachant sur des murs en brique rouge. La cathédrale du monastère de l'Épiphanie à Kitaï-Gorod en est un autre exemple. Le quartier Zamoskvoretchie compte nombre d'églises baroques.

Architecture typique

- *Église de l'Ascension de Kolomenskoe*
- *Église de l'Intercession de Fili*
- *Hôtel Metropol*
- *Narkomfin*

Le grandiose style Empire russe fut favorisé par le tsar Alexandre Ier. Les édifices de ce style sont légion à Moscou, la ville ayant dû être en grande partie reconstruite après l'incendie de 1812. Les somptueuses décorations des temps jadis furent récupérées pour orner les immenses nouveaux bâtiments à la gloire de la Russie, comme l'Arc de Triomphe et le théâtre Bolchoï.

À la fin du XIXe siècle, le style pseudo-russe s'étendit aussi à l'architecture. La cathédrale du Christ-Sauveur dénote des influences de l'architecture russe byzantine. Le musée d'Histoire et la gare de Leningrad (Leningradsky vokzal) sont d'inspiration russe médiévale. L'extraordinaire gare de Kazan (Kazansky vokzal) mélange pas moins de sept styles différents.

À la même époque, l'Art nouveau (Style moderne russe) fit son entrée en Russie, apportant courbes et volutes végétales à de nombreux édifices. La gare de Iaroslavl (Yaroslavsky vokzal) et l'hôtel Metropol en sont de magnifiques exemples.

Moscou soviétique

Après la Révolution, les jeunes architectes constructivistes créèrent une architecture de type fonctionnaliste, sans aucune fioriture décorative, utilisant le verre et le béton, omniprésents, qui façonnent des formes géométriques sans compromis.

Constantin Melnikov fut l'un des constructivistes les plus célèbres, et sa maison près de la rue Arbat, est l'une des illustrations les plus intéressantes de ce style. L'ancien dépôt de bus abritant aujourd'hui le Musée juif et centre de la tolérance est un exemple plus pragmatique de ce type d'architecture. Dans les années 1930, le constructivisme fut finalement banni, Staline ayant de plus "grandes" ambitions.

Staline avait un faible pour l'architecture néoclassique, qui fait écho à l'Athènes antique. Staline aimait également les bâtiments démesurés qui soulignaient la puissance de l'État soviétique. Le classicisme monumental inspira un projet cher à Staline : un palais des Soviets de 400 m de haut qui n'a (heureusement) jamais abouti. La folie des grandeurs architecturale de Staline atteignit son paroxysme avec les sept gratte-ciel aux airs de pièces montées bien visibles sur l'horizon moscovite, les "Sept Sœurs".

En 1955, un décret schizophrène ordonna aux architectes d'éviter les "excès". Un style moderne sobre fut adopté, privilégiant la fonctionnalité. Le palais d'État du Kremlin est représentatif de cette période. La Maison blanche reprend ce style.

Urbanisme et aménagement

À la fin de l'Union soviétique, toute l'énergie architecturale et les fonds publics furent d'abord engloutis dans la restauration d'églises et de monastères, et dans la reconstruction de bâtiments tels que la cathédrale du Christ-Sauveur et la cathédrale de Kazan.

Dans les années 2000, Moscou a beaucoup construit. De nos jours, gratte-ciel et immeubles modernes ponctuent le paysage, le métro est prolongé dans toutes les directions, et les bureaux, hôtels de luxe et centres commerciaux envahissent la ville.

Les aménagements les plus visibles se font à Moskva-City, le centre d'affaires international flambant neuf qui sort de terre le long de la Moskova à Presnensky. L'ancien maire, Loujkov, avait prévu d'installer l'administration municipale dans un nouveau bâtiment de ce quartier, mais le projet est tombé aux oubliettes en raison du manque de financements et de volonté de la nouvelle municipalité.

Or, même sans le bureau du maire, le complexe est impressionnant avec ses buildings de verre et de métal dressés des deux côtés de la Moskova et sa passerelle piétonne pour les relier. Il comprend deux des plus hauts édifices d'Europe : la tour Moscou du double du gratte-ciel de la "Ville des capitales", et la tour Mercury City voisine, un édifice de 75 étages culminant à près de 340 m.

Avec l'arrivée de Serguei Sobianine au poste de maire, le rythme de sa construction s'est considérablement ralenti. Plusieurs projets de centres commerciaux et de réalisations de grande ampleur ont été

LES "SEPT SŒURS" DE STALINE

En 1947, en l'honneur du 800e anniversaire de Moscou, les fondations de sept gratte-ciel géants furent jetées. Staline avait en effet décrété que Moscou souffrait d'un retard en la matière par rapport aux États-Unis et ordonné la construction de ces sept mastodontes.

Pour la petite histoire, sachez que Viatcheslav Oltarjevski, l'un des architectes de l'hôtel Ukraine, venait tout droit du goulag.

Outre les "Sept Sœurs", un huitième gratte-ciel stalinien devait être construit près de Kitaï-Gorod, à Zaryadié, quartier historique rasé en 1947. Des fondations y furent creusées pour une tour de 32 étages. Le chantier s'arrêta là, et les fondations servirent par la suite à la construction du gigantesque hôtel Rossia (démoli en 2006).

Réparties dans toute la ville, ces tours sont l'un des symboles de Moscou. Leur nom officiel russe est *vysotky* (haut édifice), par opposition à *neboskryob* (gratte-ciel, de style international). Elles ont reçu une kyrielle de surnoms, parmi lesquels les "Sept Sœurs", les "pièces montées", les "sœurs de Staline" et bien d'autres.

Ministère des Affaires étrangères (plan p. 124 ; Smolenskaya-Sennaya pl 32/34 ; Ⓜ Smolenskaya).

Hilton Moscou Leningradskaya (Kalantchevskaya ul 21/40 ; Ⓜ Komsomolskaya).

Immeuble d'habitation Kotelnitcheskaya (Kotelnitcheskaya nab 17/1 ; Ⓜ Taganskaya).

Immeuble d'habitation Koudrinskaya (Koudrinskaya pl 1 ; Ⓜ Barrikadnaya).

Université d'État de Moscou (Ouniversitetskaya pl ; Ⓜ Ouniversitet).

Radisson Royal (hôtel Ukraine) (Koutouzovsky pr 2/1 ; Ⓜ Kievskaya).

Ministère des Transports (ul Sadovaya-Spasskaya ; Ⓜ Krasnye Vorota)

abandonnés. Les plans d'urbanisation récents mettent en effet l'accent sur le réaménagement des espaces verts comme le parc Gorki, ainsi que sur l'accroissement et l'amélioration des voies piétonnières. En témoigne le quai Krymskaya orné de fontaines et d'œuvres d'art. Par l'intérêt qu'il porte aux lieux publics, à leur utilisation et leur aménagement, Sobianine se différencie radicalement de son prédécesseur.

Le meilleur exemple de cette politique est peut-être le site de l'ancien hôtel Rossia à Zaryadié près de Kitaï-Gorod. Cet imposant édifice soviétique fut détruit en 2006 car on prévoyait d'édifier à sa place un nouvel hôtel de luxe et un complexe commercial. Quand le pays entra en récession deux ans plus tard, les investisseurs se retirèrent du projet et la construction cessa. Six ans plus, la municipalité a finalement tranché : elle compte créer un parc à cet endroit. Cet espace vert devrait reproduire quatre zones climatiques de la Russie : la taïga, la steppe, la forêt et le marécage, chacun riche d'une vue différente sur le Kremlin.

Sur le site de l'ancienne chocolaterie "Krasny Oktyabr" (Octobre Rouge), l'institut Strelka de l'architecture, des médias et du design (www.strelkainstitute.com) est une association innovante et dynamique qui organise toutes sortes d'événements et d'activités culturels pour le grand public.

Architecture en danger

La politique urbaine en cours à Moscou est un signe encourageant de la prospérité de la ville et de son potentiel. Elle provoque par ailleurs la protestation des architectes, historiens et autres détracteurs, qui y voient surtout la perte du patrimoine architectural de la capitale.

D'après la **Société pour la préservation architecturale de Moscou** (MAPS ; www.maps-moscow.com), une organisation à but non lucratif, plus de 1 000 bâtiments ont été rasés depuis la chute du communisme, dont 200 monuments d'intérêt historique. Ces derniers sont censés être protégés par la loi fédérale, mais d'aucuns estiment que les lois sont impuissantes face à la corruption.

Certains militants vont jusqu'à comparer Iouri Loujkov, l'ancien maire de Moscou, à Staline sur le plan de l'urbanisation, avançant que la ville n'a jamais perdu autant de bâtiments depuis les années 1930.

Ces défenseurs du patrimoine s'inquiètent de la tendance à la destruction et à la reconstruction. Si de nombreux immeubles ont l'air ancien, il ne s'agit que de répliques, telles qu'on peut en voir sur l'Arbat. Dans certains cas, les architectes conservent uniquement la façade historique, à l'instar du complexe abritant le Café Pouchkine et Turandot. Plus récemment, on a eu l'impression ou du moins l'espoir d'un changement de cap. Les artistes et les architectes de la ville ont commencé à rechercher des possibilités de recycler plutôt que de reconstruire. Alors que les industries quittent le centre-ville, d'anciens fabriques et entrepôts sont convertis en centres d'art et de design. Plus remarquable, la fabrique de chocolat Octobre Rouge, qui jouit d'un emplacement de choix face au Kremlin, s'est transformée en un espace d'art, de loisirs et de vie nocturne, tout en préservant le bâtiment historique. Et ce n'est qu'un exemple parmi tant d'autres.

Une fois nommé maire de Moscou en 2010, Sobianine a promis de mettre un terme aux constructions dans le centre et à la démolition de tout bâtiment historique. Les défenseurs du patrimoine saluèrent ses efforts pour débarrasser les rues des kiosques et des panneaux d'affichage. Depuis, il a simplifié le mécanisme permettant de classer un édifice historique.

Malheureusement, certains affirment que Sobianine a sacrifié plusieurs bâtiments historiques en laissant des promoteurs mettre la main dessus. D'autres édifices sont en danger et se détériorent faisant les frais d'une bureaucratie incapable de surmonter les obstacles juridiques et administratifs. Mais les démolitions ont continué et certains s'interrogent toujours sur le pouvoir du maire à sortir du cycle infernal destruction/construction.

Édifices menacés

- *Maison de Melnikov*
- *Narkomfin*
- *Tour Choukhov*
- *Maison Bolkonsky*

Littérature et cinéma

De toutes les richesses culturelles de la Russie, la littérature et le cinéma sont certainement les plus connues. Les grands classiques (*Guerre et Paix* de Léon Tolstoï et le *Cuirassier Potemkine* de Sergueï Eisenstein) sont des chefs-d'œuvre qui suscitent une admiration internationale depuis toujours. Les œuvres russes contemporaines sont peut-être parfois moins connues, mais l'éclectisme qui règne aujourd'hui dans la capitale stimule la création littéraire et cinématographique.

Littérature

L'amour de la littérature est un pilier de la culture russe. Lancé sur le sujet, n'importe quel Russe est intarissable. Depuis la fin de la censure soviétique, les gens de lettres ont pris conscience de leur nouvelle liberté, et de nouveaux auteurs émergent, se frottant à tous les genres littéraires, du roman historique à la science-fiction.

Romantisme et âge d'or

L'introduction d'un alphabet moderne fut l'une des nombreuses manifestations de l'occidentalisation et de la modernisation de la Russie par Pierre le Grand et Catherine II. De ce fait, l'utilisation d'un langage populaire dans la littérature devint plus acceptable. Cette évolution a entraîné deux siècles littéraires prolifiques en Russie.

Exaltant les émotions et l'esthétique, le mouvement romantique naquit en réaction à la rigidité des normes sociales et au rationalisme scientifique des périodes précédentes. Personne ne représente mieux le romantisme russe que le chantre national Alexandre Pouchkine (1799-1837), né à Moscou. C'est également là qu'il rencontra sa femme Natalia Gontcharova, aïeule de la peintre du XXe siècle. Après leur mariage à l'église de la Grande-Ascension, ils vécurent un temps dans la rue Arbat.

Explorez Moscou aux côtés de Woland, Béhémoth et Marguerite grâce à la carte interactive du site multilingue www.masterand-margarita.eu.

L'une des pièces les plus célèbres de Pouchkine, *Boris Godounov* (1825), se passe dans la Moscovie médiévale. L'intrigue est basée sur les événements qui ont précédé le Temps des Troubles, et la paix retrouvée avec l'élection du tsar Mikhaïl Romanov. Son roman en vers *Eugène Onéguine* (1823-1831) se passe en partie dans la Moscou impériale. Pouchkine y tourne en dérision sans état d'âme la préciosité de la société aristocratique, bien qu'il en ait été lui-même un représentant assez caractéristique.

La profondeur des personnages de Léon Tolstoï (1828-1910) et le réalisme de ses descriptions font revivre la Russie du XIXe siècle. Ses romans *Guerre et Paix* (1864-1869) et *Anna Karénine* (1873-1877), qui ont tous deux Moscou pour cadre, traduisent sa méfiance du rationalisme et son idée selon laquelle l'histoire est la somme d'actes individuels.

Tolstoï passait le plus clair de son temps dans son domaine de Iasnaïa Poliana, mais il possédait aussi une demeure à Moscou et fréquentait régulièrement l'église Saint-Nicolas-des-Tisserands.

Si Fiodor Dostoïevski (1821-1881) est plutôt associé à la ville de Saint-Pétersbourg, c'est à Moscou qu'il est né. Il fait partie des premiers écrivains à s'aventurer dans les tréfonds de l'âme humaine, mêlant puissance de l'écriture, psychologie, philosophie et spiritualité. Toutes ses œuvres les plus connues, telles que *Crime et Châtiment* (1866), ont été écrites (et se déroulent en grande partie) dans sa ville d'adoption de Saint-Pétersbourg, mais les spécialistes de son œuvre affirment que sa jeunesse à Moscou a profondément influencé sa pensée philosophique.

Ces trois géants de la littérature ne doivent pas pour autant faire oublier le romancier absurde Nicolas Gogol (1809-1852). De son génie décalé sont nés certains des personnages les plus marquants de la littérature russe, tel Akaki Akakiévitch, héros tragi-comique de la nouvelle fantastique *Le Manteau* (1843).

Gogol passa une grande partie de sa vie à l'étranger, mais sa critique satirique et hilarante de la vie en Russie lui valut le respect de ses contemporains. Son chef-d'œuvre, *Les Âmes mortes* (1842), nous fait suivre les tribulations de Tchitchikov, petit escroc ayant entrepris d'acheter et de vendre des serfs décédés, les "âmes mortes", pour monter une arnaque absurde. La sortie du livre suscita l'enthousiasme du public, mais la santé physique et mentale de Gogol se dégrada. Cloîtré chez lui, souffrant de dépression, il jeta plusieurs de ses manuscrits au feu, y compris la deuxième partie des *Âmes mortes,* qui ne sera jamais retrouvée complètement (le roman s'achève au beau milieu d'une phrase). L'auteur satirique encensé mourut peu après. Il est enterré au cimetière de Novodevitchi.

Sites littéraires

Maison-musée Tolstoï (Khamovniki)

Appartement de Boulgakov (Presnensky)

Maison de Gogol (Arbat)

Maison-musée Dostoïevski (Tverskoï)

Maison-musée Tchekhov (Presnensky)

Symbolisme et âge d'argent

Le mouvement symboliste vit le jour à la fin du XIXe siècle. Individualisme et créativité en étaient les maîtres mots, l'art étant exempté des règles qui régissent la société. Parmi les grandes figures du mouvement : le philosophe et poète Vladimir Soloviev (1853-1900), le romancier Andreï Biély (1880-1934), le poète Alexandre Blok (1880-1921) ou encore les poètes Sergueï Essénine (1895-1925) et Vladimir Maïakovski (1893-1930).

Bien que Biély ait vécu à Moscou un certain temps, c'est son mystérieux roman *Pétersbourg* (1916-1922) qui lui a valu la postérité. Ses essais et récits philosophiques en font l'un des écrivains les plus importants du mouvement symboliste.

Maïakovski était un dramaturge et poète futuriste, chantre officiel de la révolution. Il vécut près de la place Lioubyanskaya, où son appartement à été transformé en musée. Il mit son énergie créatrice au service du socialisme et de la propagande du nouveau régime, mais cette âme romantique n'eut de chance ni en amour ni dans la vie. Sa désillusion face à l'Union soviétique transparaît dans ses pièces satiriques. Il se suicida par balle en 1930 et fut inhumé au cimetière de Novodevitchi. Une statue à sa mémoire se dresse sur la place Trioumfalnaya, près de la station de métro Mayakovskaya.

Littérature révolutionnaire

La période qui suivit immédiatement 1917 fut très créative en Russie. Inspirés par les bouleversements sociaux auxquels ils assistaient, des écrivains appliquèrent les principes révolutionnaires à leur travail, se livrant à certaines innovations stylistiques. Tout cela ne devait pas durer. Le nouveau régime ne s'intéressait à la littérature que si elle soutenait les objectifs du communisme. Certains écrivains sont parvenus à produire, à l'intérieur du système, d'excellents poèmes et pièces de théâtre dans les années 1920. Mais la majorité était limitée par un climat qui voulait que l'art soit "au service du peuple". Staline déclara que les écrivains étaient les "ingénieurs des âmes", et qu'ils se devaient donc d'écrire pour le Parti.

Cet assaut sur la diversité littéraire connut son apogée au début des années 1930, avec la création du réalisme socialiste, forme artistique destinée à promouvoir les besoins de l'État, faire l'éloge de l'industrialisation et clouer les marginaux au pilori. Ainsi, Alexis Tolstoï (1883-1945) écrivit des romans historiques comparant Staline à Pierre le Grand, et narrant la glorieuse guerre civile russe.

Littérature dissidente

Alors que la machine de propagande stalinienne produisait des titres comme *Et l'Acier fut trempé*... ou *Le Ciment*, la communauté littéraire écrivait en secret sur la vie sous la dictature. Nombre de témoignages sur la vie soviétique furent publiés en *samizdat* (éditions parallèles) et diffusés sous le manteau. Des romans aujourd'hui célèbres, tels que *Les Enfants de l'Arbat* d'Anatoly Rybakov (1911-1998) n'ont été publiés en Russie qu'avec la levée de la censure pendant la glasnost ("transparence").

Alors que certains des écrivains russes les plus célèbres étaient muselés dans leur propre pays, ils étaient encensés à l'international. Ainsi, le *Docteur Jivago* de Boris Pasternak (1890-1960), a été publié dès 1957, mais il a fallu attendre 30 ans pour qu'une édition officielle sorte en Union soviétique.

Toute la première partie du *Docteur Jivago* se passe à Moscou et l'on y suit la vie d'une famille bourgeoise avant la révolution. Le personnage éponyme du roman est déchiré entre deux amours, sur fond de révolution et de guerre civile. Pour le régime, cette œuvre était inacceptable, non pas parce que les personnages étaient contre-révolutionnaires, mais parce qu'ils étaient simplement apolitiques et privilégiaient leur vie individuelle aux mutations de la société. Pour ce roman, Pasternak se vit décerner le prix Nobel de littérature en 1958, mais il fut contraint de le décliner.

Dramaturge et romancier prolifique, Mikhaïl Boulgakov (1890-1940) a vécu près de l'étang des Patriarches. Il est l'auteur de nombreuses œuvres jouées au Théâtre d'Art de Moscou, dont certaines ont été appréciées par Staline. Malheureusement, par la suite, ses œuvres furent censurées et il trouva difficilement du travail. La plupart de ses œuvres se passent à Moscou, comme *Les œufs du destin*, *Cœur de chien* ou son très célèbre roman *Le Maître et Marguerite*.

La période post-glasnost des années 1980 et 1990 a permis de redécouvrir d'innombrables œuvres interdites pendant l'ère soviétique. Evgueni Zamiatine, Daniil Harms, Anatoli Rybakov, Venedict Erofeev, Andreï Bitov et bien d'autres auteurs, censurés en Union soviétique, sont désormais reconnus pour leur vision acérée de la société et leur immense contribution à la littérature mondiale.

Écrit en 1970 par Venedict Erofeev, *Moscou-sur-Vodka* est l'histoire d'un homme ivre essayant de se rendre en train à Petouchki, en banlieue de Moscou, pour y retrouver femme et enfant. Au fil du voyage, le récit s'assombrit et devient halluciné.

Littérature contemporaine

La littérature russe contemporaine se concentre largement à Moscou, et dans une certaine mesure aussi à l'étranger. Dans le métro, essayez de lire discrètement par-dessus l'épaule de votre voisin(e). Il y a fort à parier qu'il s'agit d'un roman d'action ou d'un polar. Le XXIe siècle connaît un engouement pour ces deux genres, et des auteurs comme Polina Dashkova, Daria Dontsova, Alexandra Marinina et Boris

TATIANA TOLSTOÏ

En plus d'être une auteure de fiction accomplie, Tatiana Tolstoï, la petite-fille d'Alexis Tolstoï, coanime un débat télévisé à succès *Shkola Eloslovia* où elle interviewe des représentants de la culture et de la politique russes. Son fils, Artemy Lebedev, est le fondateur et propriétaire de l'atelier Art Lebedev Studio et de l'Art Lebedev Studio Café à Presnensky.

Akounine caracolent en tête des ventes et sont largement traduits. Ce dernier a notamment fait mouche avec sa série policière dont *Azazel* (1998) est le premier livre, mettant en scène le héros récurrent Éraste Fandorine dans le Moscou du XIXe siècle. Plusieurs livres de la série ont été adaptés à l'écran.

L'auteure réaliste Ludmila Petrouchevskaïa entraîne le lecteur dans une émouvante galerie de portraits de gens simples. Tatiana Tolstoï est désormais célèbre pour son recueil de nouvelles *Feu et poussières*. Moins connu, son roman *Le Slynx* se situe dans le futur, dans un Moscou ravagé par une guerre nucléaire qui n'est pas sans rappeler celui des années 1990. Dans cette contre-utopie, un scribe illettré finit par apprendre assez d'histoire pour faire sa propre révolution.

Récompensé par de nombreux prix, l'écrivain Mikhaïl Chichkine s'affranchit des procédés littéraires traditionnels comme dans *La Prise d'Izmail*. Publié en 2014, *Deux heures moins dix* est un roman épistolaire fondé sur la correspondance intime de deux amants que séparent les kilomètres mais aussi les siècles.

Aujourd'hui, la critique sociale continue sur la lancée de la tradition littéraire soviétique, avec force humour noir et allégories fantastiques permettant une satire cinglante de la société. Avec *Homo Zapiens* (1999), histoire d'un étudiant en littérature qui, comme petit boulot, écrit pour des gangsters nouveaux Russes, Viktor Pelevine livre une critique drôle et noire de la Russie d'aujourd'hui. Pelevine a remporté le prix russe “Little Booker” en 1993 pour ses nouvelles. *La Belle de Moscou*, de Viktor Erofeev, retrace le parcours d'une belle provinciale qui se hisse parmi le gratin moscovite en usant de ses charmes, qui tombe enceinte au moment même où elle rencontre Dieu. Caustique et ouvertement grivois, ce best-seller a été traduit en 27 langues. Dans *Journée d'un opritchnik* (2008), Vladimir Sorokine décrit la Russie en 2028 comme un État nationaliste dirigé d'une main de fer, qui se coupe de l'Occident en érigeant un mur.

IRONIE DU SORT

L'Ironie du sort d'Eldar Riazanov (1975) est un classique soviétique toujours programmé à la télévision pour le Nouvel An. Jénia, qui habite à Moscou, se prépare à fêter le réveillon avec sa fiancée. Il va d'abord à la *bania* avec ses amis, avant d'aller à l'aéroport car l'un d'entre eux doit partir à Leningrad. Mais c'est Jénia qui embarque par erreur. Il se réveille donc à Leningrad, où ses clés ouvrent un appartement identique au sien, exactement à la même adresse. Il s'ensuit un quiproquo comique. Fin 2007, une suite est sortie au cinéma.

Cinéma

La colline d'Hollywood a le lion de la MGM, le mont des Moineaux a “*L'Ouvrier et la Kolkhozienne*”, sculpture socialiste emblématique et logo reconnaissable entre mille de Mosfilm, le plus grand studio de cinéma de Russie qui a joué un rôle déterminant dans le développement du cinéma soviétique et russe.

Cinéma révolutionnaire

Pendant la période soviétique, politique et cinéma furent étroitement imbriqués. L'industrie cinématographique naissante fut fortement stimulée par la révolution bolchevique, qui cherchait un nouveau vecteur pour la culture prolétaire. Lénine pressentait que le cinéma allait devenir le nouveau média de masse. Par décret gouvernemental, les studios de cinéma Mosfilm furent officiellement créés en 1923, sous la direction d'Alexandre Khanjokov, pionnier du cinéma russe.

MOSCOU NE CROIT PAS AUX LARMES

Trois jeunes femmes, arrivées dans la capitale en 1958 pour travailler et trouver l'amour, se lient d'amitié. C'est ainsi que débute *Moscou ne croit pas aux larmes*, l'un des films les plus emblématiques du cinéma soviétique, couronné par l'Oscar du meilleur film étranger en 1980. Les trois amies suivent des chemins différents et leur histoire, qui s'étire sur 20 ans, est l'occasion d'explorer la conscience de classe et les relations amoureuses, avec pour toile de fond le Moscou des années 1970.

Durant cet âge d'or, le cinéma soviétique se forgea une réputation internationale pour ses expériences artistiques et ses techniques de propagande. Sergueï Eisenstein (1898-1948), socialiste convaincu, rendit populaire une série d'innovations telles que le montage rapide et la prise en travelling pour susciter chez les spectateurs une émotion qui pourrait être utilisée à des fins politiques. Son *Cuirassier Potemkine* (1925) reste l'un des classiques muets de l'histoire du cinéma.

Réalisme socialiste

Sous Staline, le cinéma fut étroitement surveillé. Toute expérimentation était réprimée au profit du réalisme socialiste. Personnages et scénarios étaient simples ; l'avenir s'annonçait radieux. Certains réalisateurs se virent ainsi désigner des "partenaires" chargés d'assurer qu'ils n'étaient pas trop créatifs et se cantonnaient au formalisme. À cette époque, Eisenstein produisit des drames historiques primés, tels qu'*Alexandre Nevski* (1938) *et Ivan le Terrible* (1946).

Lorsque Staline quitta la scène, les réalisateurs évoquèrent la vie soviétique avec plus de vérité et un style plus créatif. Les productions russes furent à nouveau reconnues et primés lors des plus prestigieux festivals. Ainsi, l'Oscar du meilleur film étranger revint plusieurs fois à des œuvres de Mosfilm, notamment *Guerre et Paix* (Sergueï Bondartchouk, 1968), *Dersou Ouzala* (Akira Kurosawa, 1975) et *Moscou ne croit pas aux larmes* (Vladimir Menchov, 1980).

Toutefois, franchir l'étape de la censure en Russie représentait alors toujours un défi. Le sort de tous les films dépendait de Goskino, la grande entreprise d'État basée à Moscou qui finançait et distribuait les films, et n'aimait pas prendre de risques.

Les comédies d'Elem Klimov (1933-2003) étaient des critiques à peine voilées de la société contemporaine. Pas vraiment interdites, elles ne furent pas non plus promues, loin de là. Ses *Aventures d'un dentiste* (1965) furent projetées dans moins de 100 salles. *Requiem pour un massacre*, drame de guerre, resta huit années sur une étagère avant de sortir enfin en 1985, à l'occasion du 40e anniversaire de la victoire soviétique dans la Seconde Guerre mondiale.

Les films d'Andreï Tarkovski (1932-1986) connurent un succès planétaire, y compris son premier long métrage *L'Enfance d'Ivan* (1962), Lion d'or à Venise et *Le Sacrifice*, Grand Prix spécial du jury à Cannes en 1986. *Andreï Roublev* (1965) fut coupé plusieurs fois avant qu'une version tronquée ne sorte enfin en Union soviétique en 1971.

Glasnost et transition

Au congrès des cinéastes soviétiques de 1986 à Moscou, la glasnost atteignit le cinéma soviétique. Une large majorité vota la révocation des réalisateurs vieux et conservateurs et les remplacèrent par des dissidents réclamant davantage de liberté. Plus de 250 films autrefois interdits furent autorisés. Ainsi, la plupart des œuvres les plus audacieuses politiquement et artistiquement furent enfin sorties de leurs cartons et projetées pour la première fois sur grand écran. À la fin du régime soviétique, Mosfilm était l'un des studios de cinéma les plus prolifiques d'Europe, avec plus de 2 500 films à son actif.

Lorsque l'Union soviétique s'effondra, l'industrie cinématographique connut une période difficile. Le chaos économique du début des années 1990 avait asséché les financements, et les spectateurs n'avaient pas les moyens d'aller au cinéma. Mosfilm fut finalement reconverti en groupe semi-privé, bien que toujours largement subventionné par l'État.

C'est pourtant pendant ces temps difficiles que Mosfilm produisit l'un de ses chefs-d'œuvre, le film *Soleil trompeur* (1994), Prix spécial du

Chaque année en juin, le Festival international du film de Moscou est l'occasion pour les réalisateurs de films indépendants de Russie et d'ailleurs de concourir.

Le film avant-gardiste de Vassili Pitchoul *La Petite Véra* (1988), produit par les studios Gorky Film, a fait sensation avec son portrait sans concession d'une famille dans la tourmente (mère épuisée, père alcoolique et fille rebelle) et son caractère franchement sexuel (qui reste chaste pour des Occidentaux, mais qui a décoiffé le public soviétique).

CINÉMA INDÉPENDANT

En 2003, le réalisateur moscovite Andreï Zviaguintsev décrocha le Lion d'or à Venise pour son thriller *Le Retour*. Son deuxième opus, *Le Bannissement* (2006), met en scène un couple dont le mariage s'effondre. Aujourd'hui, Zviaguintsev continue à avoir les honneurs de Venise et de Cannes. *Elena* (2011) est le portrait évocateur et poignant des relations de couple dans le Moscou d'aujourd'hui. Comédie dramatique d'un réalisme cru, *Leviathan* (2014) a pour héros un homme ordinaire qui affronte le système pour tenter d'obtenir justice, avec des conséquences tragiques.

En 2006, le metteur en scène Ivan Vyrypaev a reçu de nombreux prix pour son premier film *Euphorie*, une histoire d'amour tragique, qui a été présenté à Venise en compétition officielle. Avec *Les Zazous* (2008), Valeri Todorovsky signe une comédie musicale délirante dans le Moscou des années 1950. Il utilise avec talent la couleur (et son absence) pour souligner le côté terne de l'époque et l'esprit radieux des jeunes d'alors. Alexeï Popogrebsky a été primé dans de nombreux petits festivals pour *La fin de mon été* (2010), comédie dramatique émouvante qui se déroule dans une station polaire arctique isolée. *Le Dernier Voyage de Tanya* (2011), d'Alexeï Fedortchenko, intitulé *Les Bruants* (Овсянки) en russe, a été nominé pour le Lion d'or à Venise : ce film touchant évoque l'influence du passé dans la Russie rurale d'aujourd'hui.

jury à Cannes et Oscar du meilleur film étranger, réalisé par l'acteur et réalisateur Nikita Mikhalkov. Ce film, racontant l'histoire d'un apparatchik loyal victime des purges staliniennes, illustre bien les liens inextricables unissant politique et cinéma.

En 2010, Nikita Mikhalkov consacra le plus gros budget du cinéma russe à la suite de son chef-d'œuvre de 1994. *Soleil trompeur II* reçut des critiques unanimement négatives et sa sortie en salle fut un échec commercial.

Cinéma contemporain

Après l'accalmie des années 1990, l'industrie cinématographique moscovite fait un retour remarquable. Mosfilm est l'une des plus grandes sociétés de production au monde, produisant presque tous les films, programmes TV et vidéos de Russie. Moscou est un peu l'Hollywood russe. Malheureusement, à l'inverse de son équivalent américain, le secteur laisse peu de latitude aux films artistiques indépendants, peu susceptibles de devenir des blockbusters. Ces derniers ne manquent pas. *Le Gambit turc* de Djanik Faiziev (sur un scénario coécrit avec Boris Akounine), drame se déroulant pendant la guerre russo-turque, a pulvérisé tous les records post-soviétiques en 2005.

En 2007, le très prolifique Mikhalkov signa *12*, une adaptation des *Douze hommes en colère* de Sidney Lumet. Le film, nominé aux Oscars, suit les délibérations d'un jury lors du procès d'un adolescent tchétchène accusé du meurtre de son père, officier dans l'armée russe. Le film aurait “mis la larme à l'œil” à Vladimir Poutine.

Night Watch (2004), une histoire de vampires, a connu un succès phénoménal en Russie comme à l'étranger. Le succès a également été au rendez-vous du deuxième opus, *Day Watch* (2006), et son réalisateur d'origine kazakhe, Timour Bekmambetov, est parti pour Hollywood. Depuis, Bekmambetov s'est surtout fait connaître grâce à *Ironie du sort : la suite* (2007), suite d'une célèbre comédie à succès des années 1970. Projeté simultanément sur 1 000 écrans en Russie, c'est l'un des longs métrages russes les plus lucratifs à ce jour.

En 2013, Fedor Bondartchouk a réalisé la toute première production IMAX russe, *Stalingrad*, un film historique acclamé pour ses effets spéciaux mais raillé pour son intrigue mélodramatique, qui a pulvérisé tous les records au box-office. Inspiré d'un conte fantastique de Gogol, *Viy*, d'Oleg Steptchenko, également en 3D, a rencontré un immense succès en 2014.

Moscou pratique

Transports

DEPUIS/VERS MOSCOU

Arriver à Moscou

Tous les voyageurs arrivant à Moscou doivent être munis d'un visa. Pour plus d'informations sur les types de visa et leurs conditions d'obtention, voir p. 30.

Voie aérienne

Aéroports

La plupart des voyageurs arrivent dans l'un des trois aéroports de la ville : Domodedovo, Sheremetyevo ou Vnoukovo.Le **train Aeroexpress** (☎8-800-700 3377 ; www.aeroexpress.ru ; 340-400 ₽ ; ⏱6h-minuit) dessert les trois aéroports depuis le centre-ville. Une réduction s'applique sur l'achat du billet en ligne. Sinon, demandez un taxi au bureau de réservation du terminal (2 000-2 200 ₽ pour le centre-ville). En réservant, vous paierez moins cher car vous profiterez des forfaits offerts par la plupart des sociétés (entre 1 500 et 1 800 ₽ depuis/vers l'un des aéroports).

AÉROPORT INTERNATIONAL DE DOMODEDOVO
(Домодедово ; www.domodedovo.ru) est situé à environ 48 km au sud de la ville. Les trains Aeroexpress partent de la gare de Pavelets toutes les demi-heures entre 6 h et minuit et rallient Domodedovo en 45 minutes.

AÉROPORT INTERNATIONAL DE SHEREMETYEVO
(Шереметьево ; www.svo.aero) se trouve à 30 km au nord-ouest du centre-ville. Le train Aeroexpress assure le trajet de 35 minutes entre l'aéroport (départ à côté du Terminal E) et la gare de Biélorussie toutes les 30 minutes de 5h30 à 0h30.

AÉROPORT INTERNATIONAL DE VNOUKOVO
(Внуково ; www.vnukovo.ru) À environ 30 km au sud-ouest du centre-ville, il accueille la plupart des vols depuis/vers le Caucase, la Moldavie et Kaliningrad, ainsi que les vols intérieurs et quelques vols pour l'Europe. La liaison par train Aeroexpress entre la gare de Kiev et l'aéroport de Vnoukovo dure 35 minutes et est assurée toutes les heures entre 6h et 23h.

Depuis la France

Air France (☎36 54, www.airfrance.fr) et **Aeroflot** (www.aeroflot.ru) ont des vols quotidiens directs pour Moscou au départ de Roissy CDG (4 heures, 500-600 € l'aller-retour). **Aigle Azur** (www.aigle-azur.com) propose un vol direct au départ d'Orly à partir de 380 €.

D'autres compagnies desservent la capitale russe avec une ou deux escales.

Nouvelles Frontières (www.nouvelles-frontieres.fr)

Thomas Cook (www.thomascook.fr)

Voyageurs du Monde (www.vdm.com)

Depuis la Belgique

SN Brussels Airlines (www.brusselsairlines.com/fr-be) et Aeroflot assurent des vols directs pour Moscou depuis Bruxelles (4 heures de vol, 350-450 € l'aller-retour).

AVERTISSEMENT

Les informations contenues dans ce chapitre sont particulièrement susceptibles de changements. Vérifiez directement auprès de la compagnie aérienne ou de l'agence de voyages les modalités d'utilisation de votre billet d'avion. N'hésitez pas à comparer les prestations. Les détails fournis ici doivent être considérés à titre indicatif et ne remplacent en rien une recherche personnelle attentive.

Airstop (www.airstop.be)

Connections (www.connections.be)

Éole (www.voyageseole.be)

Depuis la Suisse

Swiss (www.swiss.com) et Aeroflot ont deux vols directs par jour pour Moscou au départ de Genève et de Zurich (à partir de 350 FS).

STA Travel (www.statravel.ch)

Depuis le Canada

Il n'y a aucun vol direct depuis Montréal. Comptez au moins 800 $CA pour un vol aller-retour avec escale.

Air Canada (www.aircanada.com)

Travelocity (www.travelocity.ca)

Voyages Campus/ Travel Cuts (www.voyagescampus.com)

AGENCES EN LIGNE

Vous pouvez réserver votre vol via une agence en ligne ou vous renseigner auprès d'un comparateur de vols :

- www.ebookers.fr
- www.expedia.fr
- www.illicotravel.com
- www.kayak.fr
- www.opodo.fr
- www.skyscanner.fr
- www.voyages-sncf.com
- voyages.kelkoo.fr
- www.govoyages.com

Voie terrestre

Train

En train, on arrive à l'une des gares les plus centrales de la ville : gares de Kiev ou de Biélorussie en provenance de l'Europe, gare de Leningrad depuis Saint-Pétersbourg et gares de Iaroslavl ou de Kazan en venant de l'est. Ces gares sont en centre-ville et bien desservies par le métro. Des sociétés de taxis assurent la correspondance entre les gares pour 400 à 600 ₽.

LENINGRADSKY VOKZAL

La **gare de Leningrad** (Ленинградский вокзал ; leningradsky.dzvr.ru/en/ ; Komsomolskaya pl ; Wi-Fi ; M Komsomolskaya) dessert Tver, Novgorod, Pskov, Saint-Pétersbourg, Vyborg, Mourmansk, l'Estonie et Helsinki. Oktyabrsky, son ancien nom, apparaît parfois sur les billets et horaires.

BELOROUSSKY VOKZAL

La **gare de Biélorussie** (Белорусский вокзал ; www.belorusskiy.info ; Tverskaya Zastava pl ; Wi-Fi ; M Belorusskaya), située au bout de Tverskaya ul, accueille les trains vers l'Europe centrale et les trains de banlieue desservant l'ouest, notamment Mojaïsk et Borodino, ainsi que l'Aeroexpress pour l'aéroport de Sheremetyevo.

KIEVSKY VOKZAL

Située à Dorogomilovo, la **gare de Kiev** (Киевский вокзал ; www.kievsky-vokzal.ru ; Kievskaya pl ; Wi-Fi ; M Kievskaya) dessert Kiev, l'Ukraine occidentale et notamment la Moldavie, la Slovaquie, la Hongrie, l'Autriche, la République tchèque, la Roumanie, la Bulgarie, la Croatie, la Serbie et la Grèce. C'est aussi d'ici que part l'Aeroexpress pour l'aéroport Vnoukovo.

IAROSLAVSKY VOKZAL

Principale escale pour les trains du Transsibérien, **la gare de Iaroslavl** (Ярославский вокзал ; www.yaroslavsky.dzvr.ru ; Komsomolskaya pl ; Wi-Fi ; M Komsomolskaya) accueille des trains pour Iaroslavl, Arkhangelsk, Vorkouta, l'Extrême-Orient russe, la Mongolie, la Chine, la Corée du Nord, et des trains pour Vladimir, Nijni-Novgorod, Kostroma, Vologda, Perm, l'Oural, la Sibérie et des trains de banlieue pour le Nord-Est, notamment Abramtsevo et Serguïev Possad.

KAZANSKY VOKZAL

La **gare de Kazan** (Казанский вокзал ; www.kazansky.dzvr.ru/en/ ; Komsomolskaya pl ; Wi-Fi ; M Komsomolskaya), sur la place Komsomolskaya, accueille les trains pour Kazan et les villes au sud-est, et ceux pour Vladimir, Nijni-Novgorod, l'Oural et la Sibérie.

VOYAGES ORGANISÉS

Il existe de nombreuses agences spécialisées dans les voyages et les séjours en Russie. Elles se chargeront de réserver vos transports et votre hébergement, vous trouveront un guide et vous aideront à accomplir les formalités d'invitation et de visa.

Alest Voyages (www.france-cei.com/pro/alest/). Week-ends, circuits Moscou et Saint-Pétersbourg.

Amslav (www.amslav.com). Courts séjours à Moscou, croisières Moscou-Saint-Pétersbourg.

Clio (www.clio.fr). Circuits culturels.

Rivages du monde (www.rivagesdumonde.fr). Croisières entre Moscou et Saint-Pétersbourg.

Russie autrement (www.russieautrement.com). Formules pour découvrir Moscou.

Russian Concept (www.russianconcept.com).

Spécialiste des voyages sur mesure en Russie .

Russie Tourisme (www.russie-tourisme.com). Week-ends, location d'appartements.

Tsar Voyages (www.tsarvoyages.com). Circuits avec guide francophone.

Voyageurs du Monde (www.vdm.com). Week-ends à Moscou .

COMMENT CIRCULER

Bateau

Pour admirer les différents quartiers de Moscou et le Kremlin ou juste comme moyen de transport, un trajet en bateau sur la Moskova est incontournable. Le principal circuit va de Kievsky vokzal à Novospassky most près du monastère Novospassky.

Capital Shipping Co (CCK, Столичная Судоходная Компания ; ☎495-225 6070 ; www.cck-ship.ru ; circuit 1 heure 30 adulte/enfant 500/300 ₽, forfait 24 heures 800/400 ₽) offre un forfait à la journée qui permet de monter et descendre à volonté.

Bicyclette

Les rues de Moscou comptent de plus en plus de vélos, même s'il est dangereux de pédaler dans le centre-ville car le trafic est dense et les conducteurs ne s'attendent pas à voir des vélos sur la route. Mais il existe des parcs et autre lieux où il fait rouler à vélo, notamment le parc Gorki, la réserve naturelle du mont des Moineaux, le parc Ostankino et le Centre panrusse des expositions.

SORTIR DE MOSCOU À VÉLO

Les vélos sont interdits dans le métro (sauf les vélos pliants) mais sont acceptés dans les trains longue distance. Pour monter à bord des *elektritchki* (train de banlieue), il faut un billet spécial. Les vélos sont autorisés dans les trains passagers intercités tant que le poids total de vos bagages n'excède pas 36 kg. Veillez à bien démonter et emballer votre vélo.

Le **Russian Cycle Touring Club** (www.rctc.ru) organise des excursions le week-end autour de Moscou ainsi que des excursions plus longues en Russie.

Location

Des vélos bien entretenus vous attendent chez **Oliver Bikes** (Оливер Байкс ; plan p. 266 ; ☎499-340 2609 ; www.bikerentalmoscow.com ; Pyatnitskaya ul 2 ; à partir de 100/500 ₽ par heure/jour, circuits 900 ₽ ; ⌚14h-22h mar-ven, 11h-22h sam et dim ; Ⓜ Novokouznetskaya) à Zamoskvoretchie.

Vélos en libre-service

Tout récent, le **Velobike** (Велобайк ; www.velobike.ru) compte 30 stations et quelques centaines de vélos.

➡ Prenez un abonnement en ligne (150 ₽/jour, 400 ₽/sem, 600 ₽/ mois, plus une caution).

➡ Le vélo peut être emprunté et rendu dans n'importe quelle station. La première demi-heure est gratuite, puis on paie en fonction de la durée d'utilisation.

➡ Conçu pour se déplacer et non pour se balader, ce système est intéressant pour se rendre d'un point à un autre.

Bus

Les bus, tramways et trolleys sont parfois nécessaires pour atteindre certains sites éloignés du centre. Les billets (40 ₽) sont vendus à bord.

Métro

Le **métro de Moscou** (www.mosmetro.ru) est parfait pour circuler dans Moscou à moindre frais. Les stations sont signalées par un grand “M”. Reportez-vous p. 37 pour plus de détails.

Plans et panneaux Dans chaque station, un plan du réseau et des panneaux sur chaque quai indiquent les destinations. Les plans sont libellés en alphabets cyrillique et latin alors que les panneaux ne le sont qu'en cyrillique. Il y a aussi dans les wagons des plans dans les deux alphabets.

Correspondances Les stations avec correspondances sont reliées par des passages souterrains, indiqués par des panneaux *perekhod*, bleus, ornés d'un personnage montant un escalier. Lorsque plusieurs lignes se croisent, les stations ont parfois des noms différents.

Taxi

Pour obtenir une voiture, il est préférable de passer par une compagnie de taxis ; les prix seront bien moins élevés. La plupart des employés de ces compagnies ne parlent pas anglais. Mieux vaut demander à la réception de votre hôtel d'appeler à votre place.

Bureau central de réservation des taxis (Центральное бюро заказов такси ; ☎495-627 0000 ; www.6270000.ru ; 400 ₽/30 min)

Detskoe Taxi (Детское Такси ; ☎495-765 1180 ; www.detskoetaxi.ru ; 500 ₽/8 km). “Le taxi des enfants” : voitures non-fumeurs et sièges enfant.

Diligence Taxi Service (Дилижанс ; ☎495-419 3524 ; www.the-taxi.ru ; 500 ₽/40 min)

New Yellow Taxi (Новое жёлтое такси ; ☎495-940 8888 ; www.nyt.ru ; 30 ₽/km, minimum 400 ₽)

Taxi Bistro (Такси Бистро ; ☎495-685 1300 ; www.taxopark.ru ; 320-420 ₽/20 min)

Woman Taxi (Женское Такси ; ☎495-662 0033 ; www.womantaxi.ru ; 600-650 ₽/30 min). Voitures roses (avec sièges enfants) conduites par des femmes.

Taxis non officiels

Toute voiture est potentiellement un taxi à Moscou, pourvu que le prix soit correct. Donc si vous êtes coincé(e), faites signe de la main.

➡ Beaucoup de voitures privées font office de taxis non officiels alors que d'autres chauffeurs accepteront de vous prendre si vous allez dans la même direction qu'eux. Comptez entre 200 et 400 ₽ pour une course en centre-ville.

➡ N'hésitez pas à refuser une voiture si ses occupants vous déplaisent. Mieux vaut éviter de prendre des taxis ayant déjà des passagers à bord. Soyez particulièrement vigilants lorsque vous prenez un taxi en sortant de discothèque ou d'un bar.

Voiture et moto

Les transports publics étant fiables, il n'est pas utile de louer une voiture, sauf si vous préférez être motorisé pour des excursions hors de la ville. Sachez que conduire en Russie reste un calvaire, à cause de la signalisation anarchique et de la circulation intense.

Conditions requises

➡ Pour conduire en Russie, il faut avoir au moins 18 ans et un permis de conduire. Vous pourrez être amené à présenter un permis de conduire international et sa traduction légalisée en russe (vous pouvez faire assermenter une traduction auprès d'un consulat russe).

➡ Il vous faudra aussi les papiers de votre véhicule ainsi qu'un certificat d'assurance. Vérifiez bien que votre assurance vous couvre en Russie. Enfin, vous devrez faire une déclaration aux services des douanes certifiant que vous repartirez bien avec votre véhicule.

Carburant

Moscou compte d'innombrables stations-service ouvertes 24 h/24 pour la plupart et situées sur les grands axes entrant et sortant de la capitale.

Location

Certaines sociétés n'autorisent pas que l'on sorte leurs véhicules de la région (oblast) de Moscou. Les principales sociétés de location automobile internationales ont des agences dans Moscou, dans les aéroports de Sheremetyevo ou de Domodedovo et en centre-ville. Les prix commencent à 2 000 ₽ par jour, voire moins si l'on réserve. Les plus grandes enseignes proposent généralement de déposer/reprendre le véhicule à votre hôtel moyennant un supplément.

Avis (Авис-Москва ; www.avis.com) Leningradsky vokzal (☎495-988 6216 ; Komsomolskaya pl 3 ; ⏲10h-20h ; Ⓜ Komsomol-skaya) ; Zamoskvoretchie (plan p. 266 ; ☎495-988 6216 ; 4-y Dobryninsky per 8 ; ⏲9h-21h ; Ⓜ Oktyabrskaya)

Europcar (plan p. 266 ; ☎495-926 6373 ; www.europcar.ru ; 4-y Dobryninsky per 8 ; ⏲9h-18h ; Ⓜ Oktyabrskaya). Depuis la station de métro Oktyabrskaya, marchez vers le sud sur Mytnaya ul et tournez à gauche deux rues plus loin dans 4-y Dobryninsky per. Il est interdit de sortir les voitures de l'oblast de Moscou.

Hertz (plan p. 264 ; ☎495-232 0889 ; www.hertz.ru ; 1-ya Brestskaya ul 34 ; ⏲9h-21h ; Ⓜ Belorousskaya)

Thrifty (☎495-788-6888 ; www.thrifty.ru) Agence nord (Yaroslavskoe sh 31 ; ⏲9h-18h ; Ⓜ Baboushinskaya) ; Agence sud (Profsoyouznaya ul 65 ; ⏲9h-21h ; Ⓜ Kaloujskaya). 200 km/jour maximum.

Sécurité

Alcool au volant Depuis 2013, le taux d'alcoolémie maximum légal est de 0,0356%. Abstenez-vous de boire avant de conduire en Russie.

Police de la route Les officiers de la patrouille routière (*Dorojno-Patroulnaya Sloujba*), plus connus sous le nom de DPS, rôdent sans cesse au bord des routes moscovites à l'affût des mauvais conducteurs. Ils sont habilités à vous arrêter (en vous pointant de leur bâton rayé pour vous indiquer de vous ranger sur le bas-côté) et ils érigent aussi parfois des barrages. Vous n'avez *pas* à payer les amendes sur-le-champ : un certain laps de temps vous est accordé pour vous en acquitter dans une agence bancaire locale ; veillez à conserver le reçu.

Carnet pratique

Ambassades et consulats

En Russie (à Moscou)

Belgique (☎495-780 03 31 ; www.diplomatie.be/moscowfr/ ; Ulitsa Malaya Moltchanovka 7 ; ⓂArbatskaya)

Biélorussie (plan p. 270 ; ☎495-777 6644 ; www.embassybel.ru ; ul Maroseïka 17/6 ; ⓂKitaï-Gorod)

Canada (plan p. 260 ; ☎495-925 6000 ; www.canadainternational.gc.ca/russia-russie ; Starokonyoushenny per 23 ; ⓂKropotkinskaya)

Chine (☎499-143 1540 ; ul Droujby 6 ; ⓂOuniversitet)

France (plan p. 266 ; ☎495-937 1500 ; www.ambafrance-ru.org ; ul Bolshaya Yakimanka 45 ; ⓂOktyabrskaya)

Mongolie (plan p. 264 ; ☎495-690 6792 ; Borisoglebsky per 11 ; ⓂArbartskaya) ; consulat (plan p. 260 ; ☎499-241 1548 ; Spasopeskovsky per 7/1 ; ⓂSmolenskaya)

Suisse (☎495-258 38 30 ; www.eda.admin.ch/moscow ; Per. Ogorodnaya Sloboda 2/5 ; ⓂTchistye Proudy)

Ukraine (plan p. 264 ; ☎495-629 9742 ; russia.mfa.gov.ua ; Leontevsky per 18 ; ⓂPoushkinskaya)

À l'étranger

France (☎01 45 04 05 01 ; ambassade-de-russie.fr ; 40-50 bd Lannes, Paris 75016)

Belgique (☎02 374 34 00 ; www.belgium.mid.ru ; av. de Fré 66, 1180, Bruxelles)

Canada (☎1 613 235-4341 ; www.rusembassy.ca ; 285, Charlotte Street, Ottawa, Ontario, K1 N8 L5)

Suisse (☎ 41 (0)31/352 05 66 ; www.switzerland.mid.ru ; Brunnadernrain 37, 3006 Berne)

Argent

➡ La devise russe est le rouble (₽), écrit рубль et abrégé en руб. Un rouble est divisé en 100 kopecks (копеек ou коп).

➡ Moscou compte de nombreux distributeurs automatiques de billets (DAB). Ils sont indiqués par des panneaux "bankomat" (Банкомат).

MOSCOU PRATIQUE

Tabac Des restrictions de plus en plus strictes s'appliquent : les hôtels doivent avoir des chambres non-fumeurs et les restaurants des zones non-fumeurs.

Journaux Le quotidien *Moscow Times* (www.themoscowtimes.com) couvre les actualités russes et internationales. L'édition du vendredi recense les activités du week-end. Disponible dans les hôtels et les restaurants.

Télévision Parmi les chaînes TV, citons Pervy Kanal (www.1tv.ru) ; NTV (www.ntv.ru) ; Rossiya (www.russia.tv) ; Rossiya-2 (www.2.russia.tv) ; Kultura (www.tvkultura.ru) ; RenTV (www.ren-tv.com) ; et RT (www.rt.com), qui présente le "point de vue russe" aux téléspectateurs étrangers en anglais, arabe et espagnol.

Poids et mesures La Russie utilise le système métrique. Boissons et plats sont souvent indiqués en grammes sur les menus : une tasse de thé pèse environ 200 g, et un petit verre 50 g. Pour ce qui est vendu à l'unité, comme les œufs, on parle de *shtouka* ("chose" ou "morceau") abrégé en sht.

- Les cartes bancaires – surtout Visa et Mastercard – sont couramment acceptées.
- Les bureaux de change dans toute la ville acceptent désormais sans problème les dollars et les euros (apportez votre passeport). Mieux vaut éviter les chèques de voyage. Voir aussi p. 14 et p. 17.

Assurance

Il est conseillé de souscrire à une police d'assurance qui vous couvrira en cas d'annulation de votre voyage, de vol, de perte de vos affaires, de maladie ou encore d'accident. Vérifiez notamment que les "sports à risques", comme la plongée, la moto ou même la randonnée ne sont pas exclus de votre contrat, ou encore que le rapatriement médical d'urgence, en ambulance ou en avion, est couvert. De même, le fait d'acquérir un véhicule dans un autre pays ne signifie pas nécessairement que vous serez protégé par votre propre assurance.

Vous pouvez contracter une assurance qui réglera directement les hôpitaux et les médecins, vous évitant ainsi d'avancer des sommes qui ne vous seront remboursées qu'à votre retour. Dans ce cas, conservez avec vous tous les documents nécessaires (les consultations médicales se règlent généralement en espèces : demandez un reçu pour le remboursement).

Avant de souscrire une police d'assurance, vérifiez bien que vous ne bénéficiez pas déjà d'une assistance par votre carte de crédit, votre mutuelle ou votre assurance automobile. N'oubliez pas de prendre avec vous les documents relatifs à l'assurance ainsi que les numéros à appeler en cas d'urgence. Conservez bien tous les papiers, pour toute éventuelle réclamation ou déclaration ultérieure (vous pouvez, par exemple, vous les adresser par courrier électronique pour qu'ils demeurent accessibles dans votre messagerie).

Douane

- Les contrôles de douane en Russie sont assez modérés de nos jours. Les fouilles sont une pure formalité la plupart du temps.
- Les visiteurs sont autorisés à importer ou exporter, sans les déclarer, jusqu'à 10 000 $US (ou leur équivalent) en devises, ainsi que des marchandises d'un poids maximal de 50 kg et dont la valeur n'excède pas 10 000 €.
- Remplissez un formulaire de déclaration si vous entrez dans le pays avec du matériel coûteux, des antiquités, des œuvres d'art ou des instruments de musique (même une guitare) que vous comptez remporter avec vous. Faites tamponner ce formulaire en passant la douane par la voie rouge afin d'éviter tout problème lorsque vous quitterez la Russie.
- Si vous voulez de repartir avec des objets à valeur culturelle – instruments de musique, pièces de monnaie, bijoux, antiquités, livres anciens et œuvres d'art (de plus de 50 ans) – vous devrez passer par l'**Expert Collegium** (Коллегия экспертизы ; ☎499-391 4212 ; ul Akademika Korolyova 21, bât. 1, bureau 505, 5e niv. ; prix 350 ₽ ; ⌚11h-17h lun-ven ; Ⓜ VDNKh).
- Apportez deux photos de l'objet que vous souhaitez exporter, le ticket de caisse et votre passeport. Si l'exportation est autorisée, on vous donnera un récépissé indiquant les taxes payées, que vous devrez monter aux douaniers en quittant le pays.

Électricité

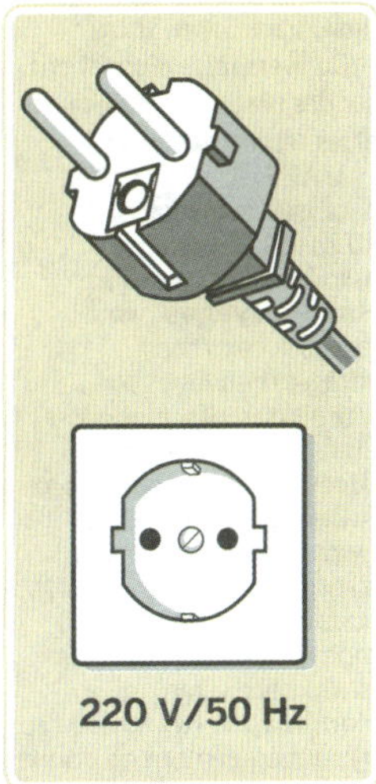

Handicapés

Avec ses transports inaccessibles, bondés ou ses ascenseurs inexistants, la Russie est une destination rude pour les personnes en fauteuil roulant. Pour celles à mobilité moins réduite, la situation reste difficile car truffée d'obstacles.

Les toilettes sont généralement accessibles par des escaliers dans les restaurants et musées, les distances sont grandes et les voies piétonnes souvent défoncées.

La plupart des hôtels haut de gamme proposent des chambres accessibles aux personnes à mobilité réduite.

Société panrusse pour les aveugles (Всероссийское общество слепых ; plan p. 255 ; www.vos.org.ru). Services pour les malvoyants.

Société panrusse pour les sourds (Всероссийское общество глухих ; www.vog.deafnet.ru). Activités culturelles et de loisirs.

Société panrusse pour les handicapés (Всероссийское общество инвалидов ; www.voi.ru ; Ⓜ Ouniversitet). Informations sur des problèmes juridiques et les ressources locales.

L'**APF** (Association des paralysés de France ; ☎01 40 78 69 00 ; www.apf.asso.fr) et l'association **Handi Voyages** (www.facebook.com/handi.voyages) peuvent vous fournir des informations utiles sur les voyages accessibles. L'association **Ailleurs & Autrement** (www.ailleursetautrement.fr) organise des voyages adaptés aux personnes à mobilité réduite. **Yanous** (www.yanous.com) et **Handicap.fr** (www.handicap.fr) sont également de bonnes sources d'information.

Heures d'ouverture

Administration 9h ou 10h-17h ou 18h en semaine.

Banques et services Les grandes agences ouvrent de 9h à 18h en semaine, moins longtemps le samedi ; les petites agences ont des horaires plus restreints et ferment pour le déjeuner.

Magasins Tous les jours de 10h à 20h ou 21h. Les petites boutique ferment parfois le dimanche. Les grandes boutiques ouvrent tous les jours de 8h à 20h ou 22h. Les grands magasins alimentaires sont ouverts 24h/24 (*krouglosoutochno*).

Restaurants 12h-minuit, ou 24h/24. Les bars sont ouverts jusqu'à 2h, mais certains, ainsi que quelques clubs, ouvrent jusqu'à 5h ou 6h le week-end.

Musées Les horaires changent souvent comme les jours de fermeture. Il existe un jour de visite nocturne (jusqu'à 20h ou 21h). La plupart ferment une heure avant l'heure indiquée. Beaucoup ferment pour une journée de nettoyage la dernière semaine de chaque mois.

Homosexualité

➡ La Russie est un pays où l'homosexualité est mal vue. Les membres de la communauté LGBT affrontent quotidiennement le rejet, le harcèlement et la violence. Si l'homosexualité n'est pas illégale, la promotion d'un mode de vie gay, lesbien, bisexuel ou transsexuel est en revanche interdite. L'interprétation du terme "promotion" est laissée à la discrétion de la police.

➡ La Gay Pride moscovite, la Moscow Pride, a lieu en mai ou juin. Depuis quelques années, ce rassemblement est toutefois interdit par les autorités municipales (malgré l'amende que celles-ci se sont vu infliger par la Cour européenne des droits de l'homme en 2010). Les militants gays sont violemment pris à partie par des extrémistes lorsqu'ils tentent de se réunir quand même. **Gay Russia** (www.gayrussia.eu) est un groupe de défense des droits des homosexuels impliqué dans l'organisation de la Moscow Pride et autres manifestations.

➡ Néanmoins, Moscou reste la ville la plus cosmopolite de Russie, et la scène homosexuelle y est très active. Des journaux tels que *The Moscow Times* présentent des articles sur des sujets relatifs à l'homosexualité, ainsi que des listes de clubs gays et lesbiens.

➡ Le site gay.ru (www.english.gay.ru) propose des informations, des liens utiles et une liste de guides à contacter.

➡ Les adresses des bars et discothèques figurent p. 47. Pour plus d'informations, reportez-vous aussi p. 15.

Internet (accès)

➡ Presque tous les hôtels et auberges de jeunesse disposent du Wi-Fi, tout comme les bars et les restaurants.

➡ On trouve aussi de nombreux espaces de travail collectifs offrant un bureau confortable, le Wi-Fi et parfois des boissons et en-cas. L'utilisation est facturée à la minute ou à l'heure.

➡ La plupart des hôtels et des auberges de jeunesse disposent de postes Internet pour leurs clients ne voyageant pas avec leurs ordinateurs. Les cybercafés se font plus rares. **Ziferblat** (Циферблат ; www.ziferblat.net ; 2 ₽/min) ; Tverskaya (plan p. 258 ; Tverskaya ul 12c1 ; ⏲11h-minuit ; Ⓜ Poushkinskaya) ; Pokrovka (plan p. 270 ; ul Pokrovka 12 c 1 ; ⏲11h-minuit dim-jeu, 11h-19h ven-sam ; Ⓜ Tchistye Proudy).

Jours fériés

Jour de l'an 1er janvier

Noël orthodoxe russe 7 janvier

Journée internationale des Femmes 8 mars

Journée internationale du Travail/Fête du Printemps 1er et 2 mai

Fête de la Victoire (1945) 9 mai

Indépendance russe 12 juin

Jour de la Réconciliation (anciennement jour de la Révolution) 7 novembre

Poste

Comptez au moins deux semaines pour les lettres par avion entre Moscou et l'Europe, et plus longtemps pour l'Amérique du Nord. Les sociétés DHL, UPS et FedEx sont toutes présentes à Moscou. Si vous voulez envoyer du courrier à Moscou ou en recevoir sur place, sachez que l'adresse s'écrit à l'envers : Russie, code postal, ville, rue et nom.

Télégraphe central (plan p. 264 ; Tverskaya ul 7 ; ⌚poste 8h-22h, téléphone 24h/24 ; Ⓜ Okhotny Ryad)

Poste principale (plan p. 270 ; Myasnitskaya ul 26 ; ⌚24h/24 ; Ⓜ Tchistye Proudy)

Problèmes juridiques

Il n'est pas rare de voir des officiers de police *(politsiya)* procéder à des contrôles d'identité inopinés dans la rue. Le plus souvent, la *politsiya* arrête des personnes à la peau foncée.

Chacun doit être muni de son passeport (*dokoumenty*) à tout moment. Ces incidents semblent se raréfier mais il est arrivé à certains de nos lecteurs de se faire confisquer leur passeport par la police et de se voir demander un pot-de-vin pour les récupérer.

Afin d'éviter ces désagréments, gardez toujours sur vous une copie de vos passeport, visa et papiers d'enregistrement pour les montrer aux agents qui vous les demanderont. Une copie suffit, malgré ce que pourront vous dire les policiers.

Santé

Hôpitaux

L'American Medical Centre et l'European Medical Centre acceptent tous deux les assurances médicales des principaux assureurs internationaux.

American Medical Centre (☎495-933 7700 ; www.amcenter.ru ; Grokholsky per 1 ; ⌚24h/24 ; Ⓜ Prospekt Mira). Urgences et consultations ouvertes 24h/24. Toutes spécialités médicales, notamment pédiatres et dentistes. Également une pharmacie avec personnel parlant anglais.

Hôpital Botkine (☎495-945 0045 ; www.mosgorzdrav.ru ; 2-y Botkinsky proezd 5 ; ⌚24h/24 ; Ⓜ Begovaya). Le meilleur hôpital russe. À 1 km à pied au nord-est depuis la station de métro Begovaya en suivant Khoroshevskoe sh et Begovoï pr. Prendre à gauche sur Begovaya ul et continuer jusqu'au 2-y Botkinsky proezd.

European Medical Centre (plan p. 264 ; ☎495-933 6655 ; www.emcmos.ru, en français ; Spirodonevsky per 5 ; ⌚24h/24 ; Ⓜ Mayakovskaya). Services médicaux et dentaires ouverts 24h/24 pour les urgences. Personnel parlant 10 langues.

Pharmacies

La chaîne **36.6** (Аптека 36.6 ; ☎495-797 6366; www.366.ru) dispose de nombreuses pharmacies ouvertes 24h/24 partout en ville :

36.6 Arbat (plan p. 260 ; ul Novy Arbat 15 ; ⌚9h-22h ; Ⓜ Arbatskaya)

36.6 Pokrovka (plan p. 270 ; ul Pokrovka 1/13 ; ⌚9h-21h ; Ⓜ Kitaï-Gorod)

36.6 Tverskoï (plan p. 258 ; Tverskaya ul 25/9 ; ⌚24h/24 ; Ⓜ Mayakovskaya)

36.6 Zamoskvoretchie (plan p. 266 ; Klimentovsky per 12 ; ⌚8h-22h ; Ⓜ Tretyakovskaya)

Sécurité

Malgré une hausse de la délinquance de rue, Moscou est une ville assez sûre.

SANTÉ SUR INTERNET

Il existe de très bons sites Internet consacrés à la santé en voyage. Avant de partir, vous pouvez consulter les conseils en ligne du ministère des Affaires étrangères (www.diplomatie.gouv.fr/fr/conseils-aux-voyageurs) ou le site très complet du ministère de la Santé (www.sante.gouv.fr).

Agence de la santé publique du Canada (www.travelhealth.gc.ca)

Centre médical de l'Institut Pasteur (cmip.pasteur.fr/cmed/csmedvoy.html)

Lonely Planet (www.lonelyplanet.fr)

Organisation mondiale de la santé (OMS ; www.who.int/fr).

CONSEILS AUX VOYAGEURS

La plupart des gouvernements possèdent des sites Internet qui recensent les dangers possibles et les régions à éviter. Consultez les sites suivants :

- Ministère des Affaires étrangères français (www.diplomatie.gouv.fr)
- Ministère des Affaires étrangères de Belgique (www.diplomatie.belgium.be)
- Département fédéral des Affaires étrangères suisse (www.eda.admin.ch/eda/fr)
- Ministère des Affaires étrangères du Canada (www.voyage.gc.ca)

- Attention aux pickpockets et aux voleurs, surtout dans les gares ferroviaires et dans les rames de métro bondées.
- Nous vous conseillons de toujours avoir sur vous une copie de vos passeport, visa et enregistrement. Si vous êtes arrêté par un policier, ne donnez pas votre passeport mais plutôt sa photocopie, parfaitement acceptable.

Taxes

La TVA (NDS en russe) est de 18% et est généralement comprise dans le prix de vente. À Moscou, une taxe de 5% est appliquée dans les hôtels haut de gamme.

Téléphone

Indicatifs téléphoniques

L'indicatif de la Russie est le ☎7.

- Il y a désormais des indicatifs de région en vigueur à Moscou. Le code le plus courant est le ☎495, et certains numéros, surtout en périphérie, commencent par ☎498 ou ☎499. Pour tous les appels à l'intérieur de Moscou (depuis un fixe ou un mobile), composez le ☎8 + le numéro à 10 chiffres incluant l'indicatif.
- Pour passer un appel interurbain depuis Moscou, faites le ☎8, le code de région et le numéro.
- Pour appeler l'étranger depuis Moscou, composez le ☎810, l'indicatif du pays (☎33 pour la France, ☎32 pour la Belgique, ☎41 pour la Suisse et ☎1 pour la Canada) et le numéro désiré.
- Le système de numérotation devrait changer dans un futur proche (☎0 pour les appels interurbains et ☎00 pour l'international.

Téléphones mobiles

Les cartes SIM locales peuvent s'utiliser dans les mobiles européens ; les autres portables doivent passer par le service d'itinérance de leur opérateur.

Beeline (www.beeline.ru)

Megafon (plan p. 258 ; www.megafon.ru)

MTS (plan p. 270 ; www.mts.ru)

Cartes de téléphone

- Les cabines téléphoniques (таксофон), de plus en plus rares, fonctionnent avec une carte prépayée disponible aux guichets des stations de métro et dans les kiosques.
- Rappelez-vous de bien appuyer sur la touche ornée d'une personne en train de parler lorsque que c'est à vous de prendre la parole.

Toilettes

Les toilettes payantes sont indiquées par les mots платный туалет (*platny toualet*). Женский ou Ж indique les toilettes pour dames (*jensky*), alors que Мужской ou М indique celles des hommes (*moujskoï*).

Urgences

Ambulance ☎03

Pompiers ☎01

Police ☎02

Aide aux touristes (☎800-220 0002)

Numéro unique pour les urgences (☎112) Actuellement opérationnel à partir des téléphones mobiles, ce numéro remplacera à terme les numéros des ambulances, pompiers et police.

Voyager en solo

Femmes seules

En tant que femme étrangère, vous risquez d'attirer une attention généralement amicale. Si un homme vous aborde en demandant "Mojno poznakomitsa?" ("Pouvons-nous faire connaissance ?"), il suffit en général de répondre par un "niet" courtois mais ferme. Le meilleur moyen de se débarrasser d'un importun est d'entrer dans un hôtel ou un restaurant chic, où le service de sécurité vous viendra en aide.

Mieux vaut pour une femme seule éviter de prendre un taxi la nuit.

Les femmes russes prennent grand soin de leur toilette pour sortir. Si vous portez une tenue décontractée, vous vous sentirez peut-être mal à l'aise au restaurant, au théâtre ou dans les clubs.

Langue

Le russe appartient à la famille des langues slaves, et est très proche du biélorusse et de l'ukrainien. Langue maternelle de plus de 150 millions de personnes en Fédération de Russie, c'est également la deuxième langue d'un grand nombre d'habitants des anciennes républiques de l'URSS, ce qui porte son nombre total de locuteurs à plus de 270 millions de personnes.

Le russe s'écrit en caractères cyrilliques (voir p. 238). Nous vous conseillons de vous familiariser avec cet alphabet avant votre départ de façon à pouvoir lire cartes, horaires, menus et panneaux de signalisation. Vous pouvez sinon vous contenter de lire la prononciation des mots, en bleu dans ce guide en face de chaque phrase russe, et vous serez compris.

TRANSCRIPTION

La transcription adoptée dans le guide vise l'efficacité de la communication, l'objectif étant de vous aider à prononcer correctement le mot russe. Lorsque certains sons russes n'ont pas d'équivalent exact en français, leur transcription est approximative, mais elle reste le plus proche possible de la prononciation russe. Nous avons parfois sacrifié la logique de transcription pour nous rapprocher au plus près de la prononciation russe.

Dans ce système, la lettre cyrillique e (prononcée "ié") est transcrite par un e latin. Dans les adresses, "ul" abréviation de "ulitsa" (rue) et "bul", abréviation de "bulvar" (boulevard) se prononcent respectivement oul et boul. Par ailleurs, les syllabes accentuées sont indiquées en italique.

POUR ALLER PLUS LOIN

Indispensable pour mieux communiquer sur place : le *Guide de conversation Russe* de Lonely Planet. Pour réserver une chambre, lire un menu ou simplement faire connaissance, ce manuel permet d'acquérir des rudiments de russe. Inclus : un minidictionnaire bilingue.

CONVERSATION

Bonjour.	Здравствуйте.	*zdrast*·vouy·tye
Salut.	Привет.	priv·*yet*
Au revoir.	До свидания.	da svi·*da*·nya
Pardon.	Простите.	pras·*ti*·tye
Excusez-moi.	Извините.	iz·vi·*ni*·tye
S'il vous plaît.	Пожалуйста.	pa·*jal*·sta
Merci.	Спасибо.	spa·*si*·ba
De rien.	Пожалуйста.	pa·*jal*·sta
Oui.	Да.	da
Non.	Нет.	niet

Comment allez-vous ?
Как дела? — kak di·*la*

Bien, merci.
Хорошо, спасибо. — kha·ra·*sho* spa·*si*·ba

Et vous ?
А у вас? — a ou vas

Comment vous appelez-vous ?
Как вас зовут? — kak vas za·*vout*

Je m'appelle...
Меня зовут ... — mi·*nya za*·vout...

Parlez-vous anglais/français ?
Вы говорите по-английски/по-французски? — vi ga·va·*ri*·tye pa·an·*gli*·ski/pa fran tsouz sky

Je ne comprends pas.
Я не понимаю. — ya nye pa·ni·*ma*·you

HÉBERGEMENT

Où trouver...?	Где ...?	gdye...
une pension	пансионат	pan·si·a·*nat*
un camping	кемпинг	*kyem*·ping
un hôtel	гостиница	ga·*sti*·ni·tsa
une auberge de jeunesse	общежитие	ap·shi·*jih*·ti·ye

ALPHABET CYRILLIQUE

Caractère		Son
А, а	a	"a" comme dans "papa"
Б, б	b	"b" comme dans "bébé"
В, в	v	"v" comme dans "voiture"
Г, г	gu	"g" comme dans "gare"
Д, д	d	"d" comme dans "dé"
Е, е	ye	"ié" comme dans "pied" (dans une syllabe accentuée)
	i	"i" comme dans "riz" (dans une syllabe non accentuée)
Ё, ё	yo	"io" comme dans "idiot" (souvent imprimé sans tréma)
Ж, ж	j	"j" comme dans "je"
З, з	z	"z" comme dans "zéro"
И, и	i	"i" comme dans "riz"
Й, й	y	"ille" comme dans "paille" (non transcrit après ы ou и)
К, к	k	"k" comme dans "képi"
Л, л	l	"l" comme dans "lent"
М, м	m	"m" comme dans "main"
Н, н	n	"n" comme dans "nous"
О, о	o	"o" comme dans "pot" (dans une syllabe accentuée) ;
	a	"a" comme dans "chat" dans une syllabe non accentuée)
П, п	p	"p" comme dans "paire"
Р, р	r	"r" roulé
С, с	s	"s" comme dans "sable"
Т, т	t	"t" comme dans "tarte"
У, у	ou	"ou" comme dans "cou"
Ф, ф	f	"f" comme dans "fête"
Х, х	kh	comme le "ch" allemand ou la "jota" espagnole
Ц, ц	ts	"ts" comme dans "tsé-tsé"
Ч, ч	tch	"tch" comme dans "tchèque"
Ш, ш	sh	"ch" comme dans "chat"
Щ, щ	chtch	"chtch" comme dans "vache tchèque"
Ъ, ъ	–	"signe dur". Après une consonne, marque une courte pause avant la voyelle qui suit
Ы, ы	ih	"i" dur, comme dans "vite"
Ь, ь	'	"signe mou". Indique que la consonne précédente est mouillée (prononcée suivie d'un léger i)
Э, э	e	"è" comme dans "ère"
Ю, ю	you	"you" comme dans "yourte"
Я, я	ya	"ya" comme dans "yack" (dans une syllabe accentuée);
	i	"i" comme dans "riz" (dans une syllabe non accentuée)

Avez-vous une chambre — У вас есть ...? — ou vas yest'...

simple	одноместный номер	ad·na *myest*·nih *no*·mir
double	номер с двуспальней кроватью	*no*·mir z dvou·*spal'*·nyeï kra·*va*·tyou

Combien coûte une... pour...?
Сколько стоит... за...? *skol'* ka *sto*·it... za...

une nuit	ночь	notch'
deux personnes	двоих	dva·*ikh*
Le/La/L' ne marche pas.	... не работает.	... nye ra·*bo*·ta·yit
chauffage	Отопление	a·ta·*plye*·ni·ye
eau chaude	Горячая вода	ga·*rya*·tcha·ya va·*da*
lumière	Свет	svyet

À TABLE

J'aimerais	Я бы хотел/хотела (m/f)	ya bih khat·*yel*/ khat·*ye*·la
réserver une table pour...	заказать столик на ...	za·ka·*zat'* *sto*·lik na ...
deux personnes	двоих	dva·*ikh*
huit heures	восемь часов	*vo*·sim' tchi·*sof*

Que recommandez-vous ?
Что вы рекомендуете? shto vih ri·ka·min·*dou*·it·ye

Qu'y a-t-il dans ce plat ?
Что входит в это блюдо? shto *fkho*·dit v e·ta *blyou*·da

C'était délicieux !
Было очень вкусно! *bih*·la o·tchin' *fkous*·na

L'addition, s'il vous plaît.
Принесите, пожалуйста счёт. pri·ni·*sit*·ye pa·*jal*·sta shot

Mots utiles

assiette	тарелка	tar·*yel*·ka
avec	с	s
bol	миска	*mis*·ka
bouteille	бутылка	bou·*tihl*·ka
chaud	жаркий	*jar*·ki
couteau	нож	nosh
cuillère	ложка	*losh*·ka
déjeuner	обед	ab·*yet*
dîner	ужин	*ou*·jihn
fourchette	вилка	*vil*·ka
froid	холодный	kha·*lod*·nih
menu	меню	min·*you*

petit-déjeuner	завтрак	zaf·trak
plat	блюдо	blyou·da
restaurant	ресторан	ris·ta·ran
sans	без	byez
verre	стакан	sta·kan

Viande et poisson

agneau	баранина	ba·ra·ni·na
bœuf	говядина	gav·ya·di·na
canard	утка	out·ka
caviar	икра	i·kra
crevette	креветка	kriv·yet·ka
dinde	индейка	ind·yeï·ka
hareng	сельдь	syelt'
huître	устрица	oust·rit·sa
poisson	рыба	rih·ba
porc	свинина	svi·ni·na
poulet	курица	kou·rit·sa
saumon	лососина	la·sa·si·na
veau	телятина	til·ya·ti·na
viande	мясо	mya·sa

Fruits et légumes

carotte	морковь	mar·kof'
champignon	гриб	grip
chou	капуста	ka·pou·sta
chou-fleur	цветная капуста	tsvit·na·ya ka pou·sta
concombre	огурец	a·gour·yets
épinards	шпинат	shpi·nat
fruits	фрукты	fruk·tih
haricots	фасоль	fa·sol'
légume	овощ	o·vash
noix	орех	ar·yekh
oignon	лук	louk

PANNEAUX

Вход	Entrée
Выход	Sortie
Открыт	Ouvert
Закрыт	Fermé
Справки	Renseignements
Запрещено	Interdit
Туалет	Toilettes
Мужской (М)	Hommes
Женский (Ж)	Femmes

orange	апельсин	a·pil'·sin
pêche	персик	pyer·sik
poire	груша	grou·sha
poivron	перец	pye·rits
pomme	яблоко	yab·la·ka
pomme de terre	картошка	kar·tosh·ka
prune	слива	sli·va
tomate	помидор	pa·mi·dor

Autre

fromage	сыр	sihr
huile	масло	mas·la
miel	мёд	myot
œuf	яйцо	yey tso
pain	хлеб	khlyep
pâtes	паста	pa·sta
poivre	перец	pye·rits
riz	рис	ris
sel	соль	sol'
sucre	сахар	sa·khar
vinaigre	уксус	ouk·sous

Boissons

bière	пиво	pi·va
café	кофе	kof·ye
champagne	шампанское	sham·pan·ska·ye
eau (minérale)	(минеральная) вода	(mi·ni·ral'·na·ya) va·da
jus (d'orange)	(апельсин-овый) сок	(a·pil'·si·na·vih) sok
lait	молоко	ma·la·ko
thé	чай	tchaï
vin	вино	vi·no

DIRECTIONS

Quelle est l'adresse ?
Какой адрес? — ka·koï a·dris

Pourriez-vous l'écrire s'il vous plaît ?
Запишите, пожалуйста — za·pi·shih·tye pa·jal·sta

Pouvez-vous me montrer (sur la carte) ?
Покажите мне, пожалуйста (на карте) — pa·ka·jih·tye mnye pa·jal·sta (na kar·tye)

Tournez...	Поверните ...	pa·vir·ni·tye...
à l'angle	за угол	za ou·gal
aux feux	на светофоре	na svi·ta·fo·rye
à gauche	налево	na·lye·va
à droite	направо	na·pra·va

MOTS INTERROGATIFS

Quoi ?	Что?	shto
Quand ?	Когда?	kag·*da*
Où ?	Где?	gdye
Lequel ?	Какой?	ka·*koï*
Qui ?	Кто?	kto
Pourquoi ?	Почему?	pa·tchi·mou

à côté de...	рядом с ...	*rya*·dam s...
derrière...	за ...	za...
devant...	перед ...	*pye*·rit...
en face...	напротив ...	na·*pro*·tif...
loin	далеко	da·li·*ko*
près	близко	*blis*·ka
tout droit	прямо	*prya*·ma

ACHATS ET SERVICES

J'ai besoin de...
Мне нужно ... mnye *nouj*·na...

Je ne fais que regarder.
Я просто смотрю. ya *pros*·ta smat·*ryou*

Montrez-le moi, s'il vous plaît.
Покажите, пожалуйста. pa·ka·*jih*·tye pa·*jal*·sta

Combien ça coûte ?
Сколько стоит? *skol'*·ka *sto*·it

C'est très cher.
Это очень дорого. e·ta o·tchen' *do*·ra·ga

Il y a une erreur sur la note.
Меня обсчитали. min·*ya* ap·shi·*ta*·li

banque	банк	bank
marché	рынок	*rih*·nak
poste	почта	*potch*·ta

HEURES, DATES ET NOMBRES

Quelle heure est-il ?
Который час? ka·*to*·rih tchas

Il est (10) heures.
(Десять) часов. (*dye*·sit') tchi·*sof*

matin	утро	*out*·ra
après-midi	после обеда	*pos*·lye ab·*ye*·da
soir	вечер	*vye*·tchir
hier	вчера	vtchi·*ra*
aujourd'hui	сегодня	si·*vod*·nya
demain	завтра	*zaft*·ra

lundi	понедельник	pa·ni·*dyel'*·nik
mardi	вторник	*ftor*·nik
mercredi	среда	sri·*da*
jeudi	четверг	tchit·*vyerk*
vendredi	пятница	*pyat*·ni·tsa
samedi	суббота	sou·*bo*·ta
dimanche	воскресенье	vas·kri·*syen*·ye

janvier	январь	yan·*var'*
février	февраль	fiv·*ral'*
mars	март	mart
avril	апрель	ap·*ryel'*
mai	май	mai
juin	июнь	i·*youn'*
juillet	июль	i·*youl'*
août	август	*av*·goust
septembre	сентябрь	sin·*tyabr'*
octobre	октябрь	ak·*tyabr'*
novembre	ноябрь	na·*yabr'*
décembre	декабрь	di·*kabr'*

1	один	a·*din*
2	два	dva
3	три	tri
4	четыре	tchi·*tih*·ri
5	пять	pyat'
6	шесть	shest'
7	семь	syem'
8	восемь	*vo*·sim'
9	девять	*dye*·vyat'
10	десять	*dye*·syat'
20	двадцать	*dva*·tsat'
30	тридцать	*tri*·tsat'
40	сорок	*so*·rak
50	пятьдесят	pit·dis·*yat*
60	шестдесят	shihs·dis·*yat*
70	семьдесят	*syem'*·dis·yat
80	восемьдесят	*vo*·sim'·di·sit
90	девяносто	di·vi·*no*·sta
100	сто	sto
1000	тысяча	*tih*·si·tcha

TRANSPORTS

Un billet... (pour Novgorod).	Билет ... (на Новгород).	bil·*yet*... (na *nov*·ga·rat)
aller simple	в один конец	v a·*din* kan·*yets*

aller-retour	туда и обратнко	tou da i ab ra tna
bus	автобус	af·*to*·bus
train	поезд	*po*·ist
tram	трамвай	tram·*vaï*
trolleybus	троллейбус	tra·*lyeï*·bus
arrêt (bus, etc.)	остановка	a·sta·*nof*·ka
billet	билет	bil·*yet*
billetterie	билетная касса	bil·*yet*·na·ya *ka*·sa
dernier	последний	pas·*lyed*·ni
horaire	расписание	ras·pi·*sa*·ni·ye
jeton de métro	жетон	je·*tonne*
premier	первый	*pyer*·vih
quai	платформа	plat·*for*·ma

Quand part-il ?
Когда отправляется? kag·*da* at·prav·*lya*·it·sa

Combien de temps faut-il pour aller à ... ?
Сколько времени нужно ехать до …? *skol'*·ka *vrye*·mi·ni *nouj*·na *ye*·khat' da ...

Est-ce qu'il s'arrête à ... ?
Поезд останавливается в …? *po*·yist a·sta·*nav*·li·va·yit·sa v ...

Arrêtez-vous ici, s'il vous plaît.
Остановитесь здесь, пожалуйста! a·sta·na·*vit*·yes' zdyes' pa·*jal*·sta

J'aimerais	Я бы хотел/хотела . (m/f)	ya bih kha·*tyel* / kha·*tye*·la
louer une/un...	взять ... на прокат	vzyat' ... na pra·*kat*
4x4	машину с полным приводом	ma·*shih*·nou s *pol*·nihm pri·*vo*·dam
vélo	велосипед	vi·la·si·*pyet*
voiture	машину	ma·*shih*·nou
moto	мотоцикл	ma·ta·*tsikl*
essence	бензин номер 93	ben·*zin* *no*·mir di·vi·*no*·sta tri

Est-ce bien la route pour ... ?
Эта дорога ведёт в …? *e*·ta da·*ro*·ga vid·*yot* f ...

Où trouver une station-service ?
Где заправка? gdye za·*praf*·ka

J'ai besoin d'un mécanicien.
Мне нужен автомеханик. mnye *nou*·jihn af·ta·mi·*kha*·nik

La voiture est tombée en panne.
Машина сломалась. ma·*shih*·na sla·*ma*·las'

J'ai un pneu crevé.
У меня лопнула шина. ou min·*ya* lop·*nou*·la *shih*·na

STRUCTURES CLÉS

Pour vous débrouiller en russe, adaptez ces structures de base aux mots dont vous avez besoin :

Quand est (le prochain bus) ?
Когда (будет следующий автобус)? kag·*da* (*bou*·dit *slye*·dou·you·shi af·*to*·bus)

Où est (la gare) ?
Где (станция)? gdye (*stant*·sih·ya)

Où pourrais-je (acheter un cadenas) ?
Где можно (купить нависной замок)? gdye *moj*·na (kou·*pit'* na·vis·*noï* za·*mok*)

Auriez-vous ici (une carte) ?
Здесь есть (карте)? zdyes' yest' (*kart*·ye)

J'aimerais avoir (le menu).
Я бы хотел/хотела (меню). (m/f) ya bih khat·*yel*/ khat·*ye*·la (min·*you*)

J'aimerais (louer une voiture).
Я бы хотел/хотела (взять машину). (m/f) ya bih khat·*yel*/ khat·*ye*·la (vzyat' ma·*shih*·nou)

Puis-je (entrer) ?
Можно (войти)? *moj*·na (vay·*ti*)

Pourriez-vous, s'il vous plaît (l'écrire) ?
(Запишите), пожалуйста. (za·pi·*shiht*·ye) pa·*jal*·sta

Faut-il (un visa) ?
Нужна ли (виза)? nouj·*na* li (*vi*·za)

J'ai besoin (d'aide).
Мне нужна (помощь). mnye nouj·na (*po*·mash)

URGENCES

Au secours !	Помогите!	pa·ma·*gui*·tye
Appelez... !	Вызовите ...!	*vih*·za·vi·tye...
un médecin	врача	vra·*tcha*
la police	милицию	mi·*li*·tsih·you

Laissez-moi tranquille !
Приваливай! pri·*va*·li·vaï

Il y a eu un accident.
Произошёл несчастный случай. pra·i·za·*shol* ne·*shas*·nih *slou*·tchai

Je suis perdu(e).
Я заблудился/заблудилась. (m/f) ya za·blou·*dil*·sa / za·blou·*di*·las'

Où sont les toilettes ?
Где здесь туалет? gdye zdyes' tou·al·*yet*

Je suis malade.
Я болен/больна. (m/f) ya *bo*·lin/bal'·*na*

Je suis allergique à/aux (antibiotiques).
У меня алергия (антибиотики). u min·*ya* a·lir·*gui*·ya на na (an·ti·bi·o·ti·ki)

GLOSSAIRE

alleya – allée
apteka – pharmacie
avtobus – bus
avtomatitcheskie kamery khranenia – consigne automatique
avtovokzal – gare routière

babouchka – grand-mère
bankomat – DAB
bania – bain russe, comparable à un sauna
bilet, bilety – billet, billets
bylina – chanson épique
boyar – boyard, noble sous la Russie des tsars
boufyet – snack-bar

datcha – maison de campagne
devoushka/devoushki (pl) – jeune femme
deklaratsiya – déclaration de douane
dom – maison, immeuble
DPS (Dorojno-Patroulnaya Sloujba) – Service d'ordre des routes
douma – parlement
dvorets – palais

elektritchka – train de banlieue

firmeny poezd – train rapide et agréable, portant souvent un nom

galereya – galerie
glasnost – littéralement "transparence" ; liberté d'expression offerte par les réformes de Gorbatchev dans les années 1980
gorod – ville
gostinitsa – hôtel

kamera khraneniya – consigne
kassa – guichet, caisse
kladbichtche – cimetière
kon – cheval
korpus – corps d'un bâtiment
kreml – kremlin, partie fortifiée des villes anciennes
krouglosoutotchno – 24h/24 (heures d'ouverture)
koupeyny ou **koupe** – 2e classe dans les trains, généralement un compartiment couchettes de 4 personnes

lavra – laure, grand monastère orthodoxe
letny sad – jardin d'été
lyoux – luxe ou 1re classe ; se dit généralement d'un wagon couchette ou d'une chambre d'hôtel.

magazine – magasin
maly/malaya/maloye (m/f/n) – petit
marshroutka – minibus suivant un itinéraire fixe ; diminutif de *marshroutnoye taxi*
matriochka – poupée gigogne en bois peint
Maslenitsa – Mardi gras
mekh – fourrure
mesto – endroit, place ou siège dans un train
militsioner – policier
militsiya – police
MKAD (Moskovskaya Koltsevaya Avtomobilnaya Doroga) – périphérique de Moscou, désigne la ceinture la plus éloignée de la ville
morskoï vokzal – gare maritime
most – pont
mouzeï – musée

naberejnaya – quai (au bord de la rivière)
novy/novaya (m/f) – nouveau
Novy God – Nouvel An

ouslovie yedenitsiy (y.e.) – unité standard, généralement équivalente à l'euro ou au dollar, parfois utilisée pour indiquer les prix dans les hôtels et restaurants haut de gamme
ostrov – île

parilka – salle de vapeur (à la *bania*)
Paskha – Pâques
passajirsky poezd – train de passagers inter-cités
perekhod – passage piéton souvent souterrain
pereryv – pause dans la journée, où les magasins ferment, souvent à midi.
perestroïka – littéralement "reconstruction" ; réformes économiques lancées par Gorbatchev dans les années 1980.
pereoulok – allée, ruelle
pivnaya – bar à bières
platskartny – 3e classe ou sièges de base dans un train intercités
ploshtchad – place
prigorodny poezd – train de banlieue
proezd – passage
prospekt – avenue

reka – fleuve, rivière
retchnoï vokzal – gare fluviale
Rojdestvo – Noël
rynok – marché
ryoumotchnaya – bar

sad – jardin
samizdat – publication clandestine à l'époque soviétique
sanitarny den – littéralement "journée sanitaire" ; une journée la dernière semaine du mois pendant laquelle les établissements tels que les musées ferment pour nettoyage
shampanskoye – vin mousseux russe

shosse – grande route

skory poezd – train rapide

sobor – cathédrale

stary/staraya/staroye (m/f/n) – vieux, ancien

spalny vagon (SV) – wagon couchette

stolovaya – cantine ou cafétéria

tapotchki – pantoufles

teatralnaya kassa – billetterie de théâtre

tsarevitch – fils du tsar, héritier du trône

tsarina – femme du tsar

tserkov – église

vagon – wagon

val – rempart

veniki – branche de bouleau utilisée à la *bania* pour se fouetter, éliminer les toxines et améliorer la circulation sanguine

vokzal – gare

zal – grande salle

zamok – château

LES MOTS À LA BOUCHE

blini – crêpe блины

bortsch – soupe de betteraves борщ

bouterbrod – sandwich бутерброд

garnir – garniture, ou accompagnement гарнир

ikra (tchyornaya, krasnaya) – caviar (noir, rouge) икра (чёрная, красная)

kartoshki – pommes de terre картошки

kacha – bouillie de seigle каша

kéfir – lait fermenté кефир

kvas – boisson légèrement fermentée à base de pain квас

lapsha – soupe de nouilles лапша

losos – saumon лосось

mineralnaya voda (gazirovannaya, negazirovannaya) – eau (gazeuse, plate) минеральная вода (газированная, негазированная)

morojenoye – glace мороженое

myaso – viande мясо

obed – déjeuner обедь

okroshka – soupe froide de concombre et de *kvas* окрошка

ovoshtchi – légumes овощи

ovoshnoï salat – salade de tomates et de concombres, littéralement "salade de légumes" овошной салат

pelmeni – raviolis fourrés à la viande ou au chou пельмени

pirog or **pirogui** (pl) – friand fourré à la viande, au fromage ou au chou пирог, пироги

pivo (svetloe, tyomnoe) – bière (légère, forte) пиво (светлое, тёмное)

ptitsa – volaille птица

ryba – poisson рыба

salat Olivier – salade russe, voir *stolitchny salat* салат Оливье

seld pod shouboï – salade au hareng, pommes de terre, betteraves et carottes, littéralement "hareng en manteau de fourrure" сельдь под шубой

shashlyk (myasnoï, kouriny, rybnoï) – chachlik (brochettes de viande, de poulet, de poisson) шашлык (мясной, куриный, рыбной)

shtchi – soupe au chou щи

solyanka – soupe de viande aux légumes, assaisonnée d'un jus de citron солянка

svekolnik – soupe froide de betteraves свекольник

sok – jus сок

stolitchny salat – "salade de la capitale", composée de bœuf, pommes de terre et œufs à la mayonnaise ; également appelée *salat olivier* столичный салат

tvorog – fromage blanc sec творог

oujine – dîner ужин

zavtrak – petit-déjeuner завтрак

zakouski – entrées закуски

En coulisses

VOS RÉACTIONS ?

Vos commentaires nous sont très précieux et nous permettent d'améliorer constamment nos guides. Notre équipe lit toutes vos lettres avec la plus grande attention. Nous ne pouvons pas répondre individuellement à tous ceux qui nous écrivent, mais vos commentaires sont transmis aux auteurs concernés. Tous les lecteurs qui prennent la peine de nous communiquer des informations sont remerciés dans l'édition suivante, et ceux qui nous fournissent les renseignements les plus utiles se voient offrir un guide.

Pour nous faire part de vos réactions, prendre connaissance de notre catalogue et vous abonner à notre newsletter, consultez notre site Internet : **www.lonelyplanet.fr**

Nous reprenons parfois des extraits de notre courrier pour les publier dans nos produits, guides ou sites web. Si vous ne souhaitez pas que vos commentaires soient repris ou que votre nom apparaisse, merci de nous le préciser. Notre politique en matière de confidentialité, est disponible sur notre site Internet.

UN MOT DES AUTEURS

Mara Vorhees

Самое болшое спасибо à mon ami et co-auteur avec qui il est si plaisant de travailler, Leonid Ragozin, *fontanka* d'informations sur sa ville natale. Je remercie Tim O'Brien (naturellement), Marc Bennetts, Simon Richmond et Andrei Moutchnik pour toutes leurs idées. Une pensée pour deux vieux amis avec qui j'ai pu passer un peu de temps, hélas trop "court : "Nacha Pacha" Yesin et Lyonya Klyouev. Comme toujours, merci à mes deux petits, S et V, dont la présence m'oblige à porter un nouveau regard sur des destinations familières, et merci à leur papa pour tout.

Leonid Ragozin

Je profite de cette occasion pour remercier le ciel de m'avoir fait naître et passer toute ma vie à Moscou, d'où l'importance à mes yeux de ce guide Lonely Planet. Je tiens à remercier ma femme, Masha Makeyeva, et mon ami Dmitri Jouravlev pour leurs précieux conseils. Un grand merci aussi à mes collègues de Lonely Planet, Mara Vorhees et Brana Vladisavljevic, pour leur gentillesse, leur amitié et leur aide dans la rédaction de ce guide.

REMERCIEMENTS

Photo de couverture : cathédrale Basile-le-Bienheureux. Dallas et John Heaton/Alamy.

À PROPOS DE CET OUVRAGE

Cette 2e édition en français du guide *Moscou* est l'adaptation de la 6e édition du guide *Moscow* en anglais. Elle a été écrite et documentée par Mara Vorhees et Leonid Ragozin, qui avaient également rédigé la 5e édition.
La 4e édition avait été écrite et documentée par Mara Vorhees. Cet ouvrage a été commandé par les bureaux de Lonely Planet Londres.

Traduction
Hélène Demazure, Marie Chouteau et Cécile Giroldi

Direction éditoriale
Didier Férat

Adaptation française
Muriel Chalandre-Yanes Blanch

Responsable prépresse
Jean-Noël Doan

Maquette
Denis Montagner

Couverture
Adaptée en français par Annabelle Henry

Cartographie
Cartes originales de Valentina Kremenchutskaya et Laura Matthewman adaptées en français par Caroline Sahanouk

Remerciements à Claude Albert, Jean-Victor Rebuffet, Christiane Mouttet, et Marie Barriet-Savev pour leur précieuse contribution au texte. Merci également à Margaux Pigois pour sa préparation du manuscrit. Un grand merci à Dominique Spaety, Dorothée Pasqualin, ainsi qu'à Clare Mercer, Joe Revill, Sarah Nicholson et Luan Angel du bureau LP Londres, et Andy Nielsen, Darren O'Connell, Chris Love, Sasha Baskett, Angela Tinson, Jacqui Saunders, Ruth Cosgrave et Glenn van der Knijff du bureau LP Australie.

Voir aussi les index :
OÙ SE RESTAURER P. 250
OÙ PRENDRE UN VERRE ET FAIRE LA FÊTE P. 250
OÙ SORTIR P. 251
SHOPPING P. 251
SPORTS ET ACTIVITÉS P. 252
OÙ SE LOGER P. 252

Index

Références des sites
Références des cartes
Références des photos

Références des sites
Références des cartes
Références des photos

OÙ SE RESTAURER

Références des sites
Références des cartes
Références des photos

OÙ PRENDRE UN VERRE ET FAIRE LA FÊTE

OÙ SORTIR

SHOPPING

SPORTS ET ACTIVITÉS

OÙ SE LOGER

Plans de Moscou

À voir

- Château
- Monument
- Musée/galerie/édifice historique
- Ruines
- Église
- Mosquée
- Synagogue
- Temple bouddhiste
- Temple confucéen
- Temple hindou
- Temple jaïn
- Temple shintoïste
- Temple sikh
- Temple taoïste
- Sentō (bain public)
- Cave/vignoble
- Plage
- Réserve ornithologique
- Zoo
- Autre site

Activités, cours et circuits organisés

- Bodysurfing
- Plongée/snorkeling
- Canoë/kayak
- Cours/circuits organisés
- Ski
- Snorkeling
- Surf
- Piscine/baignade
- Randonnée
- Planche à voile
- Autres activités

Où se loger

- Hébergement
- Camping

Où se restaurer

- Restauration

Où prendre un verre

- Bar
- Café

Où sortir

- Salle de spectacle

Shopping

- Magasin

Renseignements

- Banque
- Ambassade/consulat
- Hôpital/centre médical
- Accès Internet
- Police
- Bureau de poste
- Centre téléphonique
- Toilettes
- Office du tourisme
- Autre adresse pratique

Géographie

- Plage
- Refuge/gîte
- Phare
- Point de vue
- Montagne/volcan
- Oasis
- Parc
- Col
- Aire de pique-nique
- Cascade

Agglomérations

- Capitale (pays)
- Capitale (région/État/province)
- Grande ville
- Petite ville/village

Transports

- Aéroport
- Poste frontière
- Bus
- Téléphérique/funiculaire
- Piste cyclable
- Ferry
- Métro
- Monorail
- Parking
- Station-service
- Station de métro
- Taxi
- T-Bane/Station T-Bane (norvégien)
- Gare/chemin de fer
- Tramway
- Tube Station (anglais)
- U-Bahn (allemand)
- Autre moyen de transport

Les symboles recensés ci-dessus ne sont pas tous utilisés dans ce guide

Routes

- Autoroute à péage
- Voie rapide
- Nationale
- Route secondaire
- Petite route
- Chemin
- Route non goudronnée
- Route en construction
- Place/rue piétonne
- Escalier
- Tunnel
- Passerelle
- Promenade à pied
- Promenade à pied (variante)
- Sentier

Limites et frontières

- Pays
- État/province
- Frontière contestée
- Région/banlieue
- Parc maritime
- Falaise
- Rempart

Hydrographie

- Fleuve/rivière
- Rivière intermittente
- Canal
- Étendue d'eau
- Lac asséché/salé/intermittent
- Récif

Topographie

- Aéroport/aérodrome
- Plage/désert
- Cimetière (chrétien)
- Cimetière (autre)
- Glacier
- Marais
- Parc/forêt
- Site (édifice)
- Terrain de sport
- Mangrove

INDEX DES PLANS

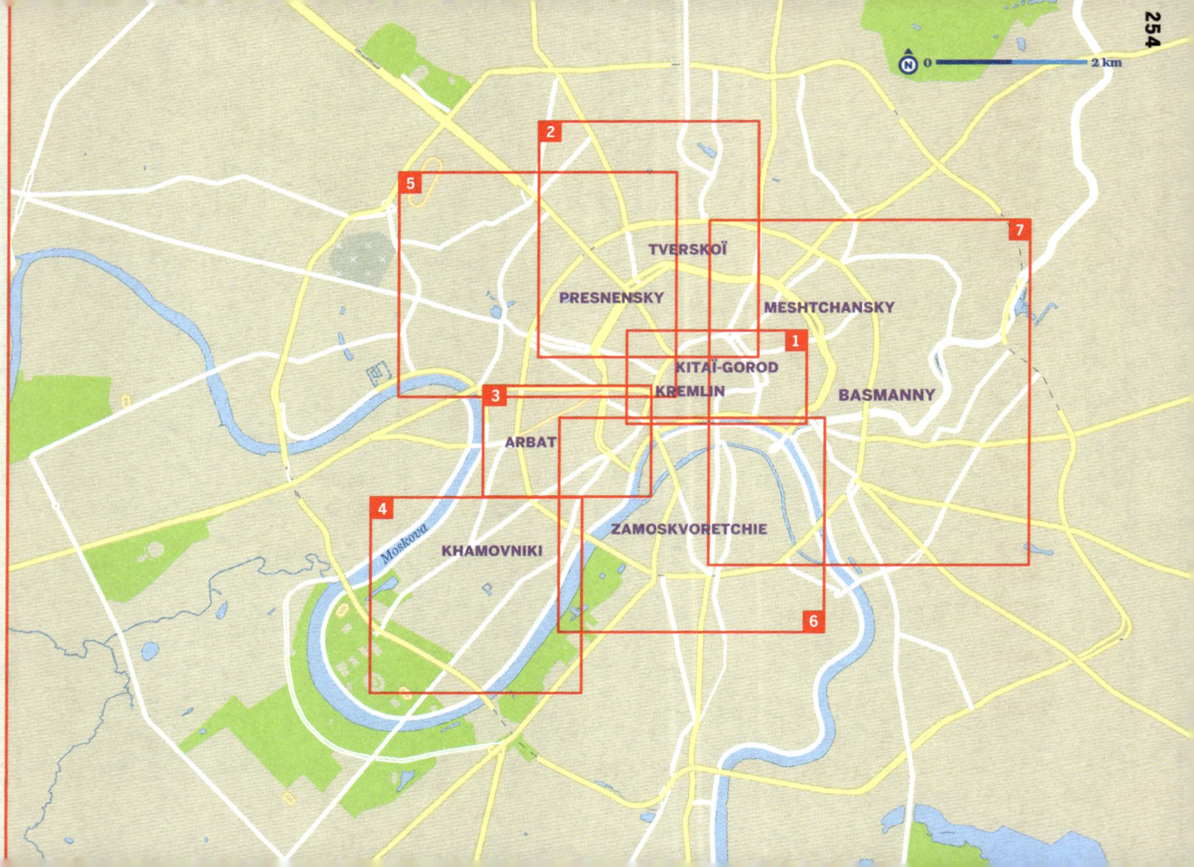

LE KREMLIN ET KITAÏ-GOROD

Voir légende p. 256

LE KREMLIN ET KITAÏ-GOROD *Plan p. 255*

Les incontournables (p. 60)

1 Place Rouge D3
2 Cathédrale Basile-le-Bienheureux D3
3 Le Kremlin C3

À voir (p. 79)

4 Jardin Aleksandrovsky B3
5 Cathédrale de l'Annonciation C4
6 Musée d'archéologie C2
7 Cathédrale de l'Archange C4
8 Palais des Armures B4
9 Arsenal C3
10 Cathédrale de l'Assomption C4
11 Résidence des boyards Romanov E3
12 Église de la Déposition-de-la-Robe C4
13 Église de la Sainte-Trinité-de-Nikitniki E3
Église des Douze-Apôtres (voir 25)
Fonds des diamants (voir 8)
14 Grand palais de Kremlin B4
15 Palais à Facettes C4
Clocher d'Ivan-le-Grand (voir 23)
16 Cathédrale de Kazan C2
17 Kitaï-Gorod E2
18 Tour Koutafia B3
19 Mausolée de Lénine C3
20 Centre d'exposition du Manège B3
21 Monastère de l'Épiphanie D2
22 Obélisque aux Penseurs révolutionnaires B3
23 Musée de l'histoire architecturale du Kremlin C4
24 Ancien hôtel des Anglais D3
25 Palais des Patriarches C3
26 Place des crânes D3
27 Palais Poteshny B4
28 Porte de la Résurrection C2
29 Tour du Sauveur D3
30 Sénat C3
31 Musée d'histoire C2
32 Palais d'État du Kremlin B3
33 Statue de Kouzma Minine et Dimitri Pojarski D3
34 Soviet suprême C3
35 Imprimerie du Synode D1
36 Palais des Terems B4
37 Tombe du Soldat inconnu C2
38 Tretyakovsky Proezd D1
39 Tour de la Trinité B3
40 Cloche-reine C4
41 Canon-roi C3
42 Musée de la guerre de 1812 C2
43 Monastère Zaikonospassky D2

Où se restaurer (p. 81)

44 Bosco Café C2
45 Coffee Mania D1
Friends Forever Cafe (voir 46)
46 Loft Café D1
47 Stolovaya 57 D3

Où prendre un verre et faire la fête (p. 82)

48 CaféTantsy D2
49 Dissident Vinoteca D1
50 Mandarin Combustible D1
51 Romanov Bar D1

Où sortir (p. 82)

Ballet du Kremlin (voir 32)

Shopping (p. 84)

52 Boutique Aliona Akhmadoullina D1
53 GOuM C2
54 Magasin d'usine Gous-Khroustalny D3
55 Okhotny Ryad B2

Activités (p. 32)

56 Capital Tours D2
57 Bureau des excursions du Kremlin B3
58 Moscow Free Tour C2

Où se loger (p. 177)

59 Capital House D1
60 Four Seasons Moscow C2
61 Hotel Metropol D1

Renseignements (p. 232)

62 Société panrusse pour les aveugles E2
Consigne du Kremlin (voir 18)
Billetterie du Kremlin (voir 57)

TVERSKOÏ ET NOVOSLOBODSKY *Plan p. 258*

Les incontournables (p. 87)

1 Théâtre Bolchoï E8

À voir (p. 88)

2 Musée central des Forces armées E1
3 Église Saints-Côme-et-Damien D7
4 Église de la Nativité-de-la-Vierge-à-Poutinki D6
5 Musée d'Histoire contemporaine... C6
6 Appartement-musée Dostoïevski . D1
7 Musée Glinka de la culture musicale C4
8 Musée de l'Histoire du goulag........ E7
9 Jardins de l'Ermitage D5
10 Maison des syndicats et douma d'État E8
11 Centre d'art contemporain M'ARS..G5
12 Bureau du maire de Moscou D7
13 Moscow Museum of Modern Art ...E6
14 Musée des arts décoratifs D4
15 Douma E8
16 Place Tverskaya D7
17 Monastère Saint-Pierre-d'en-Haut E6
18 Maison-musée Vasnetsov G3
19 Statue de Iouri Dolgorouki D7

Où se restaurer (p. 92)

20 Anderson D6
21 Barashka E6
22 Brasserie Most E7
23 ButerBro D5
24 Courvoisier Café G4
25 Dary Prirody D5
26 Delicatessen D4
27 Droujba C2
28 Djon Djoli C6
29 Farmer's Diner A3
30 Fresh E7
31 Izya Grill C1
32 Lavka-Lavka E6
33 Mi Piace B5
34 Selenge C5
35 Respoublika Shawarma D5
Siostry Grimm .... (voir 44)
36 Starlite Diner D6
37 Trattoria Venezia D6
38 Ouzbekistan F6
39 Zupperia F4

Où prendre un verre et faire la fête (p. 95)

40 3205 .... D5
41 ArteFAQ D6
Café Mart .... (voir 13)
42 Café Vokzal C2
43 Enthusiast E7
44 Gogol E7
45 Kamtchatka F7
46 Koukly Pistolety C1
47 Noor C6
Simachev .... (voir 67)

Où sortir (p. 96)

48 12 Volts D7
49 BB King E4
Théâtre Bolchoï .... (voir 1)
50 Dome Cinema F1
51 Théâtre d'animaux Dourov F2
52 Théâtre Lenkom D5
53 Théâtre Maly F8
54 Masterskaya F8
55 Théâtre d'art de Moscou (MKhT)...D8
56 Cirque Nikouline du Tsvetnoï bulvar F5
57 Novaya Opéra D5
58 Théâtre de marionnettes et musée Obraztsov D4
59 Théâtre Musical Stanislavski - et Nemirovitch-Dantchenko d6

Shopping (p. 98)

60 Depst F5
61 Dom Inostrannoy Knigi F7
62 Podarki vMeste s Vorovski G7
63 Podium Concept Store F7
64 Prosto Tak D7
65 Respoublika B4
66 Russian Bronze F7
67 Denis Simachev Boutique & Bar ... E7
68 Transylvania D7
69 TsOUM F8
70 Yekaterina E7
71 Épicerie Elisseïev D6

Activités (p. 99)

72 Bains Sandouny F6

Où se loger (p. 178)

73 Anti-Hostel Cosmic E7
74 Ararat Park Hyatt F8
75 Chocolate Hostel C5
76 Godzillas Hostel E5
77 Golden Apple C5
78 Pension Amélie D6
79 Hôtel Savoy F7
80 iVAN Hostel D6
81 Hôtel Pouchkine C5
82 Sleepbox Hotel A3

Renseignements (p. 232)

83 36.6 Tverskaya B5
84 Megafon G4
85 Ziferblat Tverskaya D7

TVERSKOÏ ET NOVOSLOBODSKY

0 500 m

Voir légende p. 257

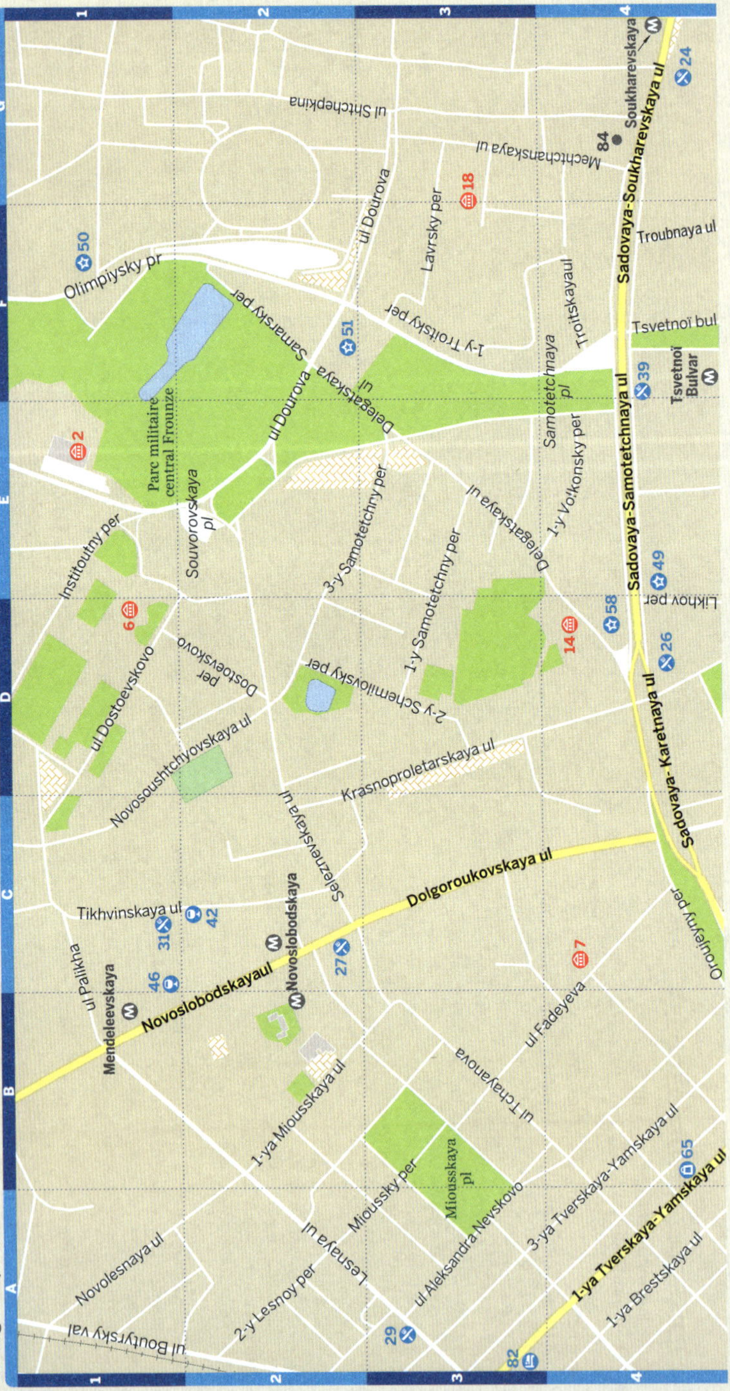

TVERSKOÏ ET NOVOSLOBODSKY

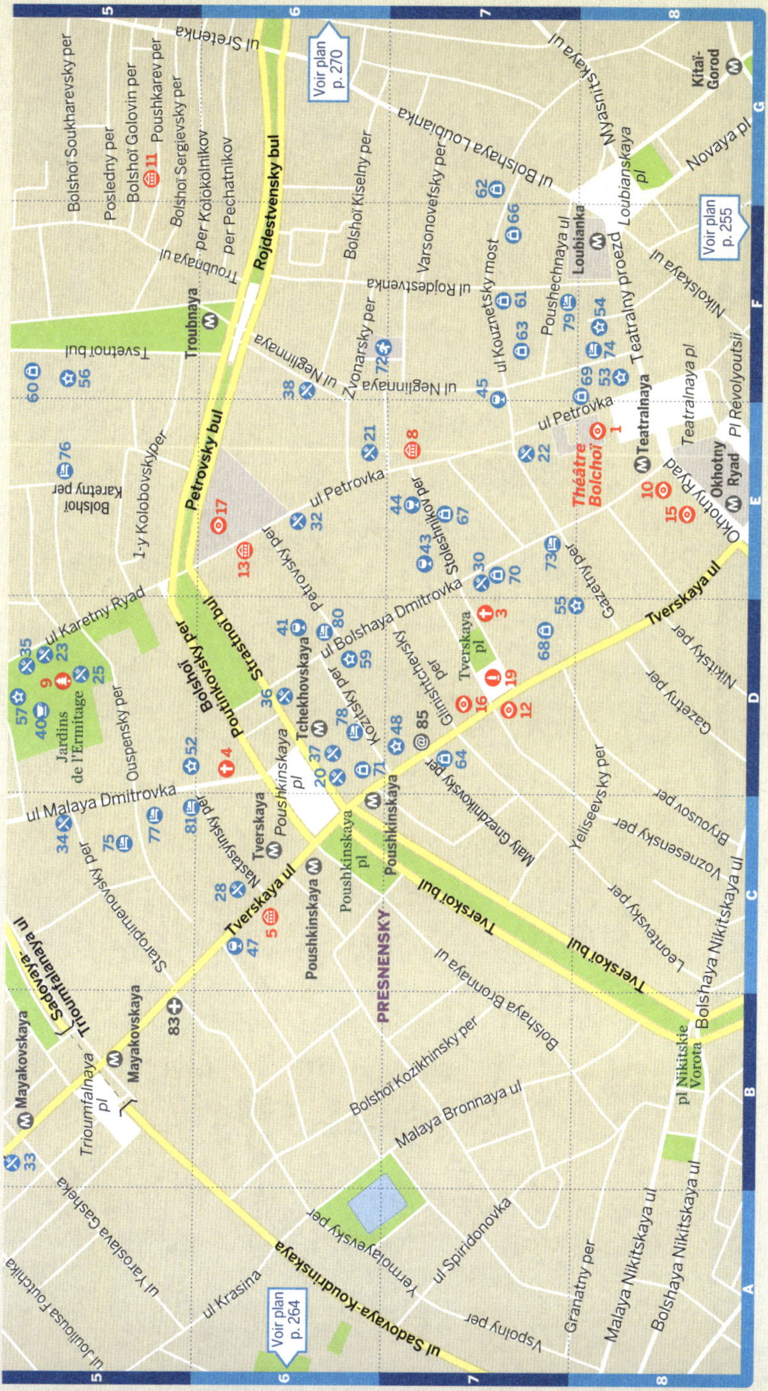

ARBAT

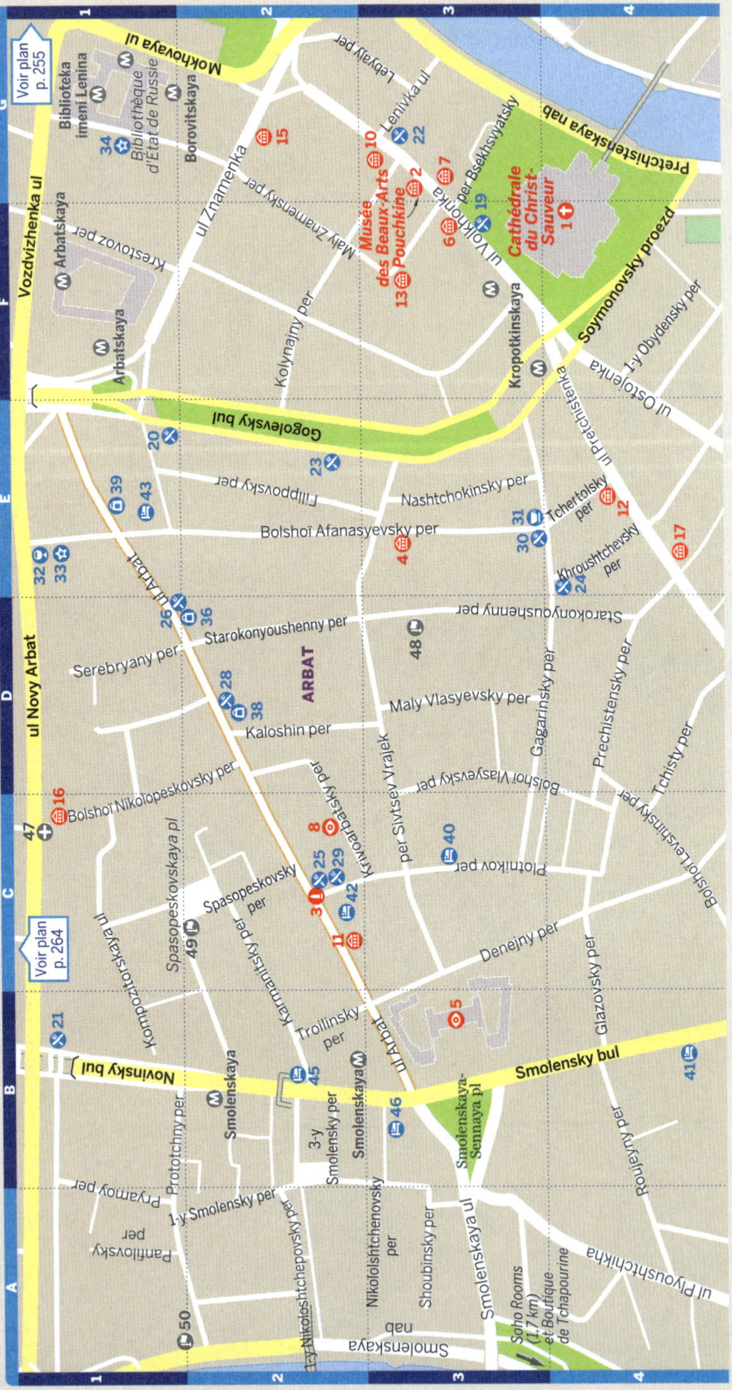
Voir plan p. 255
Voir plan p. 264
500 m
Mokhovaya ul
Vozdvizhenka ul
Biblioteka imeni Lenina
Bibliothèque d'État de Russie
Borovitskaya
Arbatskaya
Arbatskaya
Krestovoz per
ul Znamenka
Maly Znamensky per
Lebyajy per
Lenivka ul
Musée des Beaux-Arts Pouchkine
ul Volkhonka
per Bsekhsvyatsky
Cathédrale du Christ-Sauveur
Prechistenskaya nab
Soymonovsky proezd
Kropotkinskaya
Kolymajny per
Gogolevsky bul
Filippovsky per
Nashtchokinsky per
Bolshoï Afanasyevsky per
Tchertolsky per
ul Prechistenka
ul Ostojenka
1-y Obydensky per
Khroushtchevsky per
Starokonyoushenny per
Starokonyoushenny per
Serebryany per
ul Arbat
ARBAT
ul Novy Arbat
Kaloshin per
Maly Vlasyevsky per
Gagarinsky per
Prechistensky per
Bolshoï Nikolopeskovsky per
Krivoarbatsky per
per Sivtsev Vrajek
Bolshoï Vlasyevsky per
Plotnikov per
Tchisty per
Bolshoï Levshinsky per
Spasopeskovskaya pl
Spasopeskovsky per
Kompozitorskaya ul
Karmanitsky per
Denejny per
Troilinsky per
Glazovsky per
Novinsky bul
Smolensky bul
Smolenskaya
Smolenskaya
Smolenskaya-Sennaya pl
Protochny per
3-y Smolensky per
Pryamoy per
1-y Smolensky per
Panfilovsky per
1-y Nikoloshtchepovsky per
Shoubinsky per
Smolenskaya ul
Smolenskaya nab
Roujeyny per
ul Plyoushtchikha
Soho Rooms (1,7 km) et Boutique de Tchapourine

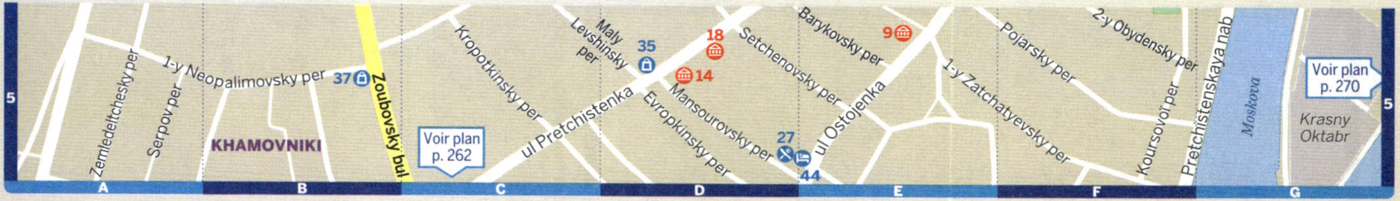

Les incontournables (p. 117)

1 Cathédrale du Christ-Sauveur F4
2 Musée des Beaux-Arts Pouchkine G3

À voir (p. 122)

3 Statue de Boulat Okoudjava C2
4 Maison de Bourganov E3
5 Ministère des Affaires étrangères.. B3
6 Galerie d'Art européen et américain des XIXe et XXe siècles F3
7 Galerie Glazounov G3
8 Maison de Melnikov C2
9 Musée d'art Multimédia E5
10 Département des collections privées G3
11 Maison-musée Pouchkine C2
12 Musée littéraire Pouchkine E4
13 Musée Roerich F3
14 Académie russe des Beaux-Arts ... D5
15 Galerie Shilov G2
16 Musée d'art érotique totchka-G C1
17 Musée littéraire Tolstoï E4
18 Galerie Tsereteli D5

Où se restaurer (p. 126)

19 Akademiya F3
20 Akademiya E1
21 Balkon B1
22 Café Shtchisliva G3
23 Tchemodan E2
24 Elardji E4
Galereya Khoudojnikov .... (voir 18)
25 Moo-Moo C2
26 Rukkola D1
27 Tiflis D5
28 Varenitchnaya N°1 .... D2
29 Vostotchny Kvartal C2
30 Jourfak Café E3

Où prendre un verre et faire la fête (p. 128)

31 Gogol-Mogol E3
32 Pivnoï Zal Jigouli E1

Où sortir (p. 129)

33 Opéra Gelikon E1
34 Rhythm Blues Cafe G1

Shopping (p. 130)

35 Artefact Gallery Centre D5
36 Association d'Artistes des Arts Décoratifs (AHDI) D2
37 Byouro Nahodok B5
38 Rousskaya Byshivkai Kroujevo D2
39 Rousskie Tchasovye Traditsii E1

Où se loger (p. 180)

40 Hôtel Arbat C3
41 Bear Hostel Smolenskaya B4
42 Bulgakov Mini-Hotel C2
43 Da! Hostel E1
44 Kebour Palace E5
45 Hôtel Mercure Arbat B2
46 Hôtel People B3

Renseignements (p. 232)

47 36.6 Arbat C1
48 Ambassade du Canada D3
49 Ambassade de Mongolie (service des visas) C2
50 Ambassade du Royaume-Uni A1

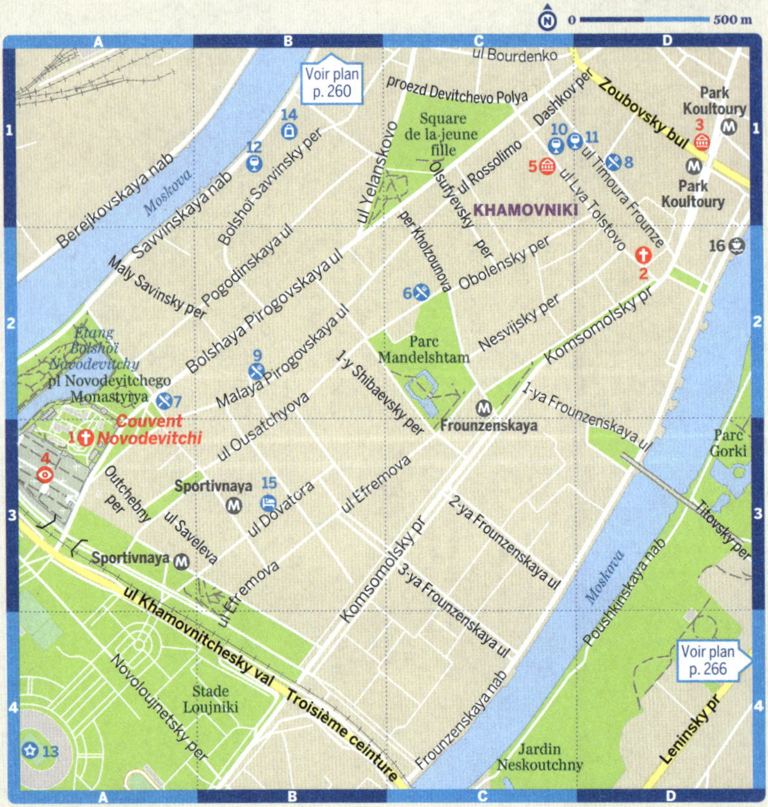

Les incontournables (p. 114)
1 Couvent Novodevitchi ... A3

À voir (p. 125)
2 Église Saint-Nicolas-des-Tisserands ... D2
3 Musée de la ville de Moscou ... D1
4 Cimetière de Novodevitchi ... A3
5 Maison-Musée Tolstoï ... C1

Où se restaurer (p. 127)
6 Black Market ... C2
7 Golubka ... A2
8 Pane & Olio ... D1
9 Shtolle ... B2

Où prendre un verre et faire la fête (p. 128)
10 Carabas ... C1
11 Gavroche Wine Bar ... D1
12 Soho Rooms ... B1

Où sortir (p. 129)
13 Stade Loujniki ... A4

Shopping (p. 130)
14 Boutique de Tchapourine ... B1

Où se loger (p. 180)
15 Blues Hotel ... B3

Transports (p. 230)
16 Embarcadère de Krymsky Most ... D2

PRESNENSKY *Plan p. 264*

Les incontournables (p. 105)
1 Planétarium de Moscou D5

À voir (p. 102)
2 Art4.ru G6
3 Appartement de Boulgakov E4
4 Maison centrale des écrivains (TSDL) E6
5 Maison-musée Tchekhov D5
6 Église de la grande-Ascension F6
7 Église de la Résurrection G5
8 Église de la petite-Ascension G6
9 Maison de Gogol F7
10 Maison de l'amitié avec les peuples des pays étrangers G7
11 Synagogue Lioubavitcheskaya F5
12 Moscow Museum of Modern Art Tverskoï F6
13 Moscow Museum of Modern Art Yermolaevsky E4
14 Zoo de Moscou C4
15 Musée d'art oriental F6
16 Narkomfin D6
17 Étang des Patriarches E4
18 Maison Riabouchinsky F6
19 Atelier-musée - Tsereteli C4
20 Maison blanche C7

Où se restaurer (p. 104)
21 Anderson Dlya Pap C4
22 Kak Yest F4
23 Barashka A6
24 Botanika D2
Boulka (voir 39)
25 Café Pouchkine G4
26 Cafe Receptor G6
27 Cafe Receptor F5
28 Cafe Sindbad F6
Cool Kulinariya (voir 72)
29 Corner Burger E2
30 Correa's D4
31 Correa's E3
32 Dolkabar E4
33 Favorite E5
34 Jean-Jacques F7
35 Khatchapouri G5
36 Mari Vanna F5
37 Nedalny Vostok F5
38 Pavilion E5
Poushkin Konditerskaya (voir 25)
39 Ragout E2
40 Scandinavia G4
41 Shinok A7
42 Soup Cafe D2
43 Shtolle E4
44 Twenty-Two E7
Ugolyok (voir 76)
45 Uilliam's F5
Upside Down Cake Co (voir 29)
46 Volkonsky E4

Où prendre un verre et faire la fête (p. 109)
47 Café Studio d'art Lebedev F6
Bar Klava (voir 60)
Café Margarita (voir 60)
48 Coffee Mania G6
49 Conversation F6
50 Jagger A6
51 Kvartira 44 G6
52 Club Manon A7
53 Mayak G6
Radio City (voir 77)
54 Red D5
55 Ryoumotchnaya G6
Time-Out Bar (voir 77)
56 Vintage E4

Où sortir (p. 110)
57 Conservatoire Tchaïkovski de Moscou G6
58 16 Tons B4
59 Salle de concert Tchaïkovski F3

Shopping (p. 110)
60 Bolshe F4
61 Salon du chocolat E6
62 Dom Farfora E2
63 Dom Knigi F7
64 Mostok E3
65 Magasin d'usine de la manufacture Triokhgornaya B6
66 Vassa & Co F7

Activités (p. 111)
67 Krasnopresnkiye Bany B4
68 Patriarshy Dom Tours E5

Où se loger (p. 179)
69 Hôtel Arbat House F6
70 Bear Hostel Arbatskaya E7
71 Bear Hostel Mayakovskaya E4
72 Hôtel Element G6
73 Fresh Hostel Arbat F6
74 Hôtel de Paris G4
75 Marco Polo Presnja F5
76 Nikitskaya Hotel G6
77 Hôtel Peking F3

Renseignements (p. 232)
78 Télégraphe central H6
79 European Medical Centre E5
80 Ambassade de Mongolie E7
81 Ambassade des Pays-bas G6
82 Ambassade d'Ukraine G5
83 Ambassade des États-Unis D6

Transports (p. 230)
84 Hertz E2

Voir légende p. 263

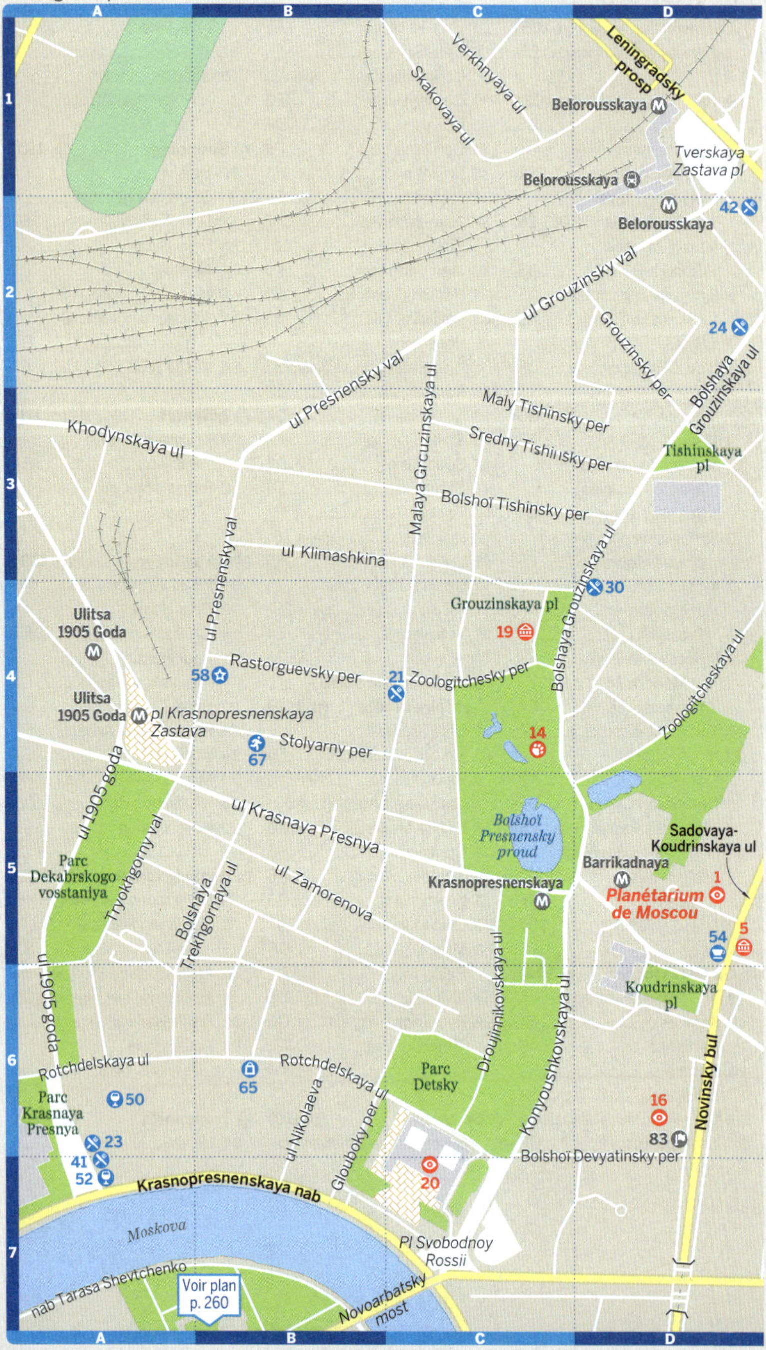

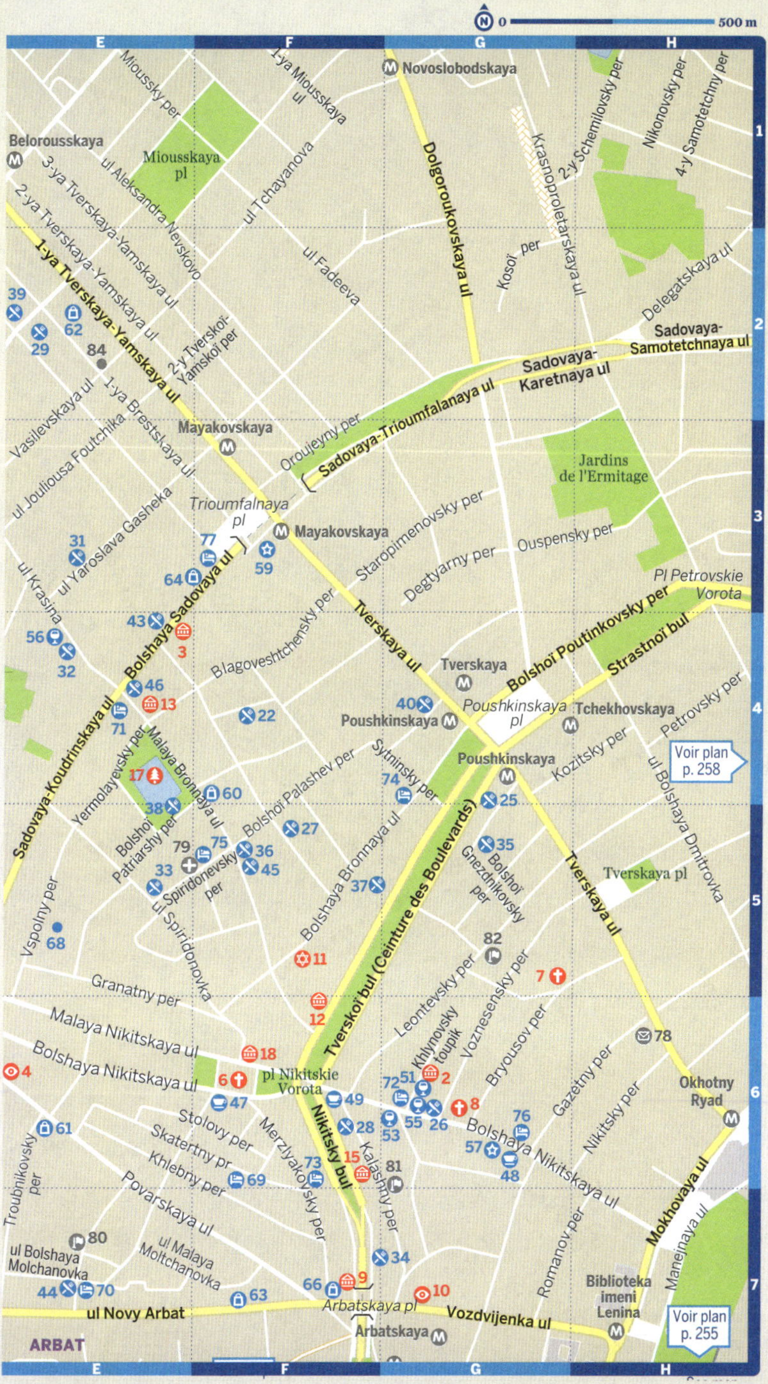
0
500 m
E
F
G
H
1
2
3
4
5
6
7
Novoslobodskaya
Belorousskaya
Mioussky per
1-ya Miousskaya ul
Miousskaya pl
ul Aleksandra Nevskovo
3-ya Tverskaya-Yamskaya ul
2-ya Tverskaya-Yamskaya ul
1-ya Tverskaya-Yamskaya ul
ul Tchayanova
ul Fadeeva
Dolgoroukovskaya ul
Krasnoproletarskaya ul
2-y Schemilovsky per
Nikonovsky per
4-y Samotetchny per
Kosoï per
Delegatskaya ul
Sadovaya-Samotetchnaya ul
Sadovaya-Karetnaya ul
Sadovaya-Trioumfalanaya ul
2-y Tverskoï-Yamskoï per
1-ya Brestskaya ul
Vasilevskaya ul
Mayakovskaya
Oroujeyny per
Jardins de l'Ermitage
ul Joulious Foutchika
ul Yaroslava Gasheka
Trioumfalnaya pl
Mayakovskaya
Staropimenovsky per
Ouspensky per
Degtyarny per
ul Krasina
Bolshaya Sadovaya ul
Pl Petrovskie Vorota
Bolshoï Poutinkovsky per
Strastnoï bul
Blagoveshtchensky per
Tverskaya ul
Tverskaya
Sadovaya-Koudrinskaya ul
Poushkinskaya pl
Tchekhovskaya
Poushkinskaya
Poushkinskaya
Kozitsky per
Petrovsky per
Voir plan p. 258
Yermolayevsky per
Malaya Bronnaya ul
Sytninsky per
Bolshoï Palashev per
ul Bolshaya Dmitrovka
Bolshoï Patriarshy per
Spiridonevsky per
Bolshaya Bronnaya ul
Tverskoï bul (Ceinture des Boulevards)
Bolshoï Gnezdnikovsky per
Tverskaya pl
Tverskaya ul
Vspolny per
ul Spiridonovka
Granatny per
Leontevsky per
Voznesensky per
Malaya Nikitskaya ul
Khlynovsky toupik
Bryousov per
Gazetny per
Bolshaya Nikitskaya ul
pl Nikitskie Vorota
Okhotny Ryad
Nikitsky per
Stolovy per
Merzlyakovsky per
Nikitsky bul
Kalashny per
Bolshaya Nikitskaya ul
Troubnikovsky per
Skatertny pr
Khlebny per
Povarskaya ul
Mokhovaya ul
Manejnaya ul
Romanov per
ul Bolshaya Molchanovka
ul Malaya Moltchanovka
Biblioteka imeni Lenina
Arbatskaya pl
ul Novy Arbat
Vozdvijenka ul
Arbatskaya
ARBAT
Voir plan p. 255
1
2
3
4
6
7
8
9
10
11
12
13
15
17
18
22
25
26
27
28
29
31
32
33
34
35
36
37
38
39
40
43
44
45
46
47
48
49
51
53
55
56
57
59
60
61
62
63
64
66
68
69
70
71
72
73
74
75
76
77
78
79
80
81
82
84

Voir légende p. 268

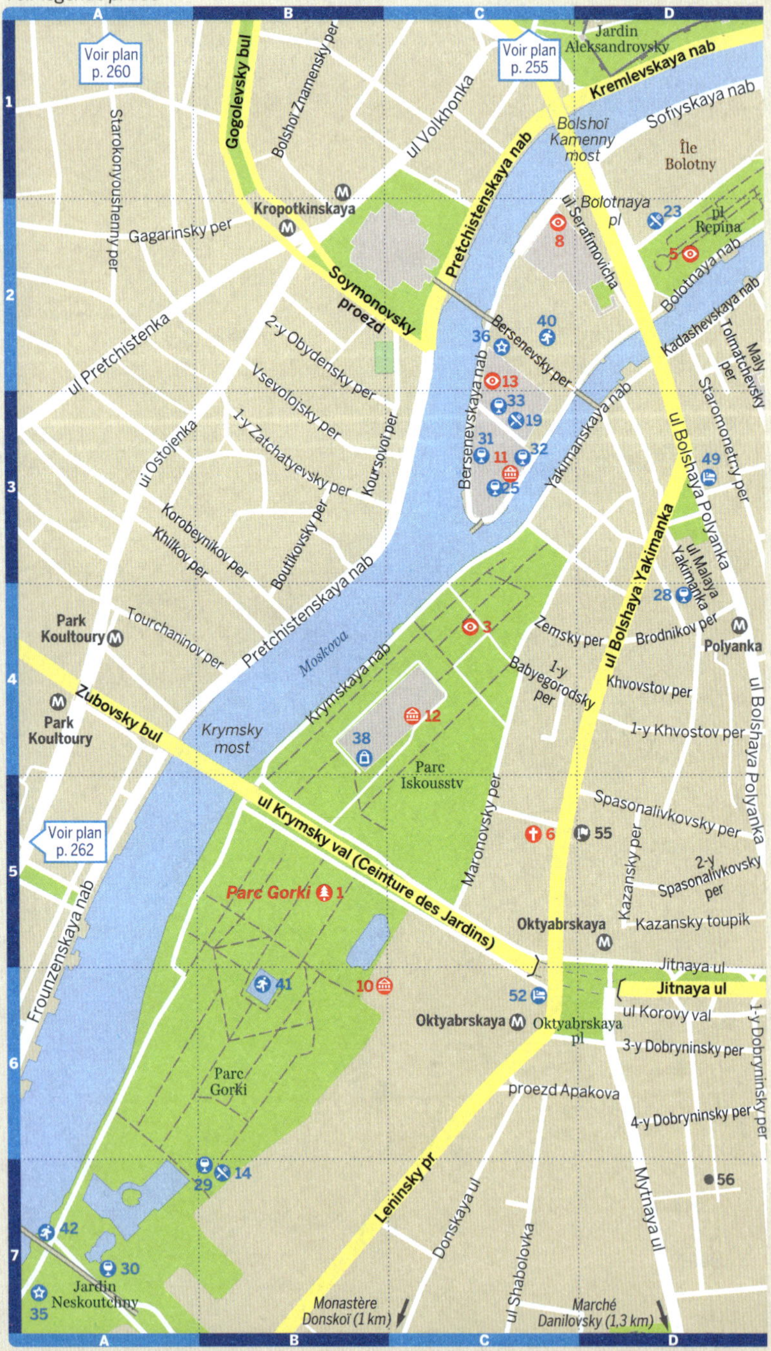

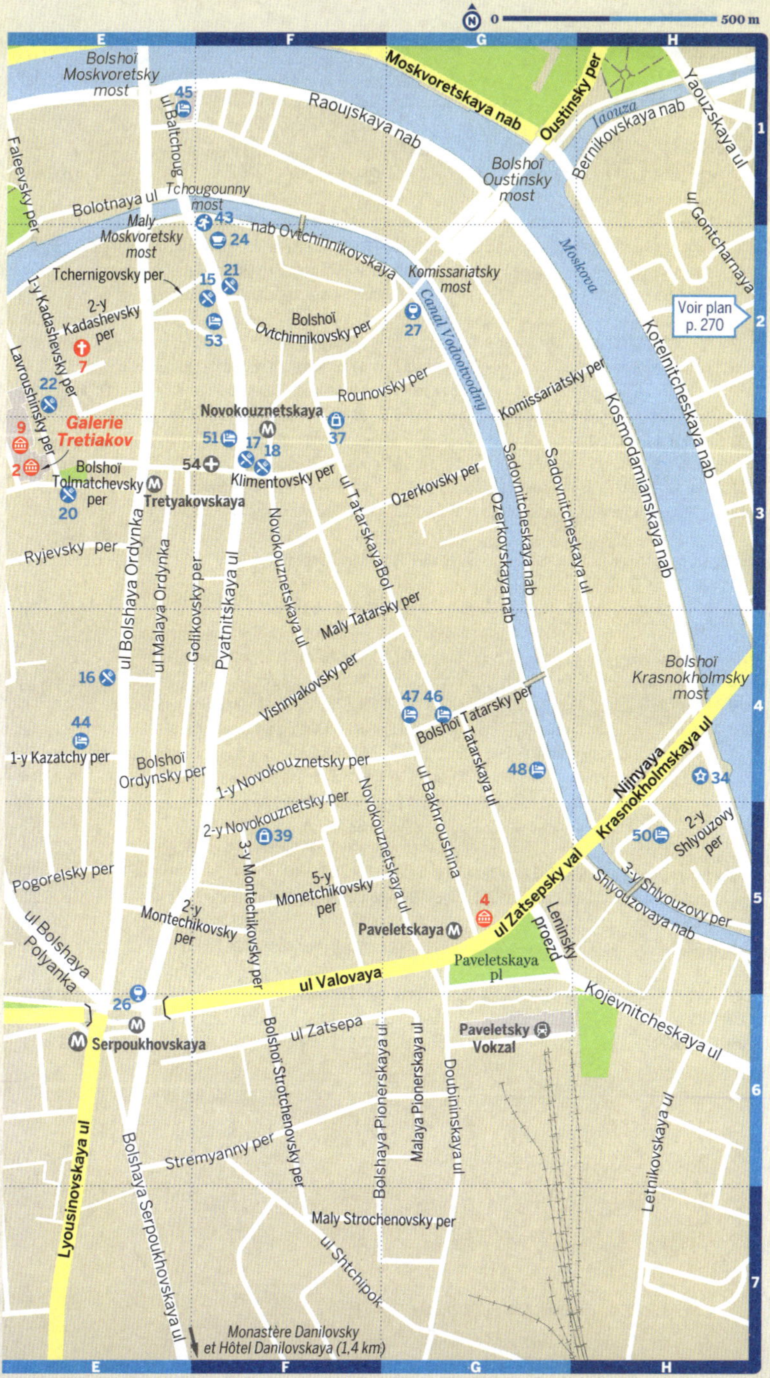

0
500 m
E
F
G
H
1
2
3
4
5
6
7
Bolshoï Moskvoretsky most
ul Baltchoug
45
Raoujskaya nab
Moskvoretskaya nab
Oustinsky per
Iaouza
Bernikovskaya nab
Yaouzskaya ul
Faleevsky per
Bolotnaya ul
Tchougounny most
43
24
Maly Moskvoretsky most
nab Ovtchinnikovskaya
Bolshoï Oustinsky most
ul Gontcharnaya
Moskova
Komissariatsky most
Tchernigovsky per
15
21
2-y Kadashevsky per
1-y Kadashevsky per
53
Bolshoï Ovtchinnikovsky per
27
Canal Vodootvodny
Voir plan p. 270
Kotelnitcheskaya nab
7
Lavroushinsky per
22
Rounovsky per
Komissariatsky per
Kosmodamianskaya nab
9
Galerie Tretiakov
Novokouznetskaya
37
51
17
18
54
2
Bolshoï Tolmatchevsky per
Klimentovsky per
ul Tatarskaya
Ozerkovsky per
20
Tretyakovskaya
Sadovnitcheskaya nab
Sadovnitcheskaya ul
Ozerkovskaya nab
Ryjevsky per
ul Bolshaya Ordynka
ul Malaya Ordynka
Golikovsky per
Pyatnitskaya ul
Novokouznetskaya ul
Bol
Maly Tatarsky per
Vishnyakovsky per
16
47
46
Bolshoï Krasnokholmsky most
44
Bolshoï Tatarsky per
Tatarskaya ul
1-y Kazatchy per
Bolshoï Ordynsky per
1-y Novokouznetsky per
48
Nijnyaya Krasnokholmskaya ul
34
2-y Novokouznetsky per
39
ul Bakhroushina
Novokouznetskaya ul
50
2-y Shlyouzovy per
3-y Montechikovsky per
Pogorelsky per
5-y Monetchikovsky per
3-y Shlyouzovy per
Shlyouzovaya nab
2-y Montechikovsky per
4
ul Zatsepsky val
Leninsky proezd
ul Bolshaya Polyanka
Paveletskaya
Paveletskaya pl
ul Valovaya
26
Kojevnitcheskaya ul
Serpoukhovskaya
ul Zatsepa
Paveletsky Vokzal
Bolshoï Strotchenovsky per
Bolshaya Pionerskaya ul
Malaya Pionerskaya ul
Doubininskaya ul
Lyousinovskaya ul
Bolshaya Serpoukhovskaya ul
Stremyanny per
Letnikovskaya ul
Maly Strochenovsky per
ul Shtchipok
Monastère Danilovsky et Hôtel Danilovskaya (1,4 km)

ZAMOSKVORETCHIE *Plan p. 266*

Les incontournables **(p. 133)**
1 Parc Gorki B5
2 Galerie Tretiakov E3

À voir **(p. 137)**
3 Art Muzeon et Krymskaya Naberejnaya C4
4 Musée du théâtre Bakhrouchine G5
5 Bolotnaya Ploshtchad D2
6 Église Saint-Jean-Le-Guerrier C5
Église Saint-Nicolas-de-Tolmatchi ...... (voir 2)
7 Église de la Résurrection-de-Kadachi E2
8 Dom na Naberejnoï C2
9 Engineer's Building (Galerie Tretiakov) E3
10 Garage musée d'art contemporain B6
11 Centre de photographie des Frères Lumière C3
12 Nouvelle galerie Tretiakov C4
13 Octobre Rouge C2

Où se restaurer **(p. 140)**
14 AC/DC in Tbilisi B7
15 Tchougounny most F2
16 Correa's E4
17 Grably F3
18 Marukame F3
19 Mizandari C3
20 Nasha Tchebouretchnaya E3
21 Otchen Domashneye Kafe F2
Prodoukty ...... (voir 19)
22 Sok E2
23 Starlite Diner D2

Où prendre un verre et faire la fête **(p. 142)**
Bar Strelka ...... (voir 36)
24 Coffee Bean F2
25 Gipsy C3
26 Hub E5
27 Karlson G2
28 Kvartira 44 ...... D4
29 Le Boule B7
30 Lebedinoe Ozero A7
31 Progressive Daddy & Daddy's Terrace C3
32 Rolling Stone C3
33 WT4 ...... C3

Où sortir **(p. 145)**
34 Maison internationale de la musique de Moscou H4
35 Théâtre Stas Namin A7
36 Institut Strelka de l'architecture, des médias et du design C2

Shopping **(p. 145)**
37 Bookhunter F3
38 Maison Centrale des Artistes (TsDKh) B4
39 RotFront F5

Activités **(p. 145)**
40 Bersenevskiye Bany C2
41 Patinoires du Parc Gorki B6
42 Olive Beach A7
43 Oliver Bikes F1

Où se loger **(p. 181)**
44 Alrosa na Kazatchem E4
45 Hôtel Baltchoug Kempinski E1
46 IBIS Bakhroushina G4
47 Mercure Moscow Paveletskaya G4
48 Hôtel Ozerkovskaya G4
49 Park Inn Sadu D3
50 Swissôtel Krasnye Holmy H5
51 Tri Pingvina F3
52 Hôtel Varshava C6
53 Weekend Inn Apartments F2

Renseignements **(p. 232)**
54 36.6 Zamoskvoretchie F3
55 Ambassade de France D5

Transports **(p. 230)**
Avis ...... (voir 56)
56 Europcar D7

MESHTCHANSKY ET BASMANNY *Plan p. 270*

Les incontournables (p. 148)
1 ArtPlay ... E5
2 Centre d'Art contemporain Winzavod ... E4

À voir (p. 149)
3 Bunker-42 ... C7
4 Tchistye Proudy ... C3
5 Synagogue Chorale ... B4
6 Prison de la Loubianka ... A3
7 Mémorial aux victimes du totalitarisme ... A3
8 Musée de l'Icône russe ... C6
9 Monastère Novospassky ... D8
10 Musée polytechnique ... A4
11 Musée d'art ancien Andreï Roublev ... E5
12 Centre Sakharov ... D5
13 Centre culturel Vissotski ... D6
14 Cathédrale Elokhovski ... F1

Où se restaurer (p. 152)
Art Cloumba ... (voir 1)
15 Avocado ... C3
16 Darbazi ... C6
17 Doukhan Tchito-Ra ... E3
18 Expedition ... C5
19 Filial ... B3
Koulinarnaya Lavka Bratyev Karavaevikh ... (voir 37)
20 Kitayskaya Gramota ... A2
21 Lavka-Lavka ... E3
22 Lioudi kak Lioudi ... B4
Moscow-Delhi ... (voir 47)
23 Odessa-Mama ... B3
24 Sherbet ... B1

Où prendre un verre et faire la fête (p. 154)
25 Art Lebedev Cafe ... B3
26 Beavers & Ducks ... B2
27 Café Didou ... B3
28 Tchaïnaya Vysota ... C3
Coffee Bean ... (voir 56)
Edward's ... (voir 1)
Khitrye Lyoudi ... (voir 2)
29 Kolkovna ... B4
30 Liga Pap ... A2
31 OMG! Coffee ... D2
32 Propaganda ... B3
33 Secret ... E3
34 Sisters Café ... C3
35 Solyanka ... B5
36 Tema Bar ... B3
37 Tsiferblat ... C3
Café Tsourtsoum ... (voir 2)
38 Oukouleleshnaya ... B3

Où sortir (p. 155)
39 35mm ... D2
40 Art Garbage ... B4
41 Centre Gogol ... E3
42 Krizis Janra ... C3
43 New Ballet ... E1
44 Pirogui Na Maroseïke ... B4
Platforma Project ... (voir 2)

Shopping (p. 156)
45 Bel Postel ... B1
46 Biblio-Globus ... A3
Cosmotheka ... (voir 2)
Factoriya-Ekspeditsya ... (voir 18)
47 Khokhlovka Original ... C4
48 Magazine Tchaï-Kofe ... B2
Otchevidnoye Neveroyatnoye ... (voir 2)
49 Odensya Dlya Shtchastya ... C3
Razou Mikhina Workshop ... (voir 2)
50 Sretenie ... A3
51 Tricotage Club ... B3

Activités (p. 43)
52 Taste of Russia ... C4

Où se loger (p. 183)
53 Bentley Hotel ... C3
54 Comrade Hostel ... B4
55 Hôtel Elokhovsky ... F1
56 Godzillas Urban Jungle Lodge ... C3
57 Hilton Leningradskaya ... C1
58 Hôtel Svertchkov 8 ... B3
59 Hôtel Kitaï-Gorod ... B4
60 Privet Hostel ... C3
61 Hôtel Sretenskaya ... B1

Renseignements (p. 232)
62 36.6 Pokrovka ... B3
63 Ambassade d'Australie ... C5
64 Ambassade du Bélarus ... B4
65 MTS ... D7
Ziferblat Pokrovka ... (voir 37)

Transports (p. 230)
66 Embarcadère d'Oustinsky most ... B5

MESHTCHANSKY ET BASMANNY

Voir légende p. 269

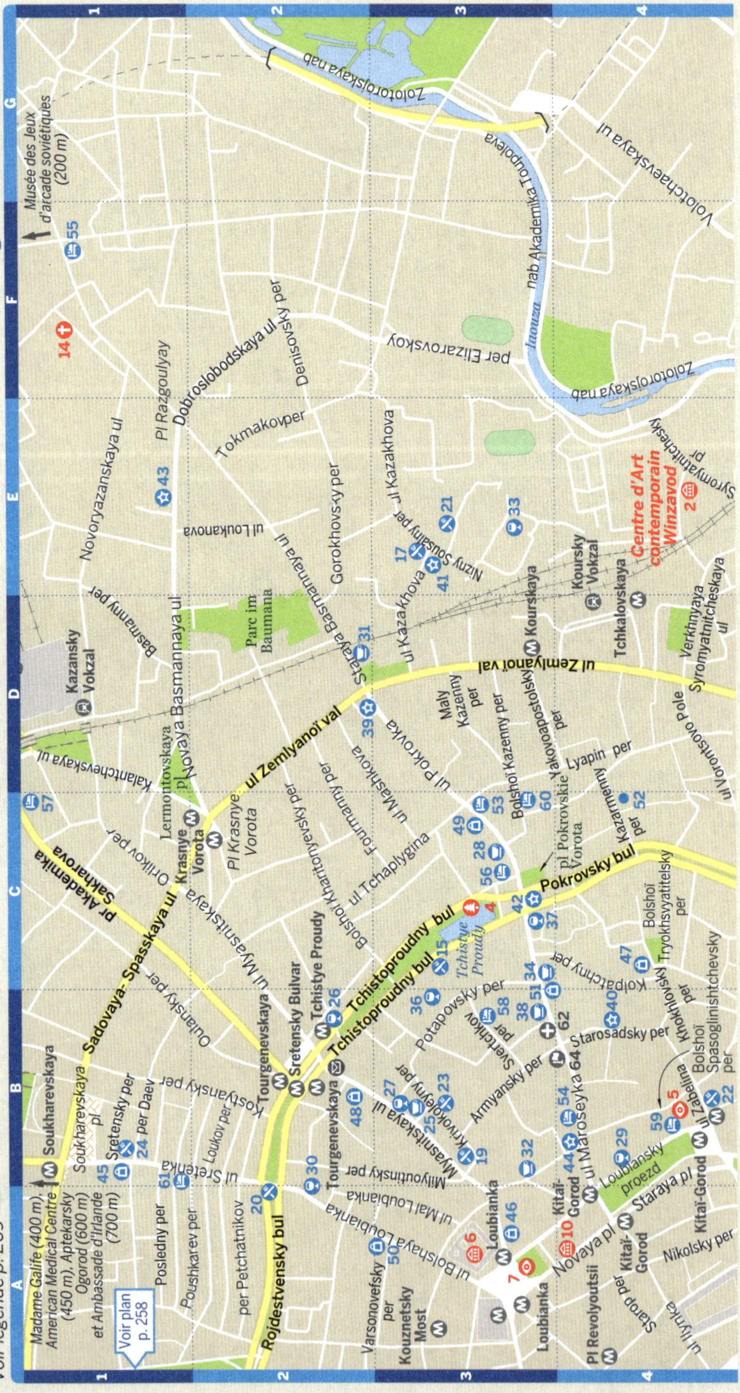

MESHTCHANSKY ET BASMANNY

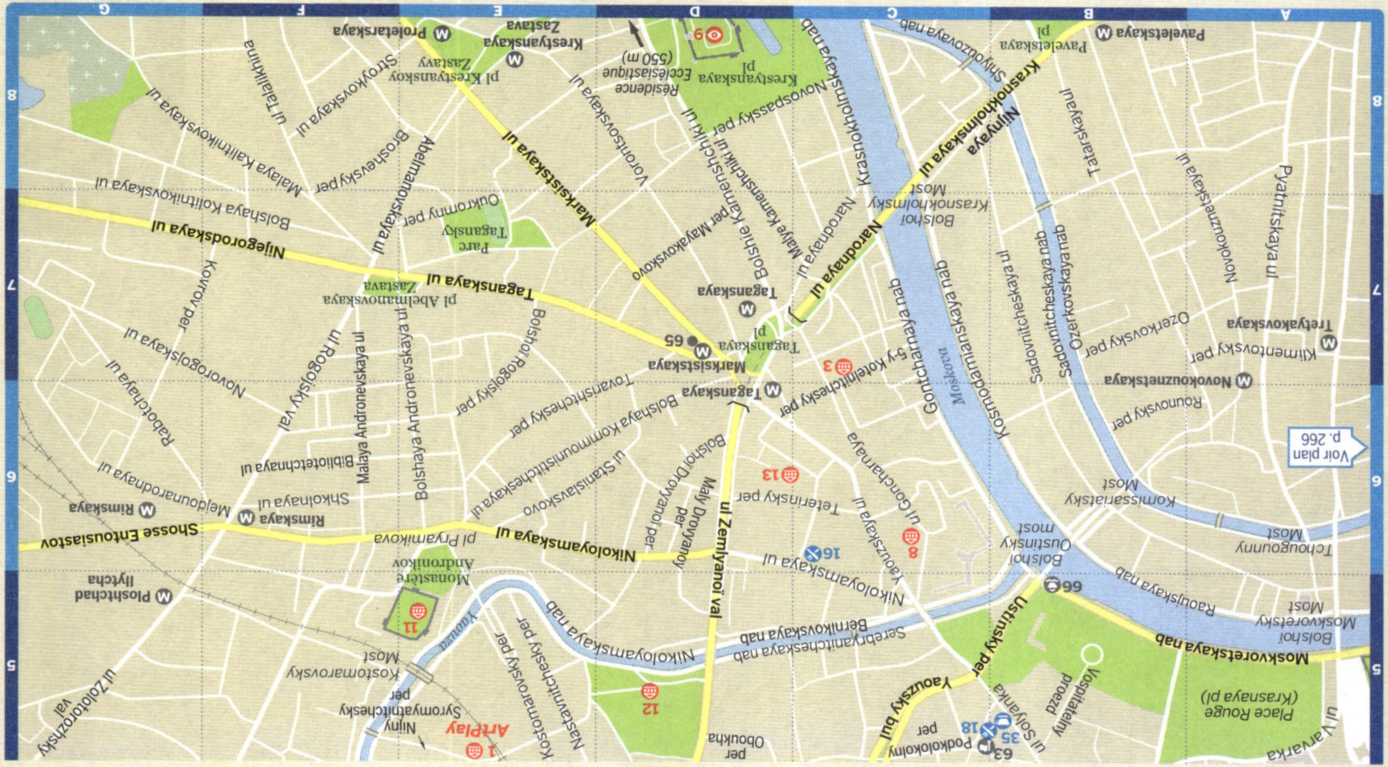

Les guides Lonely Planet

Une vieille voiture déglinguée, quelques dollars en poche et le goût de l'aventure, c'est tout ce dont Tony et Maureen Wheeler eurent besoin pour réaliser, en 1972, le voyage d'une vie : rallier l'Australie par voie terrestre via l'Europe et l'Asie. De retour après un périple harassant de plusieurs mois, et forts de cette expérience formatrice, ils rédigèrent sur un coin de table leur premier guide, *Across Asia on the Cheap*, qui se vendit à 1 500 exemplaires en l'espace d'une semaine. Ainsi naquit Lonely Planet, dont les guides sont aujourd'hui traduits en 12 langues.

Nos auteurs

Mara Vorhees

Auteure-coordinatrice : Le *Kremlin et Kitaï-Gorod, Presnensky, Arbat et Khamovniki* et *Excursions*. Mara a découvert Moscou en 1990, à l'époque des files d'attente dans les magasins ou devant le mausolée de Lénine. Retranchée dans l'Oural, elle a assisté à la transition postcommuniste. Lors de ces années passées dans l'Est sauvage, elle n'aimait alors rien tant que d'alterner vie moscovite et grands espaces. Baroudeuse impénitente, elle a travaillé sur des dizaines d'ouvrages pour Lonely Planet, parmi lesquels les guides *Russie* et *Transsibérien*. Ses reportages sur la Russie ont été publiés dans des magazines et journaux du monde entier. Aujourd'hui, elle voyage souvent avec ses enfants. Suivez leurs aventures sur www.havetwinswilltravel.com.

Leonid Ragozin

***Tverskoï et Novoslobodsky, Zamoskvoretchie, Meshtchansky et Basmanny* et *Excursions*.** Après avoir étudié la dynamique des plages à l'université de Moscou, et réalisé que la Russie n'en comptait guère de remarquables, Leonid s'est tourné vers le journalisme. Il a travaillé pendant 12 ans pour différents services de la BBC, avec une pause de 4 ans comme correspondant étranger de *Russian Newsweek*. Actuellement journaliste free-lance, il se consacre principalement à la guerre en Ukraine.

Moscou

2e édition

Traduit et adapté de l'ouvrage *Moscow, 6th edition, March 2015*

Dépôt légal Avril 2015

ISBN 978-2-81614-827-5

Imprimé par IME by ESTIMPRIM, Baume-les-Dames, France

En Voyage Éditions | un département place des éditeurs